산업 연관 분석

Input-Output Analysis

권태현

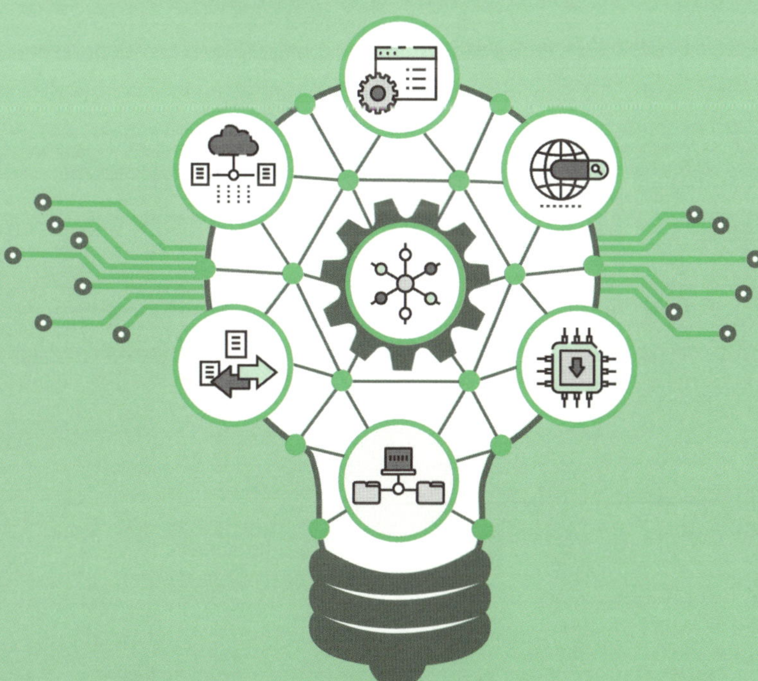

도서출판 청람

| 머리말 |

德의 기본은 나누는 것이라고 생각합니다. 아는 것이 좁고 얕을지라도 그동안 쌓은 것을 기록하고 나누어 초입의 안개에 갇힌 막막한 이들이 덜 고단하고 좀 더 쉬이 가는 데 미약한 도움이라도 되었으면 하는 마음이 용기가 되어 도전을 시작하였습니다. 꽤나 긴 기간 그러니까 2007년 초겨울에 시작하여 이제야 일단의 마무리에 도착했습니다. 짧은 기간에 마무리할 수 있었지만 삶 속에서 만 가지 일들이 벌어지니 지지부진하였습니다. 다행히도 늘어진 시간만큼 경험도 많아지고 관련 분야를 더 공부할 수 있어 내실이 나름 튼실해졌습니다.

저는 한국은행에 입행하여 투입산출팀에 신입행원으로 배치받은 이후 여러 차례 다른 부서에 발령 났다가도 빛은 안 나지만 반드시 해야 하는 업무라는 저의 의지와 조직의 배려로 투입산출팀에 복귀하여 19년 반이라는 기간을 보냈습니다. 그동안 네 번의 실측 산업연관표 작업을 통해 산업연관표와 국민계정체계에 대한 지식의 확장과 강화 그리고 매년 산업연관표와 공급사용표의 새로운 시도를 경험하는 등 치열함과 우아미가 넘치는 직장생활을 했습니다.

본 책자는 총 일곱 개의 장으로 되어 있는데, 제1장에서 제3장까지는 산업연관표에 대한 것이 주 내용을 이루고 제4장부터는 산업연관분석과 관련한 다양한 모형으로 구성되어 있습니다. 각 장의 내용은 다음과 같습니다. 제1장에서는 산업연관표를 중심으로 국민계정의 역사를 간략히 소개하였습니다. 여기에서 사회발전은 한 분야의 독보적 주도가 아니라 모든 분야가 어깨를 함께 겯었기 때문이며 국민계정의 역사를 정리하는 것이 또 다른 인생과업이라고 생각하게 되었습니다. 제2장에서는 산업연관표 구조에 대해 설명하였는데, 분석모형만큼 중요한 부분입니다. 이 장에서는 산업연관표 이용에 필요한 개념, 용어 그리고 부문분류의 통합 문제도 다루었고 우리나라 산업연관표의 변천사도 간단히 살펴보았습니다. 변천사를 이 장에서 소개한 이유는 장기 시계열로 산업연관분석을 할 경우 산업연관표 구조와 부문분류의 일관성과 정합성이 중요하기 때문입니다. 그렇지만 내용의 방대함으로 세밀하게 소개하지 못한 아쉬움이 있습니다.

제3장에서는 행렬로 된 산업연관표를 이용하기 위해 필요한 행렬대수학과 효과적으로 계산하기 위한 SAS/IML을 간단히 소개하였습니다. SAS를 이용할 수 없는 독자들을 위해서는 엑셀을 이용하는 방법을 부록에 소개하였습니다.

제4장에서는 산업연관분석을 하기 위해 필요한 기초적인 사항인 투입계수와 생산유발계수 그리고 부가가치, 수입, 노동유발계수를 설명하였습니다. 이 장에서 설명한 개념은 이후 장에서 설명된 여러 산업연관분석모형을 이해하는 데 중요하기 때문에 산업연관분석 경험이 많지 않은 독자들은 제2장과 함께 익숙해질 필요가 있습니다. 산업연관분석은 선택에 적정하고 다부문으로 구조를 파악할 수 있는 장점이 있는 방법이라고 생각합니다. 그래서 제5장에서는 다양한 산업연관분석모형을 본격적으로 소개하였는데, 무엇보다 우리나라에서는 소비나 투자와 같은 외생변수에 주어진 충격이 생산, 부가가치, 수입 그리고 노동을 얼마만큼 유발하였는지를 측정하는 분석이 주로 이루어져 산업연관분석의 장점을 적극적으로 활용하지 못한다는 생각이 자주 들었기 때문입니다. 이 장에서 소개한 모형 중에 소비내생화모형은 아직 통계가 미비한 면이 있어 활용에 한계가 있지만 산업연관분석모형에 대한 이해를 확장하는 데 도움이 될 것이라고 설명하였습니다. 그리고 산업 상호 간에 갖고 있는 연결성을 그래픽으로 분석하는 방법도 소개하였는데, 이는 부문 간의 네트워크를 그래픽으로 구현할 수 있는 소프트웨어가 개발되어 효율적으로 처리할 수 있기 때문입니다. 그래픽으로 구현할 수 있는 소프트웨어 이용 방법은 부록에 예를 통해 소개하였습니다.

제6장에서는 지역산업연관표를 간단히 살펴본 다음 세계산업연관표와 이를 이용하여 글로벌 가치사슬(GVCs)과 부가가치 기준 무역(TiVA)을 분석하는 방법을 소개하였습니다. 이 장에서는 행렬 계산 과정에 있는 각 원소를 어떻게 해석하는지를 깊게 다루었는데 일부분에 있는 중언은 이해를 조금이라도 높이고자 하는 마음 때문이

었습니다. 그리고 제7장에서는 산업연관표의 용도가 크게 확장되고 있는 분야인 에너지와 환경과 결합한 에너지 투입산출모형과 환경 산업연관분석을 설명하였습니다. 여기에서는 에너지와 환경 산업연관분석에서 사용하는 기호를 이용하였는데 관련 분야의 논문 참고에 도움이 될 것이라는 생각 때문입니다.

부록에는 제5장에서 소개하지 못하거나 더 설명이 필요한 내용으로 되어있습니다. 특히 부록 D와 E에서는 사회계정행렬과 산업연관표를 연장하는 방법을 설명하였는데, 사회계정행렬의 경우에는 작성된 결과를 국민계정 틀 내에서 해석하는 방법에 중점을 두었습니다. 왜냐하면 사회계정행렬도 국민계정체계 내에서 작성되는 산업연관표, 국민소득, 국제수지 등 여러 경제 자료들이 유기적으로 연결되고 해석에 일관성이 있어야 하기 때문입니다.

그동안 원고 파일이 여러 대의 노트북을 옮겨 다녔습니다. 시간을 견디게 해준 것은 나눔과 바람이었습니다. 고마운 분들이 많습니다. 무엇보다 투입산출팀 선후배 동료들입니다. 치열했던 작업과 토론이 씨앗이자 거름이 되었습니다. 한 단계 올라설 수 있도록 힘을 주신 유재원 교수님과 이기성 교수님 그리고 산업연관표 발전을 위해 긴 기간 동안 함께 해주신 신동천 교수님과 이진면 박사님에게도 감사드립니다. 도서출판 청람의 이수영 대표님이 준 여러 해 동안의 격려도 고마움입니다. 재연이와 재경이의 한결같음과 재잘거림, 먼 곳에 있는 미향이의 응원 그리고 어머니와 큰 누님의 덕담도 큰 힘이 되었습니다. 또한 힘이 되는 사람에게도 감사합니다. 조용한 작업 기회를 준 철원의 비 오는 주말 그리고 마당의 풀꽃과 느티나무에 걸린 달빛도 고맙습니다.

코로나19의 백신과 치료제가 어여 나와
마스크 없이 소통하는 일상이 회복되기를 기원하며

2020년 9월
권태현 올림

| 차례 |

CHAPTER 4 산업연관분석의 기초 | 89

CHAPTER 5 산업연관분석의 확장 | 111

CHAPTER 6 지역산업연관표와 세계산업연관표 | 227

CHAPTER 7 에너지와 환경 산업연관분석 | 295

Appendix 부록 | 319

1

Input–Output Analysis
산업연관분석

CHAPTER

산업연관분석의 의의와 역사

Chapter 01 산업연관분석의 의의와 역사

17세기에 들어서면서 인류의 지식과 사고 체계를 바꾸는 다양하고 혁명적인 변화가 여러 사람들의 관찰과 노력 그리고 진보된 도구들을 통해 있었다. 당시의 대표적인 인물로는 지동설을 주장한 갈릴레오 갈릴레이Galileo Galilei, 고전물리학(관성, 힘과 속도의 비례, 작용과 반작용 등)을 확립한 아이작 뉴턴Isaac Newton, 미적분학의 고트프리트 라이프니츠Gottfried Wilhelm von Leibniz, 해석기하학의 창시자이자 합리론의 르네 데카르트René Descartes, 경험론의 존 로크John Locke와 사회계약설의 토마스 홉스Thomas Hobbes 등을 들 수 있으며, 그리고 이 시대에는 최고의 극작가로 꼽히는 윌리엄 셰익스피어William Shakespeare도 활동하였다. 이처럼 많은 선인들의 노력으로 이루어낸 거대한 변화는 자연과학은 물론 철학과 사상 등 인문학 여러 분야에 걸쳐 있었는데, 14세기 이탈리아를 중심으로 일어난 르네상스로 인간 중심의 사고 체계가 지배하면서 축적된 지식 혁명의 결과라고 할 수 있다.

이러한 변화에는 전 세계를 대상으로 한 영국, 네덜란드, 프랑스 등 유럽 국가들의 팽창주의가 세계의 정치경제 지도를 크게 바꾼 것도 일조하였다. 거의 모든 분야에 걸친 변화의 결과와 영향력은 21세기 현재에도 지속되고 있다고 해도 과언이 아닐 것이다.

동 세기에 있었던 폭발적인 지식의 확장은 현대경제학의 근간이 되는 분야에서도 이루어졌는데, 국가의 부를 측정하는 것이었다. 물론 고대 이집트와 로마 그리고 중국 등 고대 국가에서도 국부를 측정하는 시도가 없었던 것은 아니었으며, 당시에는 왕을 비롯한 최고 권력자들이 정치와 정복전쟁 목적으로 농작물, 인구, 군사 그리고 말 등을 측정하기 위해 주로 이루어졌었다.

17세기 중반 이후 현대적 의미로 국가의 부를 측정하기 위한 노력은 아이러니하게도 오늘날 의미하는 경제학자나 통계학자가 아니라 의학과 측량 등 자연과학 분야에 종사하던 사람들이 주도하였다. 대표적인 인물로는 영국의 윌리엄 페티William Petty와 그레고리 킹Gregory King, 프랑스의 피에르 드 부아길베르Pierre Le Pesant, sieur de Boisguilbert와 세바스티앙 드 보방Sébastien Le Prestre de Vauban 등이 있다.

페티는 대학에서 의학을 공부한 후 옥스퍼드 대학에서 해부학 교수를 하다가 나중에 경제학자가 되었는데, 페티는 영국이 평화와 전시 재정을 위해 조세 수입 확대가 가능한지 여부를 계량적으로 측정하고 혁명과 해외전쟁으로 황폐화되고 군사적으로나 상업적으로도 네덜란드와 프랑스와 경쟁이 어렵다는 국내의 비관적인 분위기가 잘못된 것임을 밝히기 위해 자국의 부를 측정하고자 하였다. 킹은 계보학자, 지도제작자, 문장담당 공무원 등 다양한 직업의 이력을 갖고 있었는데, 킹은 한 국가가 소유한 부와 인구에 대한 정보가 모든 것 중에서 그리고 모든 시대에 걸쳐 가장 유용하고 필요한 정치적 지식의 한 부분이라고 주장하면서 국가 대상의 총량 측정이 중요하다는 것을 강조하였다. 프랑스의 부아길베르는 입법자이자 종교인이었으며, 특히 보방은 공병 분야에 탁월한 재능을 발휘하면서 프랑스 육군의 고위직을 지낸 군인 출신이었다. 프랑스의 보방과 부아길베르는 페티와 달리 프랑스의 조세 체계를 비판하고 개혁안을 제시할 목적으로 국가의 부를 측정하였다.[1]

이와 같이 다양한 직업을 가진 여러 사람들이 노력하여 국가의 부를 의식주와 전쟁 목적으로 측정하는 것에서 벗어나 현대적 의미로서 계량적으로 측정할 수 있는 토대가 마련되었다. 한 세기가 지나 프랑스의 중농주의자인 프랑수와 케네François Quesnay는 이전의 시도에서 나아가 경제 내에서 부의 흐름이 어떻게 이루어지는지 측정하는 방법을 고안해냈다. 케네는 산업연관표의 역사에서 중요한 위치를 차지하는데, 경제표Tableau économique를 만들었기 때문이다. 케네는 부의 원천은 교역과 산업이 아니고 농업과 농업생산물이라고 주장하였는데, 사혈요법의 대가이면서 외과

1) Bos, F.(2011)

의사 출신답게 경제 순환을 인체 속의 혈액 순환과 같다는 점에서 착안하여 경제표를 만들었다. 케네는 지출과 생산을 쉽게 표기하고 정부에 의해 발생할 수 있는 질서와 무질서organization and disorganization에 대해 주어진 기간에 지주계급, 생산계급(농민), 그리고 비생산계급(상공업자) 등의 경제 주체 간에 부의 순환이 어떻게 이루어지는지 그 경로를 지그재그zig-zag로 연결하여 분석하는 방법을 개발하였고, 지그재그 다이어그램을 통해 농업만이 잉여생산물을 만들어낸다고 결론지었다.

케네의 경제표에 영향을 받은 것으로는 칼 마르크스Karl Marx의 재생산 표식Schema of reproduction과 레옹 왈라스Leon Walras의 일반균형이론general equilibrium theory이 있다. 마르크스의 재생산 표식은 생산수단부문과 소비수단부문 등 두 부문으로 구성된 자본주의적 시스템의 지속적인 재생산구조를 순환구조로 분석할 수 있게 한 것이다. 왈라스는 실증적 배경이 없는 상태에서 일반균형이론에 대한 수학적인 모형을 처음으로 정식화하였는데, 왈라스모형은 레온티에프의 산업연관모형을 이론적으로 표기할 수 있는 기초적인 방법으로 이용되었다. 레온티에프는 왈라스의 일반균형이론 체계의 수요 측에 공공부문과 수출을, 공급 측에 세금과 수입을 추가하여 실제 경제의 변화와 조화를 이루도록 함으로써 왈라스의 이론적 체계를 강화하였다.

20세기 들어서는 보다 체계적으로 정리된 산업연관표 등 다양한 경제 자료가 작성되어 경제를 계량적으로 분석할 수 있게 되었는데, 산업연관분석을 이론적 · 실증적으로 제일 먼저 시도한 사람은 바실리 레온티에프Wassily Leontief 교수이다. 뉴턴은 "내가 멀리 본다면 그것은 거인의 어깨 위에 올라서 있기 때문이다."라고 했다. 레온티에프가 고안해낸 산업연관표와 산업연관분석 방법 또한 선인들이 축적한 업적에 방아쇠를 한 번 더 당긴 것이라고 할 수 있다. 앞에서 살펴본 페티, 킹, 부아길베르, 보방, 케네, 마르크스, 왈라스 등이 이러한 거인이라고 할 수 있을 것이다.

레온티에프는 1906년 5월 독일 뮌헨에서 태어났으며, 1921년에 레닌그라드 대학에 입학하여 경제학을 공부하고 1924년에 졸업하였다. 1925년에 구 소련 레닌그라드(현 상트페테르부르크)를 떠나 베를린 대학에서 연구하여 1928년에 박사 학위를 취득하였다. 1927년부터 1930년까지 키엘 대학교의 세계경제연구소에서 근무하면서 수요와 공급곡선을 통계적으로 유도하는 연구를 수행하는 가운데 1929년에는 중국의 철도부 고문 자격으로 중국에 머물기도 하였다. 1931년에 미국의 국립경제연구소 NBER: National Bureau of Economic Research에 채용되어 산업연관분석을 미국에 처음 소개하였으며[2] 제2차 세계대전 동안에는 미국 전략정보처OSS: Office of Strategic Services에서 컨설턴트로 활동하였다. 1932년부터는 하버드 대학교 경제학과에서 근무를 시작하여 1946년에 교수가 되었다. 그는 1949년에 산업을 500개로 분류하고 노동통계국BLS: the Bureau of Labor Statistics이 제공하는 자료로 미국 경제를 분석하는 모형을 개발하였는데, 이를 위해 하버드 대학교 컴퓨터를 사용하였다. 이때 자료에 기반한 선형방정식으로 각 부문을 모형화[3]하였는데, 시스템의 해를 구하기 위해 Harvard Mark II라는 컴퓨터를 이용하였다. 이것은 수리모형의 해를 구하기 위해 컴퓨터를 사용한 첫 번째 사례로 꼽히며 경제를 계량적으로 분석하는 분야에서 의미 있는 전환으로 간주되고 있다.

레온티에프는 1932년에 하버드 대학교에서 1919년과 1929년의 미국의 경제 자료를 기초로 연구에 착수하여 1936년 "미국 경제 체계에서의 정량적 투입-산출 관계Quantitative Input-Output Relations in the Economic System of the United States"라는 논문을 작성하였으며, 1941년에는 '1919~1929년 중 미국 경제의 구조, 균형분석의 경험적 응용*The Structure of the American Economy 1919~1929, An Empirical Application of Equilibrium Analysis*'[4]이라는 책자를 발간하였다. 노동통계국은 「1939년 미국 산업연관표」를 작성하기 위해 레온티에프가 지휘하는 팀을 신설하였으며, 동 표는 1945년에 완료 발표되었다. 노동통계국은 1945~1946년에 1950년 표 작성을 준비하였다가 예산 문제 때문에 취소하였는데, 1948년에 공군의 지원하에 다시 착수하였다. 1947년 표는 노동통계국의 참여로 성과를 거두었으나 한국전쟁이 발발하면서 작성 활동이 중단되었다. 그러다가 산업연관분석 기법 자체가 정부 차원의 경제계획 수립

2) 스톤Richard Stone은 레온티에프 연구에 포함된 가장 중요한 혁신은 투입과 산출을 연계시키는 모형을 처음으로 정식화한 것이며, 직접 투입물은 물론 간접 투입물도 계산할 수 있도록 한 것이다라고 평가하면서 업적을 기렸다.[Stone, R.(1984)]

3) 레온티에프는 "모든 제품에는 각 요소의 특성을 누락시키지 않고서도 경제를 서술하는 방법이 들어있다."고 하였다.[Hidalgo, C.(2018)]

4) Leontief, W.(1941)

을 위한 적절한 분석 도구인지에 대한 의심이 일부에서 대두되는 가운데 1950년에 1차 국제산업연관경제분석회의가 개최되었다. 이 회의를 통해 미국 이외의 국가도 산업연관분석에 관심을 갖고 동 분야에 대한 연구를 본격적으로 시작하면서 미국이 그동안 산업연관분석 분야에서 누려왔던 확고한 지위가 약화되었다. 미국 정부는 1950년에 즈음하여 예산과 정치 등을 문제 삼아 산업연관표를 작성하지 않기로 결정하였다. 그러다가 미국 정부의 기업경제국the Office of Business Economics[5]은 1959년에 국민계정과 산업연관표의 밀접한 관계를 인식하고 산업연관표를 다시 편제하기 시작하였는데 이때부터 미국 상무부 경제분석국BEA: Bureau of Economic Analysis은 1958년 산업연관표를 기점으로 매 5년마다 발표하였다. 이처럼 미국에서 산업연관표 편제와 산업연관분석에 대한 부침이 계속되는 가운데 영국, 일본 등의 여러 국가들이 1950년을 전후하여 산업연관표를 작성하기 시작[6]하였다. 이후 레온티에프는 산업연관표를 이용하여 경제를 다부문으로 분석할 수 있게 한 공로로 1973년에 노벨경제학상을 받았다.

이러한 레온티에프의 노력과 함께 스웨덴의 린달Lindahl, 덴마크의 캄프만Kampmann, 미국의 쿠즈네츠Kuznets에 의해서도 유사한 상품흐름계정에 대한 연구가 독립적으로 이루어졌다.

표 1-1 1930년~1950년 중 국민계정에서의 주요 성과

사례	학자
구매력 평가: 실질소득의 국제적 비교	Clark
국민계정 시계열 자료를 이용한 장기 성장에 대한 총체적 분석	Kuznets
산업연관분석	Leontief
국민경제에 대한 계량경제학적 모형 개발	Tinbergen, Frisch
케인즈 혁명과 거시경제학	Keynes
거시경제 체계 내에서의 공공재정분석	Meade, Stone
거시경제 체계 내에서의 국제수지분석	Meade

5) 현재 미국 상무부의 BEAthe Bureau of Economic Analysis이다.

6) 미국은 1947년 표를 최초로 공식 작성하였으며, 영국은 1948년 표 그리고 일본은 1951년 표를 각각 작성하였다.

국민계정의 역사에서 가장 역동적인 발전이 이루어진 1930~1950년 중 주요 성과는 [표 1-1]과 같다.

일반적으로 경제통계들은 분석을 위한 기초 자료로서의 역할에 초점을 맞추어 활용되는 측면이 강하다(물론 그 자체로서 경제현상을 설명하는 데 이용되기도 한다). 이에 비해 산업연관표는 도입 초기 경제분석에 초점이 맞추어졌다가 이후에 통계 목적이 추가되어 통계와 분석 도구의 역할을 함께 수행하는 측면이 강하다고 할 수 있다. 산업연관표가 통계와 분석으로서의 역할을 동시에 수행하는 장점이 있지만 작성에 많은 시간이 소요되고 비용과 인력 등 자원이 많이 필요하기 때문에 시의성이 다른 통계에 비해 다소 떨어진다.[7] 그리고 우리나라에서도 산업연관표 자체가 갖고 있는 내용이 방대하고 구조가 복잡하여 이용자들이 사용하고 해석하는 데 익숙하지 않아 활용도가 높지 않은 것도 현실이었다.[8]

최근 들어 많은 학자들과 연구자 그리고 연구소들의 지속적인 노력과 함께 컴퓨터 성능과 소프트웨어의 연산 처리에 괄목할 발전이 있어 빠른 시간 내에 산업연관표를 이용하여 분석 결과를 도출할 수 있게 되었다. 그리고 경제를 구조적으로 분석하고 최종수요와 생산 그리고 산업부문 간의 관계분석 등을 넘어 거시경제 예측모형과 결합되어 이용될 뿐만 아니라 기업 내 투입산출분석, 지역산업연관분석, 연산가능일반균형분석, 글로벌 가치사슬, 부가가치 기준 무역 그리고 에너지 및 환경 투입산출모형 등 활용 범위가 확대되고 있다.[9]

제1장에서는 산업연관표의 개괄적인 역사와 의의를 살펴보았는데, 우리나라 산업연관표의 변천사는 제2장에서 설명한다.

---

7) 산업연관표의 적시성에 대한 한계를 완화하기 위해 추정 방법을 이용하기도 하는데 이는 (부록 E) 산업연관표의 연장 기법에 소개되어 있다.

8) 산업연관분석은 강한 가정과 선형성 등으로 유연성이 약한 한계도 있으나 관련 분야 연구자들의 노력으로 많이 극복되고 있다.

9) 산업연관분석과 관련된 학술 전문지로는 *ESR*: '*Economic Systems Research*'가 있으며, 전문가들의 발표와 토론은 국제산업연관분석학회IIOA: International Input-Output Association 주최로 매년 개최되는 정기 학회를 통해 이루어지고 있다. 우리나라에서는 2016년에 제24차 IIOA 학회가 개최되었다. 그리고 우리나라에서는 산업연관분석 관련 전문가와 학자들의 학술단체인 한국경제시스템분석학회KESRA: The Korean Association of Economic Systems Research가 매년 학술대회를 개최하고 있다.

2

Input-Output Analysis
산업연관분석

CHAPTER

산업연관표 구조와 우리나라 산업연관표의 변천사

1. 산업연관표의 정의
2. 주요 용어에 대한 이해
3. 공급사용표와 투입산출표
4. 투입산출표의 구분
5. 산업연관표와 GDP의 관계
6. 부문의 분류와 통합
7. 우리나라 산업연관표의 변천사

Chapter 02

산업연관표 구조와 우리나라 산업연관표의 변천사

일반적으로 계량경제모형을 이용한 경제분석에서는 이용통계보다 모형에 관심이 높은 편인데, 산업연관분석은 산업연관표에 대한 이해도가 낮은 경우 이용은 물론 결과 해석에도 오류가 발생할 수 있어 산업연관표에 대한 높은 이해가 필요하다.

산업연관표는 경제구조와 산업부문 간의 순환분석 결과를 내포하고 있으며, 행렬로 된 산업연관표를 적극적으로 활용하기 위해서는 산업연관표와 산업연관분석모형을 적정하게 변환하는 등의 작업이 필요하다. 본 장에서는 산업연관표 구조와 관련된 개념들을 살펴보도록 한다.

1 산업연관표의 정의

산업연관표는 '일정 기간 동안 한 지역에서 모든 재화와 서비스를 생산하고 처분하는 과정에서 발생하는 모든 거래를 일정한 원칙과 형식에 따라 행렬 형태로 기록한 종합적인 통계표'라고 정의된다. 산업연관표에 대한 이러한 정의에는 많은 의미가 내포되어 있는데, 각 단어와 구절의 의미는 다음과 같다.

'일정 기간'이란 것은 시점과 종점이 있다는 것인데, 기간에는 월, 분기, 년 등 다양한 형태가 있다. 일반적으로 산업연관표에서 일정 기간은 통상 1년을 의미하는데, 예를 들어 2015년 산업연관표는 2015년 1월 1일부터 12월 31일까지의 활동을 대상으로 작성된 것이다. 그리고 일정 기간이라는 것은 산업연관표가 플로우flow통계라

는 것을 의미한다.[1)]

'한 지역'이라는 용어는 산업연관표 작성 대상이 되는 경제활동 영역을 의미한다. 기존에는 산업연관표 작성 영역을 '국민경제 내'로 한정하였는데, 1980년대 이후 여러 국가를 대상으로 하거나 한 국가 내의 특정 지역 또는 여러 지역들을 대상으로 하는 등 작성 영역이 다양해졌다.[2)] 이러한 작성 대상 영역의 변화를 고려한다면 일반적인 의미에서의 '국민경제 내'라는 용어보다 '한 지역a region'으로 정의하는 것이 보다 타당하다고 할 수 있다. 따라서 본 책자는 '국민경제 내'라는 용어보다 작성 대상 지역의 다양성과 적용의 일반화를 위해 '한 지역'[3)]으로 정의하였다.

'모든 재화와 서비스의 생산 및 처분'이 표기된다는 것은 산업연관표에서 두 부문 간에 발생한 거래가 두 가지로 해석되는 것을 말한다. 예를 들어 산업 A가 생산활동에 사용하기 위해 산업 B에서 생산한 재화 또는 서비스를 구입하고 비용을 지불하였다면, 이는 산업 B는 자기가 생산한 재화 또는 서비스를 산업 A에게 판매하였다는 것과 동일하다. 그러므로 산업 A와 산업 B가 거래한 것이 산업 A의 입장에서는 생산을 위한 구입이고, 산업 B의 입장에서는 판매를 통한 처분이기 때문에 동일한 하나의 거래에 대해 두 가지 의미로 해석할 수 있다. 이러한 과정을 경제 전체로 확대하면 한 경제 내에서 생산된 모든 재화나 서비스는 생산 현장에 원재료나 부재료로 사용되거나 소비 그리고 투자[4)] 수출과 같은 최종수요로 사용되기 때문에 수요와 공

1) 경제통계는 플로우flow통계와 스톡stock통계의 두 가지로 구분되는데, 플로우통계는 기간 중에 있었던 성과 등을 평가한 것이고 스톡통계는 특정 시점에 그 수준을 평가한 결과이다. 어느 시점에 한 사람의 키가 얼마인가는 스톡이고 그해 1년 동안 키가 얼마나 컸는가는 플로우라고 할 수 있다.

2) 여러 국가 또는 한 국가 내의 여러 지역들을 기준으로 작성된 산업연관표로는 아시아 · 태평양 지역산업연관표, WIODWorld Input-Output Database, ICIOInter-Country Input-Output Table 그리고 지역 산업연관표를 들 수 있다.

3) 한 지역이라 함은 국가 내의 한 지역일 수도 있고 글로벌 차원에서 한 국가일 수도 있다. 그러나 작성 대상이 하나로 한정되지 않고 여러 지역 또는 국가가 연결되어 작성되는 경우도 많기 때문에 '내'라는 용어를 사용하지 않았다. 특히 세계산업연관표에는 여러 국가의 산업 간 거래 내역이 포함되어 있고 포함되지 않은 나머지 국가는 기타 국가ROW: Rest of World의 한 국가로 통합되어 표기되어 있다.

4) 투자는 고정자본형성 투자와 재고증감 투자로 구분된다.

급은 일치하게 된다. 따라서 산업연관표에는 모든 재화와 서비스의 거래 내역이 포함되어 있다고 할 수 있다.[5)]

'일정한 원칙과 형식'은 산업연관표를 작성할 때 재화와 서비스에 대한 다양한 거래 내역을 표기하고 이를 처리하는 방식에 적용하는 기준을 의미한다. 경제통계는 한 시점 또는 기간의 상태를 파악하고 시간의 흐름에 따른 변화를 관찰하기 위해 이용되는 것은 물론 자기 지역의 구조나 수준을 다른 경제권과 비교하기 위해서도 이용된다. 따라서 산업연관표도 이전의 작성 결과는 물론 다른 경제 영역과의 비교 정합성을 확보하기 위해 일정한 원칙과 형식에 따라 작성되고 있다. 일정한 원칙과 형식으로 산업연관표와 GDP통계 등 국민계정통계National Accounts를 작성하기 위해 대부분 국가는 국민계정체계SNA: System Of National Accounts[6)] 매뉴얼의 권고 사항에 맞추어 작성하고 있다. 다만 국민계정체계가 권고하고 있는 기준을 이행하는 데 있어 산업연관표 작성과 관련하여 이용할 수 있는 자료의 종류와 수록하고 있는 내용이 시기별 · 국가별로 다를 수 있기 때문에 이용하기 전에 여러 사항을 고려해야 한다. 특히 국가별로는 SNA의 이행 수준이 서로 다른 것이 현실이기 때문에 국가 간 비교 분석을 할 때 주의가 필요하다.

'행렬 형태'는 2차원 평면상에서 여러 부문 간의 거래가 씨실과 날실처럼 서로 엮여 행렬 형태로 표기되어 있어 GDP나 물가통계와 같이 1차원 선상의 시계열통계와는 구조가 다르다는 것을 의미한다. 따라서 산업연관분석은 행렬대수학의 연산 방법을 활용한다.

5) 일부 거래는 수요와 공급 측의 한쪽이나 양쪽 모두에서 파악되지 않는 경우도 있는데, 이를 비관측 경제라고 한다.

6) SNA의 가장 최근 버전은 2008년판인데, 이를 일반적으로 2008 SNA라고 한다.

2 주요 용어에 대한 이해

이 절에서는 산업과 생산물, 활동, 기업과 사업장, 한국표준산업분류 체계, 가격 등 산업연관표를 중심으로 한 국민계정통계에서 다루는 주요 용어와 개념을 살펴본다.7)

가. 활동, 산업, 생산물, 사업장

산업연관표, 국민소득통계, 자금순환표, 국제수지, 국민대차대조표를 5대 국민계정이라고 하는데, 국민계정통계를 작성할 때 기준이 되는 국민계정체계에서 '생산'이라 함은 제도단위8)의 통제와 책임하에서 재화와 서비스 산출물을 생산하기 위해 노동, 자본, 재화, 서비스 등의 투입물을 사용하는 활동9)으로 정의된다.

참고 | 제도단위와 제도부문

제도단위는 개인 또는 가계라고 하는 형태의 개인 집단과 개인 또는 기타 실체가 소유하고 통제하지만 법률적 또는 사회적으로 그 개인 또는 기타 실체와는 독립된 존재로서 인식되는 법적 또는 사회적 실체이다(1993 SNA 4.3). 제도단위 중에서 후자는 법인기업, 비영리단체 또는 정부와 같이 그 자신의 책임하에 경제활동과 거래에 종사하는 법적 · 사회적 실체를 의미한다(1993 SNA 4.5). 거주자 제도단위는 5개의 제도부문으로 분류되며 이러한 거주자 제도단위를 모두 합쳐서 국내경제가 된다. 5개의 제도부문이란 ① 비금융 법인기업부문, ② 금융 법인기업부문, ③ 일반정부부문, ④ 가계에 봉사하는 비영리단체부문, ⑤ 가계부문으로 구성된다(1993 SNA 4.6).

7) 이 책자에서 설명한 용어에 대한 정의는 1993 SNA와 2008 SNA 매뉴얼을 기반으로 되어 있으므로 보다 자세한 내용은 이들 매뉴얼을 참고하면 된다.

8) 제도단위는 자신의 책임하에 자산을 소유하고 부채를 부담하며 경제활동에 종사하거나 다른 주체들과 거래를 할 수 있는 경제적 실체이다(1993 SNA 4.2).

9) 이러한 활동은 ① 산출물로 생산된 재화 또는 서비스의 유형, ② 사용 또는 소비된 투입물의 유형, ③ 이용된 생산 기법, ④ 산출물이 사용되는 방법 등과 같은 여러 가지 특성을 기준으로 분류하기도 한다. 그러나 현실적으로 이러한 구분이 어렵기도 하고 모호한 경우도 있는데, 그 예로 전력은 화력도 있고 수력도 있는데 이들의 전력 생산 방법은 다르지만 수요 방법은 동일한 것을 들 수 있다(1993 SNA 5.4).

생산활동은 주활동, 부차적 활동 그리고 부수적 활동의 세 가지로 구분된다. 세 가지 활동 중에서 산출과 생산을 측정하는 데 기준이 되는 것은 주활동과 부차적 활동이다.

주활동principal activities은 해당 제도단위가 부가가치를 가장 많이 창출한 활동이며 주활동을 통해 생산되는 상품은 주상품과 부산물로 구분된다. 부산물이란 주상품을 생산하는 과정에서 함께 생산된 것이다.

부차적 활동secondary activities은 주활동에 추가되어 수행되며 부차적 활동으로 만들어진 산출물도 주활동 산출물과 마찬가지로 사업장 외부로 이송되어 다른 단위에게 제공될 수 있어야 한다.[10)]

부수적 활동ancillary activities은 주활동 또는 부차적 활동에 부수되어 이루어지는 것인데, 기업이 효율적으로 경영하기 위해 수행하는 운송, 구매, 판매, 유지보수, 청소 등의 활동을 들 수 있다. 그러나 최근 들어 부수적 활동도 아웃소싱 등을 통해 외부에서 구입하여 중간재로 투입하는 경우가 증가하여 해당 분야의 시장이 확대되고 있다. 청소나 경비의 경우 회사 내에 고용되어 있는 담당 직원들이 수행하면 부수적 활동으로 구분되는데, 외부 업체를 통해 이들 서비스를 구입하여 이용하면 이 서비스를 만들어 제공하는 기업에서는 주활동 또는 부차적 활동을 통해 이루어진 생산으로 측정된다. 그리고 이를 이용하는 사업장은 해당 서비스를 구입해서 사용하였기 때문에 중간투입비용으로 처리해야 한다.[11)]

국민계정체계에서는 산업을 동일한 또는 유사한 종류의 활동에 종사하는 사업장establishment 집단으로 정의[12)]하는데, 국제표준산업분류에서 가장 세분화된 산업분류 수준은 한 개의 세분류에 속하는 사업장 집단이다. 이때 산업에는 시장생산자는

10) 부차적 활동으로 만들어지는 산출물로 잔폐물이 있는데, 잔폐물은 시장 공급을 목적으로 생산된 것이 아니라 생산 또는 소비 과정에서 스크랩으로 생성된 것이며, 단순히 폐기되는 쓰레기와 달리 생산 과정에서 원재료로 수요된다.

11) 예를 들어 어떤 사업장이 경비, 보안, 청소, 기계수리 등의 업무 분야에 대해 직접 직원을 고용하여 임금을 주는 경우에는 피용자보수로 기록되지만 외부 업체를 통해 동일한 직무가 이루어지면 서비스 구입, 즉 중간재로 투입된다. 따라서 이러한 현상은 서비스의 산출 규모는 물론 고용구조도 크게 변화시키고 있다.

12) 1993 SNA 5.40

물론 정부와 같은 비시장생산자도 포함된다. 그리고 이러한 활동의 결과로 만들어진 생산물이 두 개 이상인 경우가 있는데, 하나의 활동에 의해 두 개 이상의 생산물이 생산될 때 이들 생산물을 결합생산물joint products이라고 한다.[13)]

생산 현장이라고 할 수 있는 기업enterprise과 사업장을 개념적으로 살펴보면 다음과 같다. 일반적으로 기업은 기업체를 의미하는데, 기업체는 한 개의 지리적 위치에 있는 경우도 있지만 여러 지역에 산재되어 있는 본사, 공장과 지점처럼 여러 개의 단위사업장으로 구성되는 경우도 있어 형태가 다양하다. 또한 한국표준산업분류[14)]의 품목분류[15)]를 기준으로 보면 한 공장에서 생산하는 제품도 하나인 경우도 있고 두 개 이상인 경우도 있으며, 아예 성격이 다른 제품들이 생산되는 경우도 있다. 한 기업체가 여러 곳의 지리적 위치에서 여러 산업을 영위하고 다양한 상품을 생산하는 경우 어떤 산업으로 분류할 것인지는 통계 작성은 물론 분석에서도 중요한 고려 사항이다. 경제통계를 작성할 때 대부분은 산업을 기업체가 아니라 사업장 기준으로 분류한다.

국민계정체계에서 사업장은 한 지역에 위치하면서 한 종류의 생산활동만을 영위하거나 부가가치의 대부분을 주생산활동으로 생성하는 기업 또는 기업의 일부로 정의된다.[16)] 이때 사업장은 부차적 활동을 수행하더라도 부차적 활동을 통해 산출된 규모가 주활동보다 작아야 한다. 지리적 위치를 기준으로 동일한 사업장일지라도 만드는 제품 종류가 두 가지 이상인 경우에는 어떤 산업으로 분류할 것인지에 대한 기준도 필요하다.[17)] 분류 기준이 필요한 것은 산업 현장에서 발생한 구조적인 변화가 통계의 부문분류에 따라 방향이 다르게 나타날 수 있기 때문이다.

분류에 따른 결과 오류를 최소화하기 위해서는 통계 작성자는 물론 통계이용자도 표준적으로 적용할 수 있는 상품에 대한 분류 체계를 면밀히 검토해야 한다.

---

13) 결합생산물 예로는 소를 도축하였을 경우 고기와 가죽이 산출되는 것을 들 수 있다.

14) 한국표준산업분류KSIC에 대한 사항은 나.절에서 설명한다.

15) 품목분류는 KSIC 8 digits에 해당하는 것이다.

16) 1993 SNA 5.21

17) 이때 적용하는 기준은 국가별로 다른데, 어떤 국가는 대분류 기준으로 사업장을 분리하기도 하고 최근 몇 년간의 생산 실적의 평균을 기준으로 분류하기도 한다.

우리나라에서는 어떤 사업장이 생산하고 있는 상품을 어떤 부문으로 분류하는지는 한국표준산업분류의 품목분류를 이용한다. 제9차 한국표준산업분류에 의해 상품과 산업을 분류하는 예를 들면 다음과 같다.[18)]

한 사업장이 전자제품을 생산하고 있는데 출하액을 기준으로 TV가 90%, 냉장고가 10% 생산되고 있으며, 창출된 부가가치도 출하 비중과 동일하다고 가정하자. TV의 경우에는 LCD TV와 PDP TV를 생산하고 각 TV의 화면 크기도 다양하며, 냉장고도 소형, 중형, 대형으로 나뉜다. 그러면 제9차 한국표준산업분류에 의해 그 사업장이 생산하는 다양한 제품들은 다음과 같이 상품과 산업으로 분류된다.

생산품을 KSIC 품목분류[19)]에 따라 분류하면, 다양한 형태의 TV는 FPDFlat Panel Display라는 한 품목으로 분류되고 냉장고는 소형, 중형, 대형 등 세 개 품목으로 각각 분류된다. 따라서 이 사업장이 생산하고 있는 다양한 제품들은 총 네 개의 품목으로 분류되고 이 사업장은 앞에서 정의한 주활동, 즉 부가가치를 가장 많이 창출하는 활동은 TV제조활동이기 때문에 산업은 TV제조업으로 분류한다.[20)]

생산물과 산업분류는 공급사용표에서 중요한 개념이며 투입산출표에서는 동질적 생산단위로 분류해야 하기 때문에 주활동과 더불어 하나 이상의 부차적 활동을 수행하면 해당 사업장은 활동의 개수만큼 분류해야 한다.[21)] 이와 같이 부문분류에 적용하는 기준은 상황별로 다르기 때문에 통계를 작성하고 이용할 때 주의가 필요하다.[22)]

---

18) 이러한 표준분류체계를 따르지 않고 크기와 고유 기능에 따라 모두 분류한다면 우리나라에서 생산하는 상품의 분류는 거의 불가능한 지경에 이를 것이다.

19) KSIC에서 가장 자세한 산업분류는 5 digits로 되어 있고 품목분류는 이 세세분류를 품목 기준으로 더 세분화된 8 digits로 되어 있다. 자세한 내용은 나.절의 한국표준산업분류KSIC에 설명한다.

20) 본문에서 언급한 예와 달리 극단적으로 다른 상품인 TV와 음식료품을 한 사업장에서 생산하는 경우와 TV와 냉장고를 생산하되 그 비중이 50 대 50으로 같은 경우에는 분류 기준이 다르다. SNA에서는 특정 종류의 생산활동을 수행하는 각 작업장을 사업장으로 식별하기를 권고2008 SNA 5.17하기 때문에 전자의 경우 TV와 음식료품을 각각 분리하여 생산을 인식한다. 그리고 부차적 활동으로 인식되는 것이 주활동에 버금갈 정도의 비중을 갖는 경우에는 별도의 사업장으로 분리하기를 권고2008 SNA 5.15하고 있으므로 역시 TV제조업과 냉장고제조업으로 분류한다.

21) 2008 SNA 5.54

22) 각 국가는 생산하는 주요 품목이 서로 다르기 때문에 부문분류도 자국 산업의 특징에 맞게 분류한다.

나. 한국표준산업분류KSIC

경제통계를 활용하여 분석하는 것은 물론이고 사회현상을 체계적으로 파악하기 위해서도 가.절에서 언급한 것처럼 표준적이고 정합성을 확보할 수 있는 분류 체계가 필요하다. 우리나라에서는 산업과 상품을 분류할 때 일반적으로 한국표준산업분류KSIC: Korea Standard Industry Classification를 기준으로 한다.

한국표준산업분류는 산업과 관련된 다양한 자료들을 체계적으로 비교할 수 있게 하고 통계분석의 이해도를 높이기 위한 것인데, 1963년에 한국 정부가 광업 및 제조업에 대해 제정했던 것이 우리나라 산업분류 체계의 시작이었다.

한국표준산업분류가 제정된 이후 기존에 생산 판매되던 제품이 시장에서 사라지거나 경제에서 차지하는 비중이 바뀌고 또 새로운 상품이 등장하는 등 환경이 지속적으로 변화함에 따라 한국 정부는 2008년 9차까지 8번에 걸쳐 개정하였다. 현재는 2017년 1월에 개정 발표된 제10차 한국표준산업분류가 표준안으로 이용되고 있다. 제10차 한국표준산업분류는 국제적인 산업분류의 표준인 국제표준산업분류ISIC: International Standard Industry Classification Rev. 4를 기본 체계로 하여 우리나라의 산업 실정에 맞도록 재분류된 것이다.

한국표준산업분류의 구조와 체계는 산업과 품목분류 두 개로 구성되어 있는데 내용은 다음과 같다. 산업분류는 대분류sections, 중분류divisions, 소분류groups, 세분류classes, 세세분류sub-classes 등 5단계로 되어 있다. 대분류는 알파벳을 사용하고 중분류부터 세세분류까지는 숫자로 구분되어 있는데, 중분류는 2자리 숫자, 소분류는 3자리 숫자, 세분류는 4자리 숫자, 세세분류는 5자리 숫자로 되어 있다. 분류 코드가 한 자리씩 추가될수록 분류가 세분화된다.

제10차 한국표준산업분류에서 대분류는 [표 2-1]과 같이 제조업은 하나로 통합되어 있고 서비스업은 자세하게 구분되어 있다. 제조업은 중분류부터 자세하게 분류되는데 세세분류에서는 477개로 분류되어 총 1,196개에서 40%를 차지하고 있다.

| 표 2-1 | KSIC 제 10차 개정(안) 대분류 구조

A. 농업, 임업 및 어업
B. 광업
C. 제조업
D. 전기, 가스, 수도 및 공기 조절 공급업
E. 수도, 하수 및 폐기물 처리, 원료 재생업
F. 건설업
G. 도매 및 소매업
H. 운수 및 창고업
I. 숙박 및 음식점업
J. 정보통신업
K. 금융 및 보험업
L. 부동산업
M. 전문, 과학 및 기술 서비스업
N 사업시설 관리, 사업 지원 및 임대서비스업
O. 공공 행정, 국방 및 사회보장 행정
P. 교육서비스업
Q. 보건업 및 사회복지서비스업
R. 예술, 스포츠 및 여가관련 서비스업
S. 협회 및 단체, 수리 및 기타 개인서비스업
T. 가구 내 고용활동 및 달리 분류되지 않은 자가 소비 생산활동
U. 국제 및 외국기관

분석 목적으로 이용되는 상품 기반의 투입산출표와 한국표준산업분류를 연계시키기 위해서는 품목분류가 필요한데, 한국표준산업분류는 제조업 세세분류에 세 자리를 추가한 여덟 자리의 품목분류를 제공하고 있다. 품목분류는 공급사용표와 투입산출표의 상품분류에 활용된다. 다만 각 경제통계는 고유의 기능과 작성 목적 그리고 시계열을 갖고 있기 때문에 한국표준산업분류 체계와 완벽하게 일치하지 않는 것이 일반적이다. 예를 들어 투입산출표가 산업연관분석이라는 고유 목적을 충족시키기 위해서 투입산출표의 분류 체계도 특성이 반영되어야 한다.[23]

23) 투입산출표의 부문분류는 투입구조와 배분구조의 동질성과 유사성도 고려해야 할 사항이다.

다. 가격

산업연관표와 GDP 등 국민계정통계를 이용할 때 또 고려해야 할 사항으로는 생산 또는 산출이 어떤 가격으로 평가되었는지이다. 어떤 가격으로 평가할 것인가는 재화나 서비스를 만들어 파는 생산자의 가격과 거래 단계가 추가됨에 따라 각 거래에 수반된 비용이 포함된 최종적인 구매자의 가격이 다르기 때문이다. 즉 각 거래 단계에 있는 단위들은 사용한 비용과 이윤 그리고 부가가치세와 같은 세금 등을 가격에 반영하여 다음 단계의 구매자에게 판매하기 때문에[24] 어느 단계에서 평가하느냐에 따라 가격이 달라진다.

국민계정의 가격은 기초가격, 생산자가격, 구매자가격 등 세 가지로 구분된다. 거래 당사자의 입장에 따라 가격이 어떻게 달라지는지 최초생산자와 최종구매자인 소비자 간에 생수 한 병이 거래되는 예를 통해 보면 다음과 같다.

소비자 A가 생수 한 병을 1,000원에 구입했다면 생수 한 병의 가격에는 공장에서 생수를 제조한 업자가 판매한 가격, 운송비(화물운임) 그리고 대리점과 같은 도매업자와 편의점과 같은 소매점의 도소매마진 또 부가가치세 등 세금을 포함하고 있다고 가정할 수 있다.[25] 이 경우에 생산업자가 공장에서 생수를 제조 출하하고 받은 가격을 기초가격이라고 하고, 부가가치세 등 생산물에 붙는 세금이 포함된 것을 생산자가격이라고 한다. 그리고 화물운임, 도소매마진과 부가가치세 등의 세금[26]이 모두 포함된 가격, 즉 생산자가 출하한 가격에 거래 단계에서 발생한 추가비용이 모두 포함되어 소비자가 구매한 가격을 구매자가격이라고 한다.[27] 이러한 관계를 수식으로

24) 담배의 경우 최종소비자가 구매하기 위해 지불하는 가격에는 담배세가 포함되어 있는 반면, 생산자의 매출에는 담배세가 빠지기 때문에 구매자와 생산자 간에는 큰 가격의 차이가 존재한다.

25) 물론 생산자와 소비자의 양 당사자 간에 직거래가 있을 수도 있는데, 유통 단계가 복잡한 거래에도 이를 단순화하면 세 가지로 구분할 수 있다.

26) 정확하게는 생산물세를 의미하며 실제 생산자가격에서는 생산물보조금이 생산물세에서 차감된 순생산물세가 더해진다.

27) 구매자 입장에서는 하나의 구매자가격으로 지불하였지만 생산자 또는 기초가격으로 전환하면, 구매자는 생산자가 제공한 기초가격에 화물운임과 도소매마진을 포함하여 구입한 것이므

표현하면 다음과 같다.

구매자가격 = 구매자가 지불한 가격

생산자가격 = 구매자가격 − 도소매마진 − 화물운임

기초가격 = 생산자가격 − 생산물세 + 생산물보조금

산업연관표를 이용하여 분석할 때는 어떤 가격으로 작성된 표를 이용하느냐에 따라 결과가 다를 수 있다. 산업연관표를 작성할 때 가격 평가는 산업 간 거래 내역을 나타내는 내생부문에 대해서는 물론이고 민간소비지출 등 최종수요에도 동일하게 적용되기 때문이다. 주 24)처럼 담배 소매점에서 거래가 발생하면 담배에 대한 구매자가격과 기초가격은 담배소비세 때문에 큰 차이가 발생한다. 따라서 파급효과를 분석할 때 투입산출표의 내생부문과 최종수요 내역에 있는 항목이 구매자가격, 생산자가격, 기초가격 중 어떤 가격으로 평가되어 있는지에 따라 구매자가 지출한 행위와 분석 결과가 다를 수 있다.

거래 내역과 산출 결과에 대한 가격을 평가하는 요소는 화물운임, 도소매마진과 더불어 세금이다. 세금은 1993 SNA에서 [그림 2-1]과 같이 분류되는데, 간접세라고 불리던 것이 1993 SNA에서부터 생산세로 변경되어 사용되고 있다.

그림 2-1 SNA의 조세 체계

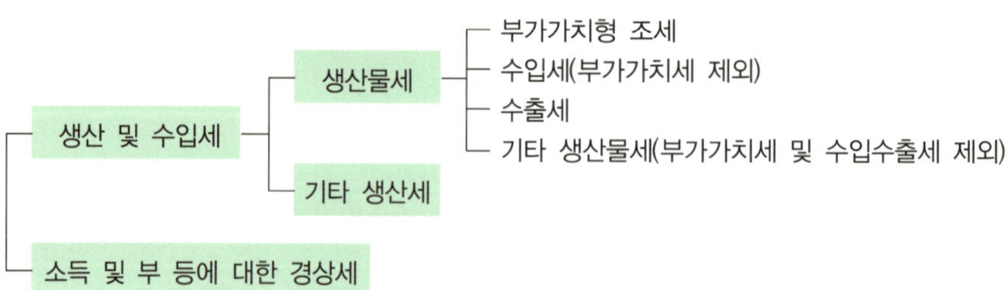

로 세 가지 재화와 서비스를 구입한 것과 같다. 즉 화물운임은 운수서비스를 구입한 것이고 도소매마진은 상업서비스를 구입한 것이다.

가격 구분에 영향을 주는 세금은 생산물세인데, 생산물세는 생산자가 재화 및 서비스를 생산, 배달, 판매, 이전 또는 기타 용도로 사용하였을 때 동 재화 및 서비스에 부과되는 조세이다. 그리고 기타 생산세는 생산에 사용된 토지, 건물, 기타 자산의 소유 또는 이용에 대한 조세와 고용된 노동력에 대한 조세이다.

생산물세와 더불어 생산물보조금도 가격 평가에 영향을 주는데, 보조금이란 정부가 기업에게 대가 없이 제공하는 경상적 지급액을 말한다. 보조금은 영업잉여에 생산세와 반대 방향으로 영향을 미치기 때문에 부(負)의 생산세라고도 한다. 보조금도 생산 및 수입세가 생산물세와 기타 생산세로 구분된 것처럼 생산물보조금과 기타 생산보조금으로 나뉜다. 생산물보조금은 재화 및 서비스가 생산, 판매 또는 수입되었을 때 지급되는 것이 일반적인데, 생산물세에서 생산물보조금을 차감한 것을 순생산물세라고 한다. 기타 생산보조금은 기업이 생산에 참여하여 수취하는 보조금 중에서 생산물보조금 이외의 보조금이다.

라. 자가공정과 잔폐물

제3절의 투입산출표 [그림 2-6] 형식은 한국의 2010년 실측 산업연관표의 투입산출표인데, 표의 공급 측에 자가공정 산출이 있다는 것과 잔폐물을 일괄 계상하여 처리한 특징이 있다.

자가공정이란 사업장 내에서 생산된 생산품이 외부로 판매되지 않고 동일 사업장 내에서 다른 제품을 생산하기 위해 사용되는 것인데, 자가공정에 포함되는 것은 자기 사업장 내에서 중간재로 사용된 생산품이 시장을 통해 사업장 간에 거래되는 것에 한정된다.[28]

28) 예를 들어 철강업체에서 생산된 선철은 일관공정에 의해 조강을 생산하는데 직접 사용되는 것이 있고 다른 사업장에 중간재로 사용되기 위해 판매되는 것이 있는 경우에 일관공정에 의해 조강생산을 위해 사용된 선철의 산출액은 후자의 시장거래에 의해 사용된 선철과 동일하게 처리 평가하여 합산한다. 자가공정은 자가소비라고도 하며 이렇게 실제 시장에서 거래되는 것과 다르게 자가공정 개념을 설정하여 처리하는 것은 분석 목적의 투입산출표 작성에서 중요한 가정인 산업연관분석의 파라미터인 투입계수가 고정적(각 부문은 하나의 생산함수를 갖고 있음)이라는 기

총공급에 자가공정 항목이 추가되는 이유는 각 상품은 동일한 기술구조에 의해 생산된다는 산업연관분석의 기본 가정을 충족하고 일관 공정에 의한 생산이 다른 사업장으로 분리될 경우 기술 변동은 없으나 시장 규모 변동이 발생한 것처럼 나타나는 것을 방지할 수 있는 측면이 있기 때문이다. 따라서 공급사용표에 비해 투입산출표의 산출액은 자가공정 산출액만큼 증가하게 된다.[29]

자가공정 처리 여부는 분석 결과에 많은 영향을 주는 것이 사실이다. 자가공정 처리를 하게 되면 실제 시장에서 거래되는 것과 다른 규모로 경제구조를 파악하는 단점이 있는 반면, 자가공정 처리를 하지 않는 경우에는 기존에 자가공정에 해당하는 생산 라인이 아웃소싱되면 기술구조가 변화된 것으로 나타나는 문제가 발생할 수도 있다. 그러나 자가공정은 일반적으로 철강이나 화학산업과 같이 공정을 분리하기가 어려운 경우에 많이 발생하며 투입산출표의 이러한 독특한 처리 방식으로 여느 통계와 연결하여 비교분석할 때는 주의가 필요하다. 따라서 일관된 방법으로 작성된 투입산출표를 이용하여 구조의 변화를 분석하거나 다른 국가와 비교할 때는 동일한 기준으로 조정하는 과정이 필요하다.[30]

자가공정 처리는 산업연관분석의 결과가 다른 통계를 이용한 경제분석의 결과는 물론 시장에서 인지하는 것과 다르게 발생하는 경우가 있다. 그리고 제3절에서 설명한 공급사용표에는 자가공정 처리를 하지 않는데, 많은 국가가 공급사용표를 작성하고 이를 이용해 산업연관분석을 하기 때문에 국가 비교에도 다른 결과가 발생할 수 있다. 따라서 한국은행은 2015년 실측산업연관표부터 자가공정 처리를 하지 않았다.

잔폐물을 산업연관표에서 처리하는 방식은 크게 두 가지로 구분된다. 하나는 부(−)의 투입 방식(R. Stone 방식이라고도 함)이고, 다른 하나는 일괄계상 처리 방식인데

본 가정을 반영하기 위한 것이다.

29) 자가공정 처리는 한국과 일본 등 투입산출표를 작성하는 일부 국가에서 산업연관분석의 기본적인 가정을 반영하기 위한 것인데, 공급사용표를 작성한 다음 이를 투입산출표로 전환하여 분석하는 경우에는 자가공정 처리를 하지 않았기 때문에 생산유발계수의 크기가 다르게 나타난다.

30) 취업계수(=취업자수/산출액)를 계산하는 경우 어떤 산업의 취업자수는 이미 정해져 있는 반면 산출액이 자가공정 처리를 통해 증가하게 되면 동 계수가 하락하는 경우를 들 수 있다.

2010년 산업연관표에 이용된 것이다.

부(−)의 투입 방식은 구매자가격평가표상의 각 거래액에서 잔폐물 발생액을 차감하여 생산자가격평가표에서 잔폐물 형태별로 합쳐서 전환하는 방법이다. 산업연관표에서 대부분의 부문들은 투입구조가 양(+)의 값인데 이는 해당 부문이 생산을 위해 비용을 지출하였다는 것이다. 반면에 생산 과정에서 잔폐물이 발생하면(예를 들어 인쇄공장에서 폐지가 발생하여 제지공장에게 파는 경우) 음(−)의 값이 발생하는데 이는 비용에 대비되는 개념으로 수입이 그만큼 발생하였다는 것을 의미한다. 이처럼 특정 잔폐물(예 폐지)을 원재료로 사용하는 부문(예 제지공장)은 비용을 들여 구입하지만 별도의 생산활동으로 잔폐물(예 폐지)을 만들어 공급하는 부문은 없다. 다시 말하면 폐지를 원료로 사용한 부문은 있지만 생산하여 공급한 부문이 없다는 것이다. 부(−)의 투입 방식은 잔폐물이 발생한 부문(예 공장)의 투입구조에서 해당 금액만큼 (−) 처리하고 수요한 부분에서 해당 금액만큼 (+) 처리하여 해당 잔폐물의 배분구조에서 수요와 공급을 더하면 0의 값으로 일치하고 잔폐물 발생부문(예 공장)의 투입구조에서는 영업잉여에 그만큼 (+)가 되는 방식으로 처리하는 것이다.[31)]

일괄계상 처리 방식은 잔폐물 종류와 상관없이 공급과 수요에 잔폐물을 한 부문으로 두고 계상하는 방식인데, 많은 국가들이 이 방식으로 작성하고 있다. 일괄계상 처리 방식은 공급사용표와 같이 내생부문 거래 내역보다 경제활동별 GDP 추계에 초점이 맞추어진 방법이며 생산유발계수나 부가가치유발계수 등 계수 도출에 문제가 있을 수 있다. 그러므로 미국의 경우 공급사용표를 이용하여 산업연관분석을 할 경우 추정 방식에 의해 잔폐물을 (−)의 투입으로 처리하고 있다.

31) 만약에 어떤 공장에서 만들고 있는 제품보다 잔폐물의 산출 판매액이 더 크다면 잔폐물은 역할이 변경될 수도 있다.

3 공급사용표와 투입산출표

산업연관표는 공급사용표SUT: Supply-Use Tables와 투입산출표IOT: Input-Output Table[32]로 구분된다. 공급사용표는 1993 SNA에서 채택된 형식으로 이전에 사용되던 매뉴얼인 1968 SNA에서는 UV표라고 하였다.[33] 한국은행이 1960년 산업연관표부터 작성하여 발표한 산업연관표는 투입산출표이다.

공급사용표와 투입산출표를 먼저 간략히 살펴보고 본 절의 뒤에서 자세히 설명하도록 한다. 공급사용표는 통계를 목적으로 작성되고 투입산출표는 분석을 목적으로 작성된다. 한국에서는 2010년 산업연관표부터 투입산출표와 공급사용표가 동시에 작성되고 있는데, 대부분 국가에서는 공급사용표와 투입산출표 중에서 한 개만 작성하고 있다. 통계 목적으로 작성된 공급사용표도 수학적 기법으로 투입산출표 전환 과정을 거쳐서 산업연관분석에 이용되는데 전환 방법도 뒤에서 살펴보도록 한다.[34]

공급사용표와 투입산출표의 구조와 차이점 등은 산업과 상품의 개념, 가격의 차이 등에 대한 용어와 정의에 따라 살펴볼 수 있는데, 산업연관분석을 위해 일반적으로 이용하는 산업연관표는 [그림 2-2]와 같은 형태의 투입산출표이다.

32) 투입산출표는 내생부문 분류가 「상품×상품」의 대칭이기 때문에 Symmetric Input-Output Table 또는 SIOT라고도 한다.

33) 1993 SNA 이전 버전인 1968 SNA에서 공급표(V표라고 함)는 「산업×상품」이고 사용표는 「상품×산업」인데, 일부 국가는 최근까지도 이 형태로 작성하고 있다.

34) 공급사용표를 투입산출표로 전환하는 세부 사항은 (부록 F)에 수록되어 있다.

그림 2-2 **투입산출표의 기본 구조**

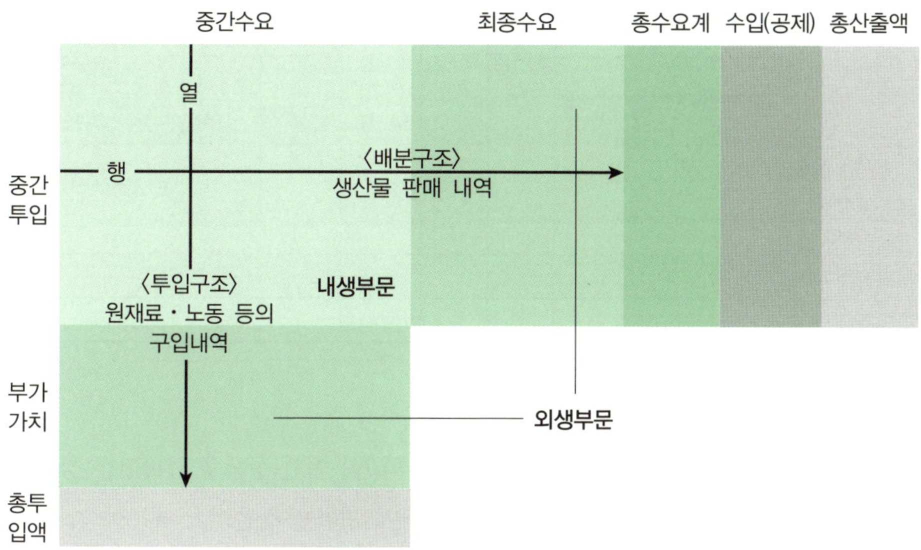

가. 공급사용표SUT: Supply–Use Tables

공급사용표는 공급표Supply Table와 사용표Use Table 두 개로 구성되어 있다. 두 표 모두 행은 상품으로, 열은 산업으로 되어 있어 행렬 기준으로 보면 「상품×산업」의 동일한 형식이지만 경제적 의미 등은 다르다.

(1) 공급표

공급표는 각 산업이 어떤 종류의 재화와 서비스를 얼마만큼 공급하였는지 그리고 어떤 재화 또는 서비스가 각 산업에서 얼마만큼 공급되었는지의 내역을 [그림 2-3]과 같은 방식으로 나타낸 것이다.

그림 2-3 **공급표**Supply Table **형식**

<table>
<tr><td colspan="2" rowspan="2"></td><td colspan="3">산업</td><td rowspan="2">총산출
(A)</td><td rowspan="2">수입
(B)</td><td rowspan="2">총공급
(기초
가격)
(A+B)</td><td colspan="3">가격전환 벡터(C)</td><td rowspan="2">총공급
(구매자
가격)
(A+B+C)</td></tr>
<tr><td>농림어업</td><td>제조업</td><td>서비스업</td><td>순
생산물세</td><td>도소매
마진</td><td>화물
운임</td></tr>
<tr><td>상품</td><td>농림수산품
공산품
서비스</td><td></td><td></td><td></td><td></td><td></td><td></td><td></td><td></td><td></td><td></td></tr>
<tr><td colspan="2">해외직접구매</td><td></td><td></td><td></td><td></td><td></td><td></td><td></td><td></td><td></td><td></td></tr>
<tr><td colspan="2">계</td><td></td><td></td><td></td><td></td><td></td><td></td><td></td><td></td><td></td><td></td></tr>
</table>

(음영) 내는 기록이 없음

공급표를 열(세로) 방향으로 보면 각 산업(예 제조업)이 어떤 상품을 얼마만큼 공급하였는지를 알 수 있으며, 이 내역은 공급자 입장에서 평가한 산출이기 때문에 각 상품의 공급을 모두 합한 것은 그 산업의 기초가격 산출액이 된다. 한편 공급표에는 상품 분류 밑에 해외직접구매라는 항목이 있는데, 이는 국내거주자가 해외현지에서 여행 등을 통해 직접 구매한 것이다. 이 항목은 행(가로) 방향으로 국내총산출 옆의 열에 있는 수입(B) 벡터의 한 항목으로 표기된다. 즉 공급표상에서 해외직접구매에는 해외에서 어떤 상품을 구매하였는지에 대한 내역은 표기되지 않고 총합계만 기록되어 있다.

공급표를 행 방향으로 보면 어떤 상품이 어느 산업에서 얼마만큼 공급되었는지를 알 수 있다. 이때 각 산업은 국내에서 생산활동한 것만을 대상으로 하기 때문에 이들 상품들도 국내에서 생산된 것이다. 따라서 이들 각 상품들의 각 산업별 공급 내역을 행 방향으로 합한 것이 그 상품의 기초가격 총산출(A)이 된다. 한편 이들 각 상품은 (A)와 같이 국내산출을 통해 공급된 것만 있는 것이 아니고 해외에서 수입(B)된 것도 있기 때문에 국내총산출의 벡터 열에 기초가격으로 평가한 수입 벡터[35]를 추가하고 (A)와 (B)를 더하면 각 상품을 기초가격으로 평가한 총공급(A+B)이 된다.

35) 수입품에 대한 기초가격은 CIF로 평가한 것이다.

이렇게 기초가격으로 시장에 진입한 상품은 거래 과정을 통해 도소매업체들이 수취하는 도소매마진, 그리고 운수업체가 수취하는 화물운임 등과 또 부가가치세와 같은 생산물세 등이 추가되는데 이들 항목들을 기초가격 총공급에 더하면 구매자가격으로 된 총공급액(A+B+C)이 된다. 이때 기초가격에서 구매자가격으로 전환할 때 이용되는 순생산물세, 도소매마진과 화물운임 벡터를 가격전환 벡터valuation vectors(C)라고 한다. 즉 가격전환 벡터는 기초가격으로 된 상품 산출액을 구매자가격으로 전환하는 역할을 한다.

따라서 공급표를 이용하면 각 상품의 기초가격 공급액은 물론 구매자가격 공급액도 파악할 수 있다. 공급표의 가격 체계를 행 방향으로 보면 다음과 같이 정리할 수 있다.

상품별 총공급액(기초가격) = 상품별 산출액(기초가격) + 상품별 수입(CIF)

상품별 총공급액(구매자가격) = 상품별 총공급액(기초가격) + 가격전환 벡터(도소매마진, 화물운임, 순생산물세, 관세, 수입상품세)

(2) 사용표

사용표는 각 산업이 생산을 위해 국내와 해외에서 공급된 상품 중에서 어떤 상품을 얼마나 사용하였고 노동, 자본 등 본원적 요소의 투입에 대한 지출비용이 얼마인지를 나타낸다. 그리고 소비, 투자, 수출 등 최종수요 항목들의 상품 구성도 규모별로 표기되어 있다.

사용표는 공급표가 한 표에서 기초가격과 구매자가격을 함께 표기하는 것과 달리, 각 부문 간의 거래 내역에 순생물세가 포함되었는지 여부에 따라 구매자가격 사용표와 기초가격 사용표 두 개로 구분된다. 그리고 각 상품이 공급된 지역을 기준으로 국산품으로 된 국산 사용표와 수입품으로 된 수입 사용표로 구분되기도 한다. 구매자가격으로 된 사용표의 형식은 [그림 2-4]와 같다.

그림 2-4 구매자가격 사용표Use Table 형식

(B=B1+B2) 구매자가격 사용표(=국산+수입)

		중간수요(산업 기준)				최종수요				총수요
		농림어업	제조업	서비스업	중간 수요계	소비	투자	수출	최종 수요계	
상품	농림수산품									
	공산품									
	서비스									
국내직접판매						(−)		(+)	(0)	(0)
해외직접구매										
순생산물세										
중간투입계										
부가가치										
총투입계										

(B1) 구매자가격 사용표(수입)

		중간수요(산업 기준)				최종수요				총수요
		농림어업	제조업	서비스업	중간 수요계	소비	투자	수출	최종 수요계	
상품	농림수산품									
	공산품									
	서비스									
국내직접판매										
해외직접구매										
순생산물세										
중간투입계										

(B2) 구매자가격 사용표(국산)

		중간수요(산업 기준)				최종수요				총수요
		농림어업	제조업	서비스업	중간 수요계	소비	투자	수출	최종 수요계	
상품	농림수산품									
	공산품									
	서비스									
국내직접판매						(−)		(+)	(0)	(0)
해외직접구매										
순생산물세										
중간투입계										

(회색 칸) 내는 기록이 없음

[그림 2-4]의 사용표를 행 방향으로 보면 각 상품[36]이 어떤 산업의 생산활동에 중간재로, 그리고 소비, 투자, 수출 등 최종수요로 얼마나 사용되었는지 알 수 있다. 이때 각 산업의 생산활동에 중간재로 사용된 것을 중간수요라고 하고, 소비, 투자, 수출 등에 사용된 것을 최종수요라고 한다. 이들 중간수요와 최종수요를 합한 것이 총수요인데 총수요 벡터는 [그림 2-3]의 공급표의 상품별 구매자가격 총공급 벡터와 일치한다.

열 방향으로 보면 각 산업이 생산을 위해 농림수산품, 공산품, 서비스 등 각종 상품을 원·부재료로 얼마나 사용하였으며 본원적 요소에 대한 지출인 부가가치를 얼마나 투입하였는지를 알 수 있다.[37] 사용표에서 각 산업이 생산을 위해 중간재로 사용한 상품 내역을 더한 것을 중간투입이라고 하며, 중간투입과 부가가치를 합한 것을 총투입이라고 한다. 따라서 사용표를 이용하면 산업별 산출 규모는 물론 산업별 GDP[38]와 그리고 소비와 투자, 수출 등 최종수요 항목별 상품 구성을 통해 지출 측면의 국민소득(지출국민소득)도 파악할 수 있다.

[그림 2-4]의 사용표에는 공급표에 있는 해외직접구매와 더불어 국내직접판매라는 항목이 추가되어 있다. 동 항목은 내역 파악이 가능한 경우 해당 부문에 직접 기재할 수도 있는데, 이는 공급표상의 해외직접구매에 대해서도 마찬가지이다. 공급표에 있는 해외직접구매의 경우, 국내거주자가 해외여행 등에서 구매한 상품을 금액으로 합산한 것이기 때문에 이에 대해서는 가계가 해외직접구매의 지출 주체라고 판단하여 이들 합계액을 최종수요에 있는 소비의 구성 항목으로 기록한다. 따라서 동 금액은 공급표의 수입 벡터 하단에 있는 해외직접구매액과 같다.

국내직접판매는 해외거주자(예 국내에 여행을 온 외국인)가 국내에서 직접 구매한 것이기 때문에 국내 입장에서는 상품 수출과 같다고 할 수 있다. 그런데 재화흐름법[39]으

36) 이때 각 상품은 국산품으로 된 것과 수입품으로 된 것, 그리고 이들 상품이 모두 합쳐진 것 등 세 개로 구분된다. 상품이 모두 합쳐진 것이 [그림 2-4]의 (B)이고, 수입품으로 된 것이 (B1), 국산품으로 된 것이 (B2)이다.

37) 사용은 투입산출표에서 투입과 같은 것이다.

38) 산업별 GDP는 경제활동별 GDP라고도 한다.

39) 재화흐름법은 각 생산물의 유통 과정을 추적하여 배분구조를 파악하는 것인데, 특정 상품이

로 소비 벡터를 추계한 경우에는 그 금액만큼 이중 계상이 되기 때문에 합산금액을 소비 벡터의 아래 항목에 (−)로 표기하여 제거하고 동 금액을 수출 벡터의 아래 항목으로 이동시켜 (+)로 표기한다. 이 과정을 통해 해외거주자가 국내에서 구입한 상품은 수출로 처리된다.

기초가격 사용표인 [그림 2-5]를 살펴보면 다음과 같다. 구매자가격 사용표와 비교하여 다른 점은 순생산물세와 도소매마진과 화물운임이 부문 간의 거래 내역에서 분리되어 별도 벡터로 표기되는 것이다. 다시 말하면 구매자가격에는 상품 구매자가 구입하면서 지불한 가격, 즉 생산자가 공급한 가격에 생산물세와 운수서비스 마진, 도소매마진이 더해져 있지만 기초가격으로 작성된 사용표에는 생산물세와 이들 마진 등이 제거되어 생산자가 공급한 가격만 거래 내역에 표기된다. 이때 생산을 위해 원·부재료를 구입하면서 지급한 순생산물세(= 생산물세 − 생산물보조금)를 원·부재료의 중간재 투입에서 차감한 다음 이를 더하여 하나의 벡터로 기록된다. 그리고 순생산물세 처리와 비슷하게 원·부재료 구입에 지불한 마진 중에서 도소매마진은 도소매서비스 벡터로 합쳐져 도소매서비스 투입으로, 화물운임은 운송서비스 벡터로 합쳐져 운송서비스 투입으로 표기[40]된다.

구매자가격 사용표를 기초가격 사용표로 전환하는 과정에서 별도의 벡터로 표기되는 마진은 각 산업이 산출을 위해 상업서비스와 운송서비스를 중간재로 사용한 것, 즉 서비스를 생산에 투입한 것이 된다. 이렇게 도출된 기초가격 사용표의 총수요는 공급표의 기초가격 총공급액과 일치한다.

공급사용표에서 해외직접구매와 국내직접판매가 합산되어 있는데 내역 구분이 가능하면 수입과 수출에 직접 포함시켜 기록하고 이 벡터를 제거할 수도 있다.

사용표는 산업별 산출은 물론 산업별 GDP 측정에도 이용된다. 사용표 이용에서

소비로 배분되는 내역을 파악하는 데 있어 투자, 수출, 중간수요 등의 정보가 소비를 직접 추계하는 것보다 정확할 때 이용되는 방법이다.

40) 생수를 이용해 설명하면 생수를 1,000원 주고 한 병 사면 구매자가격 사용표와 달리 기초가격 사용표에서는 1,000원에 포함된 편의점 등이 취하는 마진을 도소매서비스 구입으로, 편의점 등에 배달하는 과정에서 운수업자가 취한 것은 운수서비스 구입으로 표기함으로써 서비스 산업과 연계시키게 된다.

그림 2-5 기초가격 사용표Use Table 형식

(C=C1+C2) 기초가격 사용표(=국산+수입)

		중간수요(산업 기준)				최종수요				총수요
		농림어업	제조업	서비스업	중간 수요계	소비	투자	수출	최종 수요계	
상품	농림수산품									
	공산품									
	서비스									
국내직접판매						(−)		(+)	(0)	(0)
해외직접구매										
순생산물세										
중간투입계										
부가가치										
총투입계										

(C1) 기초가격 사용표(수입)

		중간수요(산업 기준)				최종수요				총수요
		농림어업	제조업	서비스업	중간 수요계	소비	투자	수출	최종 수요계	
상품	농림수산품									
	공산품									
	서비스									
국내직접판매										
해외직접구매										
순생산물세										
중간투입계										

(C2) 기초가격 사용표(국산)

		중간수요(산업 기준)				최종수요				총수요
		농림어업	제조업	서비스업	중간 수요계	소비	투자	수출	최종 수요계	
상품	농림수산품									
	공산품									
	서비스									
국내직접판매						(−)		(+)	(0)	(0)
해외직접구매										
순생산물세										
중간투입계										

(회색 칸) 내는 기록이 없음

가격 문제는 별개로 하더라도[41] 사용표는 결합생산, 즉 한 산업에서 여러 상품이 생산 공급되기 때문에 행과 열에 대해 일관된 해석이 어렵다. 이러한 문제를 완화한 것이 투입산출표라고 할 수 있다.

나. 투입산출표IOT: Input-Output Table

부문 간 상호연관관계분석을 위해 투입산출표Input-Output Table를 이용하는 가장 큰 이유는 「상품×상품」행렬로 되어 있어 결과를 일관되게 해석할 수 있고 제4장에서 설명될 산업연관분석을 위한 기본 가정과 기준을 충족하기 때문이다.

투입산출표는 사용표와 형태가 유사하지만 산업별 생산활동이 아닌 상품별 생산에 사용된 상품 내역이 기록되고, 국내직접판매와 해외직접구매가 총액이 아니라 각 내역이 소비와 수출의 최종수요 벡터에 상품별로 분리되어 기록되는 점이 다르다. 여기서 사용은 어떤 부문이 생산을 위해 자기 부문과 다른 부문에서 생산된 것을 원·부재료로 사용한 것이기 때문에 투입과 같은 것이다. 우리나라에서 작성되고 있는 투입산출표[42]를 기준으로 설명하면 다음과 같다.

투입산출표의 열 방향은 사용표와 마찬가지로 원·부재료 등의 투입을 나타내는 중간투입과 노동, 자본 등 본원적 요소의 투입을 나타내는 부가가치 두 부분으로 구성되며, 두 부분의 합계를 총투입액(=총산출액)이라 한다. 총투입의 내역을 투입구조라고 하는데, 투입구조는 어떤 상품을 산출하기 위해 사용된 모든 원·부재료와 본원적 요소의 구입에 대한 지출 내역이기 때문에 비용구조를 나타낸다.

투입산출표를 행 방향으로 살펴보면 다음과 같다. 모든 상품은 국내에서 산출되거나 해외에서 수입 공급되고 이들 공급된 상품은 중간재로 판매되거나 소비, 자본, 수출로 판매된다. 중간재로 판매되는 것을 중간수요, 소비, 투자, 수출로 판매되는 것

41) 엄밀한 의미에서 시장 거래에서의 가격은 그 평가 기준이 산업이 아니라 상품이라고 할 수 있기 때문이다.

42) 우리나라는 2010년 실측 산업연관표부터 공급사용표와 투입산출표가 모두 작성되는 등 큰 변화가 있었다.

그림 2-6 **투입산출표**Input-Output Table **형식**

A. 구매자가격 투입산출표

												가격전환 벡터					
	농림수산품	공산품	서비스	소비	투자	수출	총수요계	총산출	자가공정산출	수입	총공급계(기초가격)	생산물세(국산+수입)	생산물보조금(차감)	도소매마진	화물운임	가격전환계	총공급계
농림수산품																	
공산품																	
서비스																	
소계																	
순생산물세																	
중간투입계																	
피용자보수																	
영업잉여																	
고정자본소모																	
생산세(보조금공제)																	
부가가치계																	
총투입계																	

B. 생산자가격 투입산출표

												가격전환 벡터					
	농림수산품	공산품	서비스	소비	투자	수출	총수요계	총산출	자가공정산출	수입	총공급계(기초가격)	생산물세(국산+수입)	생산물보조금(차감)	도소매마진	화물운임	가격전환계	총공급계
농림수산품																	
공산품																	
서비스																	
소계																	
순생산물세																	
중간투입계																	
피용자보수																	
영업잉여																	
고정자본소모																	
생산세(보조금공제)																	
부가가치계																	
총투입계																	

C. 기초가격 투입산출표

	농림수산품	공산품	서비스	소비	투자	수출	총수요계	총산출	자가공정산출	수입	총공급계(기초가격)	가격전환 벡터					총공급계
												생산물세(국산+수입)	생산물보조금(차감)	도소매마진	화물운임	가격전환계	
농림수산품																	
공산품																	
서비스																	
소계																	
순생산물세																	
중간투입계																	
피용자보수																	
영업잉여																	
고정자본소모																	
기타 생산세(보조금공제)																	
부가가치계																	
총투입계																	

내는 기록이 없음

을 최종수요라고 하며, 이러한 수요 내역을 통칭하여 배분구조라고 한다. 따라서 배분구조는 어떤 상품이 국산과 수입을 통해 공급되어 생산을 위한 중간재로 판매되거나 또는 소비 등의 최종재로 판매된 내역이다.

투입산출표를 산출액 기준으로 보면 구매자가격과 생산자가격은 동일하지만 기초가격은 다르다. 그리고 내생부문과 최종수요 벡터의 거래 내역 기준으로는 구매자가격, 생산자가격, 기초가격 모두 다르게 기록된다. 이처럼 가격이 서로 다르게 기록되는 것은 공급사용표에서도 언급한 것과 같이 동일한 거래 내역에 대해서도 부가가치세 등의 생산물세와 도소매마진과 화물운임을 구매자 중심으로 표기할 것인지 또는 생산자 중심으로 표기할 것인지 그리고 생산물세를 포함할 것인지 여부에 따른 것이다.

구매자가격에는 ① 재화 또는 서비스를 공급한 생산자의 판매액(기초가격), ② 재화의 상거래 과정에서 발생되는 도소매마진과 이동 및 보관 등에 따라 발생하는 화물운임, ③ 거래 단계에서 추가되는 부가가치세, 유류세, 담배세와 같은 생산물세가 포함되어 있다. 따라서 구매자가격 평가 투입산출표의 산출액은 ① 산업 간 거래 내역을 나타내는 내생부문의 각 원소에 기초가격, 도소매마진, 화물운임, 생산물세가 모두 포함되어 있는 중간투입과 ② 피용자보수, 영업잉여, 고정자본소모, 생산세(보조금 공제) 등의 부가가치 두 개가 더해져 구성된다.

생산자가격으로 평가된 투입산출표의 산출액은 구매자가격평가표의 산출액과 동일한데, 다만 중간투입 내역에서 도소매마진과 화물운임이 각 원소에서 차감되어 도소매마진은 도소매서비스의 중간투입으로, 화물운임은 운송서비스의 중간투입으로 합산된다.

기초가격으로 평가된 투입산출표의 산출액은 구매자가격과 생산자가격으로 평가된 투입산출표와 다르게 구성된다. 기초가격으로 평가된 투입산출표의 중간투입은 도소매마진과 화물운임은 생산자가격 평가 투입산출표와 마찬가지로 각 서비스의 투입으로 표기하지만, 각 원소에 표기된 생산물세는 차감하여 중간투입계의 바로 위 항목에 순생산물세 행벡터에 합산하여 표기되고 부가가치 항목에서는 생산세가 기타 생산세로 기록된다.

배분구조 기준으로 세 가격의 투입산출표의 차이는 다음과 같다.

구매자가격 투입산출표는 중간수요와 최종수요 그리고 이들 두 수요의 합인 총수요도 구매자가격으로 평가되고 이에 대응되는 총공급액도 구매자가격으로 평가하기 위해 기초가격 기준으로 된 공급액에 가격전환 벡터(생산물세 벡터, 도소매마진 벡터, 화물운임 벡터의 합계)를 더하여 구매자가격으로 전환되어야 한다.

생산자가격 투입산출표는 중간수요와 최종수요 각 원소에서 도소매마진과 화물운임을 차감하여 이들 각각이 도소매서비스와 운송서비스[43]의 투입으로 이전시켜 총수요계도 이들 두 금액만큼 줄어든다. 이 과정을 거친 다음 투입산출표를 열 방향으로 보면 각 부문이 이들 서비스를 구입한 것으로 처리되기 때문에 각 부문 생산활동이 이들 서비스와 갖는 상호연관관계를 파악할 수 있다. 그리고 마진과 운임이 각각의 서비스로 이전되어 만들어진 총수요액 벡터에 대응되는 총공급액 벡터는 기초가격

43) 운송서비스는 철도, 도로, 항공, 해운, 보관 등 운송수단별로 구분된다.

기준 공급액에 생산물세 벡터로만 된 가격전환 벡터가 합쳐져서 일치하게 된다.

기초가격 투입산출표는 중간수요와 최종수요의 각 원소가 이미 기초가격으로 기록되고 총수요도 기초가격으로 되어 있다. 그리고 총공급도 가격전환 벡터가 차감된 기초가격으로 되어 있기 때문에 총수요와 총공급이 일치한다.

중간수요와 최종수요의 합이 총수요액(=총공급액)이고, 총공급액에서 수입을 뺀 것이 국내총산출액(=총투입액, 이하 총산출액은 국내총산출액을 의미)인데 제어수치 또는 제어합CT: Control Totals[44]이라고도 한다. 이러한 투입과 배분구조의 관계를 정리하면 다음과 같다.

총투입액 = 중간투입액 + 부가가치투입액
　　　　= 총산출액
총수요액 = 중간수요액 + 최종수요액
　　　　= 총공급액
　　　　= 총산출액(= 총투입액) + 수입액

투입산출표 [그림 2-6]에서 부문 간의 거래, 즉 각 부문들이 상품을 생산하기 위해 원·부재료를 투입하고 생산된 상품은 생산에 원·부재료로 배분되면서 발생하는 거래 내역을 내생부문이라고 한다. 그리고 배분구조에서 중간수요를 제외한 나머지 부분인 최종수요와 투입구조에서 중간투입을 제외한 나머지 부분인 부가가치가 기록된 부문을 외생부문이라고 한다.[45]

외생부문 중에서 최종수요는 다시 소비(민간소비지출, 정부소비지출), 투자(민간고정자본형성, 정부고정자본형성, 재고증가, 귀중품 순취득) 및 수출의 3개 항목과 공제 항목인 수입으로 나누어진다.[46] 그리고 부가가치는 피용자보수, 영업잉여, 고정자본소모 및 순생산

---

44) CT라는 용어를 사용하는 이유는 투입산출표의 열과 행의 합계가 같기 때문이다. 즉 공급 측에서 국산품의 산출액은 수요 측에서의 국산품 산출액과 같다는 것이다. CT는 산업연관표를 편제하는 전문가들이 주로 사용하는 용어이다.

45) [그림 2-2] 참조

46) 산업연관표는 국가별로 편제 방법과 기준이 다르기 때문에 구조도 다른 경우가 있다. 따라서 국가별 비교분석에서는 부문의 수와 순서 등을 비교가 가능하도록 먼저 정리하여야 한다. 예

세(=생산세-보조금)로 구성되며, 부가가치합계는 같은 기간 중의 국내총생산GDP: Gross Domestic Product과 일치한다. 투입산출표는 상품으로 분류되기 때문에 산업으로 분류된 GDP와 부문별로 부가가치 규모가 서로 다르다. 기초가격으로 평가된 투입산출표에서는 부가가치를 순생산물세 벡터의 합계와 더하면 GDP와 같아진다.

생산자가격 투입산출표에서는 부가가치에 수입상품세와 관세를 더해야 GDP와 같게 되는데, 생산자가격 투입산출표에서의 처리가 GDP통계와 다른 주된 이유는 각 상품의 공급 원천인 국산과 수입을 구분하고 국산품에 부가되는 세금은 국산품에, 수입품에 부가되는 세금은 수입품에 포함시킴으로써 최종수요에 의한 생산유발효과를 적정하게 분석할 수 있기 때문이다.

다. 공급사용표와 투입산출표의 비교

공급사용표와 투입산출표는 앞에서 살펴본 것처럼 형식과 기록 방법 그리고 작성 목적이 서로 다른데, 투입산출표는 행과 열 모두 상품(또는 산업)으로 동일하고 내생부문이 정방형이고 공급사용표는 행은 상품이고 열은 산업이며 장방형으로 기록되기도 한다.

산출을 위한 생산구조에서 투입산출표는 단일한 상품생산을 전제한 반면 공급사용표는 한 산업에서 여러 상품을 만드는 결합생산을 전제한다. 따라서 투입산출표는 생산기술이라는 측면에서 적정하다고 할 수 있고 이에 따라 파급효과분석에 많이 활용되며, 공급사용표는 산업구조에 대해서 시장의 직관적 판단과 일치하기 때문에 경제 현실에 부합하는 측면이 강해 산업 규모 등 경제구조분석에 보다 적합하다.

우리나라를 포함하여 중국과 일본 등은 산업연관분석에 직접 활용될 수 있는 투입산출표를 작성하는 반면, 나머지 많은 국가는 공급사용표를 작성하기 때문에 국가별

를 들어 최종수요 항목의 경우 우리나라는 민간소비지출, 정부소비지출, 민간고정자본형성, 정부고정자본형성, 재고증가, 귀중품 순취득, 수출로 구성되어 있으나 미국은 정부의 경우에도 연방정부와 주정부로 구분하고 연방정부도 국방과 비국방으로 구분한 다음 소비지출과 투자로 다시 구분하는 등 구성이 다르다.

비교를 목적으로 하는 산업연관분석은 공급사용표를 투입산출표로 전환하는 과정이 필요하다.

라. 공급사용표의 투입산출표로의 전환 방법

통계 목적으로 작성되는 공급사용표는 「상품×산업」으로 되어 있기 때문에 산업연관분석을 위해서는 행과 열이 동일한 상품(또는 산업)의 배열을 갖는 투입산출표 형식으로 전환되어야 한다.

전환 방법은 사용표의 투입구조를 기반으로 하는 기술가정과 배분구조를 기반으로 하는 고정판매가정으로 나뉘고, 이들 가정을 산업에 대해 적용할 것인지 상품에 대해 적용할 것인지로 다시 구분된다. 따라서 공급사용표를 투입산출표로 전환하는 방법은 상품기술가정, 산업기술가정, 고정산업판매가정, 고정상품판매가정 등 네 가지이다. 상품기술가정과 산업기술가정은 공급사용표를 「상품×상품」의 투입산출표로 전환하는 것이고 고정산업판매가정과 고정상품판매가정은 공급사용표를 「산업×산업」으로 전환하는 것이다.

일반적으로 산업연관분석은 생산유발계수를 이용하여 최종수요와 산출의 관계를 분석하는 것이기 때문에 상품을 기준으로 한 소비, 투자 그리고 수출의 외생변수가 결과 해석에 더 적정하다. 예를 들어 건설 투자와 건설업 투자는 의미가 다른데, 상품으로 된 건설 투자는 건물이나 도로와 같은 투자에 해당되고 건설업 투자는 건설업이 투자하는 것이므로 건설중장비, 차량 또는 컴퓨터 투자 등을 포함할 수 있다. 따라서 「상품×상품」으로 된 투입산출표가 분석에 많이 이용되기 때문에 본 책자에서는 「상품×상품」으로의 전환 방법인 상품기술가정과 산업기술가정 두 가지 중심으로 살펴보도록 한다.[47)]

상품기술가정은 각 상품은 어느 산업에서 생산되는가에 관계없이 자신만의 독자적인 방식으로 생산된다는 것이다. 즉 해당 산업의 투입구조가 주상품 중심으로 되

47) 공급사용표를 투입산출표로 전환하기 위해서는 앞에서 설명한 공급표와 사용표에 대한 이해가 필요하다.

어 있다는 점에 착안한 것이다. 공급표상에 있는 어떤 산업의 상품별 공급 내역을 기초로 주상품으로 되어 있는 산업의 투입구조를 각 산업에 적용하여 분리하고 이를 상품별로 합산하여 투입구조를 만드는 방법이다. 그러므로 상품기술가정으로 전환된 투입산출표의 기술구조가 산업기술가정에 의한 것보다 정교하다. 그러나 분리 합산되는 과정에서 음(−)의 값이 나타나기도 한다.

산업기술가정은 각 산업은 상품 결합과 관계없이 자신만의 독자적인 방식으로 생산한다는 것이다. 즉 어떤 산업의 투입구조를 상품으로 된 투입구조로 전환할 때 해당 산업의 투입구조를 공급표의 상품 결합 비율로 분리하고 이를 각 상품으로 다시 합산하여 상품 투입구조를 만드는 방법이다. 산업기술가정을 이용하여 전환된 투입산출표의 상품 투입구조는 항상 양(+)의 값을 갖는 장점이 있다. 그러나 사용표의 산업별 투입구조에 이질적인 상품의 투입구조가 혼합되어 있을 경우에는 이러한 구조의 특성이 비율에 의해 그대로 분리되기 때문에 기술구조의 적정성을 파악하는 데 오류가 있을 수도 있지만 음의 값이 나타나지 않기 때문에 분석자들이 선호하는 경향이 있다.

산업기술가정을 적용하면 각 상품의 생산구조에 기술이 혼재되어 있을 가능성이 크기 때문에 이 가정을 적용하여 공급사용표를 투입산출표로 전환하고자 할 경우에는 공급표에서 각 원소들이 대각 방향으로 가급적 집중되었는지[48] 여부를 살펴볼 필요가 있다.

[그림 2−7]의 (A)에서 상품은 농산품과 공산품 두 가지인데 농산품 산출액은 130이고 공산품 산출액은 220인데, 공급표와 사용표에 모두 표기되어 있다. 공급표에서 농업이 공급하는 상품은 농산품이 130이고 공산품이 20이기 때문에 사용표에서 농업 산출액 150을 공산품 130과 농산품 20으로 분리하기 위해 상품기술가정과 산업기술가정을 적용하는 과정은 다음과 같다.

48) 공급표가 대각 방향으로 가급적 많이 모여 있다는 것은 작성된 공급사용표가 1산업 1상품의 가능성이 크다는 것을 의미한다. 미국의 경우 공급사용표가 재정의redefinition 과정이 이루어졌는지 여부에 따라 두 가지로 작성된다. 재정의는 공급사용표에서 공급표를 기준으로 가급적 대각화하여 작성하고 이와 동시에 사용표도 결합생산물의 비율을 줄이는 것이다.

그림 2-7 상품기술가정에 의한 공급사용표의 투입산출표로의 전환

(A) 주어진 공급표와 사용표

	사용표				공급표		
	농업	제조업	최종수요	총산출액	농업	제조업	총공급액
농산품	0	80	50	130	130	0	130
공산품	60	30	130	220	20	200	220
피용자보수	60	20		80			
영업잉여	30	70		100			
총투입액	150	200	180		150	200	

(B) 상품기술가정에 의한 전환행렬[49)]

	사용표				공급표		
	농업	제조업	최종수요	총산출액	농업	제조업	총공급액
농산품	–8	8	–	0	0	0	0
공산품	–3	3	–	0	–20	20	0
피용자보수	–2	2		0			
영업잉여	–7	7		0			
총투입액	–20	20	–		–20	20	

(C) 상품기술가정에 의해 작성된 투입산출표

	사용표				공급표		
	농산품	공산품	최종수요	총산출액	농업	제조업	총공급액
농산품	–8	88	50	130	130	0	130
공산품	57	33	130	220	0	220	220
피용자보수	58	22		80			
영업잉여	23	77		100			
총투입액	130	220	180		130	220	

49) 전환행렬은 다음과 같이 계산된다. 공산품 산출액은 제조업 200 그리고 농업 20으로 구성되기 때문에 사용표상의 제조업 투입구조는 그대로 유지되고 농업 투입구조만 공급표의 비율, 즉 20/150과 130/150의 비율로 분리될 때 제조업의 투입구조를 적용하여 농산품에 금액만큼 차감하고 차감된 금액을 공산품 투입구조에 더하여 도출한다.

	농산품	공산품
농산품	–8	8
공산품	–3	3
피용자보수	–2	2
영업잉여	–7	7
총투입액	–20	20

그림 2-8 산업기술가정에 의한 공급사용표의 투입산출표로의 전환

(주어진 공급표와 사용표)

	사용표				공급표		
	농업	제조업	최종수요	총산출액	농업	제조업	총공급액
농산품	0	80	50	130	130	0	130
공산품	60	30	130	220	20	200	220
피용자보수	60	20		80			
영업잉여	30	70		100			
총투입액	150	200	180		150	200	

(산업기술가정에 의한 전환행렬)[50)]

	사용표				공급표		
	농업	제조업	최종수요	총산출액	농업	제조업	총공급액
농산품	0	0	–	0	0	0	0
공산품	–8	8	–	0	–20	20	0
피용자보수	–8	8		0			
영업잉여	–4	4		0			
총투입액	–20	20	–		–20	20	

(산업기술가정에 의해 작성된 투입산출표)

	사용표				공급표		
	농업	제조업	최종수요	총산출액	농업	제조업	총공급액
농산품	0	80	50	130	130	0	130
공산품	52	38	130	220	0	220	220
피용자보수	52	28		80			
영업잉여	26	74		100			
총투입액	130	220	180		130	220	

50) 전환행렬은 다음과 같이 계산된다. 공산품 산출액은 제조업 200 그리고 농업 20으로 구성되기 때문에 사용표상의 제조업 투입구조는 그대로 유지되고 농업 투입구조만 공급표의 비율, 즉 20/150과 130/150의 비율로 분리된다.

	농산품	공산품
농산품	0	0
공산품	–8	8
피용자보수	–8	8
영업잉여	–4	4
총투입액	–20	20

상품기술가정을 적용하는 것은 농업에서 생산되는 공산품에 대해서는 사용표상의 제조업 투입구조를 이용하여 분리하는 것이기 때문에 농업 산출액 150에서 공산품을 20만큼 분리할 때 공산품을 주상품으로 생산하는 제조업의 투입구조를 적용한다. 따라서 제조업에 투입되는 농산품 비율이 0.4(=80/200), 공산품 비율이 0.15(=30/200), 그리고 피용자보수 비율이 0.1(=20/200), 영업잉여 비율이 0.35(=70/200)이기 때문에 농업에서 생산되는 공산품 산출액 20을 이 비율에 곱하여 도출한 값인 8(=0.4×20), 3(=0.15×20), 2(=0.1×20), 7(=0.35×20)을 농업 투입구조에서 제거하여 제조업에 합하면 된다. 이렇게 상품기술가정으로 처리되면 농산품 투입구조에서 농산품 투입이 음의 값인 −8이 발생한다.

산업기술가정은 농업에서 생산되는 상품이 공산품과 농산품이 혼재되어 있다고 가정한 것이기 때문에 사용표의 농업 투입구조에 공산품 투입이 20, 농산품 투입이 130이 있다고 가정하고 이 비율을 농업 투입구조에 적용하는 것이다. 농업의 투입구조 (0, 60, 60, 30)을 130:20의 비율로 (0, 52, 52, 26)과 (0, 8, 8, 4) 두 개 벡터로 분리한다. 이렇게 분리된 두 벡터 중에서 농산품 산출액 130에 해당하는 (0, 52, 52, 26)는 농산품의 투입구조가 되며, 공산품 산출액 20에 해당하는 (0, 8, 8, 4)는 사용표상의 제조업 투입구조 (80, 30, 20, 70)에 더하여 공산품 투입구조 (80, 38, 38, 74)를 도출한다.

산업기술가정을 적용하면 사용표상의 투입구조가 공급표 비율대로 분리되기 때문에 음의 값이 나타나지 않지만, 농업에서 공산품이 분리될 때 농산품을 주상품으로 생산하는 농업의 투입구조가 분리되어 공산품 투입구조에 농산품의 고유한 투입구조가 포함될 가능성이 높아진다.

4 투입산출표의 구분

분석 목적으로 이용하는 투입산출표는 형태는 물론 수입품을 어떻게 처리하느냐에 따라서도 구분된다.

가. 폐쇄모형과 개방모형

투입산출표는 형태에 따라 폐쇄모형closed model과 개방모형open model으로 구분할 수 있다. 폐쇄모형은 레온티에프가 투입산출표를 작성할 때 이용하였던 것으로 외생부문으로 취급되는 것을 모두 내생부문으로 간주한 것이다. 따라서 모든 부문이 생산과 수요를 함께 수행하게 되는데, 이렇게 작성된 것을 폐쇄모형이라고 한다. 폐쇄모형은 소비지출과 같이 실제로 생산을 하지 않는 부문도 내생부문에 있기 때문에 현실적인 한계가 있다.[51)]

개방모형은 투입산출표의 형태와 같이 재화와 서비스의 수요를 생산을 위해 사용되는 중간수요와 소비, 투자, 그리고 수출로 사용되는 최종수요로 구분할 뿐만 아니라 투입구조에서도 원·부재료의 중간투입과 본원적 요소의 투입을 구분한 것이다. 즉 개방모형은 중간수요와 중간투입은 내생부문으로, 최종수요와 본원적 요소 투입은 외생부문으로 구분하고 이들 외생부문은 내생부문인 산업들과 한 방향으로만 거래가 발생하도록 함으로써 모형 밖에서 결정되도록 한 것이다.

나. 경쟁수입형표와 비경쟁수입형표

모든 재화와 서비스는 국산품과 수입품 두 개가 공급의 원천이다. 투입산출표는 부문 간에 거래된 내역을 표기할 때 국산품과 수입품을 합쳤는지 아니면 구분하였는지에 따라 경쟁수입형표와 비경쟁수입형표로 구분된다.

경쟁수입형표는 각 부문 간의 거래를 기록할 때 국산품과 수입품을 구분하지 않고 합친 것이며, 비경쟁수입형표는 국산품과 수입품을 구분한 것이다. 두 표의 특징은 다음과 같다.

경쟁수입형표는 국산품과 수입품이 합쳐져 있어 최종수요에 의한 수입유발효과를

51) 레온티에프가 이처럼 폐쇄모형을 도입한 것은 노동을 가계의 산출로, 가계소비는 노동을 위한 투입물로 처리하기 위한 것이었다.

분석하기 어려운 반면 비경쟁수입형표는 투입구조는 물론 최종수요부문도 국산품과 수입품으로 구분되어 있어 국내생산활동에 국산품이 영향을 준다는 가정에 의하면 더 타당한 측면이 있다. 즉 수입품이 소비나 투자로 직접적으로 최종수요된다면 이는 국내생산유발과 연관되지 않기 때문에 최종수요를 국산품과 수입품으로 구분하고 국내산출의 외생변수로서 국산품 최종수요만을 대상으로 하는 것이 적정하다는 것이다. 따라서 비경쟁수입형표를 이용하면 최종수요 변동에 따른 파급효과를 국내에서 발생된 생산유발효과와 이로 인하여 파급되는 수입유발효과로 나누어 파악할 수 있다.

그러나 한 부문 내의 투입구조에서 동일한 상품에 대해 국산품과 수입품의 구성이 가변적일 수 있기 때문에 비경쟁수입품형표가 가정하는 국산투입계수와 수입투입계수의 안정성 유지라는 것이 한계점일 수도 있다. 이런 측면에서는 투입구조가 안정적인 경쟁수입형표가 적정한 측면도 있을 수 있다.[52)]

경쟁수입형표와 비경쟁수입형표 모두 장점과 단점이 있기 때문에 이를 절충하여 작성되는 경쟁 · 비경쟁 절충형표가 있다. 절충형표에서 경쟁수입품은 국산품과 동일하게 취급하여 각 수요부문에 배분하고 비경쟁수입품[53)]은 별도로 구분하여 배분시킨 것이다.

5 산업연관표와 GDP의 관계

모든 재화와 서비스는 총공급과 총수요가 일치한다.[54)] 공급되는 모든 재화와 서비스는 국산품과 수입품 두 개로 되어 있고, 국산품은 생산될 때 원 · 부재료 등 중간투입(중간투입은 공급 지역에 따라 국산품과 수입품으로 구분됨)과 본원적 요소의 투입에 대

52) 우리나라는 원유, 철광석과 같은 원재료의 수입 비중이 높아 환율 변동 등에 민감한 구조이기 때문에 수입품을 분리하여 작성된 비경쟁형 투입산출표를 이용하여 수입유발구조를 파악하는 것이 보다 적절하다고 하겠다.

53) 비경쟁수입품이란 국내생산이 전혀 없거나 매우 작은 경우의 수입품을 의미하며, 우리나라에서는 원유, 유연탄, 천연가스 등을 들 수 있다.

54) 무자료 또는 불법 거래와 같은 지하경제부문에 대해서는 공급과 수요가 일치하지 않을 수 있다.

한 대가인 부가가치로 산출액이 구성된다. 그리고 총수요는 산업의 생산활동에 중간재로 사용되는 중간수요와 소비, 투자, 그리고 수출 등의 최종수요로 구분된다. 최종수요를 민간[55]이 주체인 소비(C)와 투자(I), 정부가 주체인 정부지출(G) 그리고 수출(X)로 구분하면 다음의 관계를 알 수 있다.

총공급 중 국산품생산에 사용된 중간투입 규모는 산출을 위해 이용한 원 · 부재료 등 중간재의 크기인데, 이는 국내의 자기 부문과 다른 부문에서 생산된 것을 투입하거나 수입품을 투입한 것이기 때문에 총수요 측면에서의 중간수요와 동일하다. 따라서 총공급을 분해한 결과로 나타나는 중간투입과 총수요를 분해한 결과로 나타난 중간수요는 같아지는데 이러한 과정을 수식으로 표현하면 다음과 같다.

$$\text{총공급} = \text{총수요}$$
$$\text{국산} + \text{수입} = \text{중간수요} + \text{최종수요}$$
$$\text{중간투입} + \text{부가가치(Y)} + \text{수입(M)} = \text{중간수요} + \text{소비(C)} + \text{투자(I)} + \text{정부지출(G)} + \text{수출(X)}$$
$$Y + M = C + I + G + X$$

따라서 다음과 같은 거시방정식 체계가 도출된다.

$$Y = C + I + G + X - M$$

국민소득통계는 성장률 측정과 동시에 소득 순환을 파악하기 위한 것이고 산업연관표는 산업 간 순환을 파악하기 위한 것이지만, 위의 관계식과 [그림 2-9]에서 알 수 있듯이 산업연관표는 국민소득통계와의 관계에서 산업 간 순환을 포함할 뿐만 아니라 동일 경제를 대상으로 하였을 경우 부가가치 규모는 항상 같은 결과가 나타난다.

55) 우리나라의 산업연관표와 GDP 등 국민계정통계에서 민간이라는 용어가 사용되는 항목에는 민간소비지출과 민간고정자본형성 두 개가 있다. 이 두 항목에서 민간이란 대상 범주가 다르다. 민간소비지출에서 민간이란 가계와 가계에 봉사하는 민간비영리단체NPISHs이고, 민간고정자본형성에서 민간이란 생산활동을 영위하는 기업을 의미하기 때문에 대상이 정부일 뿐이고 서로 다르다.

그림 2-9 산업연관표와 GDP와의 관계

<table>
<tr><td rowspan="2"></td><td rowspan="2">산업(A)</td><td colspan="4">최종수요(B)</td><td rowspan="2">총수요
(A+B)</td><td rowspan="2">총산출
(CT)</td><td rowspan="2">수입
(M)</td><td rowspan="2">총공급
(CT+M)</td></tr>
<tr><td>소비
(C)</td><td>투자
(I)</td><td>정부
지출
(G)</td><td>수출
(X)</td></tr>
<tr><td>상품</td><td>「상품×산업」의
중간수요</td><td colspan="4">지출국민소득
(Y)=(B)-(M)</td><td></td><td></td><td></td><td></td></tr>
<tr><td>부가가치</td><td>분배국민소득
생산국민소득
(Y)</td></tr>
<tr><td>총투입계</td><td>CT</td></tr>
</table>

다만 산업연관표는 소득 순환의 과정에서 나타나는 분배 등을 파악하지 못하는데, 이러한 한계를 해결한 것이 산업연관표를 중심으로 다양한 경제활동의 계정을 연결시켜 작성한 사회계정행렬SAM: Social Accounting Matrix이다.[56]

한편 국민소득통계의 생산국민소득과 분배국민소득은 산업별 활동의 결과인 경제활동별 GDP로 표기되기 때문에 산업분류로, 지출국민소득은 상품분류로 측정된다. 따라서 GDP의 삼면등가 여부는 공급사용표를 이용하여 확인할 수 있다.

6 부문분류 통합

산업연관분석을 위해 또 고려해야 할 사항은 경제적 함의를 어느 수준에서 도출하고 이에 따라 부문을 어떻게 통합 또는 분류하느냐 결정하는 것이다. 공식통계로 발표된 투입산출표는 표준분류로 작성되어 다양한 분야와 특정 목적에 모두 부합하기 어렵기 때문이다.

투입산출표의 부문분류 체계는 국가별로 다르다. 한국에서는 투입산출표 작성 기

56) 사회계정행렬에 대한 설명은 제5장의 12절과 (부록 D) 참고

관인 한국은행이 기본부문, 통합소분류, 통합중분류, 통합대분류 등 총 4개의 분류 체계로 작성 발표하고 있다.[57] 본 절에서는 한국은행이 발표하고 있는 투입산출표의 부문분류 체계와 부문을 재분류하고 통합하는 것을 살펴보도록 한다.

우리나라 투입산출표에서 가장 자세한 상품의 부문분류는 기본부문인데 일반적으로 400개 내외이며, 통합소분류는 기본부문을 한 단계 통합하여 160개 내외, 통합중분류는 통합소분류를 더 통합하여 80개 내외 그리고 통합대분류는 더 통합하여 30개 내외로 되어 있는데,[58] 기본부문은 미국, 일본과 함께 가장 자세한 수준이다.

기본부문의 투입산출표는 내생부문 행렬이 크기 때문에 행렬 연산과 결과 해석에 어려움이 있을 수 있다.[59] 그래서 연구자들 중 일부는 한국은행의 통합대분류 투입산출표에서 분석 대상인 특정 부문들을 분리하는 방식을 채택하곤 한다. 그러나 부문이 통합된 표에서 특정 부문을 분리시키는 과정에서 오류가 발생할 수 있기 때문에 세분화된 투입산출표에서 원하는 수준으로의 부문 통합을 권한다.

가. 부문분류 통합의 일반적 기준

부문을 어느 수준으로 통합하는 것이 분석의 효율성과 결과의 적확성 등을 담보하는지에 대한 기준은 없다. 자세하게 분류된 표를 이용하면 계산도 어렵고 계산 결과가 너무 많은 정보를 갖고 있어 해석의 적정성이 낮아지는 반면에 부문이 많이 통합된 표를 이용하면 투입산출표가 갖는 다부문에 기반한 경제분석의 장점이 약화된다.

따라서 다부문을 이용하여 도출할 수 있는 정보의 손실을 최소화하면서 동시에 계산과 결과 해석을 용이하게 할 수 있는 것이 부문 통합을 위한 하나의 목표가 될 수

57) 산업연관표는 기본부문 수준에서 먼저 작성된 다음 통합소분류, 통합중분류, 통합대분류는 합산하여 작성된다.

58) 2015년 투입산출표의 부문수는 기본부문이 381개, 통합소분류가 165개, 통합중분류가 83개 그리고 통합대분류가 33개이다.

59) 컴퓨터의 발전과 더불어 역행렬 등 연산은 과거보다 훨씬 용이해져 연산 자체의 어려움은 많이 완화되었지만 차원이 큰 행렬의 연산 결과를 이용하면 함의를 찾기가 쉽지 않은 것이 현실이다.

있을 것이다. 부문을 통합할 때는 일반적으로 계수의 유사성similarity of coefficients 또는 투입구조의 동질성homogeneity of input structure 기준을 따르는데, 이 기준은 부문통합이 동일한 투입구조를 가진 부문들을 중심으로 이루어져야 한다는 것이다.

나. 부문분류 통합에 대한 논의

산업연관표를 이용한 부문 통합과 관련한 논의는 다양한 형태로 지속되어 왔는데, 주요 논의는 다음과 같다.

산업연관표에서 내생부문의 산업 간 거래는 X_{ij}(부문 j의 생산에 투입된 부문 i의 크기), 부문 i에 대한 최종수요는 Y_i, 부문 i의 산출액은 X_i 그리고 투입계수행렬은 A라고 하면, 최종수요와 산출의 관계는 레온티에프 역행렬을 통해 $X=(I-A)^{-1}Y$라고 설정된다.[60] 그리고 부문이 통합된 이후의 산업연관표로 도출된 것을 *로 표기하면 최종수요와 산출은 $X^*=(I-A^*)^{-1}Y^*$의 관계를 갖는다.

통합 이전의 원래 행렬 X, Y, A에 대해 통합을 수행하는 데 이용하는 두 행렬을 G와 W라고 하면 다음과 같은 관계식으로 통합 이전과 통합 이후의 행렬을 표기할 수 있다. 이때 G는 원래 행렬의 행을 통합하는 행렬이고 W는 열을 통합할 때 이용되는 가중치행렬이다.

$$Y=(I-A)X \quad \cdots\cdots (1)$$

$$Y^*=(I-A^*)X^* \quad \cdots\cdots (2)$$

$$X^*=GX \quad \cdots\cdots (3)$$

$$A^*=GAW \quad \cdots\cdots (4)$$

식 (4)는 통합 이전의 투입계수행렬 A를 통합 이후의 투입계수행렬 A^*로 전환시키는 것으로 통합함수시스템aggregation function system이라고 하는데, 일반적으로 통

60) 이 관계식에 대해서는 제4장에 설명되어 있다.

합을 하는 데에는 일치성consistency과 정량적 편의 크기quantitative measures of bias를 기준으로 이용한다.

이러한 기준에서 통합에 가장 많이 활용되는 조건은 $GA = A^{*}G$인데 이를 말린바우드 통합 조건Malinvaud aggregation condition이라고 하며, 통합 결과가 이 조건을 만족하면 말린바우드 일치Malinvaud consistent라고 한다.[61] 그러나 이 조건은 통합 기준으로서의 역할을 하지만 원래 통합하고자 하는 목적을 만족시킨다고 할 수 없다. 여러 연구 결과에 따르면 투입구조의 동질성 조건이 이 조건을 만족시키는 경향이 있지만 이에 대해 일치된 의견은 없는 실정이다.

일부 연구에 의하면 통합된 부문이 상호 간에 거래가 없는 산업들로 통합되고 투입구조의 동질성 조건을 충족시킨다면 이 조건을 만족시킬 수 있으며, 다른 연구에서는 투입구조의 동질성 조건만 충족한다면 일치성 조건을 위한 필요충분조건을 달성할 수 있다는 결과가 도출되기도 하였다.

그러나 배분구조의 동질성에 따른 통합은 이 조건을 충족하지 못한다는 것이 공통적으로 지적되고 있다. 반면 총산출 대비 최종수요의 비율이 통합된 각 산업부문 내에 있는 산업들이 같을 때는 투입계수의 동질성과 상관없이 이 조건을 달성할 수 있다는 연구 결과도 있다.

부문 통합과 관련된 연구 결과들을 종합하면 여러 사항을 고려해야 한다. 예를 들어 기술 변화가 없는 부문을 기술 변화가 극심한 다른 부문과 통합하면 변화가 있는 것처럼 나타날 수 있다. 특히 재화부문과 서비스부문을 통합할 때는 더욱 주의가 필요하다. 재화부문은 중간투입 중심의 투입구조로 되어 있고, 서비스부문은 본원적 요소인 부가가치 중심의 투입구조로 되어 있기 때문이다. 이런 다양한 요소들을 충분히 고려하지 않고 부문들을 통합하여 분석한다면 결과의 적정성을 확보하기 어려운 것은 물론 경제적 함의를 찾는 것도 어려워진다.[62]

61) Kymn, K. O. 외 1인(1976)

62) 통합과 관련된 사항을 충분히 고려하더라도 통합 계산을 수행할 때도 오류가 발생하는 경우가 있다. 계산을 수행할 때 발생하는 오류를 줄이는 방법 중의 하나는 제3장의 SAS/IML에서 설명하였다.

7 우리나라 산업연관표의 변천사

우리나라에서는 산업연관표가 실측 산업연관표와 연장 산업연관표로 구분되어 작성된다. 기준년에 실측 산업연관표가 작성되면 연장 산업연관표가 실측 산업연관표와 동일한 형태로 작성되는데 본 절에서는 실측표 중심으로 우리나라 산업연관표의 변천사를 살펴본다.

가. 1960년 산업연관표[63)]

1960년 산업연관표는 한국은행이 국가재건최고회의 요청으로 1962년 3월 착수하여 1년 4개월의 작업 끝에 1963년 6월에 공표되었다. 동 표는 제1차 경제개발 5개년(1962~1966년) 계획 수립을 목적으로 작성되었는데 당시에도 산업연관표와 국민소득통계의 연계성을 검토하여 추계 결과의 차이 원인을 분석하는 등 통계로서의 목적을 달성하기 위한 노력이 있었다. 동 표는 기본부문 266개,[64)] 통합소분류 109개 그리고 통합중분류 43개로 각각 분류되었으나 최종적으로 109개 및 43개 분류로 된 거래표와 43부문 투입계수표 및 역행렬계수표만 공표되었다.[65)] 주요 특징은 다음과 같은데, 기본으로 이용된 매뉴얼은 1953 SNA[66)]이었다.

---

63) 1958년 당시 한국 정부의 부흥부(현재 기획재정부의 전신) 산업개발위원회가 경제개발계획 수립을 목적으로 1957년 및 1958년 산업연관표를 작성하였는데, 부문분류가 19개로 제한되는 등 여러 면에서 시산표에 불과한 것이었다. 따라서 실질적 의미의 우리나라 최초 산업연관표는 1960년 산업연관표라고 할 수 있다. 산업개발위원회는 1958년에 부흥부 내에 만들어져 1959년에 3개년 경제개발 계획안을 수립한 조직이다.

64) 1960년 표 발표 당시에는 109개 분류를 기본부문으로, 266개 분류는 조정작업부문이라고 하였다.

65) 이처럼 부문수가 적고 역행렬계수도 43부문만 발표된 것은 전산처리의 한계로 역행렬 계산이 용이하지 않았기 때문이다.

66) UN은 1953년 R. Stone의 지휘하에 작성된 새로운 가이드라인인 국민계정체계와 부표A system of National Accounts and Supporting Tables(1953)를 발표하였는데, 이 보고서가 최초의 SNA인 1953 SNA로 간주되고 있다. 이 가이드라인은 OEEC OECD의 전신의 표준화된 국민계정체계와 다소 비슷하지만 개발도상국의 사용에도 목적을 두었다. 이후 1956년에 1953 SNA 일부 개

가설부문이 가계외소비지출, 철잔폐물, 기타 잔폐물 그리고 분류불명 등 4개[67]로 되었는데 경제개발 5개년 계획 수립의 일환으로 시작된 만큼 동 계획에서 주요 품목으로 선정된 석탄, 화학비료, 시멘트, 전력 등은 통합분류에서도 독립적으로 유지되었다. 다만 석유제품은 당시에 국내생산이 없어 별도로 분류되지 않았다. 고정자본형성은 민간과 정부로 구분되지 않았다.

동 표는 1차 경제개발계획이 수립된 이후 시작되어 의도대로 활용되지 못하였으나 산업연관분석이 새로운 분석 기법으로 인정받는 계기가 되었다.

그림 2-10 1960년 산업연관표 형식(경쟁 · 비경쟁 수입형 생산자가격 총거래표)

투입 산출	1	…	가계외 소비 지출	잔폐물	분류 불명	중간 수요계	민간 소비 지출	정부 소비 지출	고정 자본 형성	재고 증가	수출	최종 수요계	수입 (공제)	총 산출액
1														
⋮														
가계외소비지출														
잔폐물														
분류불명														
중간투입계														
비경쟁수입														
피용자보수														
기타의 부가가치														
자본소모충당금														
간접세-보조금														
부가가치계														
총투입액														

* 공백으로 표기된 부문은 거래 내역이나 금액이 없는 부분임

정된 판이 발표되었다.

67) 초기 계획 단계에서 가설부문은 가계외소비지출, 잔폐물, 염색정리 그리고 분류불명 등 4개였으나 최종조정작업 단계에서 염색정리는 섬유산업으로 이전되고 잔폐물이 철잔폐물과 기타 잔폐물로 분리되었다.

나. 1963년 산업연관표

1963년 산업연관표는 한국 정부의 제1차 경제개발계획의 강력한 추진으로 각 산업부문에 걸쳐 산업구조 변화와 기술 혁신이 현저하였고 제2차 경제개발 5개년(1967~1971년) 계획 수립에 활용되기 위해 작성되었다. 또한 우리나라 최초의 광공업 센서스인 '1963년 광공업 센서스'가 1964년 12월에 발표되어 기초 자료로 활용할 수 있는 여건도 마련되었다. 기본적으로 동 표는 1960년 표와 동일한 형식과 부문을 취하였으나 통신부문의 독립, 가설부문에 사무용품 추가 그리고 관세가 수입 벡터에서 분리 독립되었다는 점이 다르다.

다. 1966년 산업연관표

1966년 산업연관표는 제3차 경제개발 5개년(1972~1976년) 계획 수립의 기초 자료로 활용하기 위해 작성되었는데, 기본부문이 298개로 크게 증가하였다. 주요 변경사항은 석유제품,[68] 합성섬유사와 전자제품 등 신제품이 반영되었고 가계외소비지출이 외생부문으로 이전된[69] 것을 들 수 있는데, 편제 결과는 단계적으로 발표되었다.[70]

---

68) 1965년 이전 우리나라에는 정유산업이 없었기 때문에 석유와 석탄제품이 한 부문으로 분류되었다.

69) 이는 가계외소비지출이 생산활동과 직접적인 관련이 없다는 판단에 따른 것인데 일본의 경우는 아직도 동 방식을 유지하고 있다.

70) 편제 결과의 단계적 발표는 산업별 투입구조와 배분구조만 파악할 수 있는 구매자가격평가표를 먼저 발표하고, 투입계수 및 역행렬계수를 계산하기 위한 생산자가격평가표는 후에 발표하는 것을 의미한다.

그림 2-11 1966년 산업연관표 형식(경쟁 · 비경쟁 수입형 생산자가격 총거래표)

투입 / 산출	1	…	잔폐물	분류 불명	중간 수요 계	가계외 소비 지출	민간 소비 지출	정부 소비 지출	고정 자본 형성	재고 증가	수출	최종 수요 계	수입 (공제)	관세 (공제)	총 산출 액
1															
⋮															
잔폐물															
분류불명															
중간투입계															
비경쟁수입															
가계외소비지출															
피용자보수															
기타의 부가가치															
자본소모충당금															
간접세-보조금															
부가가치계															
총투입액															

* 공백으로 표기된 부문은 거래 내역이 없는 부분임

라. 1970년 산업연관표

한국은행은 1970년 산업연관표부터 5년 주기로 실측표를 작성하고 3년 이후의 연장표 작성을 정례화하였다. 1970년은 산업연관표 작성에 필요한 기초 자료가 확충되고 정비되는 등 여건이 크게 호전된 것은 물론, 제3차 경제개발 5개년(1972~1976년) 계획을 수립하고 기존 계획의 결과 평가가 필요한 시점이었다. 부문분류는 기본부문이 340개로 크게 늘어났으며, 외생부문으로 이전되었던 가계외소비지출이 다시 내생부문으로 이전되었다. 외생부문의 정부소비지출에 포함시켜 추계하던 정부서비스를 내생부문의 산업으로 인식함에 따라 정부서비스가 산업부문으로 신설되었는데, 정부서비스의 산출액은 정부의 경상적 지출 중 피용자보수 등 일부 금액만 산출액에 포함되어 정부소비지출로 일괄 배분되었다.

그림 2-12 1970년 산업연관표 형식(생산자가격 총거래표)

산출 \ 투입	1	…	정부서비스	…	가계외소비지출	분류불명	중간수요계	민간소비지출	정부소비지출	민간고정자본형성	정부고정자본형성	재고증가	수출	최종수요계	수입(공제)	관세(공제)	수입계(공제)	총산출액
1			0															
⋮			⋮															
정부서비스	0	…	0	…	0	0	0	0	xxx	0	0	0	0	xxx	0	0	0	xxx
⋮			⋮															
가계외소비지출			0															
분류불명			0															
중간투입계			0															
피용자보수			xxx															
기타의 부가가치			xxx															
자본소모충당금			0															
간접세-보조금			xxx															
부가가치계			xxx															
총투입액			xxx															

마. 1975년 산업연관표

1975년 산업연관표는 정부의 제4차 경제개발 5개년 계획의 연차별 시행 계획인 총자원 예산의 편성과 평가, 그리고 1975년 기준 계열로의 국민소득통계 개편을 위한 기초 자료로 활용되기 위해 작성되었다.

부문분류는 규모가 커진 제조업, 특히 화학, 철강 및 기계 등 중화학공업부문이 더욱 세분되고 도시가스, 부동산임대 및 기계장비임대부문이 신설되는 등 산업구조의 변화가 반영되어 기본부문 개수가 392개로 1970년에 비해 52개나 크게 증가하였다. 수입상품세가 수입 벡터의 공제 항목으로 추가 신설되었으며 부동산(비주거용 건물)임대가 내생산업으로 분리 독립되었다. 부가가치 항목 중 기타의 부가가치는 영업잉여로, 자본소모충당금은 고정자본소모로 명칭이 변경되었으며, 생산유발계수표

그림 2-13 1975년 산업연관표 형식(생산자가격 총거래표)

투입 / 산출	1	…	가계외 소비 지출	분류 불명	중간 수요 계	민간 소비 지출	정부 소비 지출	민간 고정 자본 형성	정부 고정 자본 형성	재고 증가	수출	최종 수요 계	수입 (공제)	관세 (공제)	수입 상품세 (공제)	수입계 (공제)	총 산출액
1																	
⋮																	
⋮																	
가계외소비지출																	
분류불명																	
중간투입계																	
피용자보수																	
영업잉여																	
고정자본소모																	
간접세-보조금																	
부가가치계																	
총투입액																	

가 $(I-A+M)^{-1}$형이 제외되고 $[I-(I-\hat{m})A]^{-1}$형이 추가되었다.[71]

한편 1975년 표의 연장표인 1978년 산업연관표는 RAS 기법으로 투입구조가 연장되었으며, 1977년 7월 시행된 부가가치세법[72]에 따라 부가가치세가 별도로 추계되는 큰 변화가 있었다.

바. 1980년 산업연관표

기본부문수가 396개로 크게 늘어난 1980년 표에서는 금융 산출액이 금융귀속서비스[73]와 기타 서비스수수료를 합산하여 추계되었다. 그리고 1970년 산업연관표에

71) $[I-(I-\hat{m})A]^{-1}$형은 국내수요에서 수입품이 차지하는 비율을 이용함으로써 수출에 대해 무차별적으로 수입 비율이 적용되던 문제를 해결하기 위한 것이다.

72) 부가가치세법의 시행에 따라 영업세, 물품세, 석유류세, 직물류세, 입장세, 통행세, 전기가스세, 유흥음식세 등 8종의 세목이 부가가치세에 통합 편입되었다.

73) 금융귀속서비스란 금융기관의 수입이자에서 지급이자를 차감한 것으로 1993 SNA에서의 금

그림 2-14 1980년 산업연관표 형식(생산자가격 총거래표)

산출 \ 투입	1	…	정부서비스	…	가계외소비지출	분류불명	중간수요계	민간소비지출	정부소비지출	민간고정자본형성	정부고정자본형성	재고증가	수출	최종수요계	수입(공제)	관세(공제)	수입상품세(공제)	수입계(공제)	총산출액
1			xxx																
⋮			⋮																
정부서비스	0	xxx	0	xxx	0	0	xxx	xxx	xxx	0	0	0	xxx	xxx	0	0	0	0	xxx
⋮			⋮																
가계외소비지출			xxx																
분류불명			xxx																
중간투입계			xxx																
피용자보수			xxx																
영업잉여			xxx																
고정자본소모			0																
간접세-보조금			xxx																
부가가치계			xxx																
총투입액			xxx																

서 산업으로 처음 인식되었던 정부서비스가 동 표에서 1968 SNA에 의해 중간재와 본원적 요소를 투입하여 공공서비스를 생산하는 생산 주체로 인식되면서 산출액에 중간투입물도 산출액에 포함되었다.

사. 1985년 산업연관표

1985년 산업연관표는 부문분류 등의 변화를 제외하고 1980년 산업연관표와 유사한 기준으로 작성되었는데, 기본부문에서 제조업이 265개로 분류되어 이전 표에 비해 11개 증가하였다. 정부서비스의 명칭이 공공행정 및 국방으로 바뀌고 중앙과 지방정부로 분리됨으로써 정부 재정지출활동을 보다 정밀하게 분석할 수 있게 되었다.

융중개서비스(FISIM)와 개념적으로 다르다.

아. 1990년 산업연관표

1990년 산업연관표의 기본 구조는 1985년 표와 거의 같았으나, 부문분류가 대폭 조정되었다. 부문분류의 변화가 큰 부문으로는 전기 및 전자제품, 특히 반도체부문이 개별소자, 집적회로 그리고 기타 반도체로 분리되고, 광고에 방송산업을 투입 처리함으로써 시장에서의 거래 내역을 보다 명확하게 구분하고 광고산업과 방송산업을 정확하게 분석할 수 있는 계기가 만들어졌다.

자. 1995년 산업연관표

1995년 산업연관표는 아홉 번째로 작성된 실측표인데, 동 표의 주요 변화는 다음과 같다. 제조업에서는 컴퓨터와 사무용기기가 통합대분류에서 일반기계로 분류되

그림 2-15 1995년 산업연관표 형식(생산자가격 총거래표)

산출 \ 투입	1	…	기업내연구개발	…	가계외소비지출	분류불명	중간수요계	민간소비지출	정부소비지출	민간고정자본형성	정부고정자본형성	재고증가	수출	최종수요계	수입(공제)	관세(공제)	수입상품세(공제)	수입계(공제)	총산출액
1			xxx																
⋮			⋮																
기업내연구개발	xxx	…	xxx	…	0	xxx	xxx	0	0	0	0	0	0	0	0	0	0	0	xxx
⋮			⋮																
가계외소비지출			xxx																
분류불명			xxx																
중간투입계			xxx																
피용자보수			xxx																
영업잉여			xxx																
고정자본소모			0																
간접세-보조금			xxx																
부가가치계			xxx																
총투입액			xxx																

었다가 전기 및 전자기기로 이전되었다. 기업 내 연구개발부문이 독립 신설되어 산출액이 별도로 추계되고 동 산출액이 각 산업에 배분됨으로써 연구개발활동에 대한 파급효과분석을 독립적으로 수행할 수 있게 되었다.

차. 2000년 산업연관표

2000년 산업연관표는 1997년 외환위기로 인한 경제 전반에 대한 구조조정의 영향, 경제의 디지털화와 신기술 및 신상품의 출현 등으로 인한 기술구조의 변화, 경제의 서비스화 진전 등에 따른 산업구조의 변화, 상품별 상대가격체계의 변화로 인한 투입산출구조의 변화 그리고 국민계정통계의 기준년 개편과 1993 SNA의 권고 사항을 이행하면서 큰 변화가 있었던 표이다.

1993 SNA 권고에 따라 무형자산과 비군사목적 국방지출이 고정자본형성으로 처

그림 2-16 2000년 산업연관표 형식(생산자가격 총거래표)

산출＼투입	1	…	SW 개발공급	…	가계외소비지출	분류불명	중간수요계	민간소비지출	정부소비지출	민간고정자본형성	정부고정자본형성	재고증가	수출	최종수요계	수입(공제)	관세(공제)	수입상품세(공제)	수입계(공제)	총산출액
1			xxx																
⋮			⋮																
SW 개발공급	xxx	…	xxx	…	0	0	xxx	xxx	0	xxx	xxx	xxx	xxx	xxx	xxx	0	0	xxx	xxx
⋮			⋮																
가계외소비지출			xxx																
분류불명			xxx																
중간투입계			xxx																
피용자보수			xxx																
영업잉여			xxx																
고정자본소모			0																
생산세-보조금			xxx																
부가가치계			xxx																
총투입액			xxx																

리되었다. 그리고 컴퓨터소프트웨어를 고정자본형성으로 처리하기 위해 소프트웨어 개발공급부문이 신설되었다.

카. 2003년 산업연관표

2003년 산업연관표는 2003년 지역산업연관표와 병행 편제됨에 따라 실측으로 작성되었다. 동 표에서는 무선통신단말기가 산출액이 크게 증가하고 이 추세가 지속될 것을 고려하여 기본부문으로 독립되었고, 부가가치의 한 항목인 간접세가 1993 SNA에 의해 생산세로 명칭이 바뀌는 등의 변화가 있었다. 그리고 동 표와 함께 작성된 6개 권역의 2003년 지역산업연관표는 한국은행이 우리나라에서 처음으로 작성한 지역산업연관표이다.

타. 2005년 산업연관표

2005년 산업연관표는 GDP통계와의 정합성을 위한 일치 작업이 추진된 최초의 표로, 동 표를 통해 5대 국민계정이 통합되는 기틀이 마련되었다. 산업구조의 고도화와 서비스업의 다양화가 반영되어 서비스부문의 수가 크게 증가하였고 기초가격 평가표도 작성되었다. 동 표가 작성되면서 16개 광역자치단체로 세분화된 2005년 지역산업연관표도 작성되었다.

그리고 2005년 산업연관표가 작성된 이후 한국은행은 매년 연장표를 작성하고 있다.

파. 2010년 산업연관표

2010년 산업연관표[74]는 한국은행이 작성한 산업연관표 중에서 표 형식이나 계정

74) 2010년 산업연관표는 두 번 작성되었는데, 먼저 발표된 것은 2005년 실측 산업연관표를 연장하여 2012년에 발표한 것이고 2010년 산업연관표(실측표)는 기준년 개편의 일환으로 작성된

처리 등에 있어 변화가 가장 큰 표라고 할 수 있다. 공급사용표도 함께 작성되었는데, 2008 SNA 권고 사항을 이행하면서 다음과 같은 변화가 있었다. ① 기록 시점이 경제적 소유권 변동 시점으로 변경, ② 가공무역[75]을 위한 수출입 거래가 순액 기록 방식으로 변경, ③ 중계무역[76]은 구매자가격평가표에서 중계무역 대상 재화의 수출로 기록, ④ 고정자산에 군사용 무기시스템[77]과 R&D 및 데이터베이스 등 지식재산 생산물도 포함, ⑤ 잔폐물을 부(-)의 처리 방식에서 잔폐물을 일괄 계상 처리하는 방식으로의 전환, ⑥ 고용표의 주지표가 연인원man-year에서 전업환산full-time equivalent[78]으로의 전환, ⑦ 생산유발계수 등 주지표를 기초가격평가표를 기준으로 계산 등이 있었다.

하. 2015년 산업연관표

2015년 산업연관표 작성은 2008 SNA에 따라 작성되었는데 주요한 변경 사항은 다음과 같다. 부문분류에서는 회사 본부의 신설(SNA 권고), 우편서비스의 이동(ISIC 분류 체계와 정합성), 사회보장보험의 정부부문으로의 이동, 장비 및 용품임대의 사업지원 서비스로의 이동(KSIC 분류 체계와 정합성), 기타(분류불명)부문의 복원 등이 있다. 그리고 가격 평가에서는 2010년과 달리 주지표가 생산자가격평가표에 의해 측정되었으며, 잔폐물은 부의 투입 방식으로 복원되었고 아울러 자가공정 산출물이 별도로 처리되지 않았다.

것이다.

75) 가공무역은 소유권 이전 없이 해외에 중간재를 제공하고 해외에서 추가 가공을 거쳐 본국으로 다시 들여오거나 가공국 현지 또는 제3국에 판매하는 무역이다.

76) 중계무역은 해외에서 물품을 수입하여 국내로 반입하지 않고 제3국에 재판매함으로써 수출과 수입금액의 차액을 얻는 거래이다.

77) 군사 목적의 무기류 중 고정자산에 포함되는 것은 보유에 따른 전쟁 억제효과가 있는 무기이다.

78) 전업환산기준인원full-time equivalent의 취업자수 및 피용자수란 근로자가 제공하는 근무시간을 전업 근로자의 연간평균 근로시간으로 나누어 산정된 인원으로, 근로기간뿐만 아니라 근로시간까지 감안하여 노동량의 크기를 측정하는 방법이다.

3

Input-Output Analysis
산업연관분석

CHAPTER

행렬 연산의 기초와 SAS/IML을 이용한 연산

1. 행렬대수학 기초
2. SAS/IML 사용 방법 개관

Chapter 03

행렬 연산의 기초와 SAS/IML을 이용한 연산

본 장에서는 행렬대수학의 다양한 연산 방법 중에서 산업연관분석을 할 때 주로 이용되는 것과 행렬 연산에 사용되는 SAS/IML 코딩 방법을 살펴보도록 한다.[1] 참고로 Excel로 생산유발계수를 계산하는 방법은 (부록 B)에 수록되어 있다.

1 행렬대수학 기초

가. 행렬

행렬matrix이란 행row과 열column로 구분된 숫자들의 사각형 배열이며, 행렬대수학matrix algebra은 이러한 행렬을 연산하기 위한 수학의 한 분야이다.

(1) 행렬과 원소

행렬은 식 (1)과 같이 여러 개의 숫자가 사각형으로 배열된 것이다.

1) SAS/IML을 이용하고자 하는 경우에는 저자의 졸저(SAS를 이용한 산업연관분석, 도서출판 청람, 2004)를 참고하기 바란다.

$$A = \begin{bmatrix} a_{11} & a_{12} & \cdots\cdots & a_{1n} \\ a_{21} & a_{22} & \cdots\cdots & a_{2n} \\ \vdots & \vdots & \ddots & \vdots \\ a_{m1} & a_{m2} & \cdots\cdots & a_{mn} \end{bmatrix} = [a_{ij}]_{(i=1,2,.m,\ \ j=1,2,.n)} \quad \cdots\cdots (1)$$

행렬은 식 (1)처럼 대문자 A로 표기하거나 $[a_{ij}]_{(i=1,2,.m,\ \ j=1,2,.n)}$ 또는 사각형 배열 전체로 표기한다. 행렬 A에 있는 각각의 수 a_{ij}를 행렬 A의 원소element라고 하며, 행렬에 있는 원소의 가로 배열을 행row, 세로 배열을 열column이라고 한다. 한 개의 행으로 된 행렬을 행벡터row vector, 한 개의 열로 된 행렬을 열벡터column vector 라고 한다.

행렬이 행 방향과 열 방향으로 벡터가 각각 몇 개씩 배열되어 있는지 나타내는 것을 차원dimension이라고 하는데, 식 (1)과 같은 행렬 A는 행의 수가 m이고 열의 수가 n이기 때문에 「$m \times n$」 차원 행렬이라고 한다. 행렬 A를 구성하고 있는 원소 a_{ij}는 행렬 A의 i번째 행과 j번째 열이 교차하는 부분에 있는 원소, 즉 i행과 j열이 만나는 위치에 있는 수이다.

(2) 스칼라와 벡터

행렬 A의 차원이 $m = n = 1$이면 행렬 A는 한 개의 원소로 구성되는데 이를 스칼라scalar라고 한다. 그리고 「$m \times 1$」행렬을 m차 열벡터column vector, 「$1 \times n$」행렬을 n차 행벡터row vector라고 한다.

$$b = \begin{bmatrix} b_1 \\ b_2 \\ \vdots \\ b_m \end{bmatrix} : m\text{차 열벡터}, \qquad a = [a_1\ a_2\ \cdots\cdots\ a_n] : n\text{차 행벡터}$$

행렬, 스칼라, 벡터를 이용하면 [그림 3-1]과 같은 투입산출표의 차원은 다음과 같다. 산업 간 거래를 나타내는 내생부문은 행과 열의 수가 모두 3개인 「3×3」행렬,

이들 산업 간 거래를 세로 방향으로 더한 중간투입계는 「1×3」 행벡터, 가로 방향으로 더한 중간수요계는 「3×1」 열벡터이다. 소비, 투자, 수출의 최종수요 항목 각각은 「3×1」 열벡터인데 이들 세 개 벡터를 모두 옆으로 붙이면 「3×3」행렬이 되며, 세 벡터를 모두 더한 최종수요계 벡터는 「3×1」 열벡터가 된다. 피용자보수, 영업잉여 등 부가가치 항목 각각은 「1×3」 행벡터이고 이들 부가가치 항목들을 세로 방향으로 붙이면 「4×3」행렬이 된다. 이들 부가가치 항목들을 세로로 더한 것을 부가가치계라고 하는데 「1×3」 행벡터이다.

그림 3-1 투입산출표의 행렬 표기 방법

	농림수산품	공산품	서비스	중간수요계	소비	투자	수출	최종수요계	총수요계	총산출	수입	총공급계
농림수산품 공산품 서비스		「3×3」		「3×1」		「3×3」		「3×1」	「3×1」	「3×1」	「3×1」	「3×1」
중간투입계		「1×3」										
피용자보수 영업잉여 고정자본소모 생산세(보조금공제)		「4×3」										
부가가치계		「1×3」										
총투입계		「1×3」										

(3) 전치행렬과 정방행렬

투입산출표를 이용하여 연산할 때 주어진 행렬을 변환해야 하는 경우가 있는데 자주 이용되는 것은 다음과 같다.

행렬의 전치transpose는 「$m \times n$」 차원으로 되어 있는 행렬 A의 행을 열로, 열을 행으로 위치를 바꾸어 「$n \times m$」 차원으로 변환시키는 것이다. 이렇게 행렬 A를 전치한 행렬을 A' 또는 A^T 등으로 표기하고 행렬 A의 전치행렬이라고 한다.

행렬 A의 차원이 「$m \times n$」일 때 행과 열의 수가 $m = n$으로 동일하면 행렬 A를 정방행렬square matrix이라고 한다. 일반적으로 투입산출표 내생부문은 정방행렬로 되어 있다.[2] 식 (1)에 대한 전치행렬은 식 (2)와 같고, $m=n$인 정방행렬은 식 (3)과 같다.

$$A' = \begin{bmatrix} a_{11} & a_{21} & \cdots\cdots & a_{m1} \\ a_{12} & a_{22} & \cdots\cdots & a_{m2} \\ \vdots & \vdots & \ddots & \vdots \\ a_{1n} & a_{2n} & \cdots\cdots & a_{mn} \end{bmatrix} : A\text{의 전치행렬} \quad \cdots\cdots (2)$$

$$A = \begin{bmatrix} a_{11} & a_{12} & \cdots\cdots & a_{1m} \\ a_{21} & a_{22} & \cdots\cdots & a_{2m} \\ \vdots & \vdots & \ddots & \vdots \\ a_{m1} & a_{m2} & \cdots\cdots & a_{mm} \end{bmatrix} : \text{정방행렬} \quad \cdots\cdots (3)$$

(4) 대각화, 주대각원소와 단위행렬

대각화diagonalized는 「$1\times n$」으로 된 행벡터나 「$n\times 1$」으로 된 열벡터를 「$n\times n$」의 정방행렬로 전환하는 것이다. 그리고 성방행렬에서 동일한 행과 열에 위치한 원소인 $a_{11}, a_{22}, \cdots\cdots, a_{mm}$을 주대각원소elements of principal diagonal라고 한다. 이렇게 대각화하여 주대각원소만 값을 갖고 나머지 원소가 모두 0인 정방행렬을 대각행렬diagonal matrix이라고 한다. 대각행렬은 투입산출표로 투입계수를 계산하거나 부가가치유발계수, 수입유발계수 그리고 고용유발계수 등을 계산할 때 이용한다.[3]

2) 일부 국가의 투입산출표는 비정방행렬로 되어 있기 때문에 역행렬을 계산하기 위해서 정방행렬로 새로 구성하여야 한다. 일본의 투입산출표 중에서 기본부문으로 된 표는 행과 열의 수가 다른 비정방행렬로 되어 있는데 생산유발계수를 계산하기 위해서는 행과 열의 부문분류를 일치시켜 차원의 수를 동일하게 만들어야 한다.

3) 대각행렬을 이용하여 투입계수를 계산하는 방법은 본 장의 역행렬부문에, 그리고 각종 유발계수는 제4장 산업연관분석의 기초에 설명되어 있다.

$$A = \begin{bmatrix} a_{11} & 0 & \cdots\cdots & 0 \\ 0 & a_{22} & \cdots\cdots & 0 \\ \vdots & \vdots & \ddots & \vdots \\ 0 & 0 & \cdots\cdots & a_{nn} \end{bmatrix} : \text{대각행렬} \quad \cdots\cdots (4)$$

대각행렬의 특수한 형태로서 주대각원소가 모두 1인 대각행렬을 단위행렬identity matrix이라 부르며 I로 표시한다.

$$I = \begin{bmatrix} 1 & 0 & \cdots\cdots & 0 \\ 0 & 1 & \cdots\cdots & 0 \\ \vdots & \vdots & \ddots & \vdots \\ 0 & 0 & \cdots\cdots & 1 \end{bmatrix} : \text{단위행렬} \quad \cdots\cdots (5)$$

산업연관분석을 하는 과정에는 각종 행렬 연산 결과를 한 개의 값 또는 한 개의 벡터로 표시하기 위해 덧셈을 해야 하는 경우가 종종 발생한다. 이때 이용하는 것 중의 하나가 모든 원소의 값이 1로 된 합벡터summing vector이다.

본 책자에서는 합벡터를 e로 표시하였다. 합벡터는 행벡터 e'와 열벡터 e로 구분되는데, 행벡터 e'는 뒤에 있는 행렬을 세로로 더하고 열벡터 e는 앞에 있는 행렬을 가로로 더하는 데에 이용한다.

$$e' = [1 \ 1 \ \cdots\cdots \ 1] : \text{합벡터} \quad \cdots\cdots (6)$$

나. 행렬의 연산

(1) 덧셈과 뺄셈

행렬 A와 행렬 B가 덧셈과 뺄셈 연산이 가능하기 위해서는 행렬 A와 행렬 B의 차원, 즉 행과 열의 수가 식 (7)과 식 (8)처럼 동일해야 한다.

$$A = \begin{bmatrix} a_{11} & a_{12} & \cdots\cdots & a_{1n} \\ a_{21} & a_{22} & \cdots\cdots & a_{2n} \\ \vdots & \vdots & \ddots & \vdots \\ a_{m1} & a_{m2} & \cdots\cdots & a_{mn} \end{bmatrix} = [a_{ij}]\ (i=1,2,.m,\ \ j=1,2,.n) \quad \cdots\cdots(7)$$

$$B = \begin{bmatrix} b_{11} & b_{12} & \cdots\cdots & b_{1n} \\ b_{21} & b_{22} & \cdots\cdots & b_{2n} \\ \vdots & \vdots & \ddots & \vdots \\ b_{m1} & b_{m2} & \cdots\cdots & b_{mn} \end{bmatrix} = [b_{ij}]\ (i=1,2,.m,\ \ j=1,2,.n) \quad \cdots\cdots(8)$$

차원이 동일한 행렬 A와 행렬 B를 더하거나 빼는 것은 두 행렬의 같은 위치에 있는 원소끼리 덧셈과 뺄셈을 하면 되는데 식 (9)와 같이 계산한다.

$$A \pm B = \begin{bmatrix} a_{11} \pm b_{11} & \cdots\cdots & a_{1n} \pm b_{1n} \\ a_{21} \pm b_{21} & \cdots\cdots & a_{2n} \pm b_{2n} \\ \vdots & \ddots & \vdots \\ a_{m1} \pm b_{m1} & \cdots\cdots & a_{mn} \pm b_{mn} \end{bmatrix} = [a_{ij} \pm b_{ij}]\ (i=1,2,.m,\ \ j=1,2,.n) \quad \cdots(9)$$

(2) 곱셈

일반적인 스칼라로 된 대수에서 두 개 이상의 수에 대한 곱셈은 교환법칙이 성립되지만 2차원 이상으로 된 행렬들에 대해서는 곱셈의 교환법칙이 일반적으로 성립되지 않는다. 두 개 이상의 행렬을 곱하는 것은 산업연관분석에서 많이 이용되는 연산이다.

두 개의 행렬을 곱하는 방법은 ① 일반적인 행렬 곱셈과 특별한 곱셈인 ② 아다마르 곱셈Hadamard product, ③ 크로네커 곱셈Kronecker product 등이 있는데, 본 책자에서는 산업연관분석에 자주 이용되는 일반적인 곱셈을 중심으로 살펴보고 일부 모형에 이용되는 아다마르 곱셈도 살펴본다.

일반적인 행렬 곱셈은 다음과 같다. 행렬 A와 행렬 B의 곱셈은 $A \cdot B$로 표기하는데, 행렬 A와 행렬 B를 곱하기 위해서는 곱셈식의 앞에 위치한 행렬 A의 열수와 뒤에 위치한 행렬 B의 행수가 같아야 한다. 즉 행렬 A의 차원이 「$m \times n$」이고 행렬 B의 차원이 「$p \times q$」인 경우 두 행렬의 곱셈 $A \cdot B$가 성립하기 위해서는 $n = p$이어야 한다. 이렇게 두 행렬을 곱하여 계산된 행렬을 $C(= A \cdot B)$라 하면 행렬 C는 앞 행렬 A의 행수인 m과 뒤 행렬 B의 열수인 q인 「$m \times q$」 차원의 행렬이 생성된다.

행렬 A와 행렬 B를 곱하여 생성된 행렬 C의 원소를 c_{ij}라고 하면, 원소 c_{ij}는 행렬 A의 i번째 행과 행렬 B의 j번째 열에 같은 순서에 위치한 원소들끼리 곱한 것을 더하여 식 (10)과 같이 계산한다.

$$c_{ij} = \sum_{k=1}^{n} a_{ik} b_{kj} \qquad \cdots\cdots (10)$$

따라서 차원이 2 이상인 두 행렬에 대한 곱셈은 일반적으로 교환법칙이 성립되지 않는다. 즉 $A \cdot B \neq B \cdot A$는 물론 곱하고자 하는 행렬들이 비정방행렬인 경우에는 차원이 달라 곱셈 자체가 이루어지지 않을 수도 있다.

합벡터를 이용하여 어떤 벡터의 앞이나 뒤에서 곱했을 때 한 값으로 더해지는 것을 살펴보자. 행벡터 $A = [a_1, a_2, \ldots\ldots, a_n]$을 $\Sigma_{i=1}^{n} a_i$로 하는 경우 n개의 1로 된 합벡터 e'를 전치한 e를 벡터 A의 뒤에서 곱하면 된다. 그러나 합벡터 e를 앞에서 곱하면, 즉 $e \cdot A$를 하면 행벡터 A를 열 방향으로 n번 반복시킨 행렬이 된다. 그리고 벡터 A를 전치시킨 열벡터 A'에 대해 덧셈을 하고자 한다면 열벡터로 된 합벡터 e를 행벡터로 전치한 e'를 앞에서 곱한다.4)

앞의 (4)절에서 설명한 단위행렬 I를 행렬 A와 곱하면 자기 자신의 행렬 A와 동일한 결과가 나타난다.5) 다만 행렬 곱셈이 성립하기 위해서는 앞에서 본 바와 같이 I가 행렬 A 앞에서 곱해지면 I의 열수와 행렬 A의 행수가 같고, I가 행렬 A 뒤에서 곱해지면 I의 행수와 행렬 A의 열수가 같아야 한다.

---

4) $[1\,1\,1]\begin{bmatrix}1\,2\,3\\4\,5\,6\\7\,8\,9\end{bmatrix} = [1+4+7 \quad 2+5+8 \quad 3+6+9]$, $\begin{bmatrix}1\,2\,3\\4\,5\,6\\7\,8\,9\end{bmatrix}\begin{bmatrix}1\\1\\1\end{bmatrix} = \begin{bmatrix}1+2+3\\4+5+6\\7+8+9\end{bmatrix}$

5) 단위행렬 I는 스칼라값으로 된 경우에 곱셈의 항등원 1과 같은 역할을 수행한다.

$$A_{(m \times n)} \cdot I_{(n \times n)} = A_{(m \times n)} \quad \cdots\cdots (11)$$

$$I_{(m \times m)} \cdot A_{(m \times n)} = A_{(m \times n)} \quad \cdots\cdots (12)$$

행렬 A와 스칼라 k의 곱셈은 행렬 A의 각 원소에 스칼라 k를 곱하는 것으로 식 (13)과 같이 계산된다.

$$k \cdot A = \begin{bmatrix} ka_{11} & \cdots\cdots & ka_{1n} \\ ka_{21} & \cdots\cdots & ka_{2n} \\ \vdots & \ddots & \vdots \\ ka_{m1} & \cdots\cdots & ka_{mn} \end{bmatrix} \quad \cdots\cdots (13)$$

산업연관분석 연산 과정에는 두 행렬의 같은 위치에 있는 원소들끼리 곱셈을 해야 하는 경우가 있다. 이때 아다마르 곱셈을 이용하는데, 아다마르 곱셈이 성립하기 위해서는 두 행렬의 행과 열의 차원이 동일[6]해야 한다. 아다마르 곱셈은 식 (14)와 같은데 투입계수 등을 계산할 때도 이용되기도 한다.

$$A \otimes B = \begin{bmatrix} a_{11}b_{11} & \cdots\cdots & a_{1n}b_{1n} \\ a_{21}b_{21} & \cdots\cdots & a_{2n}b_{2n} \\ \vdots & \ddots & \vdots \\ a_{m1}b_{m1} & \cdots\cdots & a_{mn}b_{mn} \end{bmatrix} = \left[a_{ij} \cdot b_{ij}\right]_{(i=1,2,.m \ , \ j=1,2,.n)} \quad \cdots\cdots (14)$$

(3) 행렬식과 역행렬

행렬식determinant은 역행렬이 존재하는지 여부를 판단하거나 역행렬inverse matrix을 계산할 때 이용하며 어떤 행렬의 행렬식 값은 정방행렬일 경우에 계산이 된다. 정방행렬 A의 행렬식은 $|A|$ 또는 $\det(A)$로 표시하며 식 (15)와 식 (16)과 같이 두 방법으로 계산될 수 있다.

6) 일반적인 행렬 곱셈 $A \cdot B$가 성립하기 위해서는 행렬 A의 열수와 행렬 B의 행수가 동일하여야 한다.

식 (15)와 식 (16)에서 $|M_{ij}|$는 a_{ij}의 소행렬식minor[7]이라고 하며, $|C_{ij}|$는 여인수 cofactor[8]라고 한다. 따라서 행렬 차원이 커지면 소행렬식을 하위 차원에 대해 순차적으로 계산해야 하기 때문에 방대한 계산이 필요하다. 이렇게 순차적 소행렬식 계산 방식을 이용하는 산업연관분석 기법도 있는데, 이 방법을 구조경로분석SPA: Structural Path Analysis이라고 한다. 구조경로분석은 제5장에서 설명한다.

$$|A| = \sum_{j=1}^{n} a_{ij}(-1)^{i+j}|M_{ij}| = \sum_{j=1}^{n} a_{ij}|C_{ij}| \quad \cdots\cdots (15)$$

여기서, i : 임의로 선정된 행

또는

$$|A| = \sum_{i=1}^{n} a_{ij}(-1)^{i+j}|M_{ij}| = \sum_{i=1}^{n} a_{ij}|C_{ij}| \quad \cdots\cdots (16)$$

여기서, j : 임의로 선정된 열

산업연관분석에서는 생산유발계수가 핵심적인 역할을 하는데, 생산유발계수를 계산하기 위한 역행렬을 살펴보면 다음과 같다.

두 개의 정방행렬 A와 B에 대해 $A \cdot B = B \cdot A = I$가 성립되면 행렬 B는 행렬 A의 역행렬이라 하며 A^{-1}로 표기하고 또한 행렬 A는 행렬 B의 역행렬이 되며 B^{-1}로 표시한다.

역행렬은 앞에서 살펴본 행렬식 값이 0이 아니어야 하고 이 행렬식 값으로 해당 행렬의 각 원소에 대한 여인수를 나누어 계산한다. 정방행렬 $A = [a_{ij}]$의 역행렬을 $A^{-1} = [r_{ij}]$라 하면 역행렬의 원소 r_{ij}는 다음과 같이 계산된다.

---

7) 행렬 A가 「$n \times n$」이면 소행렬은 M_{ij}는 i행과 j열을 제거한 「$(n-1) \times (n-1)$」의 행렬이며 소행렬식 $|M_{ij}|$는 i행과 j열을 제거한 뒤 만들어지는 「$(n-1) \times (n-1)$」행렬에 대한 행렬식을 의미한다.

8) 여인수 $|C_{ij}|$는 행렬식 $|M_{ij}|$에 대해 $(-1)^{i+j}$을 곱하여 계산되는 $(-1)^{i+j}|M_{ij}|$이다.

$$r_{ij} = \frac{(-1)^{i+j}|M_{ji}|}{|A|} = \frac{|C_{ji}|}{|A|} \quad \cdots\cdots (17)$$

여기서, $|M_{ji}|$는 a_{ji}의 소행렬식이고 $|C_{ji}|$는 여인수

식 (17)을 행렬 형태로 표기하면 식 (18)과 같다.

$$A^{-1} = \begin{bmatrix} \frac{|C_{11}|}{|A|} & \frac{|C_{21}|}{|A|} & \cdots\cdots & \frac{|C_{n1}|}{|A|} \\ \frac{|C_{12}|}{|A|} & \frac{|C_{22}|}{|A|} & \cdots\cdots & \frac{|C_{n2}|}{|A|} \\ \vdots & \vdots & \ddots & \vdots \\ \frac{|C_{1n}|}{|A|} & \frac{|C_{2n}|}{|A|} & \cdots\cdots & \frac{|C_{nn}|}{|A|} \end{bmatrix} \quad \cdots\cdots (18)$$

식 (18)에서 행렬 A의 역행렬 A^{-1}가 존재하기 위해서는 A^{-1}의 각 원소가 계산이 가능하도록 행렬식 값이 $|A| \neq 0$의 조건이 필요하다는 것을 알 수 있다. 행렬식 값이 0이 아닌 행렬을 비특이행렬non-singular matrix이라고 한다.[9)]

(4) 행렬의 성질

행렬 연산과 관련된 다음과 같은 몇 가지 성질이 있다.

① $(A')' = A$

② $(A^{-1})^{-1} = A$

③ $(A')^{-1} = (A^{-1})'$ ······ (19)

④ $(A \cdot B)' = B' \cdot A'$

⑤ $(A \cdot B)^{-1} = B^{-1} \cdot A^{-1}$

9) 행렬식 값이 존재하기 위해서는 행렬 내에 있는 벡터가 선형적으로 독립되어 있어야 하는데, 이는 행렬 내에 있는 벡터들이 다른 벡터에 의해 하나의 상수로 변형이 가능한지 여부를 나타낸다. 이를 산업연관표에 적용한다면 동일한 투입구조를 갖는 부문들은 하나의 부문으로 처리하는 것과 같은 맥락으로 해석할 수 있다고 하겠다.

2 SAS/IML 사용 방법 개관

산업연관분석은 행렬 연산을 통해 주로 이루어지며 연산에 활용할 수 있는 소프트웨어는 다양하다. 많이 활용되는 소프트웨어로는 SAS, MATLAB, STATA, GAUSS, R, Python 등과 더불어 스프레드시트인 Excel이 있다.

SAS/IML은 행렬 형태로 된 자료를 연산하기 위한 SAS의 한 모듈이다. SAS/IML은 투입산출표는 물론 다변량구조로 된 자료를 행렬로 전환하여 다양한 연산을 할 수 있어 회귀분석 등 여러 분야에 이용된다.

가. SAS Data Set의 관리

일반적인 자료구조는 변수variables와 관측치observations로 구성되는데, SAS/ IML은 변수와 관측치로 구성된 자료를 행렬로 인식한다.[10] 자료구조를 변수와 관측치로 인식하는 SAS Data Set은 SAS 패키지를 이용할 때 필수적인 과정이라고 할 수 있다.[11] 대부분 계량분석용 소프트웨어와 마찬가지로 SAS 또한 원시 자료raw data를 SAS시스템 내부의 고유 Data Set으로 변환[12]시키는 기능이 있다.

외부의 원시 자료를 SAS Data Set으로 변환하기 위해 SAS Data Step에서 사용되는 주요 기능과 명령어 코딩 방법은 다음과 같다.

---

10) SAS/IML과 SAS Data Step은 동일한 형태로 된 자료구조이지만 SAS Data Step은 가로(행) 방향으로는 변수로 인식하고 세로(열) 방향으로는 관측치로 인식하는데, SAS/IML은 2차원 자료구조를 관측치와 변수가 아니라 하나의 행렬 형태로 인식한다.

11) Excel은 스프레드시트 타입의 소프트웨어이기 때문에 다른 통계분석 전문 소프트웨어와 자료구조를 인식하는 체계가 다르다고 할 수 있다.

12) SAS Data Set으로 변환하지 않고 SAS 프로그램에 직접 자료를 입력하여도 SAS는 실행된다. 그러나 이 과정에서도 SAS는 SAS Data Set으로 변환하여 자료분석을 수행하기 때문에 미리 SAS Data Set으로 변환하면 메모리 및 자료 처리 속도 등을 향상시킬 수 있다.

(1) Data Step의 기능

Data Step은 원시 자료를 SAS시스템 내부로 입수하는 과정부터 새로운 SAS Data Set의 형성, 오류 수정 그리고 새로운 변수의 생성 등 자료 편집과 파일 관리, 결과 저장 및 인쇄 기능을 수행하기 위해 이용하는 명령 단계이다.

SAS시스템에서 원시 자료를 SAS Data Set으로 변환하는 방법[13]은 네 가지가 있다. 첫 번째는 SAS시스템 내에서 프로그램을 코딩할 때 원시 자료를 직접 입력하여 SAS Data Set을 생성하는 방법이고, 두 번째는 외부 기억장치의 원시 자료(Text 파일, Excel 파일 등)로부터 SAS시스템으로 입수하여 생성하는 것이다. 그리고 세 번째는 프로그램 작업 중에 생성된 SAS Data Set으로부터 새로운 SAS Data Set을 생성하는 것이고, 네 번째는 외부기억장치에서 이미 생성되어 있는 SAS Data Set을 입수하여 생성하는 방법이다.[14]

(가) 원시 자료를 프로그램 내에 직접 입력하는 경우

자료를 프로그램에 직접 입력하는 방법으로 List INPUT, Column INPUT, Formatted INPUT 등 세 가지가 있으며 문자로 된 변수는 변수명 뒤에 $를 기입하여야 한다.

① List INPUT

List INPUT은 가장 단순한 자료 입력 형식인데 변수의 자료값들 사이에 반드시 공란이 있어야 하고 결손치missing value는 .으로 표시하여야 한다. List INPUT의 코딩 체계는 다음과 같다.

13) SAS Data Set이 외부 파일로 생성되어 저장되면 파일 확장자는 SAS 버전마다 다르다.

14) 가급적 오류를 줄이고 초기 자료는 물론 연산 결과의 편집을 보다 편리하게 하는 방법은 SAS를 Excel과 연동하는 것이다. 즉 원시 자료인 투입산출표가 행렬 형태이기 때문에 Excel을 이용하여 필요한 가공을 하고 행렬의 적정성을 검토한 다음 이를 SAS Data Set으로 전환한 뒤 SAS/IML로 행렬을 연산하는 것이다.

```
DATA DataSetName;
   INPUT  varname1 [$]  varname2 [$]  .............. ;
   CARDS;
     raw data
    ;
```

② Column INPUT

Column INPUT은 읽고자 하는 변수의 열을 직접 지정하는 방식으로 자료가 열 방향으로 규칙적으로 배열되어 있어야 한다. 변수 순서에 상관없이 일부 변수를 제외하거나 중복하여 읽을 수도 있어 List INPUT보다 가용 범위가 넓다. Column INPUT을 사용할 때 유의할 점은 공란은 결손치로 처리되며 해당 변수가 수치변수일 경우에는 .으로, 문자변수일 경우에는 공란으로 읽혀진다는 것이다. Column INPUT의 코딩 체계는 다음과 같다.

```
DATA datasetname;
   INPUT  varname1 [$] 시작-끝 varname2 [$] 시작-끝  .......... ;
   CARDS;
      raw data
    ;
```

③ Formatted INPUT

Formatted INPUT은 읽고자 하는 자료 안에 콤마(,), 소수점 등과 같은 문자가 포함된 경우와 날짜값을 읽는 경우에 이용된다. Formatted INPUT을 이용하려면 자료가 고정된 열에 배열되어 있어야 하며 코딩 체계는 다음과 같다.

```
DATA datasetname;
   INPUT  <poniter-control15)> varname1 informatnameW.D16) ....;
```

15) Pointer-control
① @n: 현 위치에서 column pointer를 n열로 절대적으로 옮기라는 표시
② +n: 현 위치에서 column pointer를 n열로 상대적으로 옮기라는 표시

16) informatnameW.D

```
CARDS;
  raw data
 ;
```

(나) 외부 원시 자료가 Text 파일로 된 경우 SAS Data Set 생성 방법

SAS시스템 외부의 원시 자료는 대부분 텍스트 파일이거나 Excel 같은 스프레드시트 파일로 되어 있다. 이때 외부 파일이 text 파일로 되어 있으면 INFILE문을 이용하여 SAS Data Set을 생성하면 되는데 다음과 같이 코딩한다.

```
DATA datasetname;
   INFILE 'fileref[17]' <options[18]> ;
   INPUT  <poniter-control> varname1 informatnameW.D ......;
```

(다) Excel 파일을 SAS Data Set으로 만드는 방법

Excel 파일을 SAS Data Set으로 만드는 순서는 ① Excel에서의 자료 가공·정리 및 저장 → ② SAS System 내에서 library name 지정 → ③ SAS System 내에서 Excel 파일 입수import → ④ SAS Data Set의 생성 및 저장 등 4단계로 구분할 수 있다.

W.: 표준수치
W.D: 소수점을 포함한 표준수치
$W.: 표준 문자입력
$CHARW.: 공란을 포함한 문자
COMMAW.D: 콤마(,)를 포함한 수치 입력

17) fileref는 외부 파일명(text 파일이 있는 폴더와 파일인데, c:₩work₩example.txt)으로 앞뒤에 홑따옴표를 'fileref'처럼 앞과 뒤에 반드시 표기하여야 한다.

18) options에 이용되는 것으로는 ① FIRSTOBS=관측치수: 관측치수는 첫 번째 읽고자 하는 라인수를 지정, ② LINESIZE(or LS)=열길이: 열길이수만큼의 열만 자료로 간주할 것을 지정, ③ OBS=관측치수: 몇 번째 라인까지 읽을 것인가를 지정하는 것 등이 있다. 정리하면 원시자료를 입수할 때 가로 방향(나열된 변수)은 INPUT문을 이용하여 제어가 가능하지만 세로 방향(관측치수)은 INPUT문을 이용하여 제어할 수 없는데, 원하는 만큼 세로 방향의 자료를 입수하고자 할 때 options 명령어를 이용한다.

(2) 여러 개 파일의 결합

SAS Data Step에서는 여러 개의 자료를 생성하고 생성된 자료들을 일정 조건에 맞는 자료 형태로 다시 전환하여 새로운 SAS Data Set을 생성할 수 있다. 여러 자료를 읽어 새로운 SAS Data Set을 만드는 자료 결합은 종(세로) 방향 결합과 횡(가로) 방향 결합으로 크게 구분된다. 산업연관분석에서는 동 방법이 부문 통합 등에 활용된다.19)

(가) 종 결합

종 결합은 두 개 이상의 자료를 읽어 종으로 나열된 하나의 SAS Data Set을 생성하는 것인데, SET문을 이용한다.

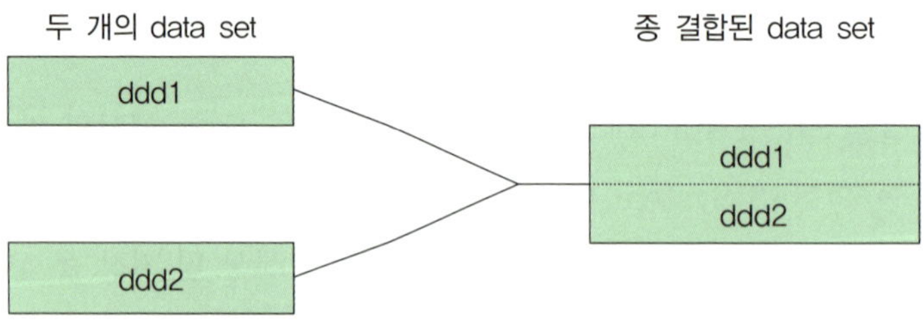

예 **종 결합 프로그램** `DATA total; SET ddd1 ddd2; run;`

이 예는 ddd1과 ddd2라는 SAS Data Set를 세로 방향, 즉 종으로 결합하여 total이란 새로운 SAS Data Set이 생성하는 것이다.

(나) 횡 결합

횡 결합은 두 개 이상의 자료를 읽어 횡으로 결합시켜 하나의 SAS Data Set을 생성하는 것으로 MERGE문을 이용한다.

19) 부문 통합은 다음에 나오는 라.절에 설명한 Design 명령어 이용 방법을 참고하기 바란다.

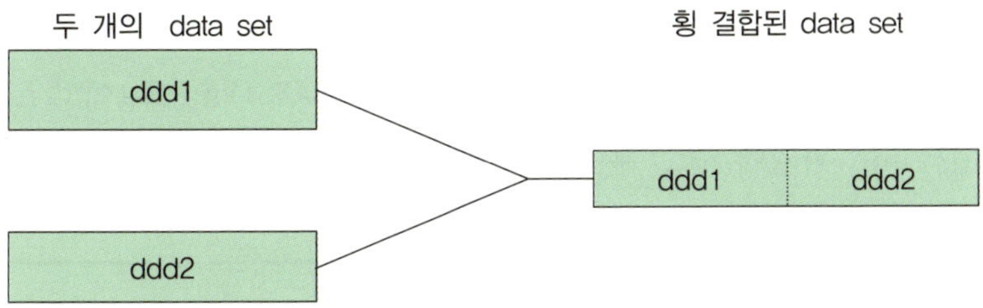

예 횡 결합 프로그램 `DATA total; MERGE dataset1 dataset2; run;`

이 예는 ddd1과 ddd2라는 SAS Data Set을 횡으로 결합하여 total이란 새로운 SAS Data Set이 생성하는 것인데, ddd1과 ddd2의 변수명이 중복되면 안 된다.

나. SAS/IML을 이용한 연산

행렬과 같은 2차원 구조로 된 자료는 Data Step에서도 연산과 자료 변환이 가능하지만 SAS/IML을 이용하는 것이 편리하고 효율적이다.

SAS/IML을 이용하는 절차를 개괄적으로 보면 먼저 PROC IML;이라는 명령어로 IML 모듈 이용을 선언하고 행렬 연산을 위한 자료를 입수하거나 IML 내부에서 행렬을 생성한다. 다음으로 IML의 다양한 행렬 연산자를 이용하여 계산하고, 계산 결과의 행렬을 다시 Data Step에서 이용할 수 있도록 SAS Data Set으로 전환하는 것이다. 본 책자에서는 SAS Data Set으로 만들어진 자료를 행렬로 전환하는 방법을 중심으로 설명하도록 한다.

(1) 1단계: IML 수행의 선언

SAS/IML은 먼저 PROC IML;이라는 명령어를 코딩하여 실행한다.

(2) 2단계: SAS Data Set을 입수하여 행렬을 생성

2단계는 IML 모듈 사용을 선언한 다음에 이루어지는 것으로 입수하고자 하는

SAS Data Set을 지정하고 이 자료에 행렬 이름을 부여하는 과정이다. 사용 형식 중 USE에서 sdn은 IML을 수행하기 위해 입수하는 SAS Data Set이고 matname은 IML에서 sdn 파일에 새로 부여한 행렬 이름이다.

사용 형식	PROC IML; USE sdn; READ ALL INTO matname;

IML 내에서 행렬을 직접 생성시키는 방법도 있다. 이는 PROC IML;에서 행렬을 코딩하는 것인데, 코딩할 때는 행렬 전체를 { }로 묶어서 표기하고 이때 행렬의 각 원소값은 한 칸씩 띄우고 행을 바꿀 때는 ,을 코딩한다. 예를 들면 「2×2」행렬 A의 원소가 $\begin{bmatrix} 1 & 2 \\ 3 & 4 \end{bmatrix}$일 때 A={1 2, 3 4};로 코딩[20]한다.

(3) 3단계: 행렬 연산의 수행

SAS/IML의 각종 연산자를 이용하여 분석자가 원하는 산업연관모형에 따라 연산하는 과정인데, 다음 다.절에서 설명한다.

(4) 4단계: 행렬 연산 결과를 새로운 SAS Data Set으로 생성

3단계에서 계산된 각 결과에 대해 SAS Data Set을 생성하는 과정이다. 아래의 사용 형식에서 CREATE와 CLOSE의 sdn은 행렬 연산 결과로 만들어진 새로운 행렬 matname에 부여한 새로운 SAS Data Set의 이름이다. CREATE와 CLOSE에서의 sdn과 USE에서의 sdn이 동일하면 새로운 연산 결과가 기존의 SAS Data Set을 대체시키기 때문에 주의가 필요하다. 그리고 APPEND의 matname은 행렬 연산을 통해 만들어진 행렬을 SAS Data Set으로 전환하고자 하는 행렬이며 이 과정을

20) 또는 A={1 2,
3 4};로 코딩한다.

거치면 행렬이 아니라 SAS Data Set이 된다. 여러 개의 연산 결과를 각각 SAS Data Set으로 만들고자 하는 경우에는 CREATE부터 CLOSE까지를 각각 지정하면 된다.

<table>
<tr><td>사용 형식</td><td><pre>PROC IML;
 USE sdn;
   READ ALL INTO matname;
         ⋮
      행렬 연산
         ⋮
  CREATE sdn FROM matname;
    APPEND FROM matname;
     CLOSE sdn;</pre></td></tr>
</table>

(5) 5단계: PROC IML의 수행 완료

SAS/IML 모듈의 사용이 완료되어 종료를 선언하고 데이터 관리 단계로 이동하거나 다른 모듈로 전환할 때는 QUIT;를 코딩한다.

<table>
<tr><td>사용 형식</td><td><pre>PROC IML;
 USE sdn;
   READ ALL INTO matname;
         ⋮
      행렬 연산
         ⋮
  CREATE sdn FROM matname;
    APPEND FROM matname;
     CLOSE sdn;
QUIT;</pre></td></tr>
</table>

다. 행렬의 연산

SAS/IML에 있는 다양한 행렬 연산자는 행렬대수학의 일반적인 표기 방법과 유사하기 때문에 편리하게 이용할 수 있는데, 연산하고자 하는 행렬의 차원을 점검하는 것이 중요하다.

(1) 덧셈 및 뺄셈

두 행렬을 더하거나 빼기 위해서는 앞에서 살펴본 바와 같이 차원이 동일하여야 한다.

<table>
<tr><td rowspan="3">예</td><td>덧셈; C=A+B; 뺄셈; C=A−B;</td></tr>
<tr><td>행렬 A와 B에 대해 덧셈 또는 뺄셈을 수행하여 그 결과는 행렬 C가 됨</td></tr>
<tr><td>이용 사례: 국산거래표를 생성하고자 할 경우</td></tr>
</table>

(2) 곱셈

행렬 A와 행렬 B의 곱셈은 일반적인 곱셈과 아다마르 곱셈이 있는데 아래와 같은 방식으로 코딩하면 된다.

<table>
<tr><td rowspan="3">예 1</td><td>일반적인 행렬 곱셈
C=A*B;</td></tr>
<tr><td>행렬 A의 열 수와 행렬 B의 행수가 동일한 경우 수행이 가능하며 행렬 곱의 결과로 행렬 C가 생성되면 행렬 C는 행수가 A와 동일하고 열수는 행렬 B와 동일</td></tr>
<tr><td>이용 사례: 생산유발계수 행렬과 최종수요 벡터를 곱하는 경우</td></tr>
<tr><td rowspan="3">예 2</td><td>아다마르 행렬 곱셈
C=A#B;</td></tr>
<tr><td>차원이 동일한 행렬 A와 B에 대해 원소별로 곱셈을 실시하는 아다마르 곱을 하는 연산자인데, 연산 결과로 생성되는 행렬 C는 행렬 A와 행렬 B의 차원과 동일</td></tr>
<tr><td>이용 사례: 두 개 연도의 산업연관표를 이용하여 산출 증가요인을 분석하는 Syrquin모형</td></tr>
</table>

(3) 나눗셈

행렬의 나눗셈은 두 가지 형태가 있는데 차원이 같은 행렬들의 원소들 간의 나눗셈이 있고 행렬과 스칼라의 나눗셈이 있다.

<table>
<tr><td rowspan="3">예 1</td><td><code>C=A/B;</code></td></tr>
<tr><td>차원이 동일한 행렬 A와 B에 대해 원소별로 나눗셈을 실시하는 것으로 연산 결과인 행렬 C는 행렬 A와 행렬 B의 차원과 동일</td></tr>
<tr><td>이용 사례: 내생부문 거래표를 산출액으로 나누어 계산하는 투입계수표 또는 수입의존도 등을 계산할 때 이용</td></tr>
<tr><td rowspan="2">예 2</td><td><code>C=A/scalar;</code></td></tr>
<tr><td>scalar로 행렬 A의 모든 원소에 대해 나눗셈을 실시하는 것으로 연산 결과 행렬 C는 행렬 A의 차원과 동일</td></tr>
</table>

(4) 역행렬

역행렬은 정방행렬이면서 행렬식 값이 0이 아닌 경우, 즉 비특이행렬인 경우 존재한다.

<table>
<tr><td rowspan="3">예</td><td><code>C=INV(A);</code></td></tr>
<tr><td>정방행렬인 A의 역행렬을 계산하여 행렬 C를 생성</td></tr>
<tr><td>이용 사례: 생산유발계수 행렬 계산</td></tr>
</table>

(5) 제곱power

행렬 제곱은 동일한 행렬을 누적적으로 곱셈하는 것인데, 역행렬을 계산할 때 연산자 INV를 대신하여 이용할 수도 있다.

<table>
<tr><td rowspan="2">예 1</td><td><code>C=A**(n);</code> 또는 <code>C=A**n;</code></td></tr>
<tr><td>행렬 A를 n번 제곱하여 행렬 C를 생성할 때 이용
역행렬을 계산할 경우에는 C=inv(A); 대신 C=A**(-1);로 코딩하여도 됨</td></tr>
</table>

(6) 행렬의 결합

행렬을 결합하는 방법은 수직 결합과 병렬 결합이 있는데, 수직 결합은 결합할 행렬들의 열수가 같아야 하며 병렬 결합은 결합할 행렬들의 행수가 같아야 한다.

예	
예 1	수직 결합 C=A//B;
	열의 수가 동일한 행렬 A와 행렬 B를 수직 방향으로 결합
예 2	병렬 결합 C=A||B;
	행의 수가 동일한 행렬 A와 행렬 B를 수평 방향으로 결합

(7) 행렬의 반복

벡터 또는 행렬을 행 방향 또는 열 방향으로 반복시켜 새로운 행렬을 생성할 때 이용한다. 투입계수표 계산 시 산출액 벡터를 중간투입의 부문수만큼 반복할 때 이용하기도 한다.

예	
예	C=REPEAT(A,m,n);
	행렬 A를 행 방향으로 m번 반복하고 열 방향으로 n번 반복하여 행렬 C를 생성하는 명령인데, A는 스칼라도 가능

(8) 행렬의 전치

열벡터를 행벡터로 전환하거나 그 반대로 할 경우 또는 행렬의 행과 열의 위치를 변경하고자 할 때 이용한다.

예	
예	B=A′
	행렬 A를 전치하여 행렬 B로 전환

(9) 특정 원소값의 변경

벡터 또는 행렬에 있는 특정 원소의 값을 바꾸고자 할 때 CHOOSE라는 명령을 이용한다. 예를 들어 투입계수를 계산하려면 중간투입을 산출액으로 나누어야 하는데 이때 산출액이 0인 경우 나눗셈이 성립하지 않기 때문에 0 대신에 1로 바꾸어 나눗셈이 가능하도록 대체할 때 이용된다.

예	
	`C=CHOOSE(matname=value1, value2, matname);`
	matname이라는 행렬의 값이 value1 값을 갖고 있다면, value2 값으로 그 값을 대체하고 아니면 원래의 값을 그대로 두고 행렬 C를 생성

(10) 기타

이외에 자주 이용하는 연산자로 J, MAX, MIN, 특정 원소들에 대한 연산 방법 등이 있다. J는 특정 스칼라값을 원하는 행과 열의 수만큼 반복할 때 이용한다.

예	
	`Matname=J(m, n, value);`
	행수는 m개이고, 열수는 n개이며 모든 값이 value를 갖는 행렬 Matname을 생성

MAX와 MIN은 열과 행의 수가 동일한 여러 개의 행렬 중에서 같은 위치에 있는 원소 중에서 최댓값과 최솟값을 계산할 때 이용한다.

예	
	`Matname=MAX(A, B, ...);`
	행렬 A, B, … 중에서 동일한 위치에 있는 원소 중에서 최댓값을 갖는 원소들로 구성된 행렬 Matname을 생성

행렬 연산을 할 때 행렬의 특정 원소 또는 벡터 그리고 부분행렬submatrix을 별도로 생성해야 하는 경우도 있다. 이처럼 원하는 방식으로 추출하거나 전환할 때 이용하는 행렬 연산자는 다음과 같은 것들이 있다. 이해를 돕기 위해 「3×3」행렬 A를 이

용하여 설명하면 다음과 같다.

$$A=\begin{bmatrix}1 & 2 & 3\\ 4 & 5 & 6\\ 7 & 8 & 9\end{bmatrix}$$

① 행합

$B=A(|+,\ |);$는 행렬 A를 세로 방향으로 더하여 벡터를 만드는 것인데 그 결과는 $B=[12\ \ 15\ \ 18]$이 된다.

② 열합

$B=A(|,\ +|);$는 행렬 A를 가로 방향으로 더하여 벡터를 만드는 것인데 그 결과는 $B=\begin{bmatrix}6\\ 15\\ 24\end{bmatrix}$이 된다.

③ 특정 행 및 열들의 합

$B=A(|1:2,\ +|);$는 1행과 2행에 대해 가로 방향으로 더하는 것을 나타내며 그 결과는 $B=\begin{bmatrix}6\\ 15\end{bmatrix}$이 된다.

$B=A(|+,\ 1:2|);$는 1열과 2열에 대해 세로 방향으로 더하는 것을 나타내며 그 결과는 $B=[12\ \ 15]$이 된다.

④ 열합 및 행합의 최댓값

$B=A(|+,<>|);$는 세로 방향으로 더한 벡터에서 가장 큰 값을 나타내며 그 결과는 $B=[18]$이 된다.

$B=A(|<>,+|);$는 가로 방향으로 더한 벡터에서 가장 큰 값을 나타내며 그 결과는 $B=[24]$이 된다.

⑤ 열합 및 행합의 최솟값

$B=A(|+,\ ><|)$;는 세로 방향으로 더한 벡터에서 가장 작은 값을 나타내며 그 결과는 $B=[12]$이 된다.

$B=A(|><,\ +|)$;는 가로 방향으로 더한 벡터에서 가장 작은 값을 나타내며 그 결과는 $B=[6]$이 된다.

⑥ 행렬 모든 원소의 평균

$B=A(|:|)$;는 행렬 A의 모든 원소값을 평균한 것인데, 그 결과는 $B=[5]$가 된다.

지금까지 살펴본 행렬 연산자를 정리하면 다음과 같다.

<table>
<tr><td>+</td><td>덧셈</td><td><></td><td>최대원소</td></tr>
<tr><td>−</td><td>뺄셈</td><td>><</td><td>최소원소</td></tr>
<tr><td>*</td><td>곱셈</td><td>|</td><td>또는</td></tr>
<tr><td>#</td><td>아다마르 곱셈(원소 간 곱셈)</td><td>&</td><td>그리고</td></tr>
<tr><td>@</td><td>크로네커 곱셈</td><td><</td><td>작다</td></tr>
<tr><td>/</td><td>원소 간 나눗셈</td><td>></td><td>크다</td></tr>
<tr><td>inv</td><td>역행렬</td><td><=</td><td>작거나 같다</td></tr>
<tr><td>//</td><td>행렬들의 수직 결합</td><td>>=</td><td>크거나 같다</td></tr>
<tr><td>||</td><td>행렬들의 병렬 결합</td><td>^=</td><td>같지 않다</td></tr>
<tr><td>##</td><td>제곱</td><td>=</td><td>같다</td></tr>
<tr><td>**</td><td>행렬자승</td><td>'</td><td>전치</td></tr>
</table>

라. DESIGN 명령어를 이용한 부문 통합

부문분류와 통합이 체계적으로 이루어져야 하는 만큼 통합을 위한 계산 과정도 정확하게 이루어져야 한다. 본 절에서는 SAS/IML의 DESIGN 명령어를 이용하여 통합하는 방법을 소개하였다.[21]

DESIGN 명령어는 행렬의 원소값들이 0 또는 1로만 구성된 행렬을 생성하는데, 이 명령어를 이용하면 부문 통합을 편리하게 할 수 있으며, 형식은 아래와 같다.

형식	C=DESIGN(column vector);

DESIGN문 사용 방법의 이해를 돕기 위해 예를 이용하여 설명하면 다음과 같다. 앞에서 설명한 모든 행렬 연산은 물론 DESIGN도 SAS/IML 내에 있기 때문에 모듈 설치 여부를 코딩에 앞서 확인할 필요가 있다.

예 :
```
PROC IML;
   A = {1, 1, 2, 2, 3, 1};
   Y = DESIGN(A);
QUIT;
```

위의 예제 프로그램에서 행렬 A는 「6×1」인 열벡터이며 가장 큰 원소값은 3이다. 열벡터 A에 대해 DESIGN 명령어를 적용하면 행의 수는 행렬 A의 원소 개수와 같은 여섯 개이고 열의 수는 열벡터 A에서 가장 큰 숫자인 3, 즉 세 개로 이루어진 행렬이 생성된다. 따라서 DESIGN 명령어를 통해 새로 생성된 행렬 Y는 원소가 0과 1로 이루어진 「6×3」행렬이며, 행렬 Y의 각 원소값은 다음과 같이 정해진다.

행렬 A의 첫 번째, 두 번째 그리고 여섯 번째의 원소값은 1인데 이는 첫 번째 열의 첫 번째와 두 번째 그리고 여섯 번째 행의 값을 1로 만들고 나머지 원소의 값은 0으로 만든다. 그리고 행렬 A의 세 번째와 네 번째의 원소값은 2인데 이는 행렬 Y의 두 번째 열의 세 번째와 네 번째의 값을 1로 만들고 나머지 원소는 0으로 만든다. 행렬 A의 다섯 번째 원소값은 3인데 이는 행렬 Y의 세 번째 열의 다섯 번째 값을 1로 만들고 나머지는 0으로 만든다. 따라서 행렬 Y는 다음과 같다.

21) DESIGN을 이용하지 않고 Data Step에서 PROC SUMMARY, PROC SORT 등으로 통합하는 방법도 있다.

$$Y = \begin{bmatrix} 1 & 0 & 0 \\ 1 & 0 & 0 \\ 0 & 1 & 0 \\ 0 & 1 & 0 \\ 0 & 0 & 1 \\ 1 & 0 & 0 \end{bmatrix}$$

이와 같이 DESIGN 명령어를 이용하면 0과 1로만 구성된 행렬을 만들 수가 있다. 아래와 같이 「3×3」 차원으로 되어 있는 행렬 C의 부문 1과 부문 2를 통합하여 「2×2」 차원의 새로운 행렬 Y를 만들기 위해 DESIGN 명령어를 이용하는 과정은 다음과 같다.

$$C = \begin{bmatrix} 1 & 2 & 3 \\ 4 & 5 & 6 \\ 7 & 8 & 9 \end{bmatrix} \quad \rightarrow \quad Y = \begin{bmatrix} 1+2+4+5 & 3+6 \\ 7+8 & 9 \end{bmatrix} = \begin{bmatrix} 12 & 9 \\ 15 & 9 \end{bmatrix}$$

단계 1) 통합하고자 하는 부문의 설정

부문 1 + 부문 2 → 새로운 부문 1,

부문 3 → 새로운 부문 2

단계 2) 단계 1)의 부문 통합에 적용할 벡터의 생성

A = $[1, \quad 1, \quad 2]$

단계 3) DESIGN 명령어의 이용

B = DESIGN(A) = $\begin{bmatrix} 1 & 0 \\ 1 & 0 \\ 0 & 1 \end{bmatrix}$

단계 4) DESIGN 명령어로 생성된 행렬 B를 통합하고자 하는 행렬 C의 앞과 뒤에서 행렬 곱셈 연산 실시

Z = B' · C · B

$$Y = \begin{bmatrix} 1 & 1 & 0 \\ 0 & 0 & 1 \end{bmatrix} \cdot \begin{bmatrix} 1 & 2 & 3 \\ 4 & 5 & 6 \\ 7 & 8 & 9 \end{bmatrix} \cdot \begin{bmatrix} 1 & 0 \\ 1 & 0 \\ 0 & 1 \end{bmatrix}$$

$$= \begin{bmatrix} 1+4 & 2+5 & 3+6 \\ 7 & 8 & 9 \end{bmatrix} \cdot \begin{bmatrix} 1 & 0 \\ 1 & 0 \\ 0 & 1 \end{bmatrix}$$

$$= \begin{bmatrix} 1+4+2+5 & 3+6 \\ 7+8 & 9 \end{bmatrix}$$

$$= \begin{bmatrix} 12 & 9 \\ 15 & 9 \end{bmatrix}$$

실제 SAS/IML에서의 코딩 예:

```
PROC IML;
   C = {1 2 3,
        4 5 6,
        7 8 9};
   A = {1, 1, 2};
   B = Design(A);
   Y = B' * C * B;
   Print Y;
QUIT;
```

4

Input-Output Analysis
산업연관분석

CHAPTER

산업연관분석의 기초

1. 투입계수
2. 생산유발계수
3. 호킨스-사이몬 조건
4. 생산유발계수표의 종류
5. 부가가치유발계수, 수입유발계수, 노동유발계수

Chapter

04 산업연관분석의 기초

산업연관분석을 하기 위해서는 분석의 목적과 수준 그리고 표의 형태, 부문분류 등을 우선 결정해야 한다. 그리고 공급사용표와 투입산출표를 어떻게 활용할 것인지도 정해야 한다.

산업구조분석에 공급사용표를 이용하는 것은 국민소득통계 등 여러 통계가 상품들을 결합생산하는 사업장 기준으로 산업을 분류하고 있어 이들 통계와의 비교 일관성을 높일 수 있기 때문이다. 물론 상품으로 된 투입산출표도 큰 분류 체계에 맞추어 부문을 통합하면 산업과 유사한 규모로 재편되기 때문에 산업구조를 파악할 수 있지만 투입산출표는 상품 기준으로 되어 있어 다른 통계들과 비교할 때 정합성이 낮아질 수도 있다. 우리나라에서는 한국은행이 2010년 산업연관표부터 공급사용표와 투입산출표를 모두 작성 발표하기 때문에 산업구조분석에 공급사용표를 이용할 수 있다.

산업연관분석은 외생변수인 최종수요에 충격이 주어졌을 경우 부문 간의 상호연관관계 측정을 기본으로 하기 때문에 상품으로 된 투입산출표를 이용하는 것이 보다 적절하다. 따라서 본 장에서 살펴보는 산업연관분석은 행과 열 모두 상품 기준으로 된 투입산출표를 이용한 것이다.

생산유발계수를 이용하는 산업연관분석은 몇 가지 가정에 바탕을 두고 이루어진다.

가정 1: 결합생산이 존재하지 않는다.

결합생산이란 하나의 생산활동에 의해 두 개 이상의 생산물이 동시에 생산되는 것이다.1) 따라서 결합생산이 존재하지 않는다는 가정은 하나의 생산활동은 하나의 상품만 생산한다는 다소 비현실적인 가정인데, 예를 들어 도축이라는 생산활동에서 만들어지는 상품은 고기만 있는 것이 아니고 부산물로 가죽도 만들어진다. 그러므로 결합생산이 없다는 가정은 투입산출표가 상품 거래만을 대상으로 하는 것이라고도 할 수 있다.

가정 2: 대체생산방법이 존재하지 않는다.

대체생산이란 어떤 상품이 다른 생산 방법에 의해 생산되는, 즉 그 상품이 생산될 때 다른 방법으로 생산되지 않고 하나의 특정한 생산 방법으로만 생산된다는 것이다. 따라서 각 상품은 하나의 생산 방법만 갖고 있어 원·부재료, 에너지, 임금 등이 동일하게 투입되면 동일한 상품이 생산된다. 그러므로 여기서 의미하는 생산 방법이란 유형의 재료적인 측면이지 무형의 기술적인 측면은 배제된 것이라고 할 수 있다.2)

가정 3: 규모의 경제가 존재하지 않는다.

원재료 투입과 해당 상품 산출은 일정한 비례가 있다는 것이다. 상품 A를 한 단위 생산하기 위해 a를 0.5단위, b를 0.3단위, 임금을 0.2단위 사용하였다고 가정하면 상품 A를 3단위 생산하기 위해서는 a를 1.5단위, b를 0.9단위 그리고 임금은 0.6단위를 사용하여야 한다.3)

가정 4: 외부경제가 존재하지 않는다.

각 부문이 개별적으로 행한 생산활동효과의 총계는 각 부문이 동시에 행한 효과의

1) 제2장 2절 참고

2) 산업연관표의 투입구조를 기술구조라고도 하는데, 이때 기술이라 함은 설계 또는 공정과 같은 무형의 것이 아니라 재료의 구성을 의미하는 측면이 강하다.

3) 규모의 경제가 없다는 가정은 공산품 생산에서도 현실성이 다소 약하지만 영화와 같은 서비스에서는 더욱 결여된다.

합이라는 것을 의미한다. 즉 각 부문이 수행한 생산활동은 다른 부문이 수행한 생산활동을 통해 발생한 경제적인 효과에 대해 독립적이고 두 개 이상의 생산활동에 의한 교호작용이 발생하지 않는다.

1 투입계수

투입계수는 어떤 부문의 투입구조를 산출액으로 나누어 계산한 것이므로 각 부문의 산출액을 1로 표준화한 구성비이며, 투입계수표는 각 부문의 투입계수 벡터를 한 개의 행렬로 모아 만든 것이다. 투입계수표는 산출액이 1로 표준화되어 각 부문들의 산출 규모를 알 수 없지만 투입계수표는 앞으로 설명할 부문 간의 직·간접 상호연관효과와 파급효과 등을 계산할 때 가장 중요한 역할을 하는 매개체이다.

투입계수는 중간투입계수와 부가가치투입계수로 구분된다. 중간투입계수는 각 부문이 재화나 서비스의 생산에 사용하기 위하여 구입한 각종 원·부재료, 연료, 서비스 등 중간투입 내역을 총투입액(=총산출액)으로 나누어 계산한 것이다. 부가가치투입계수는 피용자보수, 영업잉여 등 부가가치를 총투입액으로 나누어 계산한 것이다.

총투입은 중간투입과 부가가치로 구성되기 때문에 중간투입계수와 부가가치투입계수의 합은 1이 된다. [그림 4-1]은 일반적인 투입산출표 형식이며, [그림 4-2]는 투입산출표인 [그림 4-1]의 각 부문의 총투입액으로 나누어 계산한 투입계수표이다. 이때 부문 j의 생산에 투입된 중간재 중에서 부문 i가 투입된 크기를 나타내는 X_{ij}에 대한 중간투입계수 a_{ij}는 $a_{ij} = X_{ij}/X_j$이며, 부문 j의 부가가치투입계수는 $a_j^v = V_j/X_j$이다.

그림 4-1 **투입산출표의 형식**

		중간수요				최종수요	수입(공제)	총산출액
		1	2	……	n			
중간투입	1	X_{11}	X_{12}	……	X_{1n}	Y_1	M_1	X_1
	2	X_{21}	X_{22}	……	X_{2n}	Y_2	M_2	X_2
	⋮	⋮	⋮	⋱	⋮	⋮	⋮	⋮
	n	X_{n1}	X_{n2}	……	X_{nn}	Y_n	M_n	X_n
부가가치		V_1	V_2	……	V_n			
총투입액		X_1	X_2	……	X_n			

그림 4-2 **투입계수표의 형식**

	중간수요			
	1	2	……	n
1	$a_{11}\left(=\frac{X_{11}}{X_1}\right)$	$a_{12}\left(=\frac{X_{12}}{X_2}\right)$	……	$a_{1n}\left(=\frac{X_{1n}}{X_n}\right)$
2	$a_{21}\left(=\frac{X_{21}}{X_1}\right)$	$a_{22}\left(=\frac{X_{22}}{X_2}\right)$	……	$a_{2n}\left(=\frac{X_{2n}}{X_n}\right)$
⋮	⋮	⋮	⋱	⋮
n	$a_{n1}\left(=\frac{X_{n1}}{X_1}\right)$	$a_{n2}\left(=\frac{X_{n2}}{X_2}\right)$	……	$a_{nn}\left(=\frac{X_{nn}}{X_n}\right)$
부가가치	$a_1^v\left(=\frac{V_1}{X_1}\right)$	$a_2^v\left(=\frac{V_2}{X_2}\right)$	……	$a_n^v\left(=\frac{V_n}{X_n}\right)$
계	1	1	……	1

각 부문은 산출을 위해 중간재로 국산품과 수입품을 사용하는데, 국산품으로 된 투입계수표가 국산투입계수표이고 수입품으로 된 투입계수가 수입투입계수표이다. 국산투입계수표와 수입투입계수표를 각각 도출하기 위해서는 투입산출표가 국산거래표와 수입거래표로 분리되어야 하며 우리나라는 이들 표가 분리되어 있어 계산이 가능한 반면 많은 나라들은 그렇지 않다.[4)]

생산부문이 세 개로 된 경제에 대한 투입산출표인 [그림 4-3]과 투입계수표와 산출액의 관계로 정리된 [그림 4-4]를 이용하여 수급균형식으로 전환하는 과정은 다음과 같다.5)

그림 4-3 **3개 부문으로 된 경제의 투입산출표**

		중간수요			최종수요	수입(공제)	총산출액
		1	2	3			
중간투입	1	X_{11}	X_{12}	X_{13}	Y_1	M_1	X_1
	2	X_{21}	X_{22}	X_{23}	Y_2	M_2	X_2
	3	X_{31}	X_{32}	X_{33}	Y_3	M_3	X_3
부가가치		V_1	V_2	V_3			
총투입액		X_1	X_2	X_3			

그림 4-4 **3개 부문으로 된 경제를 투입계수로 나타낸 투입산출표**

		중간수요			최종수요	수입(공제)	총산출액
		1	2	3			
중간투입	1	$a_{11} \cdot X_1$	$a_{12} \cdot X_2$	$a_{13} \cdot X_3$	Y_1	M_1	X_1
	2	$a_{21} \cdot X_1$	$a_{22} \cdot X_2$	$a_{23} \cdot X_3$	Y_2	M_2	X_2
	3	$a_{31} \cdot X_1$	$a_{32} \cdot X_2$	$a_{33} \cdot X_3$	Y_3	M_3	X_3
부가가치		$a_1^v \cdot X_1$	$a_2^v \cdot X_2$	$a_3^v \cdot X_3$			
총투입액		X_1	X_2	X_3			

식 (1)은 [그림 4-3]에 있는 세 부문에 대한 수요와 공급의 균형식을 거래금액으로 나타낸 것이고, 식 (2)는 [그림 4-4]에 있는 투입산출표의 세 부문에 대한 수요와 공급의 균형식을 투입계수로 나타낸 것이다. 즉 동일한 투입산출표에 대해 식 (1)

4) 제2장의 주 52) 참고

5) $a_{ij} = X_{ij}/X_j$이기 때문에 $X_{ij} = a_{ij} \cdot X_j$이다.

은 거래금액으로, 식 (2)는 투입계수로 표기한 수급균형식이다.

$$
\begin{aligned}
X_{11} + X_{12} + X_{13} + Y_1 - M_1 &= X_1 \\
X_{21} + X_{22} + X_{23} + Y_2 - M_2 &= X_2 \\
X_{31} + X_{32} + X_{33} + Y_3 - M_3 &= X_3
\end{aligned}
\quad \cdots\cdots (1)
$$

$$
\begin{aligned}
a_{11}X_1 + a_{12}X_2 + a_{13}X_3 + Y_1 - M_1 &= X_1 \\
a_{21}X_1 + a_{22}X_2 + a_{23}X_3 + Y_2 - M_2 &= X_2 \\
a_{31}X_1 + a_{32}X_2 + a_{33}X_3 + Y_3 - M_3 &= X_3
\end{aligned}
\quad \cdots\cdots (2)
$$

식 (2)로 각 부문의 수급균형식이 투입계수로 표기될 수 있다는 것을 알 수 있다.

2 생산유발계수

생산활동을 하는 각 부문은 다른 부문들과 원 · 부재류의 구입과 판매를 통해서 직접적으로만 관계를 맺는 것이 아니다. [그림 4-3]과 같이 직접적으로 부문 간의 거래금액으로 표기된 투입산출표나 [그림 4-4]처럼 투입계수표로 표기된 투입산출표 모두 해당 부문이 생산을 위해 원 · 부재료 형태로 직접 구입하고 판매한 내역만을 알 수 있다. 투입계수표를 이용하면 부문 간의 직접적인 관계는 물론 간접적인 것도 파악할 수 있다.

각 부문들이 서로 맺는 관계를 예를 들어 설명하면 다음과 같다. 어떤 부문이 철강제품을 생산하는 제조업을 영위할 경우 이 부문은 농약과 관련이 없을 것이라고 추측할 수 있다. 왜냐하면 일반적으로 철강제품을 만드는 산업은 농약을 원 · 부재료로 투입하지 않기 때문이다.[6] 그러나 관계가 없는 것처럼 보이지만 몇 단계를 거치면 간접적으로 연계될 수도 있음을 알 수 있다. 먼저 자동차부문에서 철강제품에 대

6) 이러한 예는 설명의 편의를 위한 것이다. 철강공장이 정원에 있는 나무에 농약을 구입해 뿌리는 경우 이 회사의 투입구조에 농약이 직접 투입된다.

한 수요가 발생할 경우 철강공장은 철강제품을 생산한다. 그리고 철강생산업체가 외부 기관을 통해 직원 교육을 한다면 교육서비스가 철강업체에 중간재로 투입된다. 다음으로 교육서비스를 제공하는 기관이 연수생들에게 음식을 제공하기 위해 쌀을 구입하면 교육기관에 쌀이 중간투입된다. 그러면 교육기관에 중간투입된 쌀을 생산하는 농업부문은 생산을 위해 농약을 투입할 것이다. 따라서 철강제품은 몇 단계를 거치게 되면 농약과도 간접적으로 상호연관관계를 맺게 된다.

그런데 각 부문 간의 상호연관관계를 이와 같은 방식으로 투입계수표의 많은 계수들을 이용하여 일일이 계산하는 것은 사실상 불가능하다고 할 수 있는데, 투입계수로 계산되는 생산유발계수를 이용하면 이러한 각 부문 간의 직접적인 상호연관관계는 물론 간접적인 상호연관관계를 쉽게 측정할 수 있다.

식 (2)를 이용해 생산유발계수를 도출하는 과정은 다음과 같다. 식 (2)를 행렬 표기 방식을 이용하면 식 (3)이 되는데 식 (3)을 산출액 벡터가 있는 항을 좌변으로 모으고 나머지를 우변으로 모은 것이 식 (4)이다. 식 (4)를 단위행렬 특징을 이용하여 정리하면 식 (5)가 된다.

$$\begin{pmatrix} a_{11} & a_{12} & a_{13} \\ a_{21} & a_{22} & a_{23} \\ a_{31} & a_{32} & a_{33} \end{pmatrix} \cdot \begin{pmatrix} X_1 \\ X_2 \\ X_3 \end{pmatrix} + \begin{pmatrix} Y_1 \\ Y_2 \\ Y_3 \end{pmatrix} = \begin{pmatrix} M_1 \\ M_2 \\ M_3 \end{pmatrix} + \begin{pmatrix} X_1 \\ X_2 \\ X_3 \end{pmatrix} \quad \cdots\cdots (3)$$

$$\begin{pmatrix} X_1 \\ X_2 \\ X_3 \end{pmatrix} - \begin{pmatrix} a_{11} & a_{12} & a_{13} \\ a_{21} & a_{22} & a_{23} \\ a_{31} & a_{32} & a_{33} \end{pmatrix} \cdot \begin{pmatrix} X_1 \\ X_2 \\ X_3 \end{pmatrix} = \begin{pmatrix} Y_1 \\ Y_2 \\ Y_3 \end{pmatrix} - \begin{pmatrix} M_1 \\ M_2 \\ M_3 \end{pmatrix} \quad \cdots\cdots (4)$$

$$\left[\begin{pmatrix} 1 & 0 & 0 \\ 0 & 1 & 0 \\ 0 & 0 & 1 \end{pmatrix} - \begin{pmatrix} a_{11} & a_{12} & a_{13} \\ a_{21} & a_{22} & a_{23} \\ a_{31} & a_{32} & a_{33} \end{pmatrix} \right] \cdot \begin{pmatrix} X_1 \\ X_2 \\ X_3 \end{pmatrix} = \begin{pmatrix} Y_1 \\ Y_2 \\ Y_3 \end{pmatrix} - \begin{pmatrix} M_1 \\ M_2 \\ M_3 \end{pmatrix} \quad \cdots\cdots (5)$$

$$(I - A) X = Y - M$$

최종수요와 산출의 관계를 파악하기 위해 식 (5)를 전환하면 식 (6)[7]이 되는데,

7) 식 (6)의 A는 투입계수행렬, X는 총산출액 벡터 Y는 최종수요 벡터, M은 수입 벡터이며, 본 책자에서는 이 표기를 주로 사용하였다.

식 (6)에서 $(I-A)^{-1}$가 부문들이 상호 간에 맺는 직접적인 관계는 물론 간접적인 것도 파악하는 데 이용되는 생산유발계수행렬total requirement table이며 레온티에프 역행렬Leontief inverse이라고도 한다.

$$\begin{pmatrix} X_1 \\ X_2 \\ X_3 \end{pmatrix} = \left[\begin{pmatrix} 1 & 0 & 0 \\ 0 & 1 & 0 \\ 0 & 0 & 1 \end{pmatrix} - \begin{pmatrix} a_{11} & a_{12} & a_{13} \\ a_{21} & a_{22} & a_{23} \\ a_{31} & a_{32} & a_{33} \end{pmatrix}\right]^{-1} \cdot \left[\begin{pmatrix} Y_1 \\ Y_2 \\ Y_3 \end{pmatrix} - \begin{pmatrix} M_1 \\ M_2 \\ M_3 \end{pmatrix}\right] \quad \cdots\cdots (6)$$

$$X = (I-A)^{-1} \cdot (Y-M)$$

식 (6)을 수입 M이 없는 경제[$X=(I-A)^{-1} \cdot Y$]로 단순화하여 경제적 의미를 살펴보면 다음과 같다.

$X=(I-A)^{-1} \cdot Y$는 특정 연도의 산업연관표를 이용하여 도출한 부문 간 상호연관관계, 즉 생산 메커니즘이 $(I-A)^{-1}$인데 이때 최종수요 Y만큼 주어지면 산출은 X만큼 이루어진다는 것이다.[8)]

생산유발계수행렬 $(I-A)^{-1}$을 R이라고 하면 투입계수행렬 A와 생산유발계수행렬 R의 관계는 일반 대수에서의 무한등비급수관계($\sum_{k=0}^{\infty} a^k = 1/(1-a)$, 단 $0 < a < 1$)를 이용하여 식 (7)과 같이 표기할 수 있다.

$$R=(I-A)^{-1}=\sum_{k=0}^{\infty} A^k \quad \cdots\cdots (7)$$

식 (7)의 우변 $I+A+A^2+A^3+\cdots$는 다음과 같은 의미를 갖는다. 먼저 I는 해당 부문에 대한 최종수요 한 단위를 충족시키기 위해 해당 부문에서 직접적으로 생산된 한 단위의 효과이다. A는 투입계수이므로 최종수요가 발생한 해당 부문이 한 단위를 산출하는 과정에서 유발된 1차 파급효과이다.

8) 일정 기간 동안에 걸쳐 경제활동이 있었던 어떤 경제에 대해 산업연관표를 작성하였고 그 결과를 이용하면 $(I-A)^{-1}$라는 메커니즘이 작동되었다는 것이며 이 메커니즘에 외생변수인 최종수요가 주어지면 산출이 그만큼 이루어졌다는 의미이다.

A^2은 식 (8)과 같이 계산되며 2차 파급효과를 계측하는 데 이용한다. 식 (8)의 1행 2열에 있는 원소 $a_{11}a_{12}+a_{12}a_{22}+a_{13}a_{32}$는 투입계수행렬 A에서 부문 2에 대한 최종수요가 한 단위 발생하였을 경우에 해당되는데 다음의 의미를 갖고 있기 때문이다. 먼저 1차 파급효과가 부문 2에 대한 최종수요가 한 단위 발생하면 부문 2를 만들기 위해 부문 1이 a_{12}, 부문 2가 a_{22}, 부문 3이 a_{32}만큼 생산이 발생하게 된다. 그러면 a_{12}만큼 투입됨에 따라 부문 1에서 a_{11}의 생산이 필요하기 때문에 두 항을 곱한 $a_{11}a_{12}$만큼 생산이 유발되고, a_{22}만큼 투입됨에 따라 부문 2에서 a_{12}의 생산이 필요하기 때문에 이 두 항을 곱한 $a_{12}a_{22}$만큼 생산이 유발된다. 그리고 a_{32}만큼 투입됨에 따라 부문 3에서 a_{13}의 생산이 필요하기 때문에 이 두 항을 곱한 $a_{13}a_{32}$만큼 생산이 유발된다. 정리하면 $a_{1j}a_{j2}(j=1,2,3)$를 더한 $\sum_{j=1}^{3}a_{1j}a_{j2}=a_{11}a_{12}+a_{12}a_{22}+a_{13}a_{32}$이 부문 2에 대한 최종수요가 한 단위 발생할 경우 부문 1에서 유발된 2차 파급효과이다.

이러한 방식으로 3차 이후의 파급효과도 무한히 계속 발생하기 때문에 각 부문들은 직접적인 관계가 없거나 약하더라도 간접 파급효과를 통해 부문 간에 상호연관성이 존재할 수 있다.

$$\begin{pmatrix} a_{11} & a_{12} & a_{13} \\ a_{21} & a_{22} & a_{23} \\ a_{31} & a_{32} & a_{33} \end{pmatrix} \cdot \begin{pmatrix} a_{11} & a_{12} & a_{13} \\ a_{21} & a_{22} & a_{23} \\ a_{31} & a_{32} & a_{33} \end{pmatrix}$$

$$= \begin{pmatrix} a_{11}a_{11}+a_{12}a_{21}+a_{13}a_{31} & a_{11}a_{12}+a_{12}a_{22}+a_{13}a_{32} & a_{11}a_{13}+a_{12}a_{23}+a_{13}a_{33} \\ a_{21}a_{11}+a_{22}a_{21}+a_{23}a_{31} & a_{21}a_{12}+a_{22}a_{22}+a_{23}a_{32} & a_{21}a_{13}+a_{22}a_{23}+a_{23}a_{33} \\ a_{31}a_{11}+a_{32}a_{21}+a_{33}a_{31} & a_{31}a_{12}+a_{32}a_{22}+a_{33}a_{32} & a_{31}a_{13}+a_{32}a_{23}+a_{33}a_{33} \end{pmatrix} \quad \cdots\cdots (8)$$

생산유발계수의 의미를 보다 정식화하면 다음과 같다. 식 (7)의 생산유발계수행렬 R의 각 원소를 $r_{ij}(i,j=1,2,3)$라고 하면, r_{ij}는 부문 j에 대한 최종수요가 한 단위 발생하였을 경우 부문 i에서 간접적으로 유발되는 생산의 크기이다. $i=j$이면 자기 부문에 대한 최종수요 발생에 의한 자기 부문의 생산유발도 포함되기 때문에 직 · 간접 생산유발효과가 모두 포함된다.

따라서 생산유발계수행렬 R에서 부문 j의 열합계 $r_{.j}(=r_{1j}+r_{2j}+r_{3j})$는 부문 j에 대한 최종수요가 한 단위 발생하였을 경우 자기 부문을 포함한 모든 부문에서 직·간접적으로 생산유발된 총량이다. 그리고 생산유발계수행렬 R에서 부문 i의 행합계 $r_{i.}(=r_{i1}+r_{i2}+r_{i3})$는 부문 1에 대한 최종수요, 부문 2에 대한 최종수요 그리

그림 4-5 생산유발계수표의 의미(3개 부문)

	부문 1	부문 2	부문 3	행합계
부문 1	r_{11} 부문 1의 생산물에 대한 최종수요 1단위 발생에 따른 부문 1의 직·간접 유발효과	r_{12} 부문 2의 생산물에 대한 최종수요 1단위 발생에 따른 부문 1의 간접 유발효과	r_{13} 부문 3의 생산물에 대한 최종수요 1단위 발생에 따른 부문 1의 간접 유발효과	$r_{1.}=\sum_{j=1}^{3} r_{1j}$ 부문 1, 2, 3의 생산물에 대한 최종수요가 각각 1단위씩 발생했을 때 부문 1의 직·간접 유발효과
부문 2	r_{21} 부문 1의 생산물에 대한 최종수요 1단위 발생에 따른 부문 2의 간접 유발효과	r_{22} 부문 2의 생산물에 대한 최종수요 1단위 발생에 따른 부문 2의 직·간접 유발효과	r_{23} 부문 3의 생산물에 대한 최종수요 1단위 발생에 따른 부문 2의 간접 유발효과	$r_{2.}=\sum_{j=1}^{3} r_{2j}$ 부문 1, 2, 3의 생산물에 대한 최종수요가 각각 1단위씩 발생했을 때 부문 2의 직·간접 유발효과
부문 3	r_{31} 부문 1의 생산물에 대한 최종수요 1단위 발생에 따른 부문 3의 간접 유발효과	r_{32} 부문 2의 생산물에 대한 최종수요 1단위 발생에 따른 부문 3의 간접 유발효과	r_{33} 부문 3의 생산물에 대한 최종수요 1단위 발생에 따른 부문 3의 직·간접 유발효과	$r_{3.}=\sum_{j=1}^{3} r_{3j}$ 부문 1, 2, 3의 생산물에 대한 최종수요가 각각 1단위씩 발생했을 때 부문 3의 직·간접 유발효과
열합계	$r_{.1}=\sum_{i=1}^{3} r_{i1}$ 부문 1의 생산물에 대한 최종수요 1단위 발생에 따른 전산업의 직·간접 유발효과	$r_{.2}=\sum_{i=1}^{3} r_{i2}$ 부문 2의 생산물에 대한 최종수요 1단위 발생에 따른 전산업의 직·간접 유발효과	$r_{.3}=\sum_{i=1}^{3} r_{i3}$ 부문 3의 생산물에 대한 최종수요 1단위 발생에 따른 전산업의 직·간접 유발효과	

고 부문 3에 대한 최종수요가 각각 한 단위씩 모두 발생하였을 경우 부문 i에서 직 · 간접적으로 생산유발된 총량이다.

이러한 최종수요와 산출의 관계를 연결하는 생산유발계수를 이용하면 식 (9)와 같이 외생변수인 최종수요의 변동으로 발생하는 산출액 변동을 측정할 수 있다.

$$\Delta X = (I - A)^{-1} \Delta Y \quad \cdots\cdots (9)$$

식 (9)를 이용하면 기업 또는 정부가 특정 사업에 투자하거나 가계에서의 소비지출 변화로 인한 최종수요 구성 변동이 국내산출을 어떻게 변동시키는지를 측정할 수 있다. 식 (6)을 설명하면서 언급하였지만 최종수요와 산출의 관계를 엄밀하게 해석할 필요가 있다. 즉 식 (9)는 투입구조가 고정되어 있을 경우 최종수요의 구성이 변하거나 새로운 최종수요의 발생에 의한 산출액의 변동을 계측할 수 있다는 것이지만 다음의 사항도 고려해야 한다.

산업연관표는 특정 t년도(대개의 경우 1월 1일부터 12월 31일)에 경제 내에서 이루어진 모든 재화와 서비스의 거래 내역을 측정하여 작성된다. 이는 각 경제부문들이 주어진 자원의 제약과 환경하에서 최적화를 위해 노력한 결과물로 만들어진 것이라고 할 수 있다. 이러한 노력이 다른 방향으로 전개되었다면 당연히 다른 거래 행태와 투입계수 그리고 생산유발계수가 만들어졌을 것이다. 또한 소비, 투자와 같은 최종수요도 일정한 자원 제약하에 이루어졌을 것이기 때문에 t년도에 어떤 부문에 대한 지출이 바뀌었다면 연관관계 메커니즘도 바뀌었을 가능성이 있다. 식 (6)에서 생산 메커니즘 $(I - A)^{-1}$은 주어진 환경에서 이루어진 결과이기 때문에 고정되어 있다는 의미로 생산유발계수라고 한다. 그러므로 $X = (I - A)^{-1} Y$에 대해 $\Delta X = (I - A)^{-1} \Delta Y$와 같이 설정하고 외생변수가 변동하면 산출액이 얼마나 변동하는지를 측정하고자 하는 경우 시장에서의 거래 형태와 균형이 바뀔 수 있기 때문에 신중한 접근이 필요하다.

3 호킨스-사이몬 조건

투입계수는 투입산출표의 투입구조를 산출액으로 나누어 계산하기 때문에 산출이 있어야($X > 0$) 한다. 이처럼 투입계수와 투입계수를 이용해 도출한 생산유발계수가 경제적인 의미를 갖기 위해서는 산출이 중간투입 규모 이상인 $AX \leq X$의 관계를 만족해야 한다. 그러므로 이 관계는 $e'A \leq e'$[9]로 표기할 수도 있다.

투입산출표에서 각 부문의 산출액 X는 중간투입과 부가가치로 구성되며, 시장가격이 존재하는 부문의 산출액은 $X = P \cdot Q$(P는 가격, Q는 물량)로 평가할 수 있다. 그러나 시장가격이 존재하지 않는 정부서비스나 비영리단체의 서비스는 $X = P \cdot Q$으로 산출을 평가할 수 없는데, 투입산출표를 작성할 때 시장가격이 존재하지 않는 부문의 산출액은 일반적으로 비용접근법[10]에 의해 추계한다.

앞의 식 (1)과 같이 수입이 없는($M = 0$) 경제를 가정하면 $AX + Y = X$는 $X - AX = Y$이므로 부등식 $X - AX \geq 0$은 $Y \geq 0$을 의미한다. 즉 Y가 최종수요이므로 투입계수와 생산유발계수가 경제적인 의미를 갖기 위해서는 최종수요가 0 이상이어야 한다. 이와 같이 외생변수인 $Y \geq 0$에 대해 수급균형식 $(I - A)X = Y$의 $X \geq 0$을 만족시키기 위한 필요충분조건을 호킨스-사이몬HS: Hawkins-Simon 조건이라고 한다. 2부문 모형에 대해 호킨스-사이몬 조건을 살펴본 다음 n부문 모형으로 일반화하면 다음과 같다.

한 경제에 산업이 두 개 부문으로 구성되어 있는 투입계수표 식 (10)에 대한 생산유발계수행렬은 식 (11)과 같이 계산한다.

$$A = \begin{bmatrix} a_{11} & a_{12} \\ a_{21} & a_{22} \end{bmatrix} \quad \cdots\cdots (10)$$

9) $e' = (1\ 1\ \cdots\ 1)$

10) 해당 부문의 산출액을 생산을 위해 지출한 비용으로 추계하는 방법이다.

$$
\begin{aligned}
(I-A)^{-1} &= \frac{1}{|I-A|}[adj(I-A)] \\
&= \begin{bmatrix} \dfrac{(1-a_{22})}{|I-A|} & \dfrac{-(-a_{12})}{|I-A|} \\ \\ \dfrac{-(-a_{21})}{|I-A|} & \dfrac{(1-a_{11})}{|I-A|} \end{bmatrix} \qquad \cdots\cdots (11) \\
&= \begin{bmatrix} r_{11} & r_{12} \\ \\ r_{21} & r_{22} \end{bmatrix}
\end{aligned}
$$

$X=(I-A)^{-1}Y$에서 외생변수 $Y \geq 0$가 산출액 $X \geq 0$를 만족하기 위해서는 생산유발계수는 $r_{ij} \geq 0$이어야 한다$(i, j = 1, 2)$. 이는 두 가지 경우에 대해 성립하는데, 식 (11)의 각 원소의 분자가 0 이상이고 분모가 0 보다 큰 경우와 분자가 0 이하이고 분모가 0보다 작은 경우이다.

행렬 A의 원소 $a_{ij} \geq 0$이고 행렬 A의 놈norm $N(A) < 1$[11)]이기 때문에 모든 $a_{ij} < 1$이 성립된다. 이를 통해 식 (11)의 모든 분자들의 값이 0 이상이고 분모의 행렬식 값도 양(+), 즉 $|I-A| > 0$임을 알 수 있다. 「2×2」의 투입산출표에서 $A \geq 0$이고 행렬 A의 열합에 제약이 없는 경우 산출액 $X \geq 0$이기 위한 호킨스–사이몬 조건은 다음과 같다.

호킨스–사이몬 조건	1차 조건: $(1-a_{11}) > 0$ 이고 $(1-a_{22}) > 0$
	2차 조건: $\lvert I-A \rvert > 0$

이 관계는 2차원 평면 (X_1, X_2)의 해 공간에서 1상한에 존재하는 조건을 살펴보면 되는데, $(I-A)X = Y$는 식 (12)로 표기할 수 있다.

11) $N(A)$는 행렬 A의 원소들의 절댓값을 열 방향으로 합산한 결과 가장 큰 값을 나타내는 것이다. 투입계수행렬(A)은 각각의 중간투입액을 산출액으로 나누었기 때문에 $N(A) < 1$이 된다.

$$\begin{bmatrix} (1-a_{11}) & -a_{12} \\ -a_{21} & (1-a_{22}) \end{bmatrix} \begin{bmatrix} X_1 \\ X_2 \end{bmatrix} = \begin{bmatrix} Y_1 \\ Y_2 \end{bmatrix}$$

$$\begin{aligned} &① \ (1-a_{11})X_1 - a_{12}X_2 = Y_1 \\ &② \ -a_{21}X_1 + (1-a_{22})X_2 = Y_2 \end{aligned} \quad \cdots\cdots (12)$$

생산은 최종수요를 충족시키기 위한 만큼 요구되는 것이며 생산은 최종수요를 충족시키는 범위를 넘어설 수 없는 것이 정상적이라고 할 수 있다. 이는 식 (12)의 ①과 ②의 우변에 있는 외생변수 Y_1과 Y_2에 대해 좌변에 있는 투입계수와 산출액의 관계가 '좌변≤우변'인 것과 같다. 따라서 식 (12)의 ①과 ②는 다음과 같은 식 (13)의 ①′, ②′로 표기할 수 있다.

$$\begin{aligned} &①' \ X_2 \ge \frac{1-a_{11}}{a_{12}}X_1 - \frac{Y_1}{a_{12}} \\ &②' \ X_2 \le \frac{a_{21}}{1-a_{22}}X_1 + \frac{Y_2}{1-a_{22}} \end{aligned} \quad \cdots\cdots (13)$$

그리고 식 (13)에서 호킨스-사이몬 1차 조건인 $1-a_{11}>0$과 $1-a_{22}>0$을 만족한다면 ①′과 ②′의 해공간은 각각 [그림 4-6]과 [그림 4-7]이 된다.

그림 4-6 ①′의 해공간

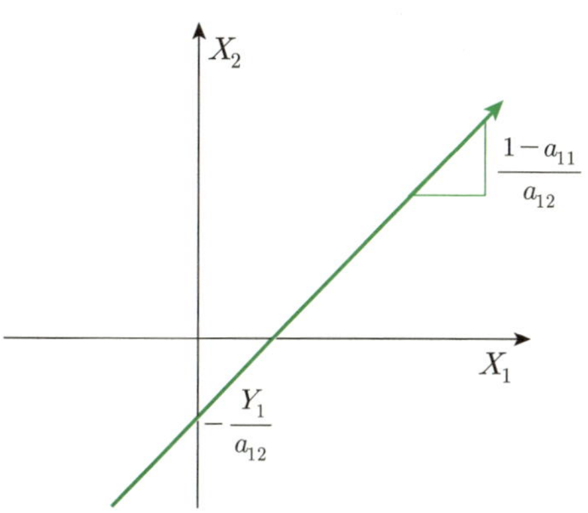

그림 4-7 ②′의 해공간

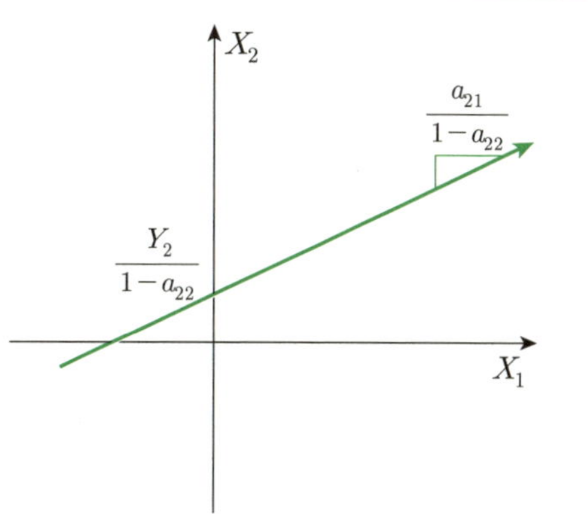

그러면 제한된 가용 자원을 활용하여 주어진 외생변수(Y_1, Y_2)에 대해 생산을 한다면 [그림 4-6]과 [그림 4-7]의 두 개의 해공간이 1사분면에서 교차하여야 한다. 두 그래프가 교차하기 위해서는 ①′의 기울기가 ②′의 기울기보다 커야 하며 그 결과는 [그림 4-8]이 된다.

그림 4-8 주어진 최종수요에 대해 제한된 가용 자원을 활용하여 생산하는 경우 해공간

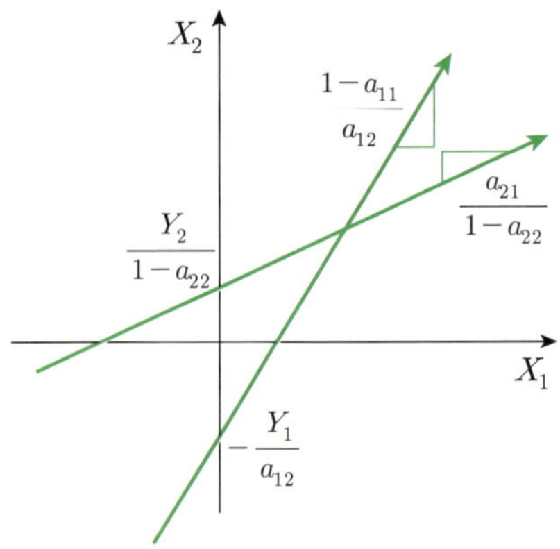

[그림 4-8]의 해공간 내에서 기울기 관계식은 식 (14)이다.

$$\frac{1-a_{11}}{a_{12}} > \frac{a_{21}}{1-a_{22}} \qquad \cdots\cdots (14)$$

식 (14)는 식 (15)로 정리할 수 있는데 이를 통해 호킨스–사이몬 2차 조건을 만족하게 된다.

$$(1-a_{11})(1-a_{22}) > a_{12}\,a_{21}$$

$$(1-a_{11})(1-a_{22}) - a_{12}\,a_{21} > 0 \qquad \cdots\cdots (15)$$[12]

12) $(1-a_{11})(1-a_{22})-a_{12}a_{21}=(1-a_{11})\left(1-a_{22}-\frac{a_{12}a_{21}}{1-a_{11}}\right)>0$

식 (15)는 「2×2」로 된 행렬의 행렬식이므로 $|I-A|>0$로 표기할 수 있다. 이러한 호킨스–사이몬 조건을 식 (16)과 같은 부문이 n개로 된 모형으로 일반화하면 다음과 같다.

$$A=\begin{bmatrix} a_{11} & a_{12} & \cdots\cdots & a_{1n} \\ a_{21} & a_{22} & \cdots\cdots & a_{2n} \\ \vdots & \vdots & \ddots & \vdots \\ a_{n1} & a_{n2} & \cdots\cdots & a_{nn} \end{bmatrix} \quad \cdots\cdots (16)$$

부문이 2개로 된 모형인 식 (15)와 같이 n개 부문으로 된 모형에 대한 호킨스–사이몬 조건은 식 (17)이다.

$$|I_i - A_i| > 0, \quad i=1,2,\cdots\cdots,n \quad \cdots\cdots (17)$$

여기서, $I_i=\begin{bmatrix} 1 & 0 \cdots\cdots & 0 \\ 0 & 1 \cdots\cdots & 0 \\ \vdots & \vdots \ddots & \vdots \\ 0 & 0 \cdots\cdots & 1 \end{bmatrix}$, $A=\begin{bmatrix} a_{11} & a_{12} & \cdots\cdots & a_{1i} \\ a_{21} & a_{22} & \cdots\cdots & a_{2i} \\ \vdots & \vdots & \ddots & \vdots \\ a_{i1} & a_{i2} & \cdots\cdots & a_{ii} \end{bmatrix}$

$1-a_{11}>0$이므로 이를 만족하기 위해서는 $\left(1-a_{22}-\dfrac{a_{12}a_{21}}{1-a_{11}}\right)>0$이어야 한다. 따라서 $(1-a_{11})(1-a_{22})>a_{12}a_{21}\begin{vmatrix} 1-a_{11} & -a_{12} \\ -a_{21} & 1-a_{22} \end{vmatrix}$이다. 그리고 $(1-a_{11})(1-a_{22})>a_{12}a_{21}$은 $(1-a_{22})>(1-a_{11})^{-1}a_{12}a_{21}$이므로 $1>a_{22}+a_{21}(1-a_{11})^{-1}a_{12}$이다. 식에서 a_{22}는 부문 2의 생산에 투입된 자기 부문의 투입계수이다. 그리고 $a_{21}(1-a_{11})^{-1}a_{12}$는 부문 2의 생산에 부문 1이 투입되어 부문 1에서 생산이 유발되고 이에 따라 부문 1의 생산을 위해 간접적으로 부문 2에서 필요한 생산유발의 크기이다. 즉 이 두 개를 더한 것이 1보다 작다는 것은 부문 2의 생산 한 단위를 위해 투입되는 직접 투입량인 a_{22}는 물론 간접효과를 더한 $a_{22}+a_{21}(1-a_{11})^{-1}a_{12}$도 1보다 작다는 것을 의미한다.

4 생산유발계수표의 종류

투입계수표가 도출되고 호킨스-사이몬 조건이 만족된다면 경제적으로 의미 있는 생산유발계수를 계산할 수 있다.13) 그런데 생산유발계수표는 수입품 취급 방식에 따라 계산 결과가 다른데, 일반적으로 생산유발계수는 $(I-A)^{-1}$형, $(I-A+\widehat{m^*})^{-1}$형, $[I-(I-\hat{m})A]^{-1}$형 그리고 $(I-A^d)^{-1}$형으로 구분된다.

$(I-A)^{-1}$형은 수입을 외생변수로 취급하는 생산유발계수이고 나머지 세 개는 수입을 내생변수로 취급하는 생산유발계수이다.

가. $(I-A)^{-1}$형

$(I-A)^{-1}$형 생산유발계수는 국산품과 수입품을 구분하지 않은 경쟁형 투입산출표의 투입계수를 이용하는 것인데, 도출 과정은 앞의 제3절에 설명되어 있다. 다만 $(I-A)^{-1}$형 생산유발계수표를 이용하려면 외생변수로서 최종수요 벡터(Y)와 더불어 수입 벡터(M)가 주어져야 한다.

나. $(I-A+\widehat{m^*})^{-1}$형

$(I-A)^{-1}$형의 한계는 수입을 외생변수로 취급하는 것인데, 이를 좀 더 현실 경제에 맞추기 위해 우선적으로 생각할 수 있는 것은 산출 대비 수입의 비율인 수입계수 $m^*(=M/X)$를 이용하는 것이다. 수입계수를 이용하여 도출되는 생산유발계수표가 $(I-A+\widehat{m^*})^{-1}$형이다. $(I-A+\widehat{m^*})^{-1}$형 생산유발계수표를 계산하기 위해서는 외생변수로서 최종수요 벡터 Y만 주어지면 된다.14) $(I-A+\widehat{m^*})^{-1}$형 생산유발계수

13) 산업연관표를 작성할 때 산출액과 최종수요가 공급과 수요관계를 충족하도록 작성되기 때문에 HS조건에 대한 검토가 필요 없는 경우가 대부분이다.

는 수입품이 수출되는 것을 용인하는 모형이다.

다. $[I-(I-\hat{m})A]^{-1}$형

나. 형 생산유발계수는 국내에서 생산되지 않고 수입된 것이 그냥 수출되는 것도 포함하고 있는데 수입이 내수에만 이용된다는 가정에서 도출한 생산유발계수가 $[I-(I-\hat{m})A]^{-1}$형이다.15) $(I-A+\widehat{m^*})^{-1}$형 생산유발계수와 마찬가지로 수입을 내생변수로 간주하지만 수입은 내수 목적이라는 가정16)에 따라 수입계수 벡터 m^* 대신 총수요에서 수출을 차감한 국내수요액 중에서 수입액이 차지하는 내수수입률 (m=수입/(총수요−수출))을 이용하는 것이 큰 차이점이다.

라. $(I-A^d)^{-1}$형

$(I-A^d)^{-1}$형 생산유발계수는 비경쟁수입형인 국산투입계수표를 이용하는 생산유발계수이다. 즉 $(I-A^d)^{-1}$형 생산유발계수를 계산하기 위해서는 국산거래표와

---

14) 이 모형에서 수입계수 벡터는 $m^*=M/X$에 의하여 계산되므로 수입 벡터는 $M=\widehat{m^*}X$로 표기할 수 있는데, 이에 따라 다음과 같이 유도된다.

$AX+Y-M=X,\qquad AX+Y-\widehat{m^*}X=X,\qquad X-AX+\widehat{m^*}X=Y,$

$(I-A+\widehat{m^*})X=Y,\qquad X=(I-A+\widehat{m^*})^{-1}Y$

15) 내수수입률 $m=M/(AX+Y-E)=M/(AX+Y^*)$(단, $Y^*=Y-E$)이기 때문에 수입 벡터 M은 $\hat{m}(AX+Y^*)$이 된다. 이 내수수입률과 수입 벡터를 이용하여 다음과 같이 생산유발계수가 유도된다.

$AX+Y-M=X,\qquad AX+Y^*+E-M=X,\qquad AX+Y^*+E-\hat{m}(AX+Y^*)=X$

$AX+Y^*+E-\hat{m}AX-\hat{m}Y^*=X,\qquad X-AX+\hat{m}AX=Y^*+E-\hat{m}Y^*,$

$(I-A+\hat{m}A)X=Y^*+E-\hat{m}Y^*,\qquad (I-A+\hat{m}A)X=(I-\hat{m})Y^*+E,$

$X=(I-A+\hat{m}A)^{-1}[(I-\hat{m})Y^*+E],\qquad X=[I-(I-\hat{m})A]^{-1}[(I-\hat{m})Y^*+E]$

16) 수입된 것이 내수로 사용된다는 것의 의미는 수입된 것이 국내의 소비와 투자로 사용되거나 국내생산에 중간재로 사용된다는 것이다. 따라서 해외로 수출되는 것은 수입품 자체가 아니라 수입된 것이 국산생산에 중간재로 투입되어 만들어진 국산품을 통해서 이루어진다는 것이다.

수입거래표가 별도로 작성되어야 한다.[17] 한국은행이 발표하는 생산유발계수는 $(I-A^d)^{-1}$형이며, 우리나라에서 주로 이용하는 생산유발계수이기도 하다.

5 부가가치유발계수, 수입유발계수, 노동유발계수

산출은 부가가치, 수입 그리고 노동과도 계수를 통해 연계될 수 있기 때문에 최종수요와 부가가치, 수입 그리고 노동이 갖는 관계식도 도출된다. 이러한 관계를 나타내는 부가가치유발계수, 수입유발계수, 노동유발계수를 도출하기 위해 국산투입계수표 A^d로 계산된 $X=(I-A^d)^{-1}Y^d$를 기준으로 살펴보면 다음과 같다.[18]

부가가치유발계수, 수입유발계수, 노동유발계수를 계산하기 위해서는 산출과 이들의 관계를 나타내는 매개변수인 부가가치투입계수, 수입투입계수, 노동계수를 먼저 계산하여야 한다.

부가가치투입계수는 본 장의 제1절에 설명된 바와 같이 각 부문별 부가가치를 산출액으로 나눈 $A^v=(V/X)$인데, 부가가치투입계수 벡터를 대각행렬 $\widehat{A^v}$로 바꾸어 산출액 벡터 X를 곱하면 부가가치는 $V=\widehat{A^v}X$[19]이다. 따라서 최종수요와 부가가치의 관계식은 $V=\widehat{A^v}X=\widehat{A^v}(I-A^d)^{-1}Y^d$인데 우변에 있는 $\widehat{A^v}(I-A^d)^{-1}$이 부

17) $(I-A^d)^{-1}$형은 총공급의 두 가지 구성요소인 국산품과 수입품에 대한 수급균형식이 각각 있어야 하기 때문에 산업연관표가 국산거래표와 수입거래표가 각각 작성되어야 한다. 그리고 국산품과 수입품을 수급 측면에서 보면 생산에 중간재로 사용되거나 소비, 투자 등 최종재로 사용되기 때문에 각각의 수급균형방정식은 다음과 같이 표기가 가능하다.

① 국산거래표의 수급균형식: $A^dX+Y^d=X$

② 수입거래표의 수급균형식: $A^mX+Y^m=M$

여기서, A^d: 국산투입계수행렬, A^m: 수입투입계수행렬,
Y^d: 국산품에 대한 최종수요 벡터, Y^m: 수입품에 대한 최종수요 벡터

수급균형식 ①에 대해 국산품 최종수요와 산출의 관계로 정리하면 $X=(I-A^d)^{-1}Y^d$가 유도된다.

18) 생산유발계수표의 종류에 대해서는 본 장의 제4절에 설명되어 있다.

19) ^는 대각행렬을 의미하며, 이하 모든 식에서 동일하게 적용하였다.

가가치유발계수이다.

수입품은 국내의 생산활동에 원 · 부재료로 사용하기 위한 것과 소비와 투자로 직접 활용되기 위한 것으로 구분된다. 따라서 총수입 벡터 $M_{(n \times 1)}$은 각 생산부문이 생산활동에 원 · 부재료로 사용한 수입품 내역을 행렬로 표기한 내생부문 M^e와 최종수요 Y^m으로 구분할 수 있다. M^e를 산출액으로 나눈 것이 수입투입계수 A^m $(= M^e \hat{X}^{-1})$[20]인데, 수입투입계수표를 이용하면 총수입 벡터 M은 $A^m X + Y^m$이므로 $A^m X + Y^m = A^m (I - A^d)^{-1} Y^d + Y^m$이 된다. 이 식의 우변에 있는 $A^m (I - A^d)^{-1}$이 수입유발계수이며 국산품 최종수요와 수입의 관계를 파악하는 데 이용한다.

최종수요와 노동의 관계는 다음과 같다. 노동계수[21]는 각 부문별 노동자수 벡터 L을 산출액 벡터 X로 나눈 $l = (L/X)$인데, 노동계수 벡터를 대각행렬 $\hat{l}$로 바꾸고 산출액 벡터 X를 곱하면 $L = \hat{l} \cdot X$가 된다. 따라서 최종수요와 노동의 관계식은 $L = \hat{l} \cdot X = \hat{l} \cdot (I - A^d)^{-1} \cdot Y^d$이며 우변에 있는 $\hat{l} \cdot (I - A^d)^{-1}$이 노동유발계수이다. 노동유발계수는 고용유발계수와 취업유발계수로 구분된다. 고용은 임금근로자이며 취업은 임금근로자에 자영업자와 무급가족종사자를 더한 것이다.[22] 우리나라에서는 무급가족종사자와 자영업자 비중이 큰 농업과 음식점, 숙박 등의 개인서비스부문에서 이들 두 계수는 차이가 크게 나타난다.

---

20) 투입산출표의 공급 벡터에는 산출액 벡터 X와 수입 벡터 M이 있는데, 두 벡터 모두 수요 측에서 보면 생산에 원 · 부재료로 중간수요되는 내생부문과 소비, 투자 등 최종수요되는 외생부문으로 구분된다.

21) 노동계수는 단위를 일반적으로 10억 원당 명으로 환산하여 작성되는데, 이는 우리나라의 투입산출표의 작성 단위가 백만 원을 기준으로 되어 있어 이 단위를 유지하면 노동자수를 산출액으로 나눈 노동계수는 소수점 3자리 또는 4자리에서 표기되기 때문에 인원에 대한 개념을 보다 명확하게 하기 위해 10억 원으로 전환하는 것이다.

22) 노동유발계수를 살펴볼 때 주의가 필요하다. 노동계수는 노동자를 산출액으로 나눈 것이기 때문에 노동생산성의 역수라고 할 수 있다. 즉 노동계수 또는 노동유발계수가 높은 것은 노동생산성이 낮은 부문일 가능성이 높다. 그리고 어떤 부문의 노동계수 또는 노동유발계수가 낮더라도 산출이 크게 증가하였다면 노동생산성이 높아진 가운데 고용을 많이 유발하였다고 해석할 수 있다.

5

Input–Output Analysis
산업연관분석

CHAPTER

산업연관분석의 확장

1. 전후방연쇄효과 분석
2. 핵심 부문의 선정
3. 산출 변동요인분해
4. 소비 내생화
5. 배분계수와 공급 측 산업연관모형
6. 외생화모형
7. 가격파급효과
8. 변동투입산출모형
9. 재분배행렬을 이용한 외부확산효과
10. 고용에 대한 부문별 기여도
11. 부문 간 네트워크분석
12. 구조경로분석

Chapter 05

산업연관분석의 확장

세4장에서 산업연관표[1] 구조와 산업연관분석에 기초가 되는 투입계수와 생산유발계수를 살펴보았다. 이번 장에서는 최종수요와 산출의 관계를 파악하는 생산유발계수와 산업 간의 직 · 간접적인 상호연관효과를 확장하여 다양하게 이용하는 방법을 살펴보도록 한다.

1 전후방연쇄효과 분석

각 산업은 생산 과정을 통해 다른 산업과 두 측면에서 관계를 갖는다. 하나는 어떤 산업이 생산하기 위해 다른 산업이 생산한 원 · 부재료를 구입하면서 맺는 것이고, 다른 하나는 생산한 상품을 다른 산업에 판매하면서 맺는 것이다. 전자를 구입하는 산업의 입장에서 후방연쇄효과BL: Backward Linkage Effects라고 하며 후자를 판매하는 산업의 입장에서 전방연쇄효과FL: Forward Linkage Effects라고 한다.

전후방연쇄효과는 각 부문이 다른 부문의 생산에 원 · 부재료를 직접 판매하거나 다른 부문의 생산품을 원 · 부재료로 직접 구입하는 것처럼 직접 거래만을 통해 파악할 수도 있고, 생산유발계수를 이용하여 간접적인 관계를 포함하여 파악할 수도 있다.

1) 앞으로 설명되는 대부분의 분석 방법은 투입산출표 이용을 전제하였으며, 따라서 본 장의 산업연관표도 투입산출표를 의미한다.

먼저 직접적인 관계를 통해서 측정하는 방법은 다음과 같다. 후방연쇄효과를 측정하기 위해서는 투입계수를 이용할 수 있다. 투입계수는 각 부문이 생산을 위해 중간재와 부가가치를 사용한 결과인 투입구조의 구성 비중이다. 따라서 중간재를 투입한 비중인 중간투입계수가 높은 부문은 중간투입형 산업이기 때문에 후방연쇄효과가 높은 부문이라고 할 수 있다. 전방연쇄효과를 측정하기 위해서는 배분계수를 이용할 수 있다. 배분계수는 어떤 산업에서 생산된 제품이 다른 산업의 생산에 원 · 부재료의 중간재로 그리고 소비, 투자, 수출의 최종재로 판매한 결과인 배분구조의 구성 비중이다. 따라서 중간재로 수요되는 비중인 중간배분계수가 높은 부문은 중간수요형 산업이기 때문에 전방연쇄효과가 높은 부문이라고 할 수 있다.

어떤 산업은 다른 산업과 직접적인 관계는 없지만 다른 부문들을 통해 우회하여 간접적으로도 관계를 맺기도 한다. 한편 어떤 한 부문의 중간투입률이 다른 부문에 비해 낮지만 이 부문이 생산을 위해 사용하는 중간재의 국산화율이 매우 높다면 국내 다른 부문과 간접적인 관계가 높기 때문에 앞에서 설명한 직접적인 관계만을 통해서 파악하는 것과 다른 양상이 발생할 수도 있다. 이러한 부문 간의 직 · 간접적인 상호연관관계를 생산유발계수로 계산하여 전후방연쇄효과를 측정하는 방법이 영향력계수와 감응도계수를 이용하는 것이다. 이는 제2절에 설명되어 있는데, 전방연쇄효과는 본 장의 제5절에 설명되어 있는 고쉬 역행렬을 이용하기도 한다.

2 핵심 부문의 선정

핵심 부문key sector은 한 경제에서 성장을 주도하거나 또는 여러 산업들 중에서 연관효과의 중심에 위치한 부문이라고 정의한다. 일반적으로 핵심 부문은 부문들의 생산활동 간에 나타나는 상호의존성과 방향성을 분석하여 파악하는데, 제한된 가용 자원을 효과적으로 선택하여 집중 배분함으로써 생산, 소득 그리고 고용 증가를 더 빠르게 자극하는 방법을 찾는 데 이용되기도 한다.

가. Rasmussen-Hirschman 기법

한 경제에서 핵심적인 고리 역할을 하는 부문을 선정하는 방법으로 영향력계수power of influence와 감응도계수sensitivity of dispersion가 자주 활용된다. 이 방법은 1950년대 말 라스무센Rasmussen[2]과 허쉬만Hirschman[3]이 개발한 것으로 생산유발계수표를 이용하여 각 산업의 전방 생산유발효과와 후방 생산유발효과의 전 산업 평균에 대한 상대적 크기를 측정하는 것이다.

생산유발계수표의 $(i,\ j)$에 위치한 r_{ij}는 부문 j가 생산한 제품에 대한 최종수요가 한 단위 발생[4]하였을 경우 부문 i에서 생산이 유발되는 정도이다. 따라서 [그림 4-5]의 열합계인 $r_{.j}=\Sigma_{i=1}^{n}r_{ij}$는 부문 j가 생산한 제품에 대한 최종수요가 한 단위 발생하였을 때 부문 1부터 부문 n까지 모든 부문에서 생산이 직 · 간접적으로 어느 정도 유발되었는지를 나타내는 부문별 생산유발계수이다. 즉 어떤 부문의 생산유발계수값이 크다는 것은 이 부문이 생산한 제품에 대한 최종수요가 발생하면 전 부문에 걸쳐 생산을 많이 유발한다는 것을 의미한다. 따라서 $r_{.j}$를 이용하면 특정 산업이 다른 산업의 생산을 어느 정도 유발하는지를 나타내는 후방연쇄효과를 측정할 수 있다.

생산유발계수표를 행(가로) 방향으로 합산한 $r_{i.}=\Sigma_{j=1}^{n}r_{ij}$는 부문 1부터 부문 n까지의 각 제품에 대한 최종수요가 각각 한 단위씩 발생하였을 경우 부문 i에서 생산이 얼마만큼 유발되는지를 나타낸다. 따라서 $r_{i.}$의 크기를 이용하면 특정 산업의 생산이 다른 산업들의 생산에 의해 어느 정도 유발되는지를 나타내는 전방연쇄효과를 측정할 수 있다.

---

2) Rasmussen, P.(1956)

3) Hirschman, A.(1958)

4) 최종수요는 소비, 투자, 수출 등 크게 세 가지 항목으로 구성되어 있는데 최종수요가 한 단위 발생한다는 것은 소비, 투자, 수출 등 어디에서 사용되더라도 동일하다는 것이다. 예를 들어 자동차 1대를 가계에서 (비록 내구재이지만) 소비로 구입하거나, 기업에서 투자로 구입하거나 또는 해외로 수출하거나 동일하다는 것이다.

$r_{.j}$와 $r_{i.}$는 생산유발계수표를 열 방향과 행 방향으로 단순 합산한 것이기 때문에 합산 결과를 전 산업 평균에 대한 상대적 크기로 전환한다면 그 경제에서 각 부문이 어떤 방향에서 어느 수준으로 역할을 하는지 판단하는 데 더욱 효과적일 것이다. 투입계수표와 생산유발계수표가 식 (1)과 식 (2)라면 상대적 크기로 전방연쇄효과를 측정하는 것이 감응도계수인데 식 (3)으로 계산하고, 후방연쇄효과를 측정하는 것이 영향력계수인데 식 (4)로 계산한다. 식 (3)과 식 (4)의 분모에 있는 $G=(e' \cdot B \cdot e)$는 생산유발계수표의 전체집약도GI: Global Intensity of Leontief inverse matrix라고 한다. 전체집약도 G가 높으면 각 산업의 상호연관도가 높은 것이라고 할 수 있지만 부문의 분류와 개수가 같을 때 의미 있는 비교가 된다.

투입계수표: $A=[a_{ij}], \quad i,j=1,2,\cdots,n$ ·········· (1)

생산유발계수표: $R=(I-A)^{-1}=[r_{ij}], \quad i,j=1,2,\cdots,n$ ·········· (2)

감응도계수: $$FL=\frac{\left(\frac{1}{n}\right)(B \cdot e)}{\left(\frac{1}{n^2}\right)(e' \cdot B \cdot e)}=\frac{B \cdot e}{\left(\frac{1}{n}\right)(e' \cdot B \cdot e)}=\frac{B \cdot e}{\left(\frac{1}{n}\right)G} \quad \cdots\cdots (3)$$

영향력계수: $$BL=\frac{\left(\frac{1}{n}\right)(e' \cdot B)}{\left(\frac{1}{n^2}\right)(e' \cdot B \cdot e)}=\frac{e' \cdot B}{\left(\frac{1}{n}\right)(e' \cdot B \cdot e)}=\frac{e' \cdot B}{\left(\frac{1}{n}\right)G} \quad \cdots\cdots (4)$$

여기서, $e'=[1,1,\cdots,1]$

감응도계수 벡터는「$n \times 1$」인데 어떤 부문의 값이 1보다 크다면 이 부문은 각 부문 생산물에 대한 최종수요가 모두 한 단위씩 발생하였을 때 받는 민감도가 전 부문 평균보다 높은 것이기 때문에 전방연쇄효과가 높은 부문에 해당된다. 어떤 부문의 값이 1보다 낮으면 그만큼 다른 산업생산활동에 대한 민감도가 전 부문 평균보다 낮은 것이기 때문에 다른 산업의 활동에 반응하는 전방연쇄효과가 낮은 부문에 해당된다.

영향력계수 벡터는 「$1 \times n$」인데 어떤 부문의 값이 1보다 크다면 이 부문의 생산이, 다른 산업들의 생산에 미치는 영향력인 후방연쇄효과가 전 산업 평균보다 높은 것이다. 그리고 영향력계수가 1보다 낮으면 이 부문에 대한 최종수요 한 단위 발생이 다른 산업의 생산활동에 미치는 영향력이 전 부문 평균보다 낮은 것이다.

이와 같이 감응도계수와 영향력계수를 이용하면 각 산업의 직접 및 간접적인 관계를 모두 포함한 전후방연쇄효과가 어느 수준에 위치하는지를 파악할 수 있다. 감응도계수와 영향력계수를 이용하여 그 경제의 여러 산업 중에서 고리 역할을 하는 핵심 부문을 선정하는 한 가지 방법은 [그림 5-1]과 같은 2차원 평면 위에 각 산업의 감응도계수와 영향력계수의 교차 위치를 통해 파악하는 것이다.

그러나 영향력계수와 감응도계수로 각 산업이 다른 산업들과 갖는 연관성을 구조적으로 파악하기 위해서는 생산유발계수표를 이용하여 고리를 확인하는 과정이 필요하다.

핵심 부문을 선정하기 위해 영향력계수와 감응도계수를 이용할 때는 몇 가지 사항을 고려하여야 하는데, 이는 앞으로 살펴볼 여러 분석 방법에 대해서도 중요한 기준

그림 5-1 영향력계수와 감응도계수를 활용한 핵심 산업의 구분

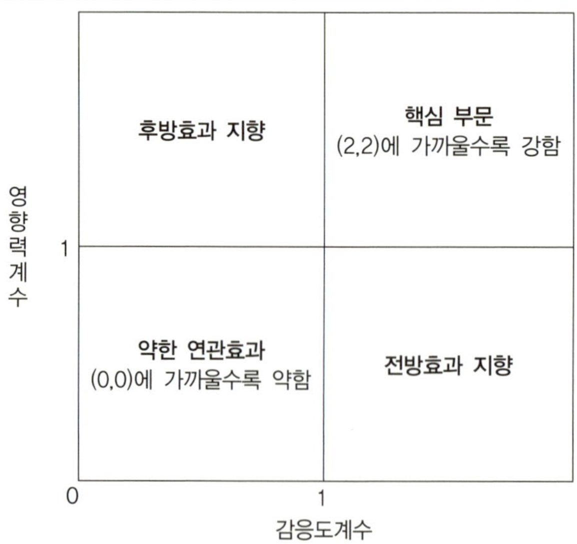

이 된다.

먼저 부문분류의 일관성이 필요하다. 부문분류에 따라 각 부문이 경제에서 차지하는 역할이 다르고 이에 따라 생산유발계수의 계산 결과도 다르기 때문이다. 다음으로 표 처리 방법의 일관성이 필요하다. 일반적으로 작성 표준 매뉴얼인 SNA가 변경되기도 하고 통계작성기관이 산출액과 거래 내역을 추계할 때 이용하는 기초 자료도 바뀌기 때문이다. 특히 외국과 비교하는 경우 일관성 유지에 세심한 주의가 필요하다.

나. 산업연관승수곱셈행렬을 이용한 경제 조망도

가.절에서 살펴본 생산유발계수행렬의 행합계와 열합계를 이용하면 각 부문이 그 경제에서 어느 정도의 역할을 하는지 파악할 수 있다. 이러한 관계들을 하나로 결합하여 파악하는 방법이 산업연관승수곱셈행렬IOMPM: Input-Output Multiplier Product Matrix 이며, 식 (5)를 이용하여 측정한다. 식 (5)에서 G는 앞에서 언급한 것처럼 전체집약도 $G = \sum_{i=1}^{n}\sum_{j=1}^{n} r_{ij}$로 계산한 것이다.

$$M = \frac{1}{G}\begin{pmatrix} r_{1.} \\ r_{2.} \\ \vdots \\ \vdots \\ r_{n.} \end{pmatrix}(r_{.1}\ r_{.2}\ \cdots\cdots\ r_{.n}) = (m_{ij}),\ \ (i,j = 1,2,\cdots,n) \quad \cdots\cdots (5)$$

식 (5)에서 보는 바와 같이 산업연관승수곱행렬은 생산유발계수행렬 R의 열합 벡터 $r_{.j}$와 행합 벡터 $r_{i.}$를 곱하여 만들어진 행렬의 각 원소를 전체집약도 G로 나누어 계산하며, $(\Sigma_{i=1}^{n} r_{i.})/G = (\Sigma_{j=1}^{n} r_{.j})/G = 1$이기 때문에 식 (6)과 같이 M의 행합과 열합은 생산유발계수의 열합과 행합과 일치한다. 그리고 산업연관승수곱셈행렬 M은 기본적으로 부문별 전방연쇄효과와 후방연쇄효과의 특징을 모두 포함하고 있다고 할 수 있다.

$$\sum_{j=1}^{n} m_{ij} = \frac{1}{G}\sum_{j=1}^{n} r_{i.}r_{.j} = r_{i.}$$
$$\sum_{i=1}^{n} m_{ij} = \frac{1}{G}\sum_{i=1}^{n} r_{i.}r_{.j} = r_{.j} \quad \cdots\cdots (6)$$

산업연관승수곱셈행렬을 이용하여 핵심 부문을 선정하는 방법은 다음과 같다. 먼저 $(r_{.1}\, r_{.2} \cdots\cdots\, r_{.n})$에서 가장 큰 값을 갖는 부문을 $r_{.j_0}$, $(r_{1.}\, r_{2.} \cdots\cdots\, r_{n.})'$에서 가장 큰 값을 갖는 부문을 $r_{i_0.}$라고 하고 산업연관승수곱셈행렬 M의 (i_0, j_0)에 위치한 원소 $m_{i_0 j_0}$을 $(r_{i_o.} \cdot r_{.j_o})/G$로 정의하면, 행렬 M의 모든 행벡터는 i_0번째 행과 비례관계를 갖고 모든 열벡터는 j_0번째 열과 비례관계를 갖는다. 이처럼 각 행과 열이 비례관계가 있는 것을 이용해 각 행과 열에 대해 순서를 정하고 이 순서에 따라 행렬을 재배열하여 새로운 행렬을 우선 만든다. 즉 행렬 M의 행과 열의 위치를 나타내는 부문 명칭을 유지하면서 행렬 M의 큰 원소값을 갖는 부문은 행렬의 왼쪽 상단에 위치시키고 순서대로 작은 원소값을 갖는 부문은 오른쪽 하단으로 정리하여 새로운 행렬을 만드는 것이다.

이렇게 정리된 새로운 행렬을 이용하여 계수의 크기를 나타내는 축을 추가하고 3차원(x축, y축: 부문명, z축: 계수) 그래프로 나타낸 것을 경제조망도economic landscape라고 한다.

산업연관승수곱셈행렬은 전후방연쇄효과를 파악할 때 생산유발계수행렬에서 발생하는 차이가 상대적으로 큰 값들을 평활시키는 기능을 한다. 또한 산업연관승수곱셈행렬을 이용하면 핵심 부문 선정은 물론 경제 전반의 산업구조를 시각적으로 파악할 수 있다.[5)]

5) (부록 A) 참고

3 산출 변동요인분해

한 지역의 경제 성장과 구조 변화는 국내 수요, 수출, 생산요소, 기술 변화 등 다양한 요인에 영향을 받는다. 이번 절에서는 구조 변화를 여러 요인으로 분해하는 산업연관분석 방법을 살펴보도록 한다. 일반적으로 변동요인을 분해하기 위해서는 수요 측면의 산업연관모형을 이용한다.

경제구조를 변동시키는 것은 수요 측의 요인 외에 노동, 자본 등 투입요소의 생산성 향상 등이 있는데, 산업연관표를 이용한 산출 증가의 변동요인분해모형은 최종수요와 투입계수를 이용하여 기술구조 중심으로 파악하는 것이기 때문에 경제 성장과 구조 변화를 총체적으로 파악하는 것과 다르다고 할 수 있다. 즉 산업연관표를 이용하는 것은 거시경제학에서 다루는 솔로우Solow모형 등 성장분해모형과 같이 본원적 요소를 중심으로 접근하기보다는 기술구조 자체의 변화를 주로 다루기 때문에 이용과 해석에 주의가 필요하다. 따라서 거시경제학에서의 성장분해모형과의 혼동을 없애기 위해 본 책자는 성장요인분해라는 용어보다 투입산출표의 산출액을 기준으로 요인을 분해하기 때문에 산출 변동요인분해라고 하였다.

산업연관모형을 이용하여 두 기간 사이에 있었던 산출 변동을 요인별로 분해하기 위해 먼저 투입산출표들의 가격과 분류 그리고 체계의 동일성을 살펴보아야 한다.[6)] 예를 들면 두 표의 가격이 동일하지 않을 경우 재료 투입 비율이 동일하여도 기술구조가 다른 것처럼 나타날 수 있다.

투입산출표를 이용한 산출 변동요인분해 방법은 여러 과정을 거쳐 발전했는데, 그 과정을 개략적으로 살펴보면 다음과 같다. 변동요인분해를 처음 제시한 것은 체너리Chenery(1960)인데, 이 모형은 산업연관효과를 고려하지 못하는 한계가 있었다. 체너리모형의 한계를 해결하기 위해 체너리Chenery와 시시도Shishido 그리고 와타나베Watanabe(1962)[7)]가 새로운 방법을 소개하였다. 이 모형도 수입 대체를 중간

6) 우리나라에서는 한국은행이 1985년 산업연관표부터 이전 두 번의 실측 산업연관표와 접속 연결시킨 접속불변산업연관표를 작성해왔는데 2010년 표 이후부터는 작성하지 않고 있다.

7) 이하 CSW모형은 Chenery, Shishido and Watanabe모형을 의미한다.

재와 최종재로 구분하지 못하는 단점을 갖고 있었다. 이는 수입재가 중간재로도 사용되고 최종재로도 사용되기 때문에 중간재로 사용된 수입재는 국산재를 대체하거나 대체됨으로써, 최종재 또한 국산재를 대체하거나 대체됨으로써 산출액이 변동될 수 있는 것을 의미한다. 이러한 수입요인을 분해하지 못하는 한계를 해결하기 위해 시르퀸Syrquin(1976)은 새로운 방법을 제시하였는데, 시르퀸 방법이 소개된 이후 산출 증가 변동요인분해와 관련된 분야에서 많이 이용되고 있다.

가. Chenery모형

체너리Chenery는 두 기간 간에 산출 증가 변동을 여러 요인으로 분해[8]하기 위해 식 (7)과 같은 기본 수급균형식을 이용하였다. 식 (7)은 국내산출이 중간수요와 최종수요 그리고 해외수요인 수출을 더한 총수요에서 수입액을 차감한 것인데, 이 관계식은 투입산출표는 물론 모든 수요와 공급관계에서도 적용된다.

$$X = W + D + E - M \quad \cdots\cdots (7)$$

여기서, X: 국내산출액, W: 중간수요액, D: 최종수요액,
E: 수출액, M: 수입액

식 (7)의 우변에는 중간수요, 최종수요 그리고 수출로 구성된 수요변수와 수입으로 구성된 공급변수가 혼재되어 있기 때문에 공급 측 변수인 수입을 수요변수로 표기하기 위해 수입계수 m을 식 (8)과 같이 총수요에 대비한 수입 비중으로 정의한다. 수입계수 m을 식 (7)에 적용하여 새로 도출된 수급균형식은 식 (9)가 되는데, 그 과정은 다음과 같다.

$$m = \frac{M}{W + D + E} \quad \cdots\cdots (8)$$

8) Chenery, H. B.(1960)

$$X = W + D + E - M \quad \cdots (9)$$
$$= W + D + E - \hat{m}(W + D + E)$$
$$= (I - \hat{m})\ (W + D + E)$$

수입계수로 표현된 수급균형식 (9)를 이용하여 2기 산출액 X_2와 1기 산출액 X_1의 증가 $\Delta X(= X_2 - X_1)$를 요인별로 분해한 결과는 식 (10)과 같다.

$$\Delta X = X_2 - X_1$$
$$= [(I - \widehat{m_2})(W_2 + D_2 + E_2)] - [(I - \widehat{m_1})(W_1 + D_1 + E_1)]$$
$$= (I - \widehat{m_2})\Delta W$$
$$+ (I - \widehat{m_2})\Delta D$$
$$+ (I - \widehat{m_2})\Delta E$$
$$- (\widehat{m_1} - \widehat{m_2})(W_1 + D_1 + E_1) \quad \cdots (10)$$

식 (10)의 의미는 다음과 같다. 우변 첫 번째 항 $(I - \widehat{m_2})\Delta W$에서 $(I - \widehat{m_2})$는 비대각원소값이 0인 행렬이며, 이 행렬의 i번째에 위치한 원소 $1 - m_{2,i}$는 부문 i의 총수요 중에서 국산이 차지하는 비중이고 $\Delta W(= W_2 - W_1)$는 중간수요 변동이므로 $(I - \widehat{m_2})\Delta W$는 산출 변동 중에서 국산 중간수요의 변동요인에 의해 발생한 효과라고 할 수 있다. 두 번째 항에서 $\Delta D(= D_2 - D_1)$는 국내 최종수요 증가분이기 때문에 $(I - \widehat{m_2})\Delta D$는 국산 최종수요의 변동요인에 의해 발생한 효과이고, 세 번째 항인 $\Delta E(= E_2 - E_1)$는 수출 증가분이기 때문에 $(I - \widehat{m_2})\Delta E$는 국산품 수출 증가에 의해 발생한 효과이다.[9)]

네 번째 항인 $-(\widehat{m_1} - \widehat{m_2})(W_1 + D_1 + E_1)$에서 $\widehat{m_1}(W_1 + D_1 + E_1)$는 $\widehat{M_1}$이므

9) 국산품만 수출되는 경우에도 수출에 대해 총수요(=총공급)에서 국산이 차지하는 비율을 적용하는 것이 이 모형의 한계라고 할 수 있다.

로 1기의 수입벡터이다. 그리고 $\widehat{m_2}(W_1+D_1+E_1)$는 $\left(\frac{\widehat{M_2}}{W_2+D_2+E_2}\right)(W_1+D_1+E_1)$, 즉 1기의 총수요에 2기의 수입계수구조를 곱한 것이므로 1기의 총수요에 대한 수입계수의 변동인 수입 대체효과를 나타낸다고 할 수 있다. 따라서 체너리 산출 증가 변동요인분해모형을 정리하면 다음과 같다.

$(I-\widehat{m_2})\Delta W$: 중간수요 증가효과
$(I-\widehat{m_2})\Delta D$: 국내 최종수요 증가효과
$(I-\widehat{m_2})\Delta E$: 수출 증가효과
$(\widehat{m_1}-\widehat{m_2})(W_1+D_1+E_1)$: 수입 대체효과

체너리모형은 중간수요를 최종수요와 같이 외생변수로 취급하고 있어 투입계수 변화로 발생하는 산출 변동을 파악하지 못하며, 수입재를 중간재와 최종재로 구분하지 못한다.

나. CSW Chenery-Shishido-Watanabe 모형

체너리Chenery, 시시도Shishido 그리고 와타나베Watanabe[10]는 체너리모형이 중간수요를 최종수요와 같이 외생변수로 설정하는 것을 해결하기 위해 중간수요와 산출액의 관계인 $W=AX$를 이용하였다. 따라서 체너리모형에서 수급균형식인 식 (11) $X=W+D+E-M$을 최종수요와 산출액의 관계로 전환하면 식 (12)가 된다.

$$X=AX+D+E-M \quad \text{(11)}$$

$$X=(I-A)^{-1}(D+E-M) \quad \text{(12)}$$

여기서, A는 투입계수행렬, $(I-A)^{-1}$는 생산유발계수행렬

10) Chenery, H. B. 외 2인(1962)

중간수요가 반영된 식 (12)와 같은 균형식에 대해 1기와 2기 사이의 산출액 증가 ($\Delta X = X_2 - X_1$)를 요인별로 분해하는 모형은 다음과 같다.

$$\begin{aligned}\Delta X &= X_2 - X_1 \\ &= (I - A_2)^{-1}\Delta D \\ &\quad + (I - A_2)^{-1}\Delta E \\ &\quad - (I - A_2)^{-1}\Delta M \\ &\quad + (I - A_2)^{-1}(A_2 - A_1)X_1 \quad \cdots\cdots (13)^{11)}\end{aligned}$$

식 (13)에 있는 각 항의 의미는 다음과 같다. 첫 번째 항 $(I - A_2)^{-1}\Delta D$에서 ΔD는 국내 최종수요의 변동이기 때문에 $(I - A_2)^{-1}\Delta D$는 국내 최종수요 변동요인에 의해 발생한 산출 변동효과이다. 두 번째 항 $(I - A_2)^{-1}\Delta E$에서 ΔE는 해외수요인

11) $$\begin{aligned}\Delta X &- X_2 - X_1 \\ &= (I - A_2)^{-1}(D_2 + E_2 - M_2) - (I - A_1)^{-1}(D_1 + E_1 - M_1) \\ &= (I - A_2)^{-1}(D_2 + E_2 - M_2) + (I - A_2)^{-1}(D_1 + E_1 - M_1) \\ &\quad - (I - A_2)^{-1}(D_1 + E_1 - M_1) - (I - A_1)^{-1}(D_1 + E_1 - M_1) \\ &= (I - A_2)^{-1}\Delta D + (I - A_2)^{-1}\Delta E - (I - A_2)^{-1}\Delta M \\ &\quad + [(I - A_2)^{-1} - (I - A_1)^{-1}](D_1 + E_1 - M_1) \\ &= (I - A_2)^{-1}\Delta D + (I - A_2)^{-1}\Delta E - (I - A_2)^{-1}\Delta M \\ &\quad + (I - A_2)^{-1}[I - (I - A_2)(I - A_1)^{-1}](D_1 + E_1 - M_1) \\ &= (I - A_2)^{-1}\Delta D + (I - A_2)^{-1}\Delta E - (I - A_2)^{-1}\Delta M + (I - A_2)^{-1}(A_2 - A_1)X_1\end{aligned}$$

여기서, $[(I - A_2)^{-1} - (I - A_1)^{-1}](D_1 + E_1 - M_1)$은 다음을 통해 $(I - A_2)^{-1}(A_2 - A_1)X_1$이 된다.

$$\begin{aligned}(I - A_2)^{-1}&[I - (I - A_2)(I - A_1)^{-1}](D_1 + E_1 - M_1) \\ &= (I - A_2)^{-1}[(I - A_1) - (I - A_2)](I - A_1)^{-1}(D_1 + E_1 - M_1) \\ &= (I - A_2)^{-1}(A_2 - A_1)(I - A_1)^{-1}(D_1 + E_1 - M_1) \\ &= (I - A_2)^{-1}(A_2 - A_1)X_1\end{aligned}$$

수출의 변동을 나타내는 벡터이기 때문에 $(I-A_2)^{-1}\Delta E$는 수출 변동에 의해 발생한 산출 변동효과이다.

세 번째 항 $-(I-A_2)^{-1}\Delta M$에서 $-\Delta M[=-(M_2-M_1)]$는 1기의 수입이 2기의 수입으로 대체된 것이기 때문에 $-(I-A_2)^{-1}\Delta M$은 수입 대체요인에 의해 발생한 산출 변동효과이다. 네 번째 항 $(I-A_2)^{-1}(A_2-A_1)X_1$에서 $(A_2-A_1)X_1$은 투입구조 변동에 따른 1기의 산출액 크기이므로 $(I-A_2)^{-1}(A_2-A_1)X_1$는 투입구조, 즉 기술구조 변동에 의해 발생한 효과이다. 이를 정리하면 다음과 같다.

$(I-A_2)^{-1}\Delta D$: 국내 최종수요 증가효과
$(I-A_2)^{-1}\Delta E$: 수출 증가효과
$-(I-A_2)^{-1}\Delta M$: 수입 대체효과
$(I-A_2)^{-1}(A_2-A_1)X_1$: 기술 변화효과

살펴본 바와 같이 CSW모형은 부문 간의 산업연관효과 변동이 반영되기 때문에 중간수요를 독립변수로 취급하는 체너리모형이 보완되었지만 체너리모형과 마찬가지로 수입 대체요인에 의해 발생한 산출액 변동효과를 중간재와 최종재로 분해하지 못한다.

다. Syrquin모형

모든 재화와 서비스는 공급을 기준으로 보면 국산품과 수입품 두 가지이고 수요를 기준으로 하면 생산 단계에 이용되는 중간재와 소비 투자 등에 이용되는 최종재 두 가지로 구분된다. 수입품도 해외에서 공급된 것이지만 국내의 소비와 투자 등 최종수요에 이용되는 것과 국내산업의 생산활동에 원 · 부재료와 부품 등 중간재로 투입되는 것으로 구분된다.

따라서 수입품이 국내산출액을 변동시키는 과정은 두 가지로 구분할 수 있다. 최

종재로 사용되는 수입품은 최종재로 사용되는 국산품을 대체하거나 대체됨으로써 국내산출액을 변동시키고, 중간재로 사용되는 수입품은 국내에서 생산되어 투입되는 국산품 중간재를 대체하거나 대체시킴으로써 국내산출액을 변동시킨다.

시르퀸Syrquin[12]은 수입품이 국산품을 대체함으로써 나타나는 산출액 변동이 최종재와 중간재에서 각각 발생하는 것으로 분해하기 위해 국산거래표와 수입거래표로 분리된 형태의 수급균형식을 이용하였다. 따라서 이 모형을 이용하기 위해서는 국산거래표와 수입거래표가 각각 작성되어야 하며 수급균형식은 식 (14)와 같다.

$$X = A^{d}X + A^{m}X + D + E - M^{w} - M^{d} \quad \cdots\cdots (14)$$

여기서, A^{d}: 국산투입계수행렬, A^{m}: 수입투입계수행렬,
D: 국내 최종수요 벡터, E: 수출 벡터,
$M^{w}(=A^{m}X)$: 중간재 수입 벡터, M^{d}: 최종재 수입 벡터

식 (14)에서 $A^{m}X$와 M^{w}는 중간재 수입 벡터로 동일하기 때문에 제거될 수 있다. 그리고 수입계수 m을 국내 최종수요 D 중에서 수입최종재 M^{d}가 차지하는 비율($m = M^{d}/D$)로 정의하면 수급균형식은 식 (15)가 된다.

$$\begin{aligned} X &= A^{d}X + D + E - M^{d} \\ &= A^{d}X + E + (I - \hat{m})D \quad \cdots\cdots (15) \end{aligned}$$

식 (15)를 산출액 X에 대해 정리하여 최종수요와 산출액의 관계로 전환하면 식 (16)이 도출된다.

$$\begin{aligned} X &= (I - A^{d})^{-1}[(I - \hat{m})D + E] \\ &= R^{d}[(I - \hat{m})D + E] \quad \cdots\cdots (16) \end{aligned}$$

여기서, $R^{d} = (I - A^{d})^{-1}$

12) Syrquin, M.(1976)

식 (16)을 이용하여 1기와 2기 사이의 산출액 증가 $\Delta X = X_2 - X_1$ 를 요인별로 분해하는 모형은 식 (17)과 같다.

$$\begin{aligned}\Delta X &= X_2 - X_1 \\ &= R_2^d(I-\widehat{m_2})\Delta D \\ &\quad + R_2^d \Delta E \\ &\quad + R_2^d(\widehat{m_1} - \widehat{m_2})D_1 \\ &\quad - R_2^d(\widetilde{A_2^m} - A_1^m)X_1 \\ &\quad + R_2^d[\Delta A - (A_2^m - \widetilde{A_2^m})]X_1 \quad \cdots\cdots (17)\end{aligned}$$ [13]

식 (17)에서 각 항의 의미는 다음과 같다. 첫 번째 항 $R_2^d(I-\hat{m}_2)\Delta D$에서 R_2^d는 2기의 생산유발계수이며 $\Delta D(=D_2 - D_1)$로 국내 최종수요의 변동이므로 $(I-\hat{m}_2)\Delta D$는 국산품으로 된 국내 최종수요 변동이다. 따라서 $R_2^d(I-\hat{m}_2)\Delta D$는 국산품으로 된 국내 최종수요 변동에 의해 발생한 산출 변동효과이다. 이때 국내 최종수요 D는 소비와 투자로 구분되기 때문에 국산품 소비에 의한 산출 변동과 국산품 투자에

---

13) $$\begin{aligned}\Delta X = X_2 - X_1 &= R_2^d Y_2 - R_1^d Y_1 \\ &= R_2^d \Delta Y + \Delta R^d Y_1 \\ &= R_2^d \Delta[(I-\hat{m})D + E] + (R_2^d - R_1^d)Y_1 \\ &= R_2^d(I-\widehat{m_2})\Delta D + R_2^d \Delta E + R_2^d(\widehat{m_1} - \widehat{m_2})D_1 + R_2^d Y_1 - X_1 \\ &= R_2^d(I-\widehat{m_2})\Delta D + R_2^d \Delta E + R_2^d(\widehat{m_1} - \widehat{m_2})D_1 + R_2^d(A_2^d - A_1^d)X_1 \\ &= R_2^d(I-\widehat{m_2})\Delta D + R_2^d \Delta E + R_2^d(\widehat{m_1} - \widehat{m_2})D_1 + R_2^d \\ &\quad [\Delta A - (A_2^m - \widetilde{A_2^m}) - (\widetilde{A_2^m} - A_1^m)]X_1 \\ &= R_2^d(I-\hat{m}_2)\Delta D + R_2^d \Delta E + R_2^d(\widehat{m_1} - \widehat{m_2})D_1 - R_2^d(\widetilde{A_2^m} - A_1^m)X_1 \\ &\quad + R_2^d[\Delta A - (A_2^m - \widetilde{A_2^m})]X_1\end{aligned}$$

$\widetilde{A_2^m}[=(A_2^m / A_2)A_1])$은 조정항행렬인데 일반적인 행렬연산 방법을 사용하지 않고 동일한 위치의 원소끼리 계산한다.

의한 산출 변동으로 분해할 수도 있다.[14)]

두 번째 항 $R_2^d \Delta E$는 $R_2^d(E_2 - E_1)$이므로 수출 변동에 의한 산출 변동효과이다.

세 번째 항 $R_2^d(\widehat{m_1} - \widehat{m_2})D_1$에서 $(\widehat{m_1} - \widehat{m_2})D_1$은 $[(I - \widehat{m_2}) - (I - \widehat{m_1})]\, D_1$[15)]이므로 국산품 최종수요를 수입으로 대체하는 것이다. 따라서 $R_2^d(\widehat{m_1} - \widehat{m_2})D_1$은 최종재 수입 대체요인에 의해 발생한 효과이다.

네 번째 항 $-R_2^d(\widetilde{A_2^m} - A_1^m)X_1$에서 $(\widetilde{A_2^m} - A_1^m)X_1$는 $(A_2^m/A_2 - A_1^m/A_1)$ A_1X_1인데 이 항은 수입중간재 비중의 변동[16)]에 따라 발생하는 1기의 중간투입을 나타낸다. 그러므로 $-R_2^d(\widetilde{A_2^m} - A_1^m)X_1$은 중간재 수입 대체요인에 의해 발생한 효과이다. 이 항에서 음(−)의 값은 수입중간재가 증가할 경우 국산중간재가 수입중간재로 대체되어 산출액을 감소시키는 것을 나타낸다.

다섯 번째 항 $R_2^d[\Delta A - (A_2^m - \widetilde{A_2^m})]X_1$에서 $A_2^m - \widetilde{A_2^m}$는 $A_2^m - (A_2^m/A_2)A_1$ $= A_2^m(A_2/A_2 - A_1/A_2)$[17)]인데 이는 중간투입 중에서 수입투입의 변동이다. 그러므로 $\Delta A - (A_2^m - \widetilde{A_2^m})$는 중간투입 변동($\Delta A$) 중 수입투입의 변동을 제외한 국산중간투입, 즉 국내의 기술구조 변화를 의미한다. 따라서 $R_2^d[\Delta A - (A_2^m - \widetilde{A_2^m})]X_1$는 기술구조 변화요인에 의한 효과이다. 이러한 관계를 정리하면 다음과 같다.

14) 소비는 민간소비지출과 정부소비지출, 투자는 민간고정자본형성과 정부고정자본형성 등으로 구분되기 때문에 지출 주체별로 분리하여 모형에 적용할 수도 있다.

15) $(I - \widehat{m_2})$에서 $\widehat{m_2}(= M_2^d/D_2)$는 2기의 국내 최종수요 중에서 수입최종재가 차지하는 비중이므로 단위행렬 I에서 $\widehat{m_2}$를 차감한 것은 국내 최종수요 중에서 국산품 최종수요가 차지하는 비중이 된다. 따라서 $(\widehat{m_1} - \widehat{m_2})D_1 = [(I - \widehat{m_2}) - (I - \widehat{m_1})]D_1$은 1기의 국내 최종수요에 대해 국산품 최종수요의 변화, 즉 수입 대체를 나타낸다.

16) A_2^m/A_2는 2기의 각 투입계수에서 수입투입계수가 차지하는 비중이기 때문에 수입중간재 비중의 변동은 각각 투입구조 내에서의 변동을 나타낸다고 할 수 있다.

17) 이 식의 $A_2^m(A_2/A_2 - A_1/A_2)$에서 A_2/A_2는 2기의 투입계수 각각의 원소를 자기 값으로 나눈 것이므로 모든 계수가 1인 정방행렬이다.

$R_2^d(I-\widehat{m}_2)\Delta D$: 국내 최종수요 증가효과

$R_2^d\Delta E$: 수출 증가효과

$R_2^d(\widehat{m}_1-\widehat{m}_2)D_1$: 최종재 수입 대체효과

$-R_2^d(\widetilde{A_2^m}-A_1^m)X_1$: 중간재 수입 대체효과

$R_2^d[\Delta A-(A_2^m-\widetilde{A_2^m})]X_1$: 기술 변화효과

라. 확장된 Syrquin모형

앞의 다.절의 시르퀸모형은 각 부문의 산출 변동이 국내 최종수요, 수출, 최종재 수입 대체, 중간재 수입 대체, 그리고 기술 변화 등 여러 요인에 의해 얼마나 이루어졌는지를 분해하는 것이다. 한편 어떤 부문의 산출 변동은 다른 요인들에 의해서도 발생할 수 있는데, 다른 부문에 의한 변동을 요인으로 추가하여 분석하는 방법은 다음과 같다. 이는 어떤 경제의 부문군을 두 개(예 제조업과 비제조업)로 구분하고 한 부문군의 변동이 다른 부문군의 변동에 어떤 역할을 하는지의 요인도 포함하여 분해하는 것인데, 이를 확장된 시르퀸모형이라고 한다.[18)]

[그림 5-2]는 국산과 수입을 구분하지 않은 경쟁형 표인데, 여러 상품으로 된 산업연관표를 부문군 J와 부문군 S 두 개로 구분하여 재분류한 것이다.

그림 5-2 부문군 J와 부문군 S로 구분된 산업연관표

		중간수요		최종수요		수입	총산출액
		부문군 J	부문군 S	국내	수출		
중간투입	부문군 J	$Z_{JJ}(=A_{JJ}X_J)$	$Z_{JS}(=A_{JS}X_S)$	D_J	E_J	M_J	X_J
	부문군 S	$Z_{SJ}(=A_{SJ}X_J)$	$Z_{SS}(=A_{SS}X_S)$	D_S	E_S	M_S	X_S
부가가치		V_J	V_S				
총투입액		X_J	X_S				

18) 권태현 외 1인(2009)

부문군 J와 부문군 S의 두 개 군으로 구분된 [그림 5-2]의 산업연관표를 균형방정식 $X = AX + D + E - M$으로 표기하기 위해 각 항을 정리하면 다음과 같다.[19)]

$X = \begin{pmatrix} X_J \\ X_S \end{pmatrix}$: 부문군 J와 부문군 S로 구분된 산출액 벡터

$A = \begin{bmatrix} A_{JJ} & A_{JS} \\ A_{SJ} & A_{SS} \end{bmatrix}$: $A_{ij\ (i, j = S, J)}$는 부문군 j의 산출을 위해 투입된 부문군 i의 투입계수행렬

$D = \begin{pmatrix} D_J \\ D_S \end{pmatrix}$: 소비와 투자에 사용된 부문군 J와 부문군 S의 소비와 투자 벡터

$E = \begin{pmatrix} E_J \\ E_S \end{pmatrix}$: 부문군 J와 부문군 S의 수출 벡터

$M = \begin{pmatrix} M_J \\ M_S \end{pmatrix}$: 부문군 J와 부문군 S의 수입 벡터인데, 부문군이 수입한 것이 아니고 국내경제의 부문군 J와 부문군 S가 생산한 제품과 동일한 것을 수입한 것임[20)]

부문군을 두 개로 구분하면 수급균형식은 식 (18)과 같이 표기할 수 있다.

$$\begin{bmatrix} X_J \\ X_S \end{bmatrix} = \begin{bmatrix} A_{JJ} & A_{JS} \\ A_{SJ} & A_{SS} \end{bmatrix} \cdot \begin{bmatrix} X_J \\ X_S \end{bmatrix} + \begin{bmatrix} D_J \\ D_S \end{bmatrix} + \begin{bmatrix} E_J \\ E_S \end{bmatrix} - \begin{bmatrix} M_J \\ M_S \end{bmatrix} \quad \cdots\cdots (18)$$[21)]

---

19) [표 5-2]에서 M_J는 부문군 J의 수입이 아니고 J제품의 수입이기 때문에 제품이라는 용어를 사용하였는데, 이는 산출액, 투입계수, 국내수요, 수출에 모두 통용되는 기준이다.

20) 주 19) 참고

21) 식 (18)에서 부문군 J는 m개, 부문군 S는 n개로 있다면 X_J는 $(m \times 1)$ 벡터, X_S는 $(n \times 1)$벡터이므로 $\begin{bmatrix} X_J \\ X_S \end{bmatrix}$는 $[(m+n) \times 1]$ 벡터가 된다. 투입계수행렬 A_{JJ}는 $(m \times m)$, A_{JS}는 $(m \times n)$, A_{SJ}는 $(n \times m)$, 그리고 A_{SS}는 $(n \times n)$의 행렬이므로 $\begin{bmatrix} A_{JJ}^d & A_{JS}^d \\ A_{SJ}^d & A_{SS}^d \end{bmatrix}$와 $\begin{bmatrix} A_{JJ}^m & A_{JS}^m \\ A_{SJ}^m & A_{SS}^m \end{bmatrix}$는 $[(m+n) \times (m+n)]$ 차원의 행렬이 된다.

국산과 수입으로 구분되지 않은 수급균형식인 $X = AX + D + E - M$을 국산과 수입으로 구분하면 식 (19)가 된다. 식 (19)에서 수입 M에 붙은 첨자 w는 중간재로, f는 최종재로 사용되기 위해 수입된 것이다.

$$\begin{aligned} X &= AX + D + E - M \\ &= A^d X + A^m X + D + E - M^w - M^d \quad \cdots\cdots (19) \end{aligned}$$

두 군으로 분리된 식 (18)을 식 (19)처럼 국산과 수입으로 구분하고 이를 국산투입계수와 수입투입계수로 구분하여 표기하면 식 (20)이 된다.

$$\begin{aligned} \begin{bmatrix} X_J \\ X_S \end{bmatrix} &= \begin{bmatrix} A^d_{JJ} & A^d_{JS} \\ A^d_{SJ} & A^d_{SS} \end{bmatrix} \cdot \begin{bmatrix} X_J \\ X_S \end{bmatrix} + \begin{bmatrix} A^m_{JJ} & A^m_{JS} \\ A^m_{SJ} & A^m_{SS} \end{bmatrix} \cdot \begin{bmatrix} X_J \\ X_S \end{bmatrix} \\ &\quad + \begin{bmatrix} D_J \\ D_S \end{bmatrix} + \begin{bmatrix} E_J \\ E_S \end{bmatrix} - \begin{bmatrix} M^w_J \\ M^w_S \end{bmatrix} - \begin{bmatrix} M^f_J \\ M^f_S \end{bmatrix} \quad \cdots\cdots (20) \end{aligned}$$

식 (20)에서 수입은 중간재로 사용되는 수입품과 최종수요로 사용되는 수입품으로 구분되는데 수입액 벡터 $\begin{bmatrix} M^w_J \\ M^w_S \end{bmatrix}$와 $\begin{bmatrix} M^f_J \\ M^f_S \end{bmatrix}$ 중에서 중간재로 사용되는 $\begin{bmatrix} M^w_J \\ M^w_S \end{bmatrix}$는 $\begin{bmatrix} A^m_{JJ} & A^m_{JS} \\ A^m_{SJ} & A^m_{SS} \end{bmatrix} \cdot \begin{bmatrix} X_J \\ X_S \end{bmatrix}$와 같기 때문에 두 항을 제거할 수 있다.

국내 최종수요(D) 중에서 수입품(M^d)이 차지하는 수입계수를 $m\left(= \begin{bmatrix} M^f_J \\ M^f_S \end{bmatrix} \Big/ \begin{bmatrix} D_J \\ D_S \end{bmatrix} = \begin{bmatrix} m_J \\ m_S \end{bmatrix}\right)$으로 정의하면 수급균형식은 식 (21)이 된다.

$$\begin{aligned} \begin{bmatrix} X_J \\ X_S \end{bmatrix} &= \begin{bmatrix} A^d_{JJ} & A^d_{JS} \\ A^d_{SJ} & A^d_{SS} \end{bmatrix} \cdot \begin{bmatrix} X_J \\ X_S \end{bmatrix} + \left(\begin{bmatrix} I_J & 0 \\ 0 & I_S \end{bmatrix} - \begin{bmatrix} \widehat{m_J} & 0 \\ 0 & \widehat{m_S} \end{bmatrix} \right) \cdot \begin{pmatrix} D_J \\ D_S \end{pmatrix} + \begin{bmatrix} E_J \\ E_S \end{bmatrix} \\ &= \begin{bmatrix} A^d_{JJ} & A^d_{JS} \\ A^d_{SJ} & A^d_{SS} \end{bmatrix} \cdot \begin{bmatrix} X_J \\ X_S \end{bmatrix} + \begin{bmatrix} I_J - \widehat{m_J} & 0 \\ 0 & I_S - \widehat{m_{JS}} \end{bmatrix} \cdot \begin{pmatrix} D_J \\ D_S \end{pmatrix} + \begin{bmatrix} E_J \\ E_S \end{bmatrix} \quad \cdots\cdots (21) \end{aligned}$$

식 (21)을 부문군 S에 대한 수급균형식과 부문군 J에 대한 수급균형식으로 각각 분리하면 식 (22)가 된다.

$$\text{부문군 } S\text{의 수급균형식: } A^d_{SJ} \cdot X_J + A^d_{SS} \cdot X_S + (I_S - \widehat{m_S}) \cdot D_S + E_S = X_S$$
$$\text{부문군 } J\text{의 수급균형식: } A^d_{JJ} \cdot X_J + A^d_{JS} \cdot X_S + (I_J - \widehat{m_J}) \cdot D_J + E_J = X_J \quad \cdots\cdots (22)$$

식 (22)는 각 부문군이 다른 부문군과의 관계로 연결되어 있으므로 부문군 S의 산출 변동에 대해 부문군 J를 하나의 요인으로 설정하여 분해하는 데 이용할 수 있다. 두 기간 간에 부문군 S의 산출액 X_S의 변동을 요인별로 분해하기 위해 식 (22)를 이용하면 부문군 S의 산출액과 최종수요 관계식은 식 (23)이 된다.

$$X_S = (I - A^d_{SS})^{-1} \cdot [A^d_{SJ} \cdot X_J + (I - \widehat{m_S}) \cdot D_S + E_S]$$
$$= R^d_{SS} \cdot (A^d_{SJ} X_J + \widehat{u_S} D_S + E_S) \quad \cdots\cdots (23)$$

여기서, $R^d_{SS} = (I - A_{SS})^{-1}$, $\widehat{u_S} = (I - \widehat{m_S})$

부문군 S의 최종수요와 산출의 관계를 나타내는 식 (23)을 통해서 부문군 S의 산출액 X_S는 다음과 같은 외생적 충격에 의해 발생된 유발액으로 구성되는 것을 알 수 있다. 먼저 $(I - A^d_{SS})^{-1} \cdot (A^d_{SJ} \cdot X_J)$은 부문 J의 생산에 부문군 S가 중간투입되는 것을 나타내는 $A^d_{SJ} \cdot X_J$에 의한 부문군 S의 생산유발이다. 그리고 $(I - A^d_{SS})^{-1} \cdot [(I - \widehat{m_S}) \cdot D_S]$는 부문군 S가 소비와 투자 등 국내 최종수요로 수요된 것을 나타내는 $(I - \widehat{m_S}) \cdot D_S$에 의한 부문군 S의 생산유발이며, $(I - A^d_{SS})^{-1} \cdot E_S$는 부문군 S의 수출 E_S에 의한 부문군 S의 생산유발이다. 따라서 부문군 S의 산출액에는 부문군 S의 산출 중에서 부문군 J의 생산에 중간투입되어 유발된 것이 있기 때문에 부문군 S의 산출액 변동 중에서 부문군 J의 변동에 의해 발생된 효과를 분리해낼 수 있다.

이와 같은 부문군 S 자체에 대한 최종수요와 산출의 관계를 이용하여 1기와 2기의 산출액이 변동한 것을 요인별로 분해하는 과정은 다음과 같다.

$$\begin{aligned}\Delta X_S &= X_{S,2} - X_{S,1} \\ &= R^d_{SS,2}(A^d_{SJ,2}X_{J,2} + \widehat{u_{S,2}}D_{S,2} + E_{S,2}) \\ &\quad - R^d_{SS,1}(A^d_{SJ,1}X_{J,1} + \widehat{u_{S,1}}D_{S,1} + E_{S,1}) \\ &= R^d_{SS,2}Y_2 - R^d_{SS,1}Y_1 \\ &= R^d_{SS,2}\Delta Y + (\Delta R^d_{SS})Y_1 \quad \cdots\cdots (24)\end{aligned}$$

여기서, $Y = A^dX + \hat{u}D + E$

식 (24)의 우변 $R^d_{SS,2}\Delta Y + (\Delta R^d_{SS})Y_1$ 중에서 첫 번째 항 $R^d_{SS,2}\Delta Y$를 정리하면 식 (25)가 된다.

$$\begin{aligned}R^d_{SS,2}\Delta Y &= R^d_{SS,2}[\Delta(A^d_{SJ}X_J + \widehat{u_S}D_S + E_S)] \\ &\quad + R^d_{SS,2}\widehat{u_{S,2}}(\Delta D_S) + R^d_{SS,2}(\Delta\widehat{u_S})D_{S,1} + R^d_{SS,2}\Delta E_S \quad \cdots\cdots (25)\end{aligned}$$ [22]

식 (24) 우변의 두 번째 항 $(\Delta R^d_{SS})Y_1$을 정리하면 식 (26)이 된다.

22) $$\begin{aligned}R^d_{SS,2}\Delta Y &= R^d_{SS,2}[\Delta(A^d_{SJ}X_J + \widehat{u_S}D_S + E_S)] \\ &= R^d_{SS,2}[(A^d_{SJ,2}X_{J,2} + \widehat{u_{S,2}}D_{S,2} + E_{S,2}) - (A^d_{SJ,1}X_{J,1} + \widehat{u_{S,1}}D_{S,1} + E_{S,1})] \\ &= R^d_{SS,2}[A^d_{SJ,2}X_{J,2} + \widehat{u_{S,2}}D_{S,2} + E_{S,2} - A^d_{SJ,1}X_{J,1} - \widehat{u_{S,1}}D_{S,1} - E_{S,1}] \\ &= R^d_{SS,2}[A^d_{SJ,2}X_{J,2} - A^d_{SJ,1}X_{J,1} + \widehat{u_{S,2}}D_{S,2} - \widehat{u_{S,1}}D_{S,1} + E_{S,2} - E_{S,1}] \\ &= R^d_{SS,2}[A^d_{SJ,2}X_{J,2} - A^d_{SJ,2}X_{J,1} + A^d_{SJ,2}X_{J,1} - A^d_{SJ,1}X_{J,1} \\ &\quad + \widehat{u_{S,2}}D_{S,2} - \widehat{u_{S,2}}D_{S,1} + \widehat{u_{S,2}}D_{S,1} - \widehat{u_{S,1}}D_{S,1} + \Delta E_S] \\ &= R^d_{SS,2}[A^d_{SJ,2}(X_{J,2} - X_{J,1}) + (A^d_{SJ,2} - A^d_{SJ,1})X_{J,1} \\ &\quad + \widehat{u_{S,2}}(D_{S,2} - D_{S,1}) + (\widehat{u_{S,2}} - \widehat{u_{S,1}})D_{S,1} + \Delta E_S] \\ &= R^d_{SS,2}A^d_{SJ,2}(\Delta X_J) + R^d_{SS,2}(\Delta A^d_{SJ})X_{J,1} + R^d_{SS,2}\widehat{u_{S,2}}(\Delta D_S) + R^d_{SS,2}(\Delta\widehat{u_S})D_{S,1} \\ &\quad + R^d_{SS,2}\Delta E_S\end{aligned}$$

$$
\begin{aligned}
(\Delta R^d_{SS})Y_1 = & R^d_{SS,2}[\Delta A^{dss} - (A^m_{SS,2} - \widetilde{A^m_{SS,2}})]R^d_{SS,1}A^d_{SJ,1}X_{J,1} \\
& + R^d_{SS,2}[\Delta A^{dss} - (A^m_{SS,2} - \widetilde{A^m_{SS,2}})]R^d_{SS,1}\widehat{u_{S,1}}D_{S,1} \\
& + R^d_{SS,2}[\Delta A^{dss} - (A^m_{SS,2} - \widetilde{A^m_{SS,2}})]R^d_{SS,1}E_{S,1} \\
& - R^d_{SS,2}(\widetilde{A^m_{SS,2}} - A^m_{SS,1})]R^d_{SS,1}A^d_{SJ,1}X_{J,1} \\
& - R^d_{SS,2}(\widetilde{A^m_{SS,2}} - A^m_{SS,1})]R^d_{SS,1}\widehat{u_{S,1}}D_{S,1} \\
& - R^d_{SS,2}(\widetilde{A^m_{SS,2}} - A^m_{SS,1})]R^d_{SS,1}E_{S,1} \quad \cdots\cdots (26)
\end{aligned}
$$

[23]

여기서, $\widetilde{A^m_{SS,2}} = (A^m_{SS,2}/A_{SS,2})A_{SS,1}$으로 조정함

식 (25)와 식 (26)을 결합하여 정리하면 식 (27)과 같은 확장된 시르퀸Syrquin 산출 증가 요인분해모형인 식 (27)이 도출된다.

$$
\begin{aligned}
\Delta X_S = & R^d_{SS,2}\Delta E_S & ① \\
& + R^d_{SS,2}(\Delta A^d_{SJ})X_{J,1} & ② \\
& + R^d_{SS,2}A^d_{SJ,2}(\Delta X_J) & ③ \\
& + R^d_{SS,2}(\Delta \widehat{u_S})D_{S,1} & ④ \\
& + R^d_{SS,2}\hat{u}_{S,2}(\Delta D_S) & ⑤ \\
& + R^d_{SS,2}[\Delta A_{SS} - (A^m_{SS,2} - \widetilde{A^m_{SS,2}})]R^d_{SS,1}A^d_{SJ,1}X_{J,1} & ⑥
\end{aligned}
$$

23)
$$
\begin{aligned}
(\Delta R^d_{SS})Y_1 &= \Delta R^d_{SS}[A^d_{SJ,1}X_{J,1} + \widehat{u_{S,1}}D_{S,1} + E_{S,1}] \\
&= (R^d_{SS,2} - R^d_{SS,1})[A^d_{SJ,1}X_{J,1} + \widehat{u_{S,1}}D_{S,1} + E_{S,1}] \\
&= R^d_{SS,2}[I - (R^d_{SS,2})^{-1}R^d_{SS,1}][A^d_{SJ,1}X_{J,1} + \widehat{u_{S,1}}D_{S,1} + E_{S,1}] \\
&= R^d_{SS,2}[(R^d_{SS,1})^{-1} - (R^d_{SS,2})^{-1}]R^d_{SS,1}[A^d_{SJ,1}X_{J,1} + \widehat{u_{S,1}}D_{S,1} + E_{S,1}] \\
&= R^d_{SS,2}[(I - A^d_{SS,1}) - (I - A^d_{SS,2})]R^d_{SS,1}[A^d_{SJ,1}X_{J,1} + \widehat{u_{S,1}}D_{S,1} + E_{S,1}] \\
&= R^d_{SS,2}[A^d_{SS,2} - A^d_{SS,1}]R^d_{SS,1}[A^d_{SJ,1}X_{J,1} + \widehat{u_{S,1}}D_{S,1} + E_{SA,1}] \\
&= R^d_{SS,2}(\Delta A^d_{SS})R^d_{SS,1}[A^d_{SJ,1}X_{J,1} + \widehat{u_{S,1}}D_{S,1} + E_{S,1}] \\
&= R^d_{SS,2}(\Delta A^d_{SS})R^d_{SS,1}[A^d_{SJ,1}X_{J,1} + \widehat{u_{S,1}}D_{S,1} + E_{S,1}]
\end{aligned}
$$

$$+ R^d_{SS,2}[\Delta A_{SS} - (A^m_{SS,2} - \widetilde{A^m_{SS,2}})]R^d_{SS,1}\widehat{u_{S,1}}D_{S,1} \quad ⑦$$

$$+ R^d_{SS,2}[\Delta A_{SS} - (A^m_{SS,2} - \widetilde{A^m_{SS,2}})]R^d_{SS,1}E_{S,1} \quad ⑧$$

$$- R^d_{SS,2}(\widetilde{A^m_{SS,2}} - A^m_{SS,1})]R^d_{SS,1}A^d_{SJ,1}X_{J,1} \quad ⑨$$

$$- R^d_{SS,2}(\widetilde{A^m_{SS,2}} - A^m_{SS,1})]R^d_{SS,1}\widehat{u_{S,1}}D_{S,1} \quad ⑩$$

$$- R^d_{SS,2}(\widetilde{A^m_{SS,2}} - A^m_{SS,1})]R^d_{SS,1}E_{S,1} \quad ⑪$$

$$\cdots\cdots (27)$$[24]

식 (27)에서 각 항이 갖는 경제적 의미는 다음과 같다. ①항 $R^d_{SS,2}\Delta E_S$는 부문군 S의 수출 변동에 의한 효과이고, ②항 $R^d_{SS,2}(\Delta A^d_{SJ})X_{J,1}$에서 $(\Delta A^d_{SJ})X_{J,1}$은 부문군 S가 부문군 J의 생산에 중간재로 사용된 것의 변동이기 때문에 이 항은 그만큼의 변동에 의해 부문군 S에서 산출이 변동된 효과이다. ③항 $R^d_{SS,2}A^d_{SJ,2}(\Delta X_J)$에서 $A^d_{SJ,2}\Delta X_J$는 부문군 J군의 산출이 변동함에 따라 부문군 S의 생산품이 부문군 J의 생산에 중간재로 투입되는 것이 변동한 크기이기 때문에 이 항은 부문군 J의 산출 변동에 의해 부문군 S에서 생산이 유발된 효과이다. ④항 $R^d_{SS,2}(\Delta\widehat{u_S})D_{S,1}$에서 $\Delta\widehat{u_S}D_{S,1}$은[25] 부문군 S가 국내 최종수요에 사용된 것 중에서 수입품으로 대체되어 발생한 부문군 S의 산출 변동효과이다. ⑤항 $R^d_{SS,2}\widehat{u_{S,2}}(\Delta D_S)$에서 $\widehat{u_{S,2}}(\Delta D_S)$은 부문군 S에 대한 최종수요 중에서 국내에서 생산된 부문군 S의 변동에 따라 발생한 부문군 S의 산출 변동효과이다.

⑥항에서 ⑪항을 정리하면 $R^d_{SS,2}(\Delta A^d_{SS})R^d_{SS,1}$[26]이다. 식 (27)을 정리하여 각 항

24) 식 (27)에서 ⑥항과 ⑨항의 $R^d_{SS,1}A^d_{SJ,1}X_{J,1}$, ⑦항과 ⑩항의 $R^d_{SS,1}\widehat{u_{S,1}}D_{S,1}$, ⑧항과 ⑪항의 $R^d_{SS,1}E_{S,1}$을 더하면 $X_{S,1} = R^d_{SS,1}(A^d_{SJ,1}X_{J,1} + \widehat{u_{S,1}}D_{S,1} + E_{S,1})$이기 때문에 1기의 부문군 S의 산출액이 된다.

25) $\Delta\widehat{u_S} = (I - \widehat{m_{S,2}}) - (I - \widehat{m_{S,1}}) = \widehat{m_{S,1}} - \widehat{m_{S,2}}$

26) $⑥ + ⑨ = R^d_{SS,2}(\Delta A_{SS} - \Delta A^m_{SS})R^d_{SS,1}A^d_{SJ,1}X_{J,1}$

$⑦ + ⑩ = R^d_{SS,2}(\Delta A_{SS} - \Delta A^m_{SS})R^d_{SS,1}\hat{u}_{S,1}D_{S,1}$

의 경제적 의미를 살펴보면 다음과 같다.[27)]

| 표 5-1 | 확장된 시르퀸모형의 의미

요인	수식	의미
F1: ①	$R^d_{SS,2}\Delta E_S$	부문군 S의 수출 증가효과
F2: ②	$R^d_{SS,2}(\Delta A^d_{SJ})X_{J,1}$	부문군 J에서 부문군 S의 이용 증가효과
F3: ③	$R^d_{SS,2}A^d_{SJ,2}(\Delta X_J)$	부문군 J 산출액 증가효과
F4: ④	$R^d_{SS,2}(\Delta \widehat{u_S})D_{S,1}$	국내 최종수요의 부문군 S 수입 대체효과
F5: ⑤	$R^d_{SS,2}\hat{u}_{S,2}(\Delta D_S)$	국내 최종수요의 부문군 S 이용 증가효과
F6: ⑥+⑦+⑧	$R^d_{SS,2}[\Delta A_{SS}-(A^m_{SS,2}-\widetilde{A^m_{SS,2}})]X_{S,1}$	부문군 S의 기술 변화효과[28)]
F7: ⑨+⑩+⑪	$-R^d_{SS,2}(\widetilde{A^m_{SS,2}}-A^m_{SS,1})]X_{S,1}$	중간재 부문군 S 수입 대체효과[29)]

$⑧+⑪=R^d_{SS,2}(\Delta A_{SS}-\Delta A^m_{SS})R^d_{SS,1}E_{S,1}$

따라서 ⑥+⑦+⑧+⑨+⑩+⑪$=R^d_{SS,2}(\Delta A_{SS}-\Delta A^m_{SS})X_{S,1}$이고 $R^d_{SS,2}(\Delta A_{SS}-\Delta A^m_{SS})R^d_{SS,1}E_{S,1}$에서 $\Delta A_{SS}-\Delta A^m_{SS}$는 ΔA^d_{SS}이다.

27) ⑥, ⑦, ⑧항에서 공통인 $[\Delta A_{SS}-(A^m_{SS,2}-\widetilde{A^m_{SS,2}})]$에서 조정항 $\widetilde{A^m_{SS,2}}$은 $(A^m_{SS,2}/A_{SS,2})A_{SS,1}$인데, 조정항은 비교년의 각 투입구조에서 수입이 차지하는 비중을 기준년 투입계수에 곱한 것이기 때문에 비교년 수입투입 비중을 기준년에 적용하였을 경우에 수입투입계수의 수준이 어느 정도인지를 나타낸다. 그리고 ΔA_{SS}는 부문군 S의 자기 부문 투입계수 변화를 나타내며, 여기에서 실제로 측정된 비교년의 수입투입계수와 가정에 따른 변화의 차이인 $(A^m_{SS,2}-\widetilde{A^m_{SS,2}})$를 차감한 $[\Delta A_{SS}-(A^m_{SS,2}-\widetilde{A^m_{SS,2}})]$은 부문군 S의 국내기술 변화효과를 나타낸다고 할 수 있다. 그리고 ⑥항 $R^d_{SS,1}A^d_{SJ,1}X_{J,1}$, ⑦항 $R^d_{SS,1}\widehat{u_{S,1}}D_{S,1}$, ⑧항 $R^d_{SS,1}E_{S,1}$을 더하면 $R^d_{SS,1}(A^d_{SJ,1}X_{J,1}+\widehat{u_{S,1}}D_{S,1}+E_{S,1})$이므로 식 (23)과 같이 $X_{S,1}$이 된다. 그러므로 이 세 개의 항을 모두 더한 것은 $R^d_{SS,2}[\Delta A_{SS}-(A^m_{SS,2}-\widetilde{A^m_{SS,2}})]X_{S,1}$이므로 부문군 S의 국산 기술의 변화효과를 나타낸다. ⑨, ⑩, ⑪항의 공통항은 $(\widetilde{A^m_{SS,2}}-A^m_{SS,1})$인데, 이는 앞에서 설명한 바와 같이 $\widetilde{A^m_{SS,2}}$은 가정에 따른 수입투입계수의 변화에서 비교년의 수입투입계수 $A^m_{SS,1}$을 차감한 것이기 때문에 수입투입이 어느 정도 대체되었는가를 나타낸다. 그리고 이들 세 항의 뒤에 있는 것을 더하면 식 (23)과 같이 $X_{S,1}$이기 때문에 $R^d_{SS,2}(\widetilde{A^m_{SS,2}}-A^m_{SS,1})]X_{S,1}$은 부문군 S의 생산에서의 중간재가 수입투입으로 대체되면서 부문군 S의 비교년 산출 변동 규모를 나타낸다. 즉 수입투입으로 중간재가 대체되면서 나타나는 효과이므로 국내산출을 감소시키게 된다. 이에 따라 동 항목들은 차감 항목이 된다.

앞의 다. 절에서 언급한 것처럼 산출 변동요인분해에서 최종수요요인을 소비와 투자로 각각 나누어 분해하려면 ④항의 $D_{S,1}$을 각각 소비 $D_{C,1}$과 투자 $D_{I,1}$ 벡터로 분리하고, ⑤항의 ΔD_S를 소비 변동 벡터인 ΔD_C와 투자 변동 벡터인 ΔD_I로 분리하면 된다.[30)]

다. 절과 라. 절에서 다루었던 변동요인을 분해할 때 두 기간 중에서 어떤 것을 기준으로 할 것인가도 고려해야 한다. 두 기간을 비교할 때 기준에 따라 파셰Paasche 방식과 라스파이레스Laspeyres 방식 두 개로 나뉜다. 파셰 방식은 후시점을 기준으로 설정하는 것이고, 라스파이레스 방식은 전시점을 기준으로 설정하는 것이다.

살펴보았던 산출 증가 변동요인분해모형은 후시점을 기준으로, 즉 2기의 역행렬계수를 기준으로 이용하는 파셰 방식에 바탕을 둔 것이다. 1기의 역행렬계수를 이용하는 라스파이레스 방식으로도 바꾸어 이용할 수 있는데, 앞의 [표 5-1]에 있는 시점을 나타내는 첨자를 바꾸면 된다.

일반적으로는 이들 두 개 방식으로 각각 계산한 다음 이 결과들을 평균해서 사용한다.

$$\Delta X = R_2^d \Delta Y + \Delta R^d Y_1 : \text{ 파셰 방식}$$

$$= R_1^d \Delta Y + \Delta R^d Y_2 : \text{ 라스파이레스 방식}$$

이 절에서는 부문군 S의 산출 변동에 부문군 J가 하는 역할을 측정하는 방법을

---

28) $[\Delta A_{SS} - (A^m_{SS,2} - \widetilde{A^m_{SS,2}})] = (A_{SS,2} - A_{SS,1}) - (A^m_{SS,2} - \widetilde{A^m_{SS,2}})$는 동일한 위치의 원소끼리 연산한다. $[\Delta A_{SS} - (A^m_{SS,2} - \widetilde{A^m_{SS,2}})]$는 투입구조 변화($\Delta A_{SS}$) 중에서 수입 투입이 바뀌면서 나타나는 국산품 투입(국산기술구조)의 변화율이다.

29) $[\widetilde{A^m_{JJ,2}} - A^m_{JJ,1}] = (A^m_{JJ,2} / A_{JJ,2}) A_{JJ,1} - A^m_{JJ,1}$

$$= A_{JJ,1}\big((A^m_{JJ,2} / A_{JJ,2}) - (A^m_{JJ,1} / A_{JJ,1})\big)$$

$[\widetilde{A^m_{JJ,2}} - A^m_{JJ,1}]$는 중간재에서 수입이 차지하는 비중의 변화, 즉 중간재 수입 대체에 의한 효과이다.

30) 첨자 C와 I는 각각 소비와 투자를 나타낸다.

살펴보았다. 이 방법은 부문군 S에 부문군 J가 사용된 것만을 고려하였다는 한계가 있다. 산업 간 거래에는 이와 반대로 부문군 J에 부문군 S가 사용되는 것도 있기 때문에 이들의 연관효과가 누락되었기 때문이다. 따라서 확장된 시르퀸모형을 사용할 때는 누락된 부분도 고려하여야 한다.

마. 수입, 부가가치, 노동의 변동요인분해

산출액은 수입, 부가가치 그리고 노동계수를 통해 관계를 맺기 때문에 이를 이용하면 두 기간 사이에 있었던 수입, 부가가치, 노동의 변화도 요인별로 분해할 수 있다. 이를 위해서는 수입, 부가가치 및 노동과 산출의 관계를 먼저 알아야 하는데 제4장 5절에 설명되어 있다.

수입 변동을 요인별로 분해하는 방법은 다음과 같다. 수입은 생산에 직접적인 원·부재료에 사용되는 중간재 수입과 소비와 투자에 사용되는 최종재 수입으로 구분되는데, 최종재 수입계수를 m이라고 하고 수입투입계수 A^m을 이용하면 수입 M은 $A^m X + \widehat{m}D$가 된다. 수입을 두 기간의 변동분으로 분리하여 전개[31]하면 식 (28)이 된다.

$$\Delta M = A_2^m \Delta X + (\Delta A^m) X_1 + \widehat{m_2} \Delta D + (\Delta \widehat{m}) D_1 \quad \cdots\cdots (28)$$

식 (28)을 정리하면 식 (29)와 같은 수입 변동요인분해모형이 도출된다.

---

31)
$$\begin{aligned}\Delta M &= A_2^m X_2 + \widehat{m_2} D_2 - (A_1^m X_1 + \widehat{m_1} D_1) \\ &= A_2^m X_2 + A_2^m X_1 - A_2^m X_1 + \widehat{m_2} D_2 + \widehat{m_2} D_1 - \widehat{m_2} D_1 - (A_1^m X_1 + \widehat{m_1} D_1) \\ &= A_2^m (X_2 - X_1) + (A_2^m - A_2^m) X_1 + \widehat{m_2}(D_2 - D_1) + (\widehat{m_2} - \widehat{m_1}) D_1 \\ &= A_2^m \Delta X + (\Delta A^m) X_1 + \widehat{m_2} \Delta D + (\Delta \widehat{m}) D_1\end{aligned}$$

$$\Delta M = [\widehat{m_2} + A_2^m R_2^d (I - \widehat{m_2})] \Delta D \qquad \text{: 국내 최종수요 증가효과}$$
$$+ A_2^m R_2^d \Delta E \qquad \text{: 수출 증가효과}$$
$$+ [I - A_2^m R_2^d](\Delta \widehat{m}) D_1 \qquad \text{: 최종재 수입 대체효과}$$
$$+ [I - A_2^m R_2^d](\widetilde{A_2^m} - A_1^m) X_1 \qquad \text{: 중간재 수입 대체효과}$$
$$+ A_2^m R_2^d (\Delta A) X_1 + [I - A_2^m R_2^d](A_2^m - \widetilde{A_2^m}) X_1 \text{: 기술 변화효과} \qquad (29)$$

부가가치 증가를 요인별로 분해하는 모형도 식 (29)의 도출 과정과 유사하다. 부가가치는 부가가치계수 벡터의 대각행렬 $\widehat{A^v}$와 총산출 X를 곱한 $V = \widehat{A^v} X$이기 때문에 1기와 2기 간의 부가가치 변동은 식 (30)[32]이 된다.

$$\Delta V = \widehat{A_2^v} X_2 - \widehat{A_1^v} X_1 = \widehat{A_2^v} \Delta X + \Delta(\widehat{A^v}) X_1 \qquad (30)$$

식 (30)을 정리하면 식 (31)과 같은 부가가치 변동요인분해모형이 도출된다.

$$\Delta V = \widehat{A_2^v} R_2^d (I - \widehat{m_2}) \Delta D \qquad \text{: 국내 최종수요 증가효과}$$
$$+ \widehat{A_2^v} R_2^d \Delta E \qquad \text{: 수출 증가효과}$$
$$+ \widehat{A_2^v} R_2^d (\widehat{m_1} - \widehat{m_2}) D_1 \qquad \text{: 최종재 수입 대체효과}$$
$$+ \left[- \widehat{A_2^v} R_2^d (\widetilde{A_2^m} - A_1^m) X_1 \right] \qquad \text{: 중간재 수입 대체효과}$$
$$+ \widehat{A_2^v} R_2^d [\Delta A - (A_2^m - \widetilde{A_2^m})] X_1 \text{: 기술 변화효과}$$
$$+ (\widehat{A_2^v} - \widehat{A_1^v}) X_1 \qquad \text{: 부가가치계수 변화효과} \qquad (31)$$

32) 식 (28)의 수입은 중간재와 최종재에 대해 모두 적용되는 반면, 부가가치는 생산을 위한 투입물로 존재하기 때문에 전미분 결과가 간단하다. 이는 고용에 대한 요인분해에 대해서도 동일하다.

노동 변동을 요인별로 분해하는 과정은 다음과 같다. 먼저 부문별 노동 인원을 부문별 산출액으로 나눈 노동계수($l=L/X$)를 정의한다. 따라서 노동 인원 L을 행렬로 표기하면 노동계수의 대각행렬 $\hat{l}$과 산출액 벡터를 곱한 $\hat{l}X$이기 때문에 1기와 2기의 고용 변동량 ΔL은 식 (32)가 된다.

$$\Delta L = \hat{l}_2 X_2 - \hat{l}_1 X_1 = \hat{l}_2 \Delta X - (\Delta \hat{l}) X_1 \quad \cdots\cdots (32)$$

식 (32)를 정리하면 노동 변동요인분해모형인 식 (33)이 도출된다.

$$\begin{aligned}
\Delta L = {} & \hat{l}_2 R_2^d (I - \widehat{m_2}) \Delta D && \text{: 국내 최종수요 증가효과} \\
& + \hat{l}_2 R_2^d \Delta E && \text{: 수출 증가효과} \\
& + \hat{l}_2 R_2^d (\widehat{m_1} - \widehat{m_2}) D_1 && \text{: 최종재 수입 대체효과} \\
& + \left[- \hat{l}_2 R_2^d (\widetilde{A_2^m} - A_1^m) X_1 \right] && \text{: 중간재 수입 대체효과} \\
& + \hat{l}_2 R_2^d [\Delta A - (A_2^m - \widetilde{A_2^m})] X_1 && \text{: 기술 변화효과} \\
& + (\hat{l}_2 - \hat{l}_1) X_1 && \text{: 노동계수 변화효과}
\end{aligned} \quad \cdots\cdots (33)$$

라. 절에서 언급하였지만 수입, 부가가치, 노동의 변동을 요인별로 분해하는 것도 산출 변동과 마찬가지로 두 시점에 대해 각각 계산해서 평균하는 방법을 많이 사용한다.

바. D&L모형[33)]

지금까지 Syrquin모형을 이용한 산출 변동요인분해 방법을 살펴보았는데, 이번

33) Dietzenbacher, E. 외 1인(1998)

절에서는 D&L모형을 살펴보도록 한다. 이 방법을 적용하기 위해 피용자보수와 수입의 산출액과의 관계를 식 (34), (35), (36)과 같이 표기하도록 한다.

$$W = \widehat{A^{w}} \cdot X \quad \cdots\cdots (34)$$

$$M = A^{m} \cdot X \quad \cdots\cdots (35)$$

$$X = A^{d} \cdot X + A^{f} \cdot Y \quad \cdots\cdots (36)$$

여기서, W: 「$n \times 1$」 피용자보수 벡터
$\widehat{A^{w}}$: 「$n \times 1$」 피용자보수율 벡터의 대각행렬
X: 「$n \times 1$」 산출액 벡터
M: 「$n \times 1$」 수입중간수요 벡터
A^{m}: 「$n \times n$」 수입투입계수행렬
A^{d}: 「$n \times n$」 국산품투입계수행렬
A^{f}: 「$n \times m$」 국산품 최종수요율 벡터(m은 최종수요 항목의 개수)
Y: 「$m \times 1$」 최종수요합계액 벡터

식 (36)을 최종수요와 산출의 관계로 전환하면 $X = (I - A^{d})^{-1} A^{f} Y$이기 때문에 피용자보수에 대한 식 (34)와 수입에 대한 식 (35)는 각각 식 (37)과 식 (38)이 된다.

$$\begin{aligned} W &= \widehat{A^{w}} \cdot (I - A^{d})^{-1} \cdot A^{f} \cdot Y \\ &= \widehat{A^{w}} \cdot L \cdot A^{f} \cdot Y \quad \cdots\cdots (37) \end{aligned}$$

$$\begin{aligned} M &= A^{m} \cdot (I - A^{d})^{-1} \cdot A^{f} \cdot Y \\ &= A^{m} \cdot L \cdot A^{f} \cdot Y \quad \cdots\cdots (38) \end{aligned}$$

여기서, $L = (I - A^{d})^{-1}$

식 (37)의 시간에 따른 변동[34)]은 $\Delta\widehat{A^{w}}$, ΔL, ΔA^{f}, ΔY로 구분할 수 있는데, 여기서 $\Delta\widehat{A^{w}}$는 피용자보수율 변동효과, ΔL은 생산기술 변동효과, ΔA^{f}는 최종수

34) 본 장의 [참고 1] 참조

요 구조 변동효과, 그리고 ΔY는 최종수요 규모 변동효과 등을 각각 나타낸다. 식 (37)을 t기에서 $t+1$기로의 변동에 대해 분해하면 다음과 같다.

$$\begin{aligned}\Delta W &= W_{t+1} - W_t \\ &= \widehat{A^w_{t+1}} L_{t+1} A^f_{t+1} Y_{t+1} - \widehat{A^w_t} L_t A^f_t Y_t \qquad (39)\end{aligned}$$

$$\begin{aligned}&= (\Delta \widehat{A^w}) L_{t+1} A^f_{t+1} Y_{t+1} + \widehat{A^w_t}(\Delta L) A^f_{t+1} Y_{t+1} \\ &\quad + \widehat{A^w_t} L_t (\Delta A^f) Y_{t+1} + \widehat{A^w_t} L_t A^f_t (\Delta Y) \qquad (40)\end{aligned}$$

$$\begin{aligned}&= (\Delta \widehat{A^w}) L_t A^f_t Y_t + \widehat{A^w_{t+1}}(\Delta L) A^f_t Y_t + \widehat{A^w_{t+1}} L_{t+1} (\Delta A^f) Y_t \\ &\quad + \widehat{A^w_{t+1}} L_{t+1} A^f_{t+1} (\Delta Y) \qquad (41)\end{aligned}$$

식 (40)과 (41)의 우변 각 항들은 피용자보수율 변동효과($\Delta \widehat{A^w}$)의 기여도, 기술 변동효과($\Delta L = \Delta (I-A)^{-1}$)의 기여도, 국산품 최종수요 변동효과($\Delta \widehat{A^f}$)의 기여도, 최종수요 규모 변동효과($\Delta Y$)의 기여도이다. [참고 1]에서 설명한 것과 같이 D&L 방식의 변동요인분해는 n개의 요인에 대해 $n!$만큼 경우의 수가 있기 때문에 어떤 방법을 선택할 것인가를 고려해야 한다. 이를 해결하기 위해 Dietzenbacher, E. 외(1998)는 전미분 이산접근법total derivative discrete approach을 이용한 요인분해 모형을 제안하였다.

$$W = \widehat{A^w} \cdot L \cdot A_f \cdot Y \qquad (42)$$

식 (42)의 전미분은 식 (43)이며, 이를 이산근사한 것이 식 (44)이다.

$$\begin{aligned}dW &= (d\widehat{A^w}) \cdot L \cdot A^f \cdot Y + \widehat{A^w} \cdot (dL) \cdot A^f \cdot Y \\ &\quad + \widehat{A^w} \cdot L \cdot (dA^f) \cdot Y + \widehat{A^w} \cdot L \cdot A^f \cdot (dY) \qquad (43)\end{aligned}$$

$$\Delta W \approx (\Delta \widehat{A^w}) \cdot L \cdot A^f \cdot Y + \widehat{A^w} \cdot (\Delta L) \cdot A^f \cdot Y$$
$$+ \widehat{A^w} \cdot L \cdot (\Delta A^f) \cdot Y + \widehat{A^w} \cdot L \cdot A^f \cdot (\Delta Y) \quad \cdots\cdots (44)$$

식 (44)를 이용한 계산은 식 (45)처럼 가중치를 ① 기준년(t)에 두는 것, ② 비교년($t+1$)에 두는 것, ③ t년과 $t+1$년의 평균을 이용하는 것 등 세 가지가 있을 수 있다.

$$\Delta W = (\Delta \widehat{A^w}) \cdot L_t \cdot A_t^f \cdot Y_t + \widehat{A_t^w} \cdot (\Delta L) \cdot A_t^f \cdot Y_t$$
$$+ \widehat{A_t^w} \cdot L_t \cdot (\Delta A^f) \cdot Y_t + \widehat{A_t^W} \cdot L_t \cdot A_t^f \cdot (\Delta Y) + \epsilon(0) \qquad ①$$
$$= (\Delta \widehat{A^w}) \cdot L_{t+1} \cdot A_{t+1}^f \cdot Y_{t+1} + \widehat{A_{t+1}^w} \cdot (\Delta L) \cdot A_{t+1}^f \cdot Y_{t+1}$$
$$+ \widehat{A_{t+1}^w} \cdot L_{t+1} \cdot (\Delta A^f) \cdot Y_{t+1} + \widehat{A_{t+1}^w} \cdot L_{t+1} \cdot A_{t+1}^f \cdot (\Delta Y)$$
$$+ \epsilon(1) \qquad ②$$
$$= (\Delta \widehat{A^w}) \cdot L\left(\frac{1}{2}\right) \cdot A^f\left(\frac{1}{2}\right) \cdot Y\left(\frac{1}{2}\right) + \widehat{A^w}\left(\frac{1}{2}\right) \cdot (\Delta L) \cdot A^f\left(\frac{1}{2}\right) \cdot Y\left(\frac{1}{2}\right)$$
$$+ \widehat{A^w}\left(\frac{1}{2}\right) \cdot L\left(\frac{1}{2}\right) \cdot (\Delta A^f) \cdot Y\left(\frac{1}{2}\right)$$
$$+ \widehat{A^w}\left(\frac{1}{2}\right) \cdot L\left(\frac{1}{2}\right) \cdot A^f\left(\frac{1}{2}\right) \cdot (\Delta Y)$$
$$+ \Phi\left(\frac{1}{2}\right) \qquad ③^{35)}$$
$$\cdots\cdots (45)$$

식 (45)에서 ϵ는 전미분의 이산근사식으로 전환하는 과정에서의 교호작용 항이다.

---

35) $\left(\frac{1}{2}\right)$은 평균이므로 $L\left(\frac{1}{2}\right) = \frac{L_t + L_{t+1}}{2}$이고 ①과 ②의 평균은 $\Phi\left(\frac{1}{2}\right) \neq \frac{\epsilon(0) + \epsilon(1)}{2}$인데, 이는 $(\Delta \widehat{A^w}) \cdot L\left(\frac{1}{2}\right) \cdot A^f\left(\frac{1}{2}\right) \cdot Y\left(\frac{1}{2}\right) \neq [(\Delta \widehat{A^w}) \cdot L_t \cdot A_t^f \cdot Y_t + (\Delta \widehat{A^w}) \cdot L_{t+1} \cdot A_{t+1}^f \cdot Y_{t+1}]/2$이기 때문이다.

그런데 주 35)처럼 $\Phi\left(\frac{1}{2}\right) \neq \frac{\epsilon(0)+\epsilon(1)}{2}$이기 때문에 식 (45)의 ③은 다음과 같은 교호작용 ϵ항의 산술 평균값으로 변경하여야 된다.

$$\begin{aligned}\Delta W = &\frac{1}{2}[(\Delta \widehat{A^w}) \cdot L_t \cdot A_t^f \cdot Y_t] + \frac{1}{2}[(\Delta \widehat{A^w}) \cdot L_{t+1} \cdot A_{t+1}^f \cdot Y_{t+1}] \\ &+ \frac{1}{2}[\widehat{A_t^w} \cdot (\Delta L) \cdot A_t^f \cdot Y_t] + \frac{1}{2}[\widehat{A_{t+1}^w} \cdot (\Delta L) \cdot A_{t+1}^f \cdot Y_{t+1}] \\ &+ \frac{1}{2}[\widehat{A_t^w} \cdot L_t \cdot (\Delta A^f) \cdot Y_t] + \frac{1}{2}[\widehat{A_{t+1}^w} \cdot L_{t+1} \cdot (\Delta A^f) \cdot Y_{t+1}] \\ &+ \frac{1}{2}[\widehat{A_{t\ t}^w} \cdot L_t \cdot A_t^f \cdot (\Delta Y)] + \frac{1}{2}[\widehat{A_{t+1}^w} \cdot L_{t+1} \cdot A_{t+1}^f \cdot (\Delta Y)] \\ &+ \epsilon\left(\frac{1}{2}\right) \quad \cdots\cdots (46)^{36)}\end{aligned}$$

식 (46)에서는 변동요인이 $n=4$이기 때문에 4!=24개의 변동요인분해 방법이 있는데 특별히 우위에 있는 것은 없으나 평균 방식이 요인의 변동을 더 잘 설명한다.[37)]

참고 1 | 변동요인분해를 위한 미분의 곱셈법칙

D&L(Erik Dietzenbacher와 Bart Los)은 변동요인을 분해하기 위해 미분의 곱셈법칙* 을 적용하였는데, 그 과정은 다음과 같다.

* 곱셈법칙은 두 함수의 곱을 미분하는 것으로 라이프니츠법칙이라고도 한다. 즉 두 함수를 f와 g라고 하면 두 함수를 곱한 $f \cdot g$를 미분한 결과는 $(f \cdot g)' = (f' \cdot g) + (f \cdot g')$이다.

$$y = x \cdot z \quad \cdots\cdots ①$$

여기서, y, x, z는 스칼라, 벡터 또는 행렬

①의 y에 대해 0기와 1기에 대한 변화는 다음과 같이 표기할 수 있다.

36) $\epsilon\left(\frac{1}{2}\right) = \frac{\epsilon(t)+\epsilon(t+1)}{2}$ (Dietzenbacher, E. 외 1인, 1998)

37) Dietzenbacher, E. 외 1인(1998)

$$\Delta y = \Delta(x \cdot z) = y(1) - y(0)$$
$$\Delta y = (\Delta x) z(1) + x(0)(\Delta z)$$
$$= (\Delta x) z(0) + x(1)(\Delta z) \quad \cdots\cdots ②$$

②를 통해 두 변수에 대한 시간 변동에 따른 분해식이 두 개가 존재하는 것을 알 수 있는데, 어느 것이 더 적절한 것인지 판단하기 어려우나 시간에 따른 y의 변동은 x 변동과 z 변동으로 구분되는 것은 동일하기 때문에 ③과 같은 평균 방식을 일반적으로 적용한다.

$$\Delta y = (\Delta x) z\left(\frac{1}{2}\right) + x\left(\frac{1}{2}\right)(\Delta z)$$
$$z\left(\frac{1}{2}\right) = \frac{1}{2} z(0) + \frac{1}{2} z(1) \quad \cdots\cdots ③$$

③은 ②의 두 방법을 가중평균한 것이라고 할 수 있으며, ①을 n개인 경우로 확장하면 ④가 된다.

$$y = x_1 \cdot x_2 \cdot \cdots \cdot x_n \quad \cdots\cdots ④$$

이때 ④를 ②와 같이 선형방정식으로 분해하기 위해 우선 x_1에 대한 변동과 나머지 변수에 대해 1기의 값을 우변 첫 번째 항에 적용한다.

$$\begin{aligned} \Delta y = &(\Delta x_1) x_2(1) x_3(1) \cdots\cdots x_{n-1}(1) x_n(1) \\ &+ x_1(0)(\Delta x_2) x_3(1) \cdots\cdots x_{n-1}(1) x_n(1) \\ &\vdots \\ &+ x_1(0) x_2(0) x_3(0) \cdots\cdots (\Delta x_{n-1}) x_n(1) \\ &+ x_1(0) x_2(0) x_3(0) \cdots\cdots x_{n-1}(0)(\Delta x_n) \quad \cdots\cdots ⑤ \end{aligned}$$

⑤에서 순서상 가장 극단에 있는 것은 x_1에 대한 변동과 나머지 변수에 대해 0기의 값을 우변의 첫 번째 항에 적용하는 것이기 때문에 ⑥과 같이 정리할 수 있다.

$$\begin{aligned} \Delta y = &(\Delta x_1) x_2(0) x_3(0) \cdots\cdots x_{n-1}(0) x_n(0) \\ &+ x_1(1)(\Delta x_2) x_3(0) \cdots\cdots x_{n-1}(0) x_n(0) \\ &\vdots \\ &+ x_1(1) x_2(1) x_3(1) \cdots\cdots (\Delta x_{n-1}) x_n(0) \\ &+ x_1(1) x_2(1) x_3(1) \cdots\cdots x_{n-1}(1)(\Delta x_n) \quad \cdots\cdots ⑥ \end{aligned}$$

따라서 ②와 같은 방식으로 n개의 변수에 대해 분해하면 그 종류는 $n!$개가 된다. 이처럼 많은 종류의 분해식 중에서 대개의 경우 ⑤와 ⑥에 있는 양극단 값을 평균하는 방법을 사용한다.

4 소비 내생화

가. 소비 내생화의 경제적 의미

산업연관표는 경제 내에서 발생한 거래를 크게 두 부분으로 구분한다. 한 부분은 생산 부문 간에 생산물을 중간재, 즉 원 · 부재료를 사고판 거래 내역인 내생부문이고, 다른 부분은 생산에 투입된 본원적 요소에 지불한 부가가치와 그리고 생산 결과의 상품이 소비, 투자와 수출의 최종재로 판매된 내역인 외생부문이다.[38]

대부분 산업연관분석모형은 내생부문을 투입구조에 의한 부문들 간의 상호연관관계분석에 이용하고 외생부문을 모형에 충격을 주는 외생변수로 한정하여 이용한다. 즉 최종수요 Y가 주어짐에 따라 생산시스템 $B=(I-A)^{-1}$를 통해 산출이 X만큼 이루어지는 것을 분석하는 것이다.

그러나 경제 내에서 최종수요 Y에 의해 산출 X가 유발되면 소득 V가 유발되고 이렇게 유발된 소득 중에서 일부가 다시 소비 Y^c를 창출하며 이에 따라 다시 산출 X가 유발되는 과정이 반복되는 것이 오히려 경제 현실을 반영하는 것이라고 할 수 있다. 즉 $B=(I-A)^{-1}$의 생산시스템을 이용하는 것은 소비가 단순히 외생변수로 주어진다는 가정하에서 이루어진 산업연관분석이기 때문에 소비를 통한 소득승수효과를 모형에 포함시켜 측정하는 것이다.

미야자와Miyazawa[39]는 이러한 문제점을 해결하기 위해 일반적인 산업연관분석모형에 대해 가계부문의 지출, 즉 소비를 내생화하는 방법을 개발하였다. 이는 소비를 내생화하고 소득분포가 고려된 칼레키 소득승수를 이용, 케인즈 소득승수로 전환하여 레온티에프 역행렬에 적용하는 것으로 다음과 같다.

어떤 폐쇄경제가 한 개의 산업으로 되어있는데 투입구조는 중간재, 임금, 잉여의 세 부문, 배분구조는 중간재, 소비, 투자의 세 부문으로 되어 있다고 가정하면 [그림

---

38) 제2장 3절 참조

39) Miyazawa, K.(1976) 참조

5-3]과 같은 투입산출표가 작성된다.

그림 5-3 **1개 부문으로 된 산업연관표**(대외거래가 없는 경제를 가정)[40]

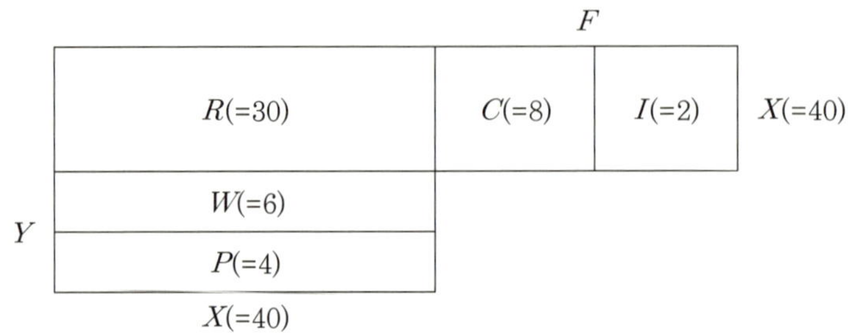

여기서, Y는 임금(W)=6과 잉여(P)=4로 구성된 부가가치
F는 소비(C)=8과 투자(I)=2로 구성된 최종수요
R은 내생부문(R)=30

[그림 5-3]에 있는 각 부분들이 상호 간에 갖는 관계를 식으로 표현하면 다음과 같다.

$$Y = C + I \;:\; \text{생산국민소득=지출국민소득},\; Y = W + P = F \qquad ①$$

$$a = \frac{R}{X} \;:\; \text{중간투입계수} \qquad ②$$

$$X = \frac{F}{1-a} \;:\; \frac{1}{1-a}\text{은 레온티에프 역행렬계수},\; F = C + I \qquad ③$$

$$c = \frac{C}{Y} \;:\; \text{소비계수} \qquad ④$$

$$Y = \frac{I}{1-c} \;:\; \text{케인즈 소득승수방정식} \qquad ⑤$$

$$X = \frac{F}{1-a} = \frac{1}{1-a} \cdot \frac{I}{1-c} \qquad ⑥$$ [41]

......(47)

40) Miyazawa, K.(1976)의 예를 이용하였다.

41) $\frac{I}{1-c} = \frac{I}{1-C/Y} = \frac{I/1}{(Y-C)/Y} = \frac{Y \cdot I}{Y-C} = \frac{Y \cdot I}{I} = Y = F$

식 (47)에서 ③과 ⑥은 산출액을 계산한다는 측면에서는 동일하다. 그러나 ③은 외생변수로 소비 C와 투자 I가 모두 포함된 최종수요인데, ⑥은 투자 I가 외생변수로 주어지고 소비 C는 소비계수 c를 통해 내생변수로 변환된 것이 다른 점이다. 레온티에프 역행렬계수를 이용한 최종수요[$=C$(소비)$+I$(투자)]와 산출의 관계는 $X=1/(1-a)\cdot F=1/[1-(30/40)]\cdot 10=40$이다.

소비 C가 소득 Y[=임금(W)+잉여(P)]를 원천으로 한다면 이 관계는 소득 대비 소비의 비중을 나타내는 소비계수인 ④에 의해 $c=C/Y=8/10=0.8$로 계산된다.

⑤의 케인즈 소득승수방정식은 투자(I)와 소득(Y)의 관계를 케인즈 소비승수[$=1/(1-c)$]로 표현한 것이며 $Y=[1/(1-c)]\cdot I=[1/(1-8/10)]\cdot 2=10$으로 계산된다.

그러면 ③의 레온티에프 역행렬과 ⑤의 케인즈 소득승수방정식을 결합하면 ⑥과 같은 균형식이 만들어지는데, 이 관계가 미야자와모형, 즉 소비가 내생화된 레온티에프모형이며 투자가 외생변수로 모형에 충격을 주면 소비가 소비계수를 통해 모형 내에서 역할을 하게 된다.

정리하면 ③과 ⑥은 산출액 X를 계산한다는 면에서는 동일하지만 ③은 소비 C와 투자 I가 모두 포함된 최종수요를 외생변수로 설정한 모형이고 ⑥은 소비 C는 소비계수 c를 통해 모형의 계수로 변환되고 투자 I만 외생변수로 남는 것이 다르다고 할 수 있다.

지금까지 살펴본 여러 가지 관계식 중에서 소득분포요인을 감안한다면 소비계수 c는 다음의 과정을 통해 식 (48)과 같이 분해될 수 있다. 이를 위해 먼저 임금(W)과 잉여(P)가 소득(Y)[42]에서 차지하는 상대적인 비중을 각각 $d_1=W/Y$과 $d_2=P/Y$이고 노동자의 소비성향과 자본가의 소비성향을 각각 $c_1=C^w/W$과 $c_2=C^P/P$[43]라고 정의하도록 한다.

42) 지금 논의하는 것은 폐쇄경제이기 때문에 소득인 부가가치의 크기는 최종수요의 크기와 동일하다.

43) 소비는 임금을 이용한 소비 C^w와 잉여를 이용한 소비 C^P로 구분된다는 것과 동일하다.

$$
\begin{aligned}
c &= \frac{C}{Y} \\
&= \frac{C^w}{Y} + \frac{C^P}{Y} \\
&= \frac{C^w}{W} \cdot \frac{W}{Y} + \frac{C^P}{P} \cdot \frac{P}{Y} \\
&= c_1 \cdot d_1 + c_2 \cdot d_2 \qquad \cdots\cdots (48)
\end{aligned}
$$

식 (48)처럼 소득분포를 고려하여 소비계수를 분해하고 케인즈 소득승수방정식을 칼레키 소득승수Kalecki income multiplier $\{= 1/(1-c) = 1/[1-(c_1d_1 + c_2d_2)]\}$로 전환하면 식 (47)의 ⑥은 식 (49)가 된다.[44)]

$$X = \frac{F}{1-a} = \frac{1}{1-a} \cdot \frac{I}{1-(c_1d_1 + c_2d_2)} \qquad \cdots\cdots (49)$$

부가가치율($v = Y/X$)은 임금률인 $v_1(= W/X)$과 잉여율인 $v_2(= P/X)$로 분리할 수 있기 때문에 식 (49)는 식 (50)으로 전환될 수 있다.[45)]

$$X = \frac{1}{1-a} \cdot \frac{I}{1-\dfrac{c_1v_1 + c_2v_2}{1-a}} \qquad \cdots\cdots (50)$$

여기서, $v_1 = W/X$는 임금소득투입계수
$v_2 = P/X$는 잉여소득투입계수
$v = v_1 + v_2 = 1-a$

44) 칼레키 소득승수는 소득분포요인이 결합된 것이다.

45) $c_1d_1 + c_2d_2 = \frac{C^w}{W}\frac{W}{Y} + \frac{C}{P}\frac{P}{Y} = \frac{C^w}{W}\frac{W/X}{Y/X} + \frac{C^P}{P}\frac{P/X}{Y/X} = c_1\frac{v_1}{v} + c_2\frac{v_2}{v} = \frac{c_1v_1 + c_2v_2}{v}$
$= \frac{c_1v_1 + c_2v_2}{1-a}$

식 (50)은 일반적인 레온티에프모형에 있는 생산부문 간의 상호연관관계에 소득과 소비의 관계가 추가되었기 때문에 경제 현실을 보다 깊이 있게 파악할 수 있다.

나. n개 부문으로 확장한 소비 내생화모형

가. 절의 산업부문이 1개인 소비 내생화모형을 산업부문을 n개, 소득군과 소비군을 r개로 확장하면 다음과 같다.

[그림 5-4]는 거래표이고 [그림 5-5]는 [그림 5-4]를 투입계수와 소비계수, 부가가치계수 등으로 표현한 것이다. 단, 산업부문의 수 n개는 소득군과 소비군의 개수인 r개보다 크다.

그림 5-4 산업 n개 부문, 소득군은 r개 부문으로 된 산업연관표(수입이 없는 것을 가정)

<table>
<tr><td></td><td></td><td colspan="2">F</td><td></td></tr>
<tr><td></td><td>$R_{n \times n}$</td><td>$F^C_{n \times r}$</td><td>F^{etc}</td><td>$X_{n \times 1}$</td></tr>
<tr><td rowspan="2">Y</td><td>$VA_{r \times n}$</td><td></td><td></td><td></td></tr>
<tr><td>$VA^{etc}_{1 \times n}$</td><td></td><td></td><td></td></tr>
<tr><td></td><td>$X_{1 \times n}$</td><td></td><td></td><td></td></tr>
</table>

그림 5-5 산업은 n개 부문, 소득군은 r개 부문으로 된 계수표(수입이 없는 것을 가정)

<table>
<tr><td></td><td colspan="2">F</td></tr>
<tr><td>$A\left(a_{ij} = \frac{x_{ij}}{X_j}\right)$</td><td>$c_{ik} = \frac{F^C_{ik}}{Y_k}$</td><td></td></tr>
<tr><td>$v_{kj} = \frac{VA_{kj}}{X_j}$</td><td></td><td></td></tr>
<tr><td>v^{etc}</td><td></td><td></td></tr>
<tr><td>$1_{1 \times n}$</td><td></td><td></td></tr>
</table>

$$i,j = 1,2,\cdots,n$$
$$k = 1,2,\cdots,r$$

[그림 5-4]에서 VA는 「$r \times n$」의 소비군별 부가가치행렬[46)]이며, F^C는 「$n \times r$」의 소비군별 소비행렬이다. [그림 5-5]는 [그림 5-4]를 계수로 전환한 것인데, 최종수요에 있는 분모 Y_k는 소비군 k의 소득이며 [그림 5-4]와 [그림 5-5] 행렬의 차원은 동일하다. [그림 5-5]와 같은 행렬을 가정하고 소비 내생화모형을 살펴보도록 한다.

최종수요에서 소비가 분리되기 전에 최종수요 하나의 벡터로만 표기한 수급균형식인 $X = AX + F$가 최종수요를 소비 벡터인 F^C와 소비 이외의 최종수요 벡터인 F^{etc}로 구분하면 수급균형식은 식 (51)이 된다.

$$X = AX + F^C + F^{etc} \quad \cdots\cdots (51)$$

식 (51)에서 소비 F^C를 일반적인 산업연관분석과 같이 외생변수로 설정하면 최종수요와 산출액 간의 관계식은 $X = (I - A)^{-1}(F^C + F^{etc})$이다. 그러나 소비를 내생변수로 전환하면 소비를 제외한 나머지 최종수요 F^{etc}와 산출액 X 간의 관계식은 다른 형태가 된다. [그림 5-5]에 있는 소비계수와 임금에 대한 부가가치계수로 된 행렬을 보다 자세하게 표기하면 식 (52)가 되는데, 소비계수행렬은 r개 군으로 된 소비행태구조이고 부가가치계수행렬은 r개 군으로 된 임금구조이다.

$$C = \begin{pmatrix} c_{11} \cdots & c_{1k} \cdots & c_{1r} \\ \vdots & \vdots & \vdots \\ c_{i1} \cdots & c_{ik} \cdots & c_{ir} \\ \vdots & \vdots & \vdots \\ c_{n1} \cdots & c_{nk} \cdots & c_{nr} \end{pmatrix}, \quad V = \begin{pmatrix} v_{11} \cdots & v_{1j} \cdots & v_{1n} \\ \vdots & \vdots & \vdots \\ v_{k1} \cdots & v_{kj} \cdots & v_{kn} \\ \vdots & \vdots & \vdots \\ v_{r1} \cdots & v_{rj} \cdots & v_{rn} \end{pmatrix} \quad \cdots\cdots (52)$$

소비계수행렬과 부가가치계수행렬을 이용하여 소비 벡터 F^C를 표기하면 식 (53)

46) 정확한 의미에서의 부가가치계수행렬 V는 「$(r+1) \times n$」행렬인데, r은 소비군의 개수이며 영업잉여, 고정자본소모, 생산세 등 나머지 부가가치는 「$1 \times n$」의 v^{etc}로 하나의 벡터이기 때문이다.

이 된다.

$$F^C = CVX = \begin{pmatrix} c_{11} \cdots & c_{1k} & \cdots c_{1r} \\ \vdots & \vdots & \vdots \\ c_{i1} \cdots & c_{ik} & \cdots c_{ir} \\ \vdots & \vdots & \vdots \\ c_{n1} \cdots & c_{nk} & \cdots c_{nr} \end{pmatrix} \cdot \begin{pmatrix} v_{11} \cdots & v_{1j} & \cdots v_{1n} \\ \vdots & \vdots & \vdots \\ v_{k1} \cdots & v_{kj} & \cdots v_{kn} \\ \vdots & \vdots & \vdots \\ v_{r1} \cdots & v_{rj} & \cdots v_{rn} \end{pmatrix} \cdot \begin{pmatrix} X_1 \\ \vdots \\ X_i \\ \vdots \\ X_n \end{pmatrix} \quad \cdots\cdots (53)$$ [47]

소득군별 소비구조와 소득군별 소득구조가 있는 소비 벡터인 식 (53)을 식 (51)의 수급균형식에 포함시키면 소득분포가 포함된 새로운 수급균형식인 식 (54)가 도출되는데 소비를 제외한 나머지 최종수요 F^{etc}와 산출액 벡터에 대해 정리하면 식 (55)가 된다.

$$X = AX + CVX + F^{etc} \quad \cdots\cdots (54)$$

$$X = (I - A - CV)^{-1} \cdot F^{etc} \quad \cdots\cdots (55)$$

식 (55)는 소득 대비 소비의 구조가 내생화되어 생산유발되는 산출, 즉 소비를 제외한 나머지 최종수요만 외생변수로 설정하고 이에 따라 유발되는 산출을 측정하는 것이다. 식 (55)에서 $(I - A - CV)^{-1}$를 확장역행렬승수enlarged inverse matrix multiplier 라고 한다.

식 (55)의 확장역행렬승수에서 다음의 과정을 거치면 레온티에프 역행렬이 식 (56)처럼 분리된다.

$$\begin{aligned} X &= (I - A - CV)^{-1} F^{etc} \\ &= [I - A - CV(I - A)^{-1}(I - A)]^{-1} F^{etc} \\ &= \{[I - CV(I - A)^{-1}](I - A)\}^{-1} F^{etc} \\ &= (I - A)^{-1}[I - CV(I - A)^{-1}]^{-1} F^{etc} \end{aligned}$$

47) 이 식은 [그림 5-5]의 계수로 된 산업연관표를 이용하면 도출된다.

$$= B(I - CVB)^{-1} F^{etc} \quad \cdots\cdots (56)$$

여기서, $B = (I - A)^{-1}$

식 (56)은 확장역행렬승수에서 레온티에프 역행렬[$B = (I - A)^{-1}$]을 분리한 것인데, 이 식에서 $(I - CVB)^{-1}$를 추가역행렬subjoined inverse matrix이라고 한다. 추가역행렬은 각 소득군의 소비지출구조에서의 내생적 효과를 나타낸다.48) 그러므로 추가역행렬이 있는 식 (56)을 이용하면 소비를 생산활동과 혼합해서 파악하는 식 (55)에서 내생적 소비활동효과를 분리할 수 있다. 즉 식 (56)은 생산활동의 상호연관관계를 나타내는 역행렬에서 내생적 소비활동이 반영된 역행렬을 분리한 것이기 때문에 식 (55)보다 더 다양한 정보를 내포하고 있다고 할 수 있다. 또한 소비계수와 부가가치계수가 투입계수처럼 안정적이지 않더라도 추가역행렬을 계산할 수 있다.

다음으로 소득군간계수행렬matrix of inter-income group coefficient인 $L = VBC$의 의미를 살펴보면 다음과 같다. B가 생산유발계수행렬이기 때문에 행렬 L은 소비에 따른 부가가치유발효과이다.49) 소득군을 r개로 구분하여 각 소득군별 소비와 소득의 관계를 나타내는 행렬 L은 식 (57)이 된다.

---

48) 산업부문 n과 소득군 k가 모두 2라고 가정하면 CVB는 다음과 같다.

$$CVB = \begin{pmatrix} c_{11} & c_{12} \\ c_{21} & c_{22} \end{pmatrix} \begin{pmatrix} v_{11} & v_{12} \\ v_{21} & v_{22} \end{pmatrix} \begin{pmatrix} r_{11} & r_{12} \\ r_{21} & r_{22} \end{pmatrix} = \begin{pmatrix} c_{11}v_{11} + c_{12}v_{21} & c_{11}v_{12} + c_{12}v_{22} \\ c_{21}v_{11} + c_{22}v_{21} & c_{21}v_{12} + c_{22}v_{22} \end{pmatrix} \begin{pmatrix} r_{11} & r_{12} \\ r_{21} & r_{22} \end{pmatrix}$$

$$= \begin{pmatrix} [(c_{11}v_{11} + c_{12}v_{21})r_{11} + (c_{11}v_{12} + c_{12}v_{22})r_{21}] & [(c_{11}v_{11} + c_{12}v_{21})r_{12} + (c_{11}v_{12} + c_{12}v_{22})r_{22}] \\ [(c_{21}v_{11} + c_{22}v_{21})r_{11} + (c_{21}v_{12} + c_{22}v_{22})r_{21}] & [(c_{21}v_{11} + c_{22}v_{21})r_{12} + (c_{21}v_{12} + c_{22}v_{22})r_{22}] \end{pmatrix}$$

위의 CVB의 2행 1열에 있는 $[(c_{21}v_{11} + c_{22}v_{21})r_{11} + (c_{21}v_{12} + c_{22}v_{22})r_{21}]$의 첫 번째 항 $(c_{21}v_{11} + c_{22}v_{21})r_{11}$의 의미는 다음과 같다. $c_{21}v_{11}r_{11}$은 부문 1에 대한 최종수요가 한 단위 발생하였을 경우 부문 1의 소득군 1에서 소득이 발생하고 이에 따라 소득군 1이 부문 2를 소비하는 정도이며, $c_{22}v_{21}r_{11}$은 부문 1에 대한 최종수요가 한 단위 발생하였을 경우 부문 1의 소득군 2에서 소득이 발생하고 이에 따라 소득 2가 부문 2를 사용하는 정도이다. 따라서 $(c_{21}v_{11} + c_{22}v_{21})r_{11}$은 부문 1에 대한 최종수요가 한 단위 발생하면 부문 1의 각 소득군에서 소득이 발생함에 따라 각 소득군에서 부문 2를 소비하는 정도를 나타낸다.

49) $V = \widehat{A^v}(I - A^d)^{-1} Y^d$는 최종수요 Y^d에 의해 유발된 부가가치이다.

$$L = VBC$$

$$= \begin{pmatrix} v_{11} \cdots v_{1j} \cdots v_{1n} \\ \vdots \quad \vdots \quad \vdots \\ v_{k1} \cdots v_{kj} \cdots v_{kn} \\ \vdots \quad \vdots \quad \vdots \\ v_{r1} \cdots c_{rj} \cdots v_{rn} \end{pmatrix} \cdot \begin{pmatrix} r_{11} \cdots r_{1j} \cdots r_{1n} \\ \vdots \quad \vdots \quad \vdots \\ r_{i1} \cdots r_{ij} \cdots r_{in} \\ \vdots \quad \vdots \quad \vdots \\ r_{n1} \cdots r_{nj} \cdots r_{nn} \end{pmatrix} \cdot \begin{pmatrix} c_{11} \cdots c_{1k} \cdots c_{1r} \\ \vdots \quad \vdots \quad \vdots \\ c_{i1} \cdots c_{ik} \cdots c_{ir} \\ \vdots \quad \vdots \quad \vdots \\ c_{n1} \cdots c_{nk} \cdots c_{nr} \end{pmatrix}$$

$$= \begin{pmatrix} l_{11} \cdots l_{1v} \cdots l_{1r} \\ \vdots \quad \vdots \quad \vdots \\ l_{k1} \cdots l_{kv} \cdots l_{kr} \\ \vdots \quad \vdots \quad \vdots \\ l_{r1} \cdots l_{rv} \cdots l_{rr} \end{pmatrix} \quad \cdots\cdots (57)$$

식 (57)의 행렬 L에서 원소 l_{11}은 소득군 1의 소비지출[50)]에 의해 소득군 1에서 유발된 소득인데 원소 l_{kv}로 일반화한 것이 식 (58)이다. l_{kv}는 소득군 v의 소비지출에 의해 소득군 k에서 유발된 소득이기 때문에 행렬 L은 각 소득군들의 소비지출 행태에 따라 파급되는 소득군 간의 상호관계를 나타내는 소득군별 소득유발효과이다.

$$l_{kv} = v_k \cdot B \cdot c_v$$

$$= \begin{pmatrix} 0 \cdots 0 \cdots 0 \\ \vdots \quad \vdots \quad \vdots \\ v_{k1} \cdots v_{kj} \cdots v_{kn} \\ \vdots \quad \vdots \quad \vdots \\ 0 \cdots 0 \cdots 0 \end{pmatrix} \cdot \begin{pmatrix} r_{11} \cdots r_{1j} \cdots r_{1n} \\ \vdots \quad \vdots \quad \vdots \\ r_{i1} \cdots r_{ij} \cdots r_{in} \\ \vdots \quad \vdots \quad \vdots \\ r_{n1} \cdots r_{nj} \cdots r_{nn} \end{pmatrix} \cdot \begin{pmatrix} 0 \cdots c_{1v} \cdots 0 \\ \vdots \quad \vdots \quad \vdots \\ 0 \cdots c_{iv} \cdots 0 \\ \vdots \quad \vdots \quad \vdots \\ 0 \cdots c_{nv} \cdots 0 \end{pmatrix} \quad \cdots\cdots (58)$$

차원이 「$r \times r$」인 행렬 $K=(I-L)^{-1}$를 소득군상호의존승수행렬matrix of interrelational multiplier of inter-income groups이라고 하는데,[51)] 이는 소득군간계수행렬의 무한

50) $c_1 = (c_{11} \cdots c_{i1} \cdots c_{n1})^T$

51) $L = \begin{pmatrix} l_{11} & l_{12} \\ l_{21} & l_{22} \end{pmatrix}$라고 하면, l_{12}는 소득군 2의 소비에 의한 소득군 1에서 발생한 소득효과이다. 그러므로 $K=(I-L)^{-1} = \begin{pmatrix} 1-l_{11} & -l_{12} \\ -l_{21} & 1-l_{22} \end{pmatrix}^{-1} = \begin{pmatrix} k_{11} & k_{12} \\ k_{21} & k_{22} \end{pmatrix}$라고 하면, k_{12}는 소득군 2의 소득효

등비급수이기 때문에 소득군별 직 · 간접 상호연관관계를 나타낸다고 할 수 있다. 따라서 다음의 과정을 통해 식 (56)의 $X = B(I - CVB)^{-1} F^{etc}$는 식 (59)가 된다.

$$K(I - VBC) = I$$
$$CK(I - VBC)VB = CVB$$
$$CKVB(I - CVB) = CVB$$
$$I - CKVB(I - CVB) = I - CVB$$
$$I = (I + CKVB)(I - CVB)$$
$$(I - CVB)^{-1} = (I + CKVB)$$
$$X = B \cdot (I + CKVB) \cdot F^{etc} \quad \cdots\cdots (59)$$

식 (59)의 우변에 있는 KVB를 다부문소득승수행렬matrix of multi-sector income multiplier[52]이라고 한다. $KVB = (I - L)^{-1} V(I - A)^{-1}$에서 $V(I - A)^{-1}$는 소득유발계수(부가가치유발계수)행렬[53]이며 이를 소득군상호의존승수행렬 K에 곱한 것이기 때문에 소득군별 소득유발계수에 의한 다부문소득승수라고 한다.

식 (59)는 다음의 과정을 통해서도 알 수 있다. m을 m번째 과정으로 정의하고 최종수요가 주어졌을 때 1단계 생산액과 m단계 생산액을 다음과 같이 표기한다. 즉 첫 번째 산출액 X_1은 소비를 제외한 나머지 기타 최종수요에 의한 발생한 생산유발액이다.

$$X_1 = B \cdot F^{etc}$$
$$X_m = BCVX_{m-1} \qquad (m \geq 2) \quad \cdots\cdots (60)^{54)}$$

과에 의한 소득군 1에서 유발된 소득효과이다.

52) 소득형성과정승수행렬matrix of multiplier of income-formation process이라고도 한다.

53) $V(I - A)^{-1}$에서 소득군별 부가가치투입계수행렬인 V를 열합한 벡터인 V^{+}를 대각행렬로 전환하여 생산유발계수행렬인 $(I - A)^{-1}$에 곱한 $\widehat{V^{+}}(I - A)^{-1}$은 소득유발계수행렬이라고 할 수 있다.

54) $X_m = BCVX_{m-1}$은 $m-1$ 단계에서 산출이 주어지고 이에 따라 부가가치가 발생하고 또 소

식 (60)을 일반화하면 다음과 같다.

$$X_2 = BCVX_1 = BCVB \cdot F^{etc}$$

$$X_3 = BCVX_2 = BCV \cdot BCVB \cdot F^{etc} = (BCV)^2 B \cdot F^{etc}$$

$$\vdots$$

$$X_m = BC\ L^{m-2}\ VB \cdot F^{etc} \quad \text{······(61)}$$[55]

그러면 식 (61)을 이용하면 산출액 X는 식 (62)가 되는데 이는 식 (59)와 동일한 것을 알 수 있다.

$$\begin{aligned} X &= \sum_{m=1}^{\infty} X_m \\ &= \sum_{m=1}^{\infty} BC\ L^{m-2}\ VB \cdot F^{etc} \\ &= BCL^{-1} VB \cdot F^{etc} + (BC)\left(\sum_{m=2}^{\infty} L^{m-2}\right) VB \cdot F^{etc} \\ &= BC(VBC)^{-1} VB \cdot F^{etc} + (BC)\left(\sum_{m=0}^{\infty} L^{m}\right) VB \cdot F^{etc} \\ &= B \cdot F^{etc} + (BC)(I-L)^{-1} VB \cdot F^{etc} \\ &= B \cdot F^{etc} + BCKVB \cdot F^{etc} \\ &= B(I + CKVB) \cdot F^{etc} \quad \text{······(62)} \end{aligned}$$

여기서, L은 수렴[56]

비성향만큼 소비가 발생된다. 그리고 추가된 소비에 의해 생산이 추가로 유발되는데 이 단계가 m이 되는 것을 의미한다.

55) 식 (61)은 다음과 같이 유도된다.

$$X_m = BCVX_{m-1} = BCV \cdot \cdots \cdot BCVB \cdot F^{etc} = (BCV)^{m-1} BF^{etc} = (BCV)^{m-1} B \cdot F^{etc}$$
$$= (BCV) \cdots\cdots (BCV) B \cdot F^{etc} = BC\,(VBC)^{m-2}\, VB \cdot F^{etc} = BC\ L^{m-2}\, VB \cdot F^{etc}$$

56) $BC(VBC)^{-1} VB \cdot F^{etc} = BCC^{-1}(VB)^{-1} VB \cdot F^{etc} = B \cdot F^{etc}$

행렬 L의 열합은 식 (63)처럼 소비계수행렬 C의 열합과 같다.

$$e_r'L = e_r'VBC = e_n'(I-A)BC = e_n'(I-A)(I-A)^{-1}C = e_n'C \quad \cdots\cdots (63)$$

소득군간계수행렬 L과 소득군상호의존승수행렬 K는 낙수효과trickle-down effect를 측정하는 데에도 이용된다. L의 원소 l_{rs}는 소득군 s, 즉 s분위에서 한 단위 소비지출이 발생할 경우 소득군 r, 즉 r분위에서 유발되는 소득의 크기이므로 L을 이용하면 각 소득군별 소득의 상호의존관계를 파악할 수 있기 때문이다.

그러나 소득군간계수행렬 L은 각 소득군의 소비지출이 다른 소득군의 소득에 미치는 직접적인 영향만을 파악할 수 있으므로 소득군 간의 소비와 소득의 관계를 정확하게 파악하기 위해서는 K를 이용한다. $K=(I-L)^{-1}=\Sigma_{n=1}^{\infty}L^n$이므로 행렬 K의 원소 k_{rs}는 소득군 s의 한 단위 추가 소득에 의한 소비지출이 발생할 경우 소득군 r에서 직 · 간접적으로 유발된 총소득 증가효과를 나타내기 때문이다.

다. 소득군간계수행렬과 다부문소득승수행렬의 관계

소득군간계수행렬 L과 다부문소득승수행렬 KVB의 관계는 다음과 같다. 열벡터 Y의 원소를 소득군별 가계소득이라고 하면 $Y = VX$이고 이는 식 (64)와 같이 된다.

$$\begin{aligned} Y &= VX \\ &= VB(I+CKVB)F^{etc} \\ &= (I+VBCK)VB\,F^{etc} \\ &= (I+LK)VB\,F^{etc} \\ &= KVB\,F^{etc} \qquad \because\ (I-L)K = I \quad \cdots\cdots (64) \end{aligned}$$

식 (64)에서 다부문소득승수행렬 KVB는 소득유발을 나타내는 행렬 VB[57] 앞에 소득군상호의존승수행렬인 K를 곱한 것이기 때문에 초기 외생수요에 의한 각 소득군의 직·간접 소득유발효과가 된다.

소비 내생화를 통한 파급 과정을 행렬을 이용해 살펴보면 다음과 같다. 수급균형식은 식 (65)로 표현할 수 있으며, 식 (65)를 최종수요와 산출액의 관계식으로 표기하면 식 (66)이 된다.

$$\left(\frac{X}{Y}\right)=\left(\frac{A \mid C}{V \mid O}\right)\left(\frac{X}{Y}\right)+\left(\frac{F^{etc}}{G}\right) \quad \cdots\cdots (65)$$

$$\left(\frac{X}{Y}\right)=\left(\frac{I-A \quad \mid -C}{-V \quad \mid \quad I}\right)^{-1}\left(\frac{F^{etc}}{G}\right)$$
$$=\left(\frac{B(I+CKVB) \mid BCK}{KVB \quad \mid \quad K}\right)\left(\frac{F^{etc}}{G}\right) \quad \cdots\cdots (66)[58]$$

식 (66)을 정리하면 식 (62)와 식 (64)와 같은 식 (67)과 식 (68)이 도출된다.

$$X=B(I+CKVB)F^{etc} \quad \cdots\cdots (67)$$

$$Y=KVBF^{etc} \quad \cdots\cdots (68)$$

식 (67)과 식 (68)을 이용하면 소비를 제외한 나머지 기타 최종수요인 F^{etc}를 통해 다음과 같이 소득형성, 소비지출, 생산 등 세 가지 측면에서 산출액 X를 파악할 수 있다.

(a) 소득형성 측면: $VBC=L$

$$X=BF^{etc}+BC[I+VBC+(VBC)^2+(VBC)^3+\cdots\cdots]VBF^{etc}$$

57) $VB=V(I-A)^{-1}$이기 때문에 부가가치유발계수행렬이다.

58) $\left(\frac{X}{Y}\right)=\left(\frac{A \mid C}{V \mid O}\right)\left(\frac{X}{Y}\right)+\left(\frac{F^{etc}}{G}\right)$, $\left[\left(\frac{I \mid O}{O \mid I}\right)-\left(\frac{A \mid C}{V \mid O}\right)\right]\left(\frac{X}{Y}\right)=\left(\frac{F^{etc}}{G}\right)$

$\left(\frac{X}{Y}\right)=\left[\left(\frac{I \mid O}{O \mid I}\right)-\left(\frac{A \mid C}{V \mid O}\right)\right]^{-1}\left(\frac{F^{etc}}{G}\right)$

$$= BF^{etc} + BC(I - VBC)^{-1} VBF^{etc}$$
$$= BF^{etc} + BC(I - L)^{-1} VBF^{etc}$$

(b) 소비지출 측면: CVB

$$X = B[I + CVB + (CVB)^2 + \cdots\cdots]F^{etc}$$
$$= B(I - CVB)^{-1} F^{etc}$$
$$= B[I + C(I - L)^{-1} VB]F^{etc}$$[59]

(c) 생산 측면: BCV

$$X = [I + BCV + (BCV)^2 + \cdots\cdots]BF^{etc}$$
$$= \{I + [BCV + (BCV)^2 + \cdots\cdots]\}BF^{etc}$$
$$= \{I + BC[I + VBC + (VBC)^2 \cdots\cdots]V\}BF^{etc}$$
$$= [I + BC(I - VBC)^{-1} V]BF^{etc}$$
$$= [I + BC(I - L)^{-1} V]BF^{etc}$$

살펴본 것처럼 소비 내생화모형을 이용하면 최종수요와 산출의 관계를 소득, 소비지출, 생산 등 다양한 측면에서 파악할 수 있고 소득군간계수행렬을 이용하여 소득분위별 낙수효과를 측정하는 데에도 활용할 수 있다.

지금까지 다루었던 것은 수입이 없는 경제인데 수입이 있는 경제는 다음과 같다. 국내산출액에 대한 균형식은 $X = A^d X + F^d$이며 국산품 최종수요 F^d는 소비 벡터인 F^d_c와 기타 최종수요인 F^d_{etc}로 구분된다. 이에 따라 균형식은 $X = A^d X + F^d_c + F^d_{etc}$이 되고 국산품 소비계수 C^d를 이용하면 식 (69)로 표기할 수 있다.

$$X = A^d X + C^d VX + F^d_{etc} \quad \cdots\cdots (69)$$

여기서, A^d: 국산투입계수$(n \times n)$, X: 산출액$(n \times 1)$

---

59) 식 (64) 참고

C^d: 국산품 소비계수$(n \times r)$, F^d_{etc} : 소비를 제외한 기타 최종수요$(n \times 1)$
V: 부가가치투입계수$(n \times r)$

식 (69)에서 소비를 제외한 나머지 최종수요와 산출의 관계로 전환하면 식 (70)이 된다.

$$X = (I - A^d - C^d V)^{-1} F^d_{etc} \quad \cdots\cdots (70)$$

식 (70)을 생산유발계수행렬 B에 대해 정리한 것이 식 (71)이다. 식 (71)에서 확장역행렬은 $(I - A^d - C^d V)^{-1}$, 추가역행렬은 $(I - C^d VB)^{-1}$이다.

$$\begin{aligned} X &= (I - A^d - C^d V)^{-1} F^d_{etc} \\ &= \{[I - C^d V(I - A^d)^{-1}](I - A^d)\}^{-1} F^d_{etc} \\ &= [(I - C^d VB)B^{-1}]^{-1} F^d_{etc} \qquad [B = (I - A^d)^{-1}] \\ &= B(I - C^d VB)^{-1} F^d_{etc} \qquad ① \quad \cdots\cdots (71) \\ &= B(I + C^d KVB) F^d_{etc} \qquad ②^{60)} \end{aligned}$$

여기서, $K = (I - VBC^d)^{-1} = (I - L)^{-1}$

소비 내생화모형을 이용하기 위해서는 소득분위별 소비구조와 산업별 소득분위별 임금구조에 대한 자료가 필요하다. 우리나라에서 소득분위별 소비구조에 대한 통계는 이용할 수 있지만 산업별 소득분위별 임금구조는 이용하기 어려운 실정이다. 그러므로 산업별 소득분위별 임금구조행렬을 구성하여 분석에 활용하기 위해서는 자료 추정에 대한 검토가 필요하다.

---

60) 식 (71)에서 ①과 ②는 다음의 관계를 이용한 것이다.
$K(I - VBC^d) = (I - VBC^d)^{-1}(I - VBC^d) = I$, $C^d K(I - VBC^d) VB = C^d VB$,
$C^d KVB(I - C VB = C^d VB$, $I - C^d KVB(I - C^d VB) = I - C^d VB$,
$(I - C^d VB)^{-1} - C^d KVB = I$, $(I - C^d VB)^{-1} = I + C^d KVB$

5 배분계수와 공급 측 산업연관모형

지금까지 살펴보았던 산업연관분석모형은 각 부문의 수요와 공급 균형방정식이 투입계수로 표기된 것이었다. 이번 절에서는 공급 측면에서 배분계수를 이용하는 산업연관모형인 고쉬모형Ghosh model을 살펴보도록 한다.[61]

투입계수가 총투입액에 대비한 중간투입과 부가가치의 투입 구성을 나타낸다면, 배분계수는 총산출액 또는 총공급액에 대비한 중간수요와 최종수요의 배분 구성인데, 배분계수표 형식은 [그림 5-6]과 같다.[62]

그림 5-6 배분계수표의 형식

	1	2	………	n	최종수요	계
1	$\overrightarrow{a_{11}}(=X_{11}/X_1)$	$\overrightarrow{a_{12}}(=X_{12}/X_1)$	………	$\overrightarrow{a_{1n}}(=X_{1n}/X_1)$	$y_1(=Y_1/X_1)$	1
2	$\overrightarrow{a_{21}}(=X_{21}/X_2)$	$\overrightarrow{a_{22}}(=X_{22}/X_2)$	………	$\overrightarrow{a_{2n}}(=X_{2n}/X_2)$	$y_2(=Y_2/X_2)$	1
⋮	⋮	⋮	⋱	⋮	⋮	⋮
n	$\overrightarrow{a_{n1}}(=X_{n1}/X_n)$	$\overrightarrow{a_{n2}}(=X_{n2}/X_n)$	………	$\overrightarrow{a_{nn}}(=X_{nn}/X_n)$	$y_n(=Y_n/X_n)$	1

산업부문이 세 개인 경제에 대해 고쉬모형의 도출 과정을 살펴보면 다음과 같은데, 식 (72)는 [그림 5-6]에 대해 부문별 생산비용구조로 표기한 균형방정식이다.

61) 레온티에프 역행렬은 수요 측 산업연관모형인데 이를 계산하기 위해 수요구조는 투입계수를 이용한다. 이는 생산부문이 생산을 위해 원 · 부재료를 수요하는 것을 기본으로 하는 것과 같은 것이기 때문이다. 이에 비해 고쉬 역행렬을 공급 측 산업연관모형이라고 하는 것은 판매구조를 나타내는 배분계수를 이용하고 판매구조는 판매부문이 공급 주체가 되는 것을 나타내기 때문이다.

62) 투입계수는 $a_{ij}(=X_{ij}/X_j)$이며 투입 방향으로 계산되고, 배분계수는 $\overrightarrow{a_{ij}}(=X_{ij}/X_i)$이며 배분 방향으로 계산된다.

$$X_{11}+X_{21}+X_{31}+V_1=X_1$$
$$X_{12}+X_{22}+X_{32}+V_2=X_2 \quad \cdots\cdots (72)$$
$$X_{13}+X_{23}+X_{33}+V_3=X_3$$

비용방정식인 식 (72)를 [그림 5-6]에 있는 배분계수로 정리하면 식 (73)이 된다.

$$X_1\overrightarrow{a_{11}}+X_2\overrightarrow{a_{21}}+X_3\overrightarrow{a_{31}}+V_1=X_1$$
$$X_1\overrightarrow{a_{12}}+X_2\overrightarrow{a_{22}}+X_3\overrightarrow{a_{32}}+V_2=X_2 \quad \cdots\cdots (73)$$
$$X_1\overrightarrow{a_{13}}+X_2\overrightarrow{a_{23}}+X_3\overrightarrow{a_{33}}+V_3=X_3$$

식 (73)을 행렬로 표기하면 식 (74)와 식 (75)로 각각 표기할 수 있다.

$$[X_1\,X_2\,X_3]\begin{bmatrix}\overrightarrow{a_{11}} & \overrightarrow{a_{12}} & \overrightarrow{a_{13}}\\ \overrightarrow{a_{21}} & \overrightarrow{a_{22}} & \overrightarrow{a_{23}}\\ \overrightarrow{a_{31}} & \overrightarrow{a_{32}} & \overrightarrow{a_{33}}\end{bmatrix}+[V_1\,V_2\,V_3]=[X_1\,X_2\,X_3] \quad \cdots\cdots (74)$$[63]

$$X' \quad \overrightarrow{A} \quad + \quad V' \quad = \quad X' \quad \cdots\cdots (75)$$

식 (75)를 부가가치 벡터와 산출의 관계로 정리하면 식 (76)이 된다.

$$X'=V'(I-\overrightarrow{A})^{-1} \quad \cdots\cdots (76)$$

63) 비용방정식을 다음과 같이 표기할 수도 있다.

$$\begin{bmatrix}\overrightarrow{a_{11}} & \overrightarrow{a_{21}} & \overrightarrow{a_{31}}\\ \overrightarrow{a_{12}} & \overrightarrow{a_{22}} & \overrightarrow{a_{32}}\\ \overrightarrow{a_{13}} & \overrightarrow{a_{23}} & \overrightarrow{a_{31}}\end{bmatrix}\begin{pmatrix}X_1\\X_2\\X_3\end{pmatrix}+\begin{pmatrix}V_1\\V_2\\V_3\end{pmatrix}=\begin{pmatrix}X_1\\X_2\\X_3\end{pmatrix}$$

식 (76)에서 $(I-\overrightarrow{A})^{-1}$가 외생변수로서의 부가가치와 산출의 관계를 파악하는 데 이용하는 고쉬 역행렬Ghosh inverse이다. 고쉬 역행렬이 레온티에프 역행렬과 다른 점은 매개체가 투입계수가 아닌 배분계수이고 산출이 최종수요가 아니라 요소 투입에 의해 유발된다는 점이다.

$G=(I-\overrightarrow{A})^{-1}$의 원소들을 g_{ij}라고 표시하고 V의 원소들을 v_i라고 표시하면 부문 j에 대한 생산유발관계는 식 (77)이 된다. 그리고 식 (77)과 비교하기 위한 식 (78)의 r_{ij}는 수요 측 모형으로 도출된 생산유발계수행렬의 원소이며, y_j는 부문 j에 대한 최종수요이다.

$$X_j = v_1 g_{1j} + v_2 g_{2j} + \cdots + v_i g_{ij} + \cdots + v_n g_{nj} \quad \cdots\cdots (77)$$

$$X_i = r_{i1} y_1 + r_{i2} y_2 + \cdots + r_{ij} y_j + \cdots + r_{in} y_n \quad \cdots\cdots (78)$$

식 (78)은 부문 i의 산출액은 부문 1에 대한 최종수요에 의해 부문 i에서 유발된 산출액, 부문 2에 대한 최종수요에 의해 부문 i에서 유발된 산출액, ……, 부문 j에 대한 최종수요에 의해 부문 i에서 유발된 산출액, …… 그리고 부문 n에 대한 최종수요에 의해 부문 i에서 유발된 산출액을 더한 것이다. 즉 부문 i의 산출액은 부문 1부터 부문 n까지의 최종수요64)를 충족하는 과정에서 발생한 것이다. 이 방식으로 최종수요와 산출관계를 파악하는 것은 세로 방향의 각 최종수요에 레온티에프 역행렬에서 이에 해당하는 가로 방향의 벡터에 각각 곱해져서 계산된다.

부가가치와 산출의 생산유발관계를 나타내는 식 (77)을 살펴보면 다음과 같다. 부문 j의 산출액은 부문 1에 대한 본원적 요소의 투입에 의해 부문 j에서 유발된 산출액, 부문 2에 대한 본원적 요소의 투입에 의해 부문 j에서 유발된 산출액, ……, 부문 i에 대한 본원적 요소의 투입에 의해 부문 j에서 유발된 산출액, …… 그리고 부문 n에 대한 본원적 요소의 투입에 의해 부문 j에서 유발된 산출액을 더한 것과 같다. 즉 부문 j의 산출액은 부문 1부터 부문 n까지의 본원적 요소의 투입65)을 충족

64) 최종수요는 한 단위가 아니라 실제 최종수요 지출 금액을 의미한다.
65) 부가가치는 한 단위가 아니라 실제 부가가치 지출 금액을 의미한다.

하기 위해 발생한 것이다. 정리하면 부가가치와 산출관계는 가로 방향의 각 부가가치 투입액별로 고쉬 역행렬에서 이에 해당하는 세로 방향의 벡터에 각각 곱해져서 계산된다.

고쉬 역행렬의 행합과 열합에 대한 의미는 다음과 같다. 행합 $\Sigma_{j=1}^{n} g_{ij}$는 부문 i에 대한 요소 투입 한 단위가 발생함에 따라 전 산업에서 직·간접적으로 유발된 총 산출 규모이기 때문에 고쉬 역행렬의 행합은 레온티에프 역행렬의 열합에 대비된다고 할 수 있다. 그리고 열합 $\Sigma_{i=1}^{n} g_{ij}$는 각 산업에 대한 요소 투입이 한 단위씩 발생함에 따라 부문 j에서 유발된 산출 규모를 나타낸다. 따라서 고쉬 역행렬의 열합은 레온티에프 역행렬의 행합에 대비된다고 할 수 있다.

레온티에프 역행렬과 고쉬 역행렬은 다음과 같이 상보적으로 연계되어 있다. 내생부문을 행렬 Z라고 하면 레온티에프 역행렬을 계산하기 위한 투입계수는 내생부문 Z에 산출액 벡터를 대각화한 행렬의 역행렬 $\hat{X}^{-1}$을 곱하는 식 (79)로 표기할 수 있다. 그리고 고쉬 역행렬을 계산하기 위한 배분계수는 투입계수와 반대로 식 (80)과 같이 내생부문 Z의 앞에 산출액 벡터를 대각화한 행렬의 역행렬 $\hat{X}^{-1}$를 곱하면 된다.

$$A = Z \cdot \hat{X}^{-1} \quad \cdots\cdots (79)$$

$$\overrightarrow{A} = \hat{X}^{-1} \cdot Z \quad \cdots\cdots (80)$$

그러면 식 (79)는 $Z=A \cdot \hat{X}$이기 때문에 식 (80)은 식 (81)이 된다.

$$\overrightarrow{A} = \hat{X}^{-1} \cdot A \cdot \hat{X} \quad \cdots\cdots (81)$$

식 (81)에 고쉬 역행렬을 적용하면 고쉬 역행렬은 식 (82)과 같이 레온티에프 역행렬과 관계가 있음을 알 수 있다.

$$\begin{aligned}(I-\overrightarrow{A})^{-1} &= (I-\hat{X}^{-1}\cdot A\cdot \hat{X})^{-1}\\ &= [\hat{X}^{-1}(\hat{X}-A\cdot \hat{X})]^{-1}\\ &= [\hat{X}^{-1}(I-A)\cdot \hat{X}]^{-1}\\ &= \hat{X}^{-1}(I-A)^{-1}\cdot \hat{X} \quad \cdots\cdots (82)\end{aligned}$$

식 (82)에 있는 관계는 레온티에프 역행렬을 비용 측면에서 접근하여 수입품가격과 임금 등 본원적 요소가격의 변동이 각 부문의 가격에 전가되는 가격파급효과모형을 통해서도 알 수 있는데, 이는 제7절 가격파급효과모형에서 살펴본다.

6 외생화모형

제4절에서 최종수요인 소비를 내생화시키는 방법을 살펴보았는데, 이번에는 투입산출표의 내생부문에 있는 생산부문을 소비, 투자, 수출의 최종수요와 부가가치의 외생부문으로 이전시켜 표를 새로 구성하여 분석하는 외생화모형을 살펴보도록 한다.

어떤 경제가 네 개 산업으로 구성되어 있다고 가정하고 네 부문 중에서 부문 4를 외생화화면 투입산출표는 [그림 5-7]과 같다. 외생화하기 이전의 투입산출표에서 부문 4의 투입구조는 국산과 수입 그리고 부가가치로 구성되어 있는데, 외생화된 투입산출표에서는 외생화된 부문의 투입구조가 최종수요와 같이 외생부문으로 모두 이전된다. 마찬가지로 부문 4의 배분구조는 부문 4의 총산출이 내생부문의 자기 부문과 다른 부문 그리고 최종수요로 구성되어 있는데, 부문 4의 배분구조는 부가가치와 같이 외생부문으로 모두 이전된다. 따라서 부문 간에 있었던 거래 내역이 「4×4」에서 「3×3」으로 축소된다. 따라서 외생화 이전의 투입산출표인 제4장의 [그림 4-1]이 외생화 이후의 투입산출표인 [그림 5-7]과 다른 점은 부문 4가 생산과 판매가 아니라 본원적 요소와 최종수요의 역할을 하는 것이다.

그림 5-7 부문 4를 외생화한 투입산출표

	내생부문			외생부문		수입	총산출
				4	최종수요		
국산	X_{11}^d X_{21}^d X_{31}^d	X_{12}^d X_{22}^d X_{32}^d	X_{13}^d X_{23}^d X_{33}^d	X_{14}^d X_{24}^d X_{34}^d	Y_1^d Y_2^d Y_3^d		X_1 X_2 X_3
수입	X_{11}^m X_{21}^m X_{31}^m	X_{12}^m X_{22}^m X_{32}^m	X_{13}^m X_{23}^m X_{33}^m	X_{14}^m X_{24}^m X_{34}^m	Y_1^m Y_2^m Y_3^m	M_1 M_2 M_3	
4	X_{41}	X_{42}	X_{43}	X_{44}	Y_4^d		X_4
부가가치	X_1^v	X_2^v	X_3^v	X_4^v	Y_4^v		V
총투입	X_1	X_2	X_3	X_4	Y_4		

여기서, X_{ij}^d : 국산품 중간투입액, X_{ij}^m : 수입품 중간투입액

그림 5-8 투입계수표로 표기한 부문 4를 외생화한 투입산출표

	내생부문			외생부문		수입	총산출
				4	최종수요		
국산	$a_{11}^d X_1$ $a_{21}^d X_1$ $a_{31}^d X_1$	$a_{12}^d X_2$ $a_{22}^d X_2$ $a_{32}^d X_2$	$a_{13}^d X_3$ $a_{23}^d X_3$ $a_{33}^d X_3$	$a_{14}^d X_4$ $a_{24}^d X_4$ $a_{34}^d X_4$	Y_1^d Y_2^d Y_3^d		X_1 X_2 X_3
수입	$a_{11}^m X_1$ $a_{21}^m X_1$ $a_{31}^m X_1$	$a_{12}^m X_2$ $a_{22}^m X_2$ $a_{32}^m X_2$	$a_{13}^m X_3$ $a_{23}^m X_3$ $a_{33}^m X_3$	$a_{14}^m X_4$ $a_{24}^m X_4$ $a_{34}^m X_4$	Y_1^m Y_2^m Y_3^m	M_1 M_2 M_3	
4	$a_{41} X_1$	$a_{42} X_2$	$a_{43} X_3$	$a_{44} X_4$	Y_4^d		X_4
부가가치	$a_1^v X_1$	$a_2^v X_2$	$a_3^v X_3$	$a_4^v X_4$	Y_4^v		V
총투입	X_1	X_2	X_3	X_4	Y_4		

여기서, a_{ij}^d는 국산품 중간투입계수이고 a_{ij}^m은 수입품 중간투입계수

[그림 5-7]과 [그림 5-8]의 투입산출표는 내생부문 투입구조에서 국산품 거래 내역과 수입품 거래 내역이 구분되어 있는데, 부문 j의 산출에 부문 i가 투입된 비율인 투입계수 a_{ij}를 이용하면 국산품 내생부문의 거래 내역은 $X_{ij}^d = a_{ij}^d X_j$이므로 수급 균형식은 식 (83)이 된다.

$$
\begin{aligned}
a_{11}^d X_1 + a_{12}^d X_2 + a_{13}^d X_3 + a_{14}^d X_4 + Y_1^d = X_1 \\
a_{21}^d X_1 + a_{22}^d X_2 + a_{23}^d X_3 + a_{24}^d X_4 + Y_2^d = X_2 \\
a_{31}^d X_1 + a_{32}^d X_2 + a_{33}^d X_3 + a_{34}^d X_4 + Y_3^d = X_3
\end{aligned}
\qquad \cdots\cdots (83)
$$

식 (83)을 행렬로 표기한 것이 식 (84)이다.

$$
\begin{bmatrix} a_{11}^d & a_{12}^d & a_{13}^d \\ a_{21}^d & a_{22}^d & a_{23}^d \\ a_{31}^d & a_{32}^d & a_{33}^d \end{bmatrix}
\begin{bmatrix} X_1 \\ X_2 \\ X_3 \end{bmatrix} +
\begin{bmatrix} a_{14}^d \\ a_{24}^d \\ a_{34}^d \end{bmatrix} X_4 +
\begin{bmatrix} Y_1^d \\ Y_2^d \\ Y_3^d \end{bmatrix} =
\begin{bmatrix} X_1 \\ X_2 \\ X_3 \end{bmatrix}
$$

$$
A^d \quad X \; + \; A_4^d X_4 \; + \; Y^d \; = \; X \qquad \cdots\cdots (84)
$$

식 (84)는 부문 4가 외생화된(즉 생산활동을 하지 않는 부문으로 이전된) 상태에서 국내산출 X가 생산에 원 · 부재료로 직접 투입된 $A^d X$, 외생화를 통해 최종수요로 이전된 $A_4^d X_4$ 그리고 기존의 최종수요인 Y^d로 구성된 수급방정식이다. 그러면 식 (84)를 이용하여 새롭게 구성된 최종수요와 산출의 관계를 파악하기 위한 모형은 식 (85)가 된다.

$$
X = (I - A^d)^{-1}(A_4^d X_4 + Y^d) \qquad \cdots\cdots (85)
$$

식 (85)에서 $(I - A^d)^{-1}$은 부문 4가 제거된 국산투입계수의 역행렬이고, A_4^d는 외생부문으로 이전된 부문 4의 투입구조이다. 식 (85)에서 외생화하기 전의 최종수요(소비, 투자, 수출)가 영이라면(Y^d=0) 식 (86)이 되는데, 식 (86)을 이용하면 부문 4

의 수요에 의한 각 산업부문별 생산유발효과를 측정할 수 있다.

$$X = (I - A^d)^{-1} A_4^d X_4 \quad \cdots\cdots (86)$$

그리고 부문 4를 외생화하여 수입유발액을 계측할 때는 식 (87)과 같은 수입균형식을 이용한다.

$$A^m X + A_4^m X_4 + Y^m = M \quad \cdots\cdots (87)$$

식 (87)의 수입 M은 국내생산에 원 · 부재료로 투입된 $A^m X$, 최종수요로 이전된 $A_4^m X_4$, 그리고 외생화 이전에 이미 최종수요로 배분된 Y^m으로 구성된 것이다. 식 (87)에서 최종수요 수입을 영($Y^m = 0$)이라고 하면 식 (87)은 식 (88)이 된다.

$$M = A^m X + A_4^m X_4 \quad \cdots\cdots (88)$$

식 (88)에 $X = (I - A^d)^{-1} A_4^d X_4$를 대입하면 수입유발액은 식 (89)로 측정할 수 있다.

$$M = A^m (I - A^d)^{-1} A_4^d X_4 + A_4^m X_4 \quad \cdots\cdots (89)$$[66]

식 (89) 우변의 첫 번째 항은 외생화된 부문 4에 대한 수요가 발생할 경우 수입유발액을, 두 번째 항은 외생화된 부문 4가 외생화 이전의 산업 간 거래 내역을 나타내는 투입구조에 사용되던 수입액이다. 따라서 식 (89)는 특정 부문의 생산활동을 외생화하여 수입유발을 측정하는 것이다.

생산활동을 영위하는 특정 부문을 외생화하기 위해서는 해당 부문이 중간수요로 배분되는 정도와 최종수요로 배분되는 정도를 확인하는 것이 중요하다. 어떤 부문이

---

66) $Y^m \neq 0$이면 $M = A^m X + A_4^m X_4 + Y^m$이다.

외생부문으로만 대부분 배분된다면 이는 다른 부문의 중간재로 투입되지 않는다는 것을 의미한다. 따라서 외생화 대상이 되는 부문은 다른 부문들의 생산활동에 영향을 많이 받지 않기 때문에 외생화에 따른 결과에 큰 변화가 없을 것이라고 예측할 수 있다. 그러나 외생화하고자 하는 부문이 내생부문으로 많이 배분되면 이는 다른 부문의 생산활동에 영향을 많이 받는 것이기 때문에 외생부문으로 이동하면 그만큼의 상호연관관계가 누락될 수 있다.

이러한 관계를 세 개 부문으로 된 투입산출표를 이용하여 외생화하기 전의 생산유발계수와 외생화시킨 이후의 생산유발계수를 비교하면 다음과 같다.

먼저 특정 부문이 모두 외생부문으로 배분되는 경우에는 다른 부문의 중간투입구조에 전혀 사용되지 않기 때문에 투입계수는 0이고 따라서 투입계수표는 식 (90)이 된다.

$$\begin{pmatrix} a_{11} & a_{12} & a_{13} \\ a_{21} & a_{22} & a_{23} \\ a_{31} & a_{32} & a_{33} \end{pmatrix} = \begin{pmatrix} a_{11} & a_{12} & a_{13} \\ a_{21} & a_{22} & a_{23} \\ 0 & 0 & 0 \end{pmatrix} \qquad \cdots\cdots (90)$$

식 (90)을 이용하여 도출한 생산유발계수는 식 (91)이 된다.

$$\left[\begin{pmatrix} 1 & 0 & 0 \\ 0 & 1 & 0 \\ 0 & 0 & 1 \end{pmatrix} - \begin{pmatrix} a_{11} & a_{12} & a_{13} \\ a_{21} & a_{22} & a_{23} \\ 0 & 0 & 0 \end{pmatrix}\right]^{-1} = \begin{pmatrix} 1-a_{11} & -a_{12} & -a_{13} \\ -a_{21} & 1-a_{22} & -a_{23} \\ 0 & 0 & 1 \end{pmatrix}^{-1}$$

$$= \frac{\begin{pmatrix} 1-a_{22} & a_{12} & a_{12}a_{23}+a_{13}(1-a_{22}) \\ a_{21} & 1-a_{11} & a_{13}a_{21}+a_{23}(1-a_{11}) \\ 0 & 0 & (1-a_{11})(1-a_{22})-a_{12}a_{21} \end{pmatrix}}{(1-a_{11})(1-a_{22})-a_{12}a_{21}} \qquad \cdots\cdots (91)$$

식 (91)에서 분모의 행렬식 값은 부문 1과 부문 2만 존재하는 것과 동일하며, 분자에 있는 행렬 좌측 상단의 「2×2」행렬 역시 부문 1과 부문 2만 존재하는 것과 동일하다.[67] 따라서 특정 부문이 모두 외생으로 배분되는 경우에는 외생화 여부에 상관없이 부문 1과 부문 2의 생산유발효과는 동일하다. 따라서 경제적 유발효과를 측정할 때 소비나 투자로 모두 배분이 되는 부문은 외생화 이전과 이후의 효과 측정에 변화가 없다는 것을 알 수 있다.

다음으로 외생화하고자 하는 부문이 내생부문으로 배분되는 경우 외생화에 따른 부문 간의 상호연관관계가 누락되는 과정은 다음과 같다. 세 개 부문으로 된 경제에서 부문 3이 내생부문으로 배분되는 경우 생산유발계수행렬은 식 (92)인데, 모든 배분이 외생부문으로 이루어지는 경우의 외생화 결과인 식 (91)과 비교하면 차이가 발생한다. 또한 얼마만큼 다른 부문의 생산을 위한 투입으로 배분되는지의 정도에 따라 결과가 다르다는[68] 것도 알 수 있다. 식 (92)에서 부문 3이 외생화되는 경우 외생화되기 이전 산업연관표의 3행 1열에 위치한 투입계수인 a_{31}과 3행 2열에 위치한 a_{32}가 크다면 식 (91)로 계산된 생산유발효과에 많은 차이가 발생하게 된다.

$$\left[\begin{pmatrix}1&0&0\\0&1&0\\0&0&1\end{pmatrix}-\begin{pmatrix}a_{11}&a_{12}&a_{13}\\a_{21}&a_{22}&a_{23}\\a_{31}&a_{32}&a_{33}\end{pmatrix}\right]^{-1}=\begin{pmatrix}1-a_{11}&-a_{12}&-a_{13}\\-a_{21}&1-a_{22}&-a_{23}\\-a_{31}&-a_{32}&1-a_{23}\end{pmatrix}^{-1}$$

$$=\frac{\begin{pmatrix}(1-a_{22})(1-a_{23})-a_{23}a_{32}&a_{13}a_{32}+a_{12}(1-a_{33})&a_{12}a_{23}+a_{13}(1-a_{22})\\a_{23}a_{31}+a_{21}(1-a_{33})&(1-a_{22})(1-a_{33})-a_{13}a_{31}&a_{13}a_{21}+a_{23}(1-a_{11})\\a_{21}a_{32}+a_{31}(1-a_{22})&a_{12}a_{31}+a_{32}(1-a_{11})&(1-a_{11})(1-a_{22})-a_{12}a_{21}\end{pmatrix}}{\det(I-A)}$$

....(92)

여기서, $\det(I-A)=[(1-a_{11})(1-a_{12})(1-a_{33})-a_{12}a_{23}a_{31}-a_{13}a_{32}a_{21}]$
$-[(1-a_{11})a_{32}a_{23}+a_{12}a_{21}(1-a_{33})+a_{13}(1-a_{22})a_{31}]$

살펴본 바와 같이 외생화모형을 이용하기 위해서는 외생화부문이 경제에서 하는 역할을 고려해야 한다.

67) 부문 1과 부문 2만 존재하는 투입산출표의 생산유발계수행렬은 다음과 같다.

$$\begin{pmatrix}1-a_{11}&-a_{12}\\-a_{21}&1-a_{22}\end{pmatrix}^{-1}=\frac{\begin{pmatrix}1-a_{22}&a_{12}\\a_{21}&1-a_{11}\end{pmatrix}}{(1-a_{11})(1-a_{22})-a_{12}a_{21}}$$

68) 외생화 대상부문이 투입구조에서 차지하는 비중에 따라 그 결과가 현저하게 차이가 발생한다.

식 (91)과 같이 모든 산출액이 외생으로 배분되는 경우에 한정해 외생화하면 외생화부문 중에서 특정 투입물의 변동이 다른 부문의 산출을 어떻게 움직이는지 또는 투입물의 대체관계가 발생하였을 경우 다른 부문의 산출이 어떻게 변화하는지를 파악하는 데 이용할 수 있다.[69)]

7 가격파급효과

투입산출표를 이용하면 각 부문의 수요와 공급의 균형을 기반으로 한 생산유발계수를 통해 최종수요와 산출관계를 분석하는 것은 물론 투입구조 자체를 통해서 각 부문이 생산하는 데 투입된 원가구조도 알 수 있다. 생산 원가의 구성을 이용하면 임금 등 본원적 요소와 수입품가격 그리고 환율이 변동하는 경우 각 부문의 가격이 얼마만큼 영향을 받는지 측정할 수 있다.

투입산출표를 이용한 가격파급효과 측정은 특정 부문의 단위당 가격은 두 개로 구성되어 있다는 데 가정을 두고 있다. 첫 번째는 해당 부문 생산에 투입한 원·부재료들의 단위당 크기를 나타내는 투입계수에 단위가격을 곱한 것이고, 두 번째는 본원적 요소인 부가가치 단위가격에 부가가치 투입계수를 곱한 것이다. 이처럼 이들 두 개를 더한 것이 각 부문의 가격을 구성한다는 가정에서 비경쟁수입형 산업연관표를 이용한 가격균형방정식은 식 (93)이다.

$$
\begin{aligned}
p_1^d &= (a_{11}^d p_1^d + a_{11}^m p_1^m) + (a_{21}^d p_2^d + a_{21}^m p_2^m) + (a_{31}^d p_3^d + a_{31}^m p_3^m) + a_1^v p_1^v \\
p_2^d &= (a_{12}^d p_1^d + a_{12}^m p_1^m) + (a_{22}^d p_2^d + a_{22}^m p_2^m) + (a_{32}^d p_3^d + a_{32}^m p_3^m) + a_2^v p_2^v \\
p_3^d &= (a_{13}^d p_1^d + a_{13}^m p_1^m) + (a_{23}^d p_2^d + a_{23}^m p_2^m) + (a_{33}^d p_3^d + a_{33}^m p_3^m) + a_3^v p_3^v
\end{aligned}
\qquad \cdots\cdots\cdots\cdots (93)
$$

여기서, a^d: 국산품투입계수, p^d: 국산품가격, a^m: 수입품투입계수
p^m: 수입품가격, a^v: 부가가치투입계수, p^v: 부가가치단위가격

69) 한 예로 산출액이 모두 투자로 배분되는 도로시설의 경우 아스팔트 포장이 시멘트 포장으로 대체되면 다른 부문의 산출이 변화하는 것을 측정할 수 있다.

식 (93)은 부문 1의 국산품가격 p_1^d는 투입된 부문 $i\,(i=1,2,3)$의 국산품 크기인 a_{i1}^d에 부문 i의 국산품 p_i^d가격을 곱한 것의 합인 $a_{11}^d p_1^d + a_{21}^d p_2^d + a_{31}^d p_3^d$, 투입된 부문 i의 수입품 크기인 a_{i1}^m에 부문 i의 수입품가격 p_i^m를 곱한 것의 합인 $a_{11}^m p_1^m + a_{21}^m p_2^m + a_{31}^m p_3^m$ 그리고 부문 1의 생산에 투입된 본원적 요소의 단위당 크기인 a_1^v에 이 본원적 요소의 가격 p_1^v를 곱한 $a_1^v p_1^v$ 등 세 개를 더하여 된 것이다. 식 (93)을 행렬 형태로 표기한 것이 식 (94)이다.

$$\begin{bmatrix} p_1^d \\ p_2^d \\ p_3^d \end{bmatrix} = \begin{bmatrix} a_{11}^d & a_{21}^d & a_{31}^d \\ a_{12}^d & a_{22}^d & a_{32}^d \\ a_{13}^d & a_{23}^d & a_{33}^d \end{bmatrix} \begin{bmatrix} p_1^d \\ p_2^d \\ p_3^d \end{bmatrix} + \begin{bmatrix} a_{11}^m & a_{21}^m & a_{31}^m \\ a_{12}^m & a_{22}^m & a_{32}^m \\ a_{13}^m & a_{23}^m & a_{33}^m \end{bmatrix} \begin{bmatrix} p_1^m \\ p_2^m \\ p_3^m \end{bmatrix} + \begin{bmatrix} a_1^v & 0 & 0 \\ 0 & a_2^v & 0 \\ 0 & 0 & a_3^v \end{bmatrix} \begin{bmatrix} p_1^v \\ p_2^v \\ p_3^v \end{bmatrix}$$

$$P^d = A^{d'} P^d + A^{m'} P^m + \widehat{A^v} P^v \quad \cdots\cdots (94)$$

여기서, $A^{d'}$: 국산투입계수행렬의 전치행렬, P^d: 국산중간투입재의 가격벡터,
$A^{m'}$: 수입투입계수행렬의 전치행렬, P^m: 수입중간투입재의 가격벡터,
$\widehat{A^v}$: 부가가치계수의 대각행렬, P^v: 부가가치의 단위가격벡터

식 (94)를 국산품가격 벡터인 P^d에 대해 정리하면 식 (95)가 되는데 식 (95)를 가격변동률모형으로 표기한 것이 식 (96)이다. 식 (96)을 이용하면 수입품가격 변동 $\dot{P}^m$과 임금 등 본원적 요소의 가격 변동 $\dot{P}^v$에 의한 국산품가격의 변동을 측정할 수 있다.[70)]

$$P^d = (I - A^{d'})^{-1}(A^{m'} P^m + \widehat{A^v} P^v) \quad \cdots\cdots (95)$$

$$\dot{P}^d = (I - A^{d'})^{-1}(A^{m'} \dot{P}^m + \widehat{A^v} \dot{P}^v) \quad \cdots\cdots (96)$$

식 (96)을 이용하는 방법은 다음과 같다. 먼저 본원적 요소인 임금 등이 인상되었을 경우(단, 수입품가격은 변동이 없음)에는 $\dot{P}^d = (I - A^{d'})^{-1}\widehat{A^v}\dot{P}^v$을 이용한다. 그리고

70) 식 (96)에서는 국산품가격을 결정하는 외생변수는 수입품과 본원적 요소 두 가지이다.

n개 부문 중 i번째 부문에서 임금이 10% 상승하였을 경우 $(n\times 1)$ 차원으로 되어 있는 $\dot{P}^v$ 벡터의 i번째에 대해서만 10% 충격을 주고 나머지는 모두 0으로 설정한다.[71)]

수입품의 가격이 인상되었을 경우(단, 임금 등의 부가가치 변동은 없음을 가정)에는 $\dot{P}^d=(I-A^{d\prime})^{-1}A^{m\prime}\dot{P}^m$을 이용한다. 그리고 n개 중에서 부문 i의 수입품가격이 10% 상승하였을 경우 $(n\times 1)$ 차원으로 된 $\dot{P}^m$ 벡터의 i번째에 대해서만 10% 충격을 주고 나머지는 모두 0으로 설정한다.

환율이 변동되었을 경우에도 적용할 수 있는데, 환율이 10% 상승하는 것은 모든 수입품의 가격이 10% 높아지는 것과 같다면 $\dot{P}^d=(I-A^{d\prime})^{-1}A^{m\prime}\dot{P}^m$의 $\dot{P}^m$벡터를 모두 10%의 충격을 주고 측정하면 된다.

가격변동률모형을 적용할 때는 다음의 사항을 고려하여야 한다. 외생적으로 주어지는 수입과 본원적 요소에 의한 가격변동의 충격이 부문 간 거래 단계에서 완화되거나 확대될 수 있다. 즉 가격변동요인이 주어졌을 경우 각 부문이 이들 요인에 비선형적으로 반응할 수도 있고 반응하지 않을 수도 있는데, 이를 고려하지 못한다. 또한 본원적 요소와 수입품가격이 동시에 변동하였을 경우 이들 두 외생적 요인의 교호작용을 고려하지 못하고 시차 문제도 고려하지 못하는 한계도 있다.

8 변동투입산출모형

배분계수를 이용한 고쉬모형으로는 생산 측면에서의 비용(임금, 고정자본소모, 세금 등)인 본원적 요소의 변동에 의한 산출 변화[72)]를 측정하는 것에 한정되므로 임금, 고정자본소모, 세금 등과 같은 본원적 요소와 환율, 원유가격 등의 변동이 산출에 미치는

71) $\dot{P}^{v\prime}=(0,\ 0,\ \cdots,0,10,\ \cdots\cdots,\ 0,\ 0)'$에서 10은 i번째 위치한다.

72) 전통적인 레온티에프모형에서는 본원적 요소비용의 증가가 원가 측면에서 그대로 반영되기 때문에 산출 증가가 발생한다.

영향을 파악하기 위해서는 다른 접근 방법이 필요하다.

이번 절에서는 제7절의 연장선상에서[73] 변동투입산출모형VIOM: Variable Input-Output Model을 소개하였는데, 레온티에프 투입산출모형과 함께 변동투입산출모형을 설명하도록 한다.

가. 레온티에프 투입산출모형

레온티에프 투입산출모형을 이용하여 최종수요 변동이 산출 변동에 미치는 영향을 파악하기 위해서는 식 (97)을 이용하고, 본원적 요소와 수입품가격의 변동이 국산품가격에 미치는 영향을 파악하기 위해서는 식 (98)을 이용한다.

$$\Delta X = (I - A^{d})^{-1} \Delta Y^{d} \quad \cdots\cdots (97)$$

$$\dot{P}^{d} = (I - A^{d'})^{-1} (A^{m'} \dot{P}^{m} + \widehat{A}^{v} \dot{P}^{v}) \quad \cdots\cdots (98)$$

식 (97)과 식 (98)의 레온티에프 투입산출모형을 이용하면 소비, 투자, 수출 등의 외생변수 변동 ΔY에 따른 산출 변동분 ΔX를 측정하거나 임금, 세금 등 본원적 요소가격 변동 $\dot{P}^{v}$ 또는 수입품가격 변동 $\dot{P}^{m}$에 따른 산출품가격 변동분 $\dot{P}^{d}$를 측정할 수 있다.

두 방법 사이에는 이분법dichotonomy 문제[74]가 있는데, 즉 식 (98)의 경우 수입품가격 또는 본원적 요소인 임금, 고정자본소모, 세금 등이 변동하였을 때 가격 변화만 측정할 수 있고 산출이 얼마만큼 변하는지 파악할 수 없다.[75] 이를 완화한 것이 변동투입산출모형인데, 초기에는 생산자 이윤극대화라는 조건만을 충족하는 생산자균

73) 앞 절에서 설명한 가격변동률모형은 임금, 환율, 수입품가격 등 외생변수의 변동이 국산품가격의 변동에 미치는 영향을 살펴본 것이다.

74) 이분법 문제는 식 (97)은 산출 변동만 고려하기 때문에 가격 변동을 고려하지 못하고 식 (98)은 가격 변동만을 고려하기 때문에 산출 변동을 고려하지 못한다는 것이다.

75) Liew, C. K. 외 1인(1988)

형모형이었기 때문에 가계를 외생부문으로 취급하는 한계가 있었는데 가계를 내생화하면서 보완되었다. 그래서 이 모형을 가계부문 내생화 변동투입산출모형HIVIO: Household Interactive Variable Input-Output[76]이라고 한다.[77]

나. 변동투입산출모형

변동투입산출모형은 경제 활동을 영위하는 여러 제도부문 중에서 생산자와 소비자부문이 극대화 조건을 따른다고 가정하고 이들 부문의 최적화와 두 부문 간의 균형관계를 이용한 것이다. 생산자부문과 소비자부문인 가계부문 각각에 대한 최적화 방정식을 도출하는 과정은 다음과 같다.

(1) 생산자부문

생산자는 콥-더글러스Cobb-Douglas 생산함수 $x_j = A\prod_{i=1}^{n} x_{ij}^{a_{ij}} \prod_{i=1}^{n} m_{ij}^{\mu_{ij}} \prod_{k=1}^{l} L_{kj}^{\beta_{kj}}$에 의해 생산한다고 가정하고 선형로그를 취하면 식 (99)가 되며 생산자의 이윤방정식은 식 (100)이라고 가정한다. 식 (100)은 제7절에서 소개한 가격변동모형의 구조와 동일하게 생산자의 가격은 선형적으로 결정된다는 것이다.[78]

$$\ln x_j = \alpha_{0j} + \sum_{i=1}^{n} \alpha_{ij} \ln x_{ij} + \sum_{i=1}^{n} \mu_{ij} \ln m_{ij} + \sum_{k=1}^{l} \beta_{kj} \ln L_{kj} \quad \cdots\cdots (99)$$

$$p_j^d x_j = \sum_{i=1}^{n} p_i^d x_{ij} + \sum_{i=1}^{n} p_i^m m_{ij} + \sum_{k=1}^{l} w_{kj} L_{kj} \quad \cdots\cdots (100)$$

여기서, x_j: 부문 j의 산출액

x_{ij}: 부문 j의 생산에 투입된 국산품부문 i의 투입액

76) Liew, C. K. 외 1인(1985)

77) 가계부문을 소득 분위별로 구분하여 내생화하는 모형으로는 미야자와모형이 있는데, 이는 본장 제4절의 소비 내생화를 참고하기 바란다.

78) 이는 실제 기업의 원가 구성 측면에서도 타당한 관계식이라고 할 수 있다.

m_{ij}: 부문 j의 생산에 투입된 수입품부문 i의 투입액

L_{kj}: 부문 j의 생산에 투입된 본원적 요소 중 k번째 부문의 투입액

α_{ij}, β_{kj}, μ_{ij}: $\sum_{i=1}^{n}\alpha_{ij}+\sum_{i=1}^{n}\mu_{ij}+\sum_{k=1}^{l}\beta_{ij}=1$을 만족하는 생산함수의 모수[79)]

p_j^d: 국산품 j의 가격

p_j^m: 수입품 j의 가격

w_{kj}: 부문 j가 본원적 요소 k에 지불한 가격

생산 행태와 이윤방정식이 위와 같이 주어지면 식 (99)를 조건식으로 하고 식 (100)의 이윤극대화 목적함수에 대한 라그랑지함수Lagrange fuction는 식 (101)과 같이 표기할 수 있다.

$$\begin{aligned} Max\,\Pi = &\sum_{j=1}^{n}\left(p_j^d x_j - \sum_{i=1}^{n} p_i^d x_{ij} - \sum_{i=1}^{n} p_i^m m_{ij} - \sum_{k=1}^{l} w_{kj} L_{kj}\right) \\ &+ \sum_{j=1}^{n}\lambda\left(\ln x_j - \alpha_{0j} - \sum_{i=1}^{n}\alpha_{ij}\ln x_{ij} - \sum_{i=1}^{n}\mu_{ij}\ln m_{ij} - \sum_{k=1}^{l}\beta_{kj}\ln L_{kj}\right) \end{aligned} \quad \cdots\cdots (101)$$

식 (101)을 x_j, x_{ij}, m_{ij}, L_{kj}로 미분하면 식 (102), 식 (103), 식 (104)의 이윤극대화 투입수요방정식이 도출된다.

$$x_{ij} = \frac{\alpha_{ij} p_j^d x_j}{p_i^d} \quad \cdots\cdots (102)$$

$$m_{ij} = \frac{\mu_{ij} p_j^d x_j}{p_i^m} \quad \cdots\cdots (103)$$

$$L_{kj} = \frac{\beta_{kj} p_j^d x_j}{w_{kj}} \quad \cdots\cdots (104)$$

---

79) 1차 동차 생산함수를 의미한다.

식 (102)와 식 (104)를 선형로그 생산함수인 식 (99)에 대입하면 식 (105)와 같은 선형로그 가격방정식이 생성된다.

$$\ln p_j^d - \sum_{i=1}^{n} \alpha_{ij} \ln p_i^d - \sum_{i=1}^{n} \mu_{ij} \ln p_i^m - \sum_{k=1}^{l} \beta_{kj} \ln w_{kj} = d_j \quad \cdots\cdots (105)$$

여기서, $d_j = -\left(\alpha_{0j} + \sum_{i=1}^{n} \alpha_{ij} \ln \alpha_{ij} + \sum_{i=1}^{n} \mu_{ij} \ln \mu_{ij} + \sum_{k=1}^{l} \beta_{kj} \ln \beta_{kj}\right)$

(2) 가계부문

가계의 효용함수는 콥-더글러스형의 식 (106)과 같고 가계의 지출함수는 식 (107-1)이라고 가정한다.

$$U = A \prod_{i=1}^{n} c_i^{\gamma_i} \prod_{i=1}^{n} cm_i^{\gamma m_i} \quad \cdots\cdots (106)$$

$$E = \sum_{i=1}^{n} c_i p_i^d + \sum_{i=1}^{n} p_i^m cm_i \quad \cdots\cdots (107-1)$$

$$= \delta\left(\sum_{j=1}^{n} \sum_{k=1}^{l} w_{kj} L_{kj}\right) \quad \cdots\cdots (107-2)$$ [80]

여기서, c_i: 국산품 i의 소비

cm_i: 수입품 i의 소비

p_i^d: 국산품 i의 가격

p_i^m: 수입품 i의 가격

w_{kj}: 부문 j가 본원적 요소 k에 지불한 가격

γ_i, γm_i: 간접효용함수의 계수로 $\sum_{i=1}^{n} \gamma_i + \sum_{i=1}^{n} \gamma m_i = 1$을 만족

L_{kj}: 부문 j 생산에 소요된 본원적 요소부문 k의 투입액

80) δ는 경제 전체 소득인 GDP$\left(\text{부가가치} = \sum_{j=1}^{n} \sum_{k=1}^{l} w_{kj} L_{kj}\right)$에서 소비가 차지하는 비중을 나타내며, 따라서 식 (107-2)는 소비 규모의 제약이 된다.

제약 조건인 지출함수 식 (107−1)하에서 효용함수인 식 (106)에 대한 소비자 효용 극대화를 위한 라그랑지함수는 식 (108)이 된다.

$$Max\ U = A\left(\prod_{i=1}^{n} c_i^{\gamma_i}\right)\left(\prod_{i=1}^{n} cm_i^{\gamma m_i}\right) + \psi\left(E - \sum_{i=1}^{n} c_i p_i^d - \sum_{i=1}^{n} p_i^m cm_i\right) \quad \cdots\cdots (108)$$

식 (108)을 c_i, cm_i, ψ로 미분하면 식 (109−1), 식 (109−2), 식 (109−3)이 도출된다.

$$\frac{\partial U}{\partial c_i} = A\left(\prod_{i=1}^{n} \gamma_i c_i^{\gamma_i - 1}\right)\left(\prod_{i=1}^{n} cm_i^{\gamma m_i}\right) - \psi \sum_{i=1}^{n} p_i^d = 0 \quad \cdots\cdots (109-1)$$

$$\frac{\partial U}{\partial cm_i} = A\left(\prod_{i=1}^{n} \gamma_i c_i^{\gamma_i}\right)\left(\prod_{i=1}^{n} \gamma m_i cm_i^{\gamma m_i - 1}\right) - \psi \sum_{i=1}^{n} p_i^m = 0 \quad \cdots\cdots (109-2)$$

$$\frac{\partial U}{\partial \psi} = E - \sum_{i=1}^{n} c_i p_i^d - \sum_{i=1}^{n} p_i^m cm_i = 0 \quad \cdots\cdots (109-3)$$

식 (109−1), 식 (109−2), 식 (109−3)으로 도출된 최적 소비량 c_i, cm_i는 식 (110)과 같다.

$$c_i = \frac{\gamma_i E}{p_i^d},\ cm_i = \frac{\gamma m_i E}{p_i^m} \qquad (i = 1, 2, \cdots, n) \quad \cdots\cdots (110)$$

참고 2 | 국산품 및 수입품이 각각 2개인 경우의 간접효용함수 도출 과정

2개의 국산품과 수입품이 있는 경우, 최적 소비량 도출 과정은 다음과 같다. 이때 효용함수와 제약 조건에 따른 라그랑지함수는 ①과 같으며, ①을 c_1, c_2, cm_1, cm_2 ψ로 미분하여 정리한 것이 그 아래의 식들이다.

$$Max\ U = A\ c_1^{\gamma_1} c_2^{\gamma_2} cm_1^{\gamma m_1} cm_2^{\gamma m_2} + \psi(E - c_1 p_1{}^d - c_2 p_2^d - p_1^m cm_1 - p_2^m cm_2) \quad \cdots\cdots ①$$

$$\frac{\partial U}{\partial c_1} = A\ \gamma_1 c_1^{\gamma_1 - 1} c_2^{\gamma_2} cm_1^{\gamma m_1} cm_2^{\gamma m_2} - \psi p_1^d = 0$$

$$\frac{\partial U}{\partial c_2} = A\ \gamma_2 c_1^{\gamma_1} c_2^{\gamma_2 - 1} cm_1^{\gamma m_1} cm_2^{\gamma m_2} - \psi p_2^d = 0$$

$$\frac{\partial U}{\partial cm_1} = A\ \gamma m_1 c_1^{\gamma_1} c_2^{\gamma_2} cm_1^{\gamma m_1 - 1} cm_2^{\gamma m_2} - \psi p_1^m = 0$$

$$\frac{\partial U}{\partial cm_2} = A\ \gamma m_2 c_1^{\gamma_1} c_2^{\gamma_2} cm_1^{\gamma m_1} cm_2^{\gamma m_2 - 1} - \psi p_2^m = 0$$

$$\frac{\partial U}{\partial \psi} = E - c_1 p_1^d - c_2 p_2^d - p_1^m cm_1 - p_2^m cm_2 = 0$$

위의 미분 결과의 관계식들을 이용하여 정리한 국산품 및 수입품의 최적 소비량과 이들 최적 소비량으로 도출한 간접효용함수 IU는 다음과 같다.

$$c_1 = \frac{\gamma_1}{\gamma_1 + \gamma_2 + \gamma m_1 + \gamma m_2} \frac{E}{p_1^d}, \qquad c_2 = \frac{\gamma_2}{\gamma_1 + \gamma_2 + \gamma m_1 + \gamma m_2} \frac{E}{p_2^d}$$

$$cm_1 = \frac{\gamma m_1}{\gamma_1 + \gamma_2 + \gamma m_1 + \gamma m_2} \frac{E}{p_1^m}, \qquad cm_2 = \frac{\gamma m_2}{\gamma_1 + \gamma_2 + \gamma m_1 + \gamma m_2} \frac{E}{p_2^m}$$

$$\begin{aligned} IU &= A\left(\frac{\gamma_1}{\gamma_1 + \gamma_2 + \gamma m_1 + \gamma m_2}\right)^{\gamma_1} \left(\frac{E}{p_1^d}\right)^{\gamma_1} \left(\frac{\gamma_2}{\gamma_1 + \gamma_2 + \gamma m_1 + \gamma m_2}\right)^{\gamma_2} \left(\frac{E}{p_2^d}\right)^{\gamma_2} \\ &\quad \left(\frac{\gamma m_1}{\gamma_1 + \gamma_2 + \gamma m_1 + \gamma m_2}\right)^{\gamma m_1} \left(\frac{E}{p_1^m}\right)^{\gamma m_1} \left(\frac{\gamma m_2}{\gamma_1 + \gamma_2 + \gamma m_1 + \gamma m_2}\right)^{\gamma m_2} \left(\frac{E}{p_2^m}\right)^{\gamma m_2} \\ &= A \gamma_1^{\gamma_1} \gamma_2^{\gamma_2} \gamma m_1^{\gamma m_1} \gamma m_2^{\gamma m_2} \left(\frac{1}{\gamma_1 + \gamma_2 + \gamma m_1 + \gamma m_2}\right)^{\gamma_1 + \gamma_2 + \gamma m_1 + \gamma m_2} E^{\gamma_1 + \gamma_2 + \gamma m_1 + \gamma m_2} \\ &\quad \left(\frac{1}{p_1^d}\right)^{\gamma_1} \left(\frac{1}{p_2^d}\right)^{\gamma_2} \left(\frac{1}{p_1^m}\right)^{\gamma m_1} \left(\frac{1}{p_2^m}\right)^{\gamma m_2} \\ &= A \cdot B \cdot E \cdot \frac{1}{(p_1^d)^{\gamma_1}} \frac{1}{(p_2^d)^{\gamma_2}} \frac{1}{(p_1^m)^{\gamma m_1}} \frac{1}{(p_2^m)^{\gamma m_2}} \end{aligned}$$

여기서, $B = \gamma_1^{\gamma_1} \gamma_2^{\gamma_2} \gamma m_1^{\gamma m_1} \gamma m_2^{\gamma m_2}$

$\because\ 1 = \gamma_1 + \gamma_2 + \gamma m_1 + \gamma m_2$

그리고 간접효용함수에 대해 로그를 취하고 로그 간접효용함수에 대해 로이 항등식Roy's identity을 적용하면 국산품 및 수입품에 대한 효용을 극대화하는 소비자수요는 다음과 같다.

$$\ln U = \ln(AB) + \ln E - (\gamma_1 \ln p_1^d + \gamma_2 \ln p_2^d + \gamma m_1 \ln p_1^m + \gamma m_2 \ln p_2^m)$$

$$c_1 = -\frac{(\partial \ln U/\partial p_1^d)}{(\partial \ln U/\partial E)} = -\frac{-\gamma_1/p_1^d}{1/E} = \frac{\gamma_1 E}{p_1^d}$$

$$c_2 = -\frac{(\partial \ln U/\partial p_2^d)}{(\partial \ln U/\partial E)} = -\frac{-\gamma_2/p_2^d}{1/E} = \frac{\gamma_2 E}{p_2^d}$$

$$cm_1 = -\frac{(\partial \ln U/\partial p_1^m)}{(\partial \ln U/\partial E)} = -\frac{-\gamma m_1/p_1^m}{1/E} = \frac{\gamma m_1 E}{p_1^m}$$

$$cm_2 = -\frac{(\partial \ln U/\partial p_2^m)}{(\partial \ln U/\partial E)} = -\frac{-\gamma m_2/p_2^m}{1/E} = \frac{\gamma m_2 E}{p_2^m}$$

이를 n개의 국산품 및 수입품에 대하여 확장하면 다음과 같다.

$$c_i = \frac{\gamma_i E}{p_i^d},\ cm_i = \frac{\gamma m_i E}{p_i^m},\ i = 1, 2, \cdots, n$$

(3) 가계와 기업의 균형

(1)과 (2)에서 살펴본 기업의 생산과 가계 지출의 균형과 더불어 모든 재화와 서비스는 국산과 수입으로 구성되며, 이들 공급된 상품이 생산의 중간재와 소비 등의 최종재로 수요되어 총공급과 총수요가 일치된다면 각각의 수급균형방정식은 식 (111-1)과 식 (111-2)가 된다.[81)]

국산품: $\sum_{j=1}^{n} x_{ij} + c_i + f_i = x_i \ (i = 1, 2, \cdots, n)$ ……(111-1)

수입품: $\sum_{j=1}^{n} m_{ij} + cm_i + fm_i = m_i \ (i = 1, 2, \cdots, n)$ ……(111-2)

국산품 수급균형식인 식 (111-1)과 수입품 수급균형식인 식 (111-2)를 식 (102),

81) CGE(일반연산균형모형)모형에서의 시장 청산market closure과 같다.

식 (103), 식 (107-2), 식 (110)을 이용하여 가격으로 표시하면 식 (112-1)과 식 (112-2)이 된다.

$$\text{국산품: } \sum_{j=1}^{n} \frac{\alpha_{ij} p_j^d x_j}{p_i^d} + \frac{\gamma_i}{p_i^d}\left(\delta \sum_{j=1}^{n} v_j p_j^d x_j\right) + f_i = x_i \ \ (i=1,2,\cdots,n) \quad \cdots\cdots (112\text{-}1)^{82)}$$

$$\text{수입품: } \sum_{j=1}^{n} \frac{\mu_{ij} p_j^d x_j}{p_i^m} + \frac{\gamma m_i}{p_i^m}\left(\delta \sum_{j=1}^{n} v_j p_j^d x_j\right) + f m_i = m_i \ \ (i=1,2,\cdots,n) \quad \cdots (112\text{-}2)$$

식 (105), 식 (112-1), 식 (112-2)는 개별 상품을 나타내는데, 이를 행렬로 표시하면 가격균형식인 식 (113-1), 산출균형식인 식 (113-2) 그리고 수입균형식인 식 (113-3)이 도출된다.[83)]

$$\text{가격균형식: } \ln p^d = (I - A^{d\prime})^{-1}\left(A^{m\prime} \ln p^m + \sum_{k=1}^{l} \hat{\beta}_k \ln w_k + d\right) \quad \cdots\cdots\cdots (113\text{-}1)$$

$$\text{산출균형식: } x = (\widehat{p^d})^{-1}(I - AL)^{-1} \widehat{p^d} f \quad \cdots\cdots (113\text{-}2)$$

$$\text{수입균형식: } m = (\widehat{p^m})^{-1} ML \widehat{p^d} x + fm \quad \cdots\cdots (113\text{-}3)$$

여기서, $\ln p^d$: 자연로그로 치환된 국산품 가격벡터
I: n차원의 단위행렬
A^d: 국산품 투입계수행렬
A^m: 수입품 투입계수행렬
AL: $A_{ij}^d + \gamma_i \delta \nu_j$로 된 「$n \times n$」행렬
ML: $A_{ij}^m + \gamma m_i \delta \nu_j$로 된 「$n \times n$」행렬

---

82) $$\frac{\gamma_i E}{p_i^d} = \frac{\gamma_i}{p_i^d}\left(\delta \sum_{j=1}^{n}\sum_{k=1}^{l} w_{kj} L_{kj}\right) = \frac{\gamma_i}{p_i^d}\left(\delta \sum_{j=1}^{n}\sum_{k=1}^{l} w_{kj} \frac{\beta_{kj} p_j^d x_j}{w_{kj}}\right) = \frac{\gamma_i}{p_i^d}\left(\delta \sum_{j=1}^{n}\sum_{k=1}^{l} \beta_{kj} p_j^d x_j\right)$$
$$= \frac{\gamma_i}{p_i^d}\left(\delta \sum_{j=1}^{n} v_j p_j^d x_j\right)$$

83) VIO모형은 레온티에프 역행렬인 $(I-A)^{-1}$이 아닌 $(I-AL)^{-1}$를 이용한다는 차이가 있는데, 가계부문의 소비구조와 부가가치가 내생화되기 때문에 가계부문 내생화household interactive 변동투입산출모형이라고 한다.

$\ln p^m$: 자연로그로 치환된 수입품 가격벡터
$\ln w_k$: 자연로그로 치환된 총 l개 요소 투입 항목 중 k 번째의 가격 벡터
$\widehat{\beta_k}$: k번째 요소 투입 비율의 대각행렬
d: 식 (101)의 d_j로 구성된 n차 벡터
m : 수입품 벡터
$\widehat{p^m}$: 수입품가격 벡터의 대각행렬
fm : 수입품 최종수요 벡터

식 (113-1), 식 (113-2), 식 (113-3)에서 p^m, w, f, fm은 외생변수이며 x, p^d, m은 내생변수이다.

(4) 탄력성 측정

임금 등 본원적 요소와 수입품가격이 변동할 때 국산품가격, 산출액 그리고 수입품 수요가 어느 정도 변화하는지를 측정하기 위해 앞에서 도출한 식 (113-1), 식 (113-2), 식 (113-3)을 탄력성 측정모형으로 전환해야 한다. 각각의 탄력성을 측정하기 위한 방정식을 도출하기 위해 이들 균형식을 전미분하면 되는데 식 (114-1), 식 (114-2), 식 (114-3)과 같다.

[가격탄력성]

$$d\ln p^d = (I-A^{d\prime})^{-1}A^{m\prime}\,d\ln p^m + (I-A^{d\prime})^{-1}\left(\sum_{k=1}^{l}\widehat{\beta}_k\,d\ln w_k\right) \quad \cdots\cdots (114\text{-}1)$$

[산출탄력성]

$$\begin{aligned} d\ln x = {} & [(\widehat{p^d}\,\hat{x})^{-1}(I-AL)^{-1}(\widehat{p^d}\,\hat{f}) - I][(I-A^{d\prime})^{-1}A^{m\prime}\,d\ln p^m] \\ & + [(\widehat{p^d}\,\hat{x})^{-1}(I-AL)^{-1}(\widehat{p^d}\,\hat{f}) - I]\left[(I-A^{d\prime})^{-1}\left(\sum_{k=1}^{l}\widehat{\beta}_k\,d\ln w_k\right)\right] \end{aligned}$$

$$\cdots\cdots (114\text{-}2)$$[84]

[수입수요탄력성]

$$
\begin{aligned}
d\ln m = & [(\widehat{p^m}\,\widehat{m})^{-1} ML(I-AL)^{-1}\hat{f}\,\widehat{p^d}] \\
& [(I-A^{d\prime})^{-1}A^{m\prime} - \hat{m}^{-1}\widehat{p^m}^{-1}(\hat{m}\,\widehat{p^m} - \widehat{p^m}\,\widehat{fm})]\, d\ln p^m \\
& + [(\widehat{p^m}\,\widehat{m})^{-1} ML(I-AL)^{-1}\hat{f}\,\widehat{p^d}]\,(I-A^{d\prime})^{-1}\left(\sum_{k=1}^{l}\widehat{\beta_k}\, d\ln w_k\right)
\end{aligned}
\quad \cdots\cdots (114\text{-}3)
$$

식 (114-1), 식 (114-2), 식 (114-3)에서 우변의 첫 번째 항은 각각 수입가격 변동($d\ln p^m$)에 의해 발생하는 가격탄력성,[85] 산출탄력성, 수입수요탄력성을 나타낸다. 두 번째 항은 각각 임금, 고정자본소모, 세금 등 본원적 요소의 가격 변동($d\ln w_k$)에 의한 가격탄력성, 산출탄력성 그리고 수입수요탄력성이다.

따라서 변동투입산출모형에 기반하여 환율과 원유가격의 가격 변동이 국산품가격, 산출, 수입수요가 얼마나 변동시켰는지를 측정하고자 할 경우에는 식 (114-1), 식 (114-2), 식 (114-3)의 우변에 있는 첫 번째 항을 이용하고 임금 또는 세금 등 본원적 요소의 가격 변동이 국산품가격, 산출, 수입수요를 얼마나 변동시켰는지를 파

84) 식 (113-2)의 $x=\widehat{p^d}^{-1}(I-AL)^{-1}\widehat{p^d}f$에서 $Q=(I-AL)^{-1}\hat{f}$로 정의하면 $\widehat{p^d}x=Qp^d$로 표기할 수 있다. 이를 전미분하면 $\widehat{p^d}dx+\hat{x}\,dp^d=Qdp^d$가 되는데, 이를 자연로그 미분 형태로 바꾸는 과정은 다음과 같다.

$$\widehat{p^d}\,\hat{x}\,\hat{x}^{-1}dx+\hat{x}\,\widehat{p^d}\,\widehat{p^d}^{-1}dp^d=Q\widehat{p^d}\,\widehat{p^d}^{-1}dp^d$$

$$(\widehat{p^d}\hat{x})d\ln x+(\widehat{p^d}\hat{x})d\ln p^d=Q\widehat{p^d}\,d\ln p^d \qquad (\because \widehat{p^d}\hat{x}=\hat{x}\widehat{p^d},\ d\ln x=\hat{x}^{-1}dx,\ d\ln p^d=\widehat{p^d}^{-1}dp^d)$$

$$(\widehat{p^d}\hat{x})d\ln x=Q\widehat{p^d}\,d\ln p^d-(\widehat{p^d}\hat{x})d\ln p^d$$

$$
\begin{aligned}
d\ln x &= (\widehat{p^d}\hat{x})^{-1}[Q\widehat{p^d}\,d\ln p^d-(\widehat{p^d}\hat{x})d\ln p^d] \\
&= (\widehat{p^d}\hat{x})^{-1}[Q\widehat{p^d}-(\widehat{p^d}\hat{x})]d\ln p^d \\
&= [(\widehat{p^d}\hat{x})^{-1}(I-AL)^{-1}\hat{f}\,\widehat{p^d}-I]d\ln p^d \qquad (\because Q\widehat{p^d}-\widehat{p^d}\hat{x}=(I-AL)^{-1}\hat{f}\widehat{p^d}-\widehat{p^d}\hat{x}) \\
&= [(\widehat{p^d}\hat{x})^{-1}(I-AL)^{-1}\widehat{p^d}\,\hat{f}-I]d\ln p^d
\end{aligned}
$$

여기서, $d\ln p$는 식 (114-1)

85) 수입품가격과 임금, 세금 등 본원적 요소가격의 변동에 의한 국산품가격의 변동을 파악하는 다른 방법은 제7절 가격파급효과 측정에 설명되어 있으며 그 결과는 식 (114-1)과 동일하다.

악하고자 하는 경우에는 두 번째 항을 이용하면 된다.

9 재분배행렬을 이용한 외부확산효과

어떤 생산부문이 다른 생산부문에 미치는 효과를 분석하는 경우 외생화모형[86)]을 이용하기도 하는데, 중간수요로 많이 배분되는 부문은 상호연관관계를 축소시키는 문제가 발생한다. 이번 절에서는 이러한 점을 보완할 수 있는 재분배행렬redistribution matrix[87)]을 살펴보도록 한다.

어떤 부문이 경제에서 외부효과를 통해 다른 산업에 영향을 준다는 가정을 산업연관모형에 반영한다면 배분구조를 이용하는 것이 더 적당하다고 할 수 있다.[88)] 배분구조를 모형에 반영한다는 것은 고쉬모형을 이용한다는 것인데 재분배행렬 방법도 외부확산효과spillover effect를 측정하기 위해 배분계수를 주로 이용한다.

배분계수 $\overrightarrow{a_{ij}}$는 x_{ij}/x_i(단, $i,j=1,2,\cdots,n$)으로 계산하는데 배분계수 $\overrightarrow{a_{ij}}$로 된 행렬을 $\overrightarrow{A}$라고 표기하면 식 (115)와 같은 행렬 형태로 된 균형식이 도출된다.[89)]

$$X'\overrightarrow{A} + V' = X' \quad \cdots\cdots (115)^{90)}$$

식 (115)를 부가가치 벡터인 V'과 산출액 벡터 X'의 관계로 전환하면 식 (116)이 되는데 이하에서는 고쉬 역행렬 $(I-\overrightarrow{A})^{-1}$를 G로 표기한다.

86) 제6절 참고

87) 재분배행렬은 특정 부문의 역할이 다른 산업에 어떻게 영향을 미치는지 효과를 측정할 때 이용하는 것으로 Roland-Holst 외 1인(1992)은 이 방법을 사회계정행렬에 적용하여 미국의 상대소득 결정을 분석하였다.

88) Cerulli, G. 외 1인(2009)

89) 배분계수와 고쉬 역행렬은 본 장의 제5절에 설명하였다.

90) 식 (75)와 같다.

$$X' = V'(I-\overrightarrow{A})^{-1} = V'G \quad \cdots\cdots (116)$$

식 (116)을 전치하면 $X = G' V = C V$인데, C는 상수이고 V가 외생변수이기 때문에 부가가치 벡터인 V로 미분하면 식 (117)이 된다.

$$dX = C\, dV \quad \cdots\cdots (117)$$

각 부문 산출액은 전 산업의 총산출액에서 차지하는 상대적 크기로 표준화하면 $X_n = X(e'X)^{-1}$인데[91] 이를 미분time derivative하면 식 (118)이 된다.

$$\begin{aligned} dX_n &= \frac{dX \cdot (e'X) - X \cdot (e'dX)}{(e'X)^2} \\ &= \frac{1}{(e'X)}\left[dX - \frac{X \cdot e'dX}{(e'X)}\right] \\ &= \frac{1}{(e'X)}\left[I - \frac{X \cdot e'}{(e'X)}\right]dX \\ &= \frac{1}{(e'X)}\left[I - \frac{X \cdot e'}{(e'X)}\right]C\,dV \\ &= T\,dV \quad \cdots\cdots (118) \end{aligned}$$

식 (118)에서 행렬 T를 재분배행렬이라고 하며 행렬 T에 있는 각 원소는 식 (119)와 같다.

$$t_{ij} = \frac{1}{(e'X)}\left[c_{ij} - \frac{X_j}{(e'X)} \cdot e'C_j\right] \quad \cdots\cdots (119)$$

여기서, c_{ij}는 고쉬 역행렬 $G = (I-\overrightarrow{A})^{-1}$의 전치행렬의 원소, 즉 $C = G'$이며, C_j는 행렬 C의 j번째 열벡터

91) $X(e'X)^{-1} = \dfrac{(X_1\ X_2\ \cdots\cdots\ X_n)}{\sum_{i=1}^{n} X_i} = \left(\dfrac{X_1}{\sum_{i=1}^{n} X_i}\ \dfrac{X_2}{\sum_{i=1}^{n} X_i}\ \cdots\cdots\ \dfrac{X_n}{\sum_{i=1}^{n} X_i}\right)$

식 (119)의 대괄호 $\left[c_{ij}-\frac{X_j}{(e'X)}\cdot e'C_j\right]$에서 첫 번째 항 c_{ij}는 고쉬 역행렬을 전치한 행렬의 원소이다. 그리고 두 번째 항에서 $X_j/(e'X)$는 부문 j의 산출액이 전 산업 총산출액에서 차지하는 비중이며, $e'C_j$는 전치된 고쉬 역행렬에서 부문 j의 열벡터합계이다. 고쉬 역행렬 $G=(I-\overrightarrow{A})^{-1}$에서 원소 g_{ij}는 부문 i의 부가가치 한 단위 발생에 의한 부문 j의 생산유발효과이기 때문에 고쉬 역행렬의 전치행렬 C의 원소 c_{ij}는 부문 j의 부가가치 한 단위 발생에 의한 부문 i의 생산유발효과 크기이다. 그러므로 $e'\cdot C_j$는 부문 j의 부가가치 한 단위 발생에 의한 전 부문에서의 생산유발효과의 크기를 더한 것이고 $[X_j/(e'X)][e'C_j]$는 부문 j의 부가가치 한 단위 발생에 의한 전 산업에서의 생산유발효과의 상대적 크기이다.

따라서 $\left[c_{ij}-\frac{X_j}{(e'X)}\cdot e'C_j\right]$는 부문 j가 다른 산업들에 미치는 평균적인 생산유발효과와 부문 i에 미치는 상대적인 크기를 나타낸다.

식 (119)에서 t_{ij}의 부호는 $e'X$가 0보다 크기 때문에 $\left[c_{ij}-\frac{X_j}{(e'X)}\cdot e'C_j\right]$에 따라 달라지는데 t_{ij}의 부호는 식 (120)에 의해 결정된다.

$$t_{ij}\geq 0 \Leftrightarrow \frac{c_{ij}}{e'C_j}\geq\frac{X_j}{e'X}$$

$$t_{ij}<0 \Leftrightarrow \frac{c_{ij}}{e'C_j}<\frac{X_j}{e'X} \quad \cdots\cdots (120)$$

식 (120)에서 부호의 의미는 다음과 같다. $t_{ij}\geq 0$는 $c_{ij}/(e'C_j)\geq X_j/(e'X)$인데 이는 부문 j로부터의 외생적 주입에 의해 부문 i에서 발생된 생산 증가 비중이 외생적 주입이 되기 이전의 초기 생산 상태(즉 충격이 발생하기 이전)보다 상대적으로 비중이 더 커지는 것을 의미한다. 반대로 $t_{ij}<0$는 $c_{ij}/(e'C_j)<X_j/(e'X)$인데 부문 j로부터의 외생적 주입에 의해 부문 i에서 발생된 생산 증가 비중이 외생적으로 주입되기 이전인 초기 생산 상태에서의 부문 j의 산출이 총산출에서 차지하는 비중보다 더 작아지는 것을 의미한다.

따라서 t_{ij}가 갖는 값의 부호와 크기를 이용하여 외생적 주입이 주어지기 전과 후에 각 부문이 받는 상대적인 영향을 알 수 있다. 한편 t_{ij}값은 식 (121)과 같이 $\Sigma_{i=1}^{n} t_{ij} = 0$이라는 특징을 갖는다.

$$\begin{aligned}\sum_{i=1}^{n} t_{ij} &= \frac{1}{(e'X)} \sum_{i=1}^{n} \left[c_{ij} - \frac{X_j}{(e'X)} \cdot e'C_j \right] \\ &= \frac{1}{(e'X)} \left[\sum_{i=1}^{n} c_{ij} - e'C_j \cdot \sum_{i=1}^{n} \frac{X_j}{(e'X)} \right] \\ &= \frac{1}{(e'X)} \left[e'C_j - e'C_j \cdot \frac{(e'X)}{(e'X)} \right] \\ &= 0 \qquad \cdots\cdots (121)\end{aligned}$$

식 (121)의 행렬 T의 계산 결과를 통해 한 부문에 대한 외생적 주입의 효과를 상대적 크기로 파악할 수 있다. t_{ij}로 된 행렬 T에서 j번째 열벡터를 T_j로 표시하고 T_j에서 양(+)의 값을 갖는 원소들을 더한 $e'T_j^{(+)}$로 t_{ij}를 나눈 것을 식 (122)와 같이 m_{ij}라고 하면 t_{ij}의 열합계가 0이기 때문에 m_{ij}의 열합계도 0이 된다. m_{ij}는 외생적 주입이 양(+)의 효과인지 음(−)의 효과인지를 나타내는 것은 물론 비중도 나타낸다. 또한 m_{ij}는 부문 i가 갖는 확산 능력이 어느 정도인지를 나타내는 지수이기도 하다.[92)]

$$m_{ij} = \left[\frac{t_{ij}}{e'T_j^{(+)}} \right] \qquad \cdots\cdots (122)$$

지금까지 고쉬 역행렬을 이용하여 전방 측면에서 외생적 주입이 발생시키는 효과를 파악하는 방법을 살펴보았는데, 부문 j를 외생부문으로, 부문 i를 내생부문으로

92) 식 (122)에서 분모를 이용한 t_{ij}값 조정은 원소의 값을 열에 대한 범위를 −1에서 1까지로 표준화시킨다.

설정하기 위해 재분배행렬 T를 표준화한 원소 m_{ij}로 구성된 행렬 M을 전치하면 다음과 같이 활용할 수 있다. 이는 전치행렬 M'에 외생적으로 충격을 주고 싶은 벡터를 대각화하고 이 대각행렬을 M' 앞에 곱하는 것이다. 예를 들어 어떤 경제에서 R&D가 발생할 경우에 각 부문이 받는 외부확산효과를 측정하기 위해 각 부문별 R&D 지출액으로 구성된 벡터를 대각화하여 행렬 M' 앞에서 충격을 주면 되는데 이는 식 (123)과 같다.

$$H = \hat{R}\ M' \quad \cdots\cdots (123)$$

여기서, $\hat{R}$는 R&D 지출액 벡터의 대각행렬

행렬 H의 원소 h_{ij}는 부문 j가 부문 i의 R&D 지출인 R_i에 의해 발생하는 상대적인 혜택의 크기를 나타낸다. 그리고 행렬 H의 원소 h_{ij}를 행 방향으로 더하면 0(즉 $\sum_{j=1}^{n} h_{ij} = 0$)이고, 열 방향으로 더한 $H_j(=\sum_{i=1}^{n} h_{ij})$는 부문 j가 전체적으로 획득한 R&D 외부확산효과가 된다. 따라서 H_j의 크기를 순서대로 나열하면 R&D 지출에 의해 각 부문에서 발생한 외부확산효과의 크기를 파악할 수 있다.

재분배행렬로 R&D의 외부확산효과를 측정하기 위해서는 투입산출표도 이에 맞도록 작성되어야 한다. 이는 R&D부문이 투입산출표에서 한 개의 독립된 부문으로서 투입구조는 물론 배분구조도 표기되어 있어야 한다는 것이다. 즉 각 산업이 지출한 R&D가 경상지출로 각 부문에 중간투입되어 R&D가 각 산업과 연계되어 있어야 한다.

한국은행이 작성한 산업연관표는 2010년 표부터 2008 SNA 권고 사항을 이행하기 위해 R&D가 투자로 배분되어 있다. 즉 R&D부문이 투입산출표에 한 개의 행벡터로 있지만 고정자본형성으로 배분되고 내생부문에는 없다. 따라서 R&D 지출의 외부확산효과를 분석하기 위해서는 각 부문이 R&D를 중간투입으로 사용한 규모가 어느 정도인지 벡터로 구성하는 작업이 선행되어야 하는데, 한국과학기술기획평가원KISTEP이 발표하는 자료를 이용하는 방법과 각 산업의 재무제표에서 경상연구개발비 등을 추출하여 이용하는 방법 등이 있다.[93)]

10 고용에 대한 부문별 기여도

한 경제의 고용구조에서 각 산업이 차지하는 역할이 어느 정도인지 투입산출표로 측정하는 방법은 여러 가지가 있다. 일반적인 방법은 관심 대상인 부문의 고용 규모가 경제 전체에서 차지하는 비중과 고용계수 그리고 고용유발계수를 측정하는 것이다. 그리고 해당 부문이 생산한 제품에 대한 최종수요가 주어졌을 때의 고용유발을 측정하기도 한다.

이번 절에서는 해당 부문의 생산활동이 고용 전반에 걸쳐 이떤 역할을 하는지 규모로 파악하는 고용기여모형employment contribution model94)을 [그림 5-9]와 같은 세 부문으로 된 폐쇄경제를 이용하여 살펴보도록 한다.

그림 5-9 3부문 산업연관표

	부문 1	부문 2	부문 3	소비지출	기타 최종수요	총산출액
부문 1	X_{11}	X_{12}	X_{13}	C_1	F_1	X_1
부문 2	X_{21}	X_{22}	X_{23}	C_2	F_2	X_2
부문 3	X_{31}	X_{32}	X_{33}	C_3	F_3	X_3
임금	W_1	W_2	W_3			W
기타 부가가치	Z_1	Z_2	Z_3			Z
총투입액	X_1	X_2	X_3	C	F	

[그림 5-9]는 일반적인 투입산출표와 같지만 투입구조에서는 부가가치를 임금과 기타 부가가치 두 개로 구분하고 배분구조에서는 최종수요를 소비지출과 기타 최종수요 두 개로 구분하고 있다. 따라서 생산에 해당되는 세 부문과 임금(피용자보수)을 수급균형식으로 표기하면 식 (124)와 같다.

93) R&D를 위한 실험용 장비 구입은 내생부문으로 배분되지 않고 고정자본형성으로 처리된다.
94) Groenewold, N. 외 2인(2006)은 네 가지 방법을 제안하였다. 주 99) 참고

$$\begin{aligned} X_1 &= X_{11} + X_{12} + X_{13} + C_1 + F_1 \\ X_2 &= X_{21} + X_{22} + X_{23} + C_2 + F_2 \\ X_3 &= X_{31} + X_{32} + X_{33} + C_3 + F_3 \\ W &= W_1 + W_2 + W_3 \end{aligned} \quad \cdots\cdots (124)$$

식 (124)는 4개의 균형방정식과 22개의 변수로 구성되어 있다. 부문 간의 상호연관관계를 분석하기 위해서는 매개변수가 필요한데, 식 (124)에서 매개변수는 투입계수, 임금계수 그리고 소비계수이다. 투입계수는 내생부문의 각 거래 내역을 해당 부문의 산출액으로 나눈 $a_{ij} = X_{ij} / X_j$이고, 임금계수는 일반적인 부가가치계수처럼 각 부문별 임금액을 총투입액으로 나눈 $a_{4j} = W_j / X_j$이며, 소비계수는 투입산출표의 소비지출 벡터의 각 원소를 임금 총액으로 나눈 $a_{i4} = C_i / W$이다(단, $i = 1,2,3$).

식 (124)를 투입계수, 임금계수, 소비계수로 정리하면 식 (125)가 되는데, 식 (125)는 4개의 방정식과 내생변수 X_1, X_2, X_3, W와 외생변수 F_1, F_2, F_3 등 7개의 변수로 구성된 시스템이다.

$$\begin{aligned} X_1 &= a_{11}X_1 + a_{12}X_2 + a_{13}X_3 + a_{14}W + F_1 \\ X_2 &= a_{21}X_1 + a_{22}X_2 + a_{23}X_3 + a_{24}W + F_2 \\ X_3 &= a_{31}X_1 + a_{32}X_2 + a_{33}X_3 + a_{34}W + F_3 \\ W &= a_{41}X_1 + a_{42}X_2 + a_{43}X_3 \end{aligned} \quad \cdots\cdots (125)$$

식 (125)를 제4장 1절의 투입계수를 이용한 균형방정식과 비교하면 소비와 임금을 시스템 내부로 이동시켰다는 것이 다른데[95)]이를 행렬로 정리한 것이 식 (126)이다.

95) 제4절 소비 내생화모형 참고

$$\begin{bmatrix} 1-a_{11} & -a_{12} & -a_{13} & -a_{14} \\ -a_{21} & 1-a_{22} & -a_{23} & -a_{24} \\ -a_{31} & -a_{32} & 1-a_{33} & -a_{34} \\ -a_{41} & -a_{42} & -a_{43} & 1 \end{bmatrix} \times \begin{bmatrix} X_1 \\ X_2 \\ X_3 \\ W \end{bmatrix} = \begin{bmatrix} F_1 \\ F_2 \\ F_3 \\ 0 \end{bmatrix} \quad \cdots\cdots (126)$$

식 (126)을 최종수요와 산출의 관계로 전환하면 식 (127)이 된다.

$$\begin{bmatrix} X_1 \\ X_2 \\ X_3 \\ W \end{bmatrix} = \begin{bmatrix} 1-a_{11} & -a_{12} & -a_{13} & -a_{14} \\ -a_{21} & 1-a_{22} & -a_{23} & -a_{24} \\ -a_{31} & -a_{32} & 1-a_{33} & -a_{34} \\ -a_{41} & -a_{42} & -a_{43} & 1 \end{bmatrix}^{-1} \times \begin{bmatrix} F_1 \\ F_2 \\ F_3 \\ 0 \end{bmatrix} \quad \cdots\cdots (127)$$

식 (127)에서 역행렬 원소를 $\alpha_{ij}(i,j=1,2,3,4)$라고 하면 식 (127)은 식 (128)과 같은데, 식 (128)을 이용하여 식 (125)에서의 산출액 벡터 해를 구하는 방정식은 식 (129)가 된다.

$$\begin{bmatrix} X_1 \\ X_2 \\ X_3 \\ W \end{bmatrix} = \begin{bmatrix} \alpha_{11} & \alpha_{12} & \alpha_{13} & \alpha_{14} \\ \alpha_{21} & \alpha_{22} & \alpha_{23} & \alpha_{24} \\ \alpha_{31} & \alpha_{32} & \alpha_{33} & \alpha_{34} \\ \alpha_{41} & \alpha_{42} & \alpha_{43} & \alpha_{44} \end{bmatrix} \times \begin{bmatrix} F_1 \\ F_2 \\ F_3 \\ 0 \end{bmatrix} \quad \cdots\cdots (128)$$

$$\begin{aligned} X_1 &= \alpha_{11}F_1 + \alpha_{12}F_2 + \alpha_{13}F_3 \\ X_2 &= \alpha_{21}F_1 + \alpha_{22}F_2 + \alpha_{23}F_3 \\ X_3 &= \alpha_{31}F_1 + \alpha_{32}F_2 + \alpha_{33}F_3 \\ W &= \alpha_{41}F_1 + \alpha_{42}F_2 + \alpha_{43}F_3 \end{aligned} \quad \cdots\cdots (129)$$

고용관계를 모형에 포함시키는 과정은 다음과 같다. 특정 산업의 고용량 E_j를 산출액 X_j로 나눈 $e_j = E_j/X_j(j=1,2,3)$를 고용계수라고 하면 식 (126)은 식 (130)이 된다.[96)]

$$\begin{bmatrix} 1-a_{11} & -a_{12} & -a_{13} & -a_{14} \\ -a_{21} & 1-a_{22} & -a_{23} & -a_{24} \\ -a_{31} & -a_{32} & 1-a_{33} & -a_{34} \\ -a_{41} & -a_{42} & -a_{43} & 1 \end{bmatrix} \times \begin{bmatrix} E_1/e_1 \\ E_2/e_2 \\ E_3/e_3 \\ W \end{bmatrix} = \begin{bmatrix} F_1 \\ F_2 \\ F_3 \\ 0 \end{bmatrix}$$

$$\begin{bmatrix} \frac{1-a_{11}}{e_1} & \frac{-a_{12}}{e_2} & \frac{-a_{13}}{e_3} & -a_{14} \\ \frac{-a_{21}}{e_1} & \frac{1-a_{22}}{e_2} & \frac{-a_{23}}{e_3} & -a_{24} \\ \frac{-a_{31}}{e_1} & \frac{-a_{32}}{e_2} & \frac{1-a_{33}}{e_3} & -a_{34} \\ \frac{-a_{41}}{e_1} & \frac{-a_{42}}{e_2} & \frac{-a_{43}}{e_3} & 1 \end{bmatrix} \times \begin{bmatrix} E_1 \\ E_2 \\ E_3 \\ W \end{bmatrix} = \begin{bmatrix} F_1 \\ F_2 \\ F_3 \\ 0 \end{bmatrix} \quad \cdots\cdots (130)$$

식 (130)을 최종수요와 고용량의 관계식으로 전환하면 식 (131)이 되고 정리하면 식 (132)가 된다.[97]

$$\begin{bmatrix} E_1 \\ E_2 \\ E_3 \\ W \end{bmatrix} = \begin{bmatrix} \frac{1-a_{11}}{e_1} & \frac{-a_{12}}{e_2} & \frac{-a_{13}}{e_3} & -a_{14} \\ \frac{-a_{21}}{e_1} & \frac{1-a_{22}}{e_2} & \frac{-a_{23}}{e_3} & -a_{24} \\ \frac{-a_{31}}{e_1} & \frac{-a_{32}}{e_2} & \frac{1-a_{33}}{e_3} & -a_{34} \\ \frac{-a_{41}}{e_1} & \frac{-a_{42}}{e_2} & \frac{-a_{43}}{e_3} & 1 \end{bmatrix}^{-1} \times \begin{bmatrix} F_1 \\ F_2 \\ F_3 \\ 0 \end{bmatrix} \quad \cdots\cdots (131)$$

96) $X_j = E_j/e_j$

97) $$\begin{bmatrix} \frac{1-a_{11}}{e_1} & \frac{-a_{12}}{e_2} & \frac{-a_{13}}{e_3} & -a_{14} \\ \frac{-a_{21}}{e_1} & \frac{1-a_{22}}{e_2} & \frac{-a_{23}}{e_3} & -a_{24} \\ \frac{-a_{31}}{e_1} & \frac{-a_{32}}{e_{12}} & \frac{1-a_{33}}{e_{23}} & -a_{34} \\ \frac{-a_{41}}{e_1} & \frac{-a_{42}}{e_2} & \frac{-a_{43}}{e_3} & 1 \end{bmatrix} = \begin{bmatrix} 1-a_{11} & -a_{12} & -a_{13} & -a_{14} \\ -a_{21} & 1-a_{22} & -a_{23} & -a_{24} \\ -a_{31} & -a_{32} & 1-a_{33} & -a_{34} \\ -a_{41} & -a_{42} & -a_{43} & 1 \end{bmatrix} \begin{bmatrix} 1/e_1 & 0 & 0 & 0 \\ 0 & 1/e_2 & 0 & 0 \\ 0 & 0 & 1/e_3 & 0 \\ 0 & 0 & 0 & 1 \end{bmatrix}$$

$$\begin{bmatrix} E_1 \\ E_2 \\ E_3 \\ W \end{bmatrix} = \begin{bmatrix} 1/e_1 & 0 & 0 & 0 \\ 0 & 1/e_2 & 0 & 0 \\ 0 & 0 & 1/e_3 & 0 \\ 0 & 0 & 0 & 1 \end{bmatrix}^{-1} \begin{bmatrix} 1-a_{11} & -a_{12} & -a_{13} & -a_{14} \\ -a_{21} & 1-a_{22} & -a_{23} & -a_{24} \\ -a_{31} & -a_{32} & 1-a_{33} & -a_{34} \\ -a_{41} & -a_{42} & -a_{43} & 1 \end{bmatrix}^{-1} \begin{bmatrix} F_1 \\ F_2 \\ F_3 \\ 0 \end{bmatrix} \quad \cdots\cdots (132)$$

식 (132) 우변의 두 번째 항에 있는 행렬은 식 (128) 우변의 첫 번째 항과 같기 때문에 $\alpha_{ij}^* = e_i \alpha_{ij}$이고 $\alpha_{4j}^* = \alpha_{4j}$라고 하면 식 (133)과 식 (134)와 같이 표기할 수 있다.[98)]

$$\begin{bmatrix} E_1 \\ E_2 \\ E_3 \\ W \end{bmatrix} = \begin{bmatrix} \alpha_{11}^* & \alpha_{12}^* & \alpha_{13}^* & \alpha_{14}^* \\ \alpha_{21}^* & \alpha_{22}^* & \alpha_{23}^* & \alpha_{24}^* \\ \alpha_{31}^* & \alpha_{32}^* & \alpha_{33}^* & \alpha_{34}^* \\ \alpha_{41}^* & \alpha_{42}^* & \alpha_{43}^* & \alpha_{44}^* \end{bmatrix} \times \begin{bmatrix} F_1 \\ F_2 \\ F_3 \\ 0 \end{bmatrix} \quad \cdots\cdots (133)$$

$$= \begin{bmatrix} e_1\alpha_{11} & e_1\alpha_{12} & e_1\alpha_{13} & e_1\alpha_{14} \\ e_2\alpha_{21} & e_2\alpha_{22} & e_2\alpha_{23} & e_2\alpha_{24} \\ e_3\alpha_{31} & e_3\alpha_{32} & e_3\alpha_{33} & e_3\alpha_{34} \\ \alpha_{41} & \alpha_{42} & \alpha_{43} & \alpha_{44} \end{bmatrix} \times \begin{bmatrix} F_1 \\ F_2 \\ F_3 \\ 0 \end{bmatrix} \quad \cdots\cdots (134)$$

식 (134)에서의 고용계수와 생산유발계수 그리고 외생변수인 $F_i(i=1,2,3)$의 관계를 이용하면 내생변수의 규모를 측정할 수 있는데, 이를 정리하면 식 (135)가 된다.

---

98) $$\begin{bmatrix} 1/e_1 & 0 & 0 & 0 \\ 0 & 1/e_2 & 0 & 0 \\ 0 & 0 & 1/e_3 & 0 \\ 0 & 0 & 0 & 1 \end{bmatrix}^{-1} \begin{bmatrix} 1-a_{11} & -a_{12} & -a_{13} & -a_{14} \\ -a_{21} & 1-a_{22} & -a_{23} & -a_{24} \\ -a_{31} & -a_{32} & 1-a_{33} & -a_{34} \\ -a_{41} & -a_{42} & -a_{43} & 1 \end{bmatrix}^{-1} = \begin{bmatrix} e_1 & 0 & 0 & 0 \\ 0 & e_2 & 0 & 0 \\ 0 & 0 & e_3 & 0 \\ 0 & 0 & 0 & 1 \end{bmatrix} \begin{bmatrix} \alpha_{11} & \alpha_{12} & \alpha_{13} & \alpha_{14} \\ \alpha_{21} & \alpha_{22} & \alpha_{23} & \alpha_{24} \\ \alpha_{31} & \alpha_{32} & \alpha_{33} & \alpha_{34} \\ \alpha_{41} & \alpha_{42} & \alpha_{43} & \alpha_{44} \end{bmatrix}$$
$$= \begin{bmatrix} e_1\alpha_{11} & e_1\alpha_{12} & e_1\alpha_{13} & e_1\alpha_{14} \\ e_2\alpha_{21} & e_2\alpha_{22} & e_2\alpha_{23} & e_2\alpha_{24} \\ e_3\alpha_{31} & e_3\alpha_{32} & e_3\alpha_{33} & e_3\alpha_{34} \\ \alpha_{41} & \alpha_{42} & \alpha_{43} & \alpha_{44} \end{bmatrix} = \begin{bmatrix} \alpha_{11}^* & \alpha_{12}^* & \alpha_{13}^* & \alpha_{14}^* \\ \alpha_{21}^* & \alpha_{22}^* & \alpha_{23}^* & \alpha_{24}^* \\ \alpha_{31}^* & \alpha_{32}^* & \alpha_{33}^* & \alpha_{34}^* \\ \alpha_{41}^* & \alpha_{42}^* & \alpha_{43}^* & \alpha_{44}^* \end{bmatrix}$$

$$\begin{aligned} E_1 &= e_1\alpha_{11}F_1 + e_1\alpha_{12}F_2 + e_1\alpha_{13}F_3 \\ E_2 &= e_2\alpha_{21}F_1 + e_2\alpha_{22}F_2 + e_2\alpha_{23}F_3 \\ E_3 &= e_3\alpha_{31}F_1 + e_3\alpha_{32}F_2 + e_3\alpha_{33}F_3 \\ W &= \alpha_{41}F_1 + \alpha_{42}F_2 + \alpha_{43}F_3 \end{aligned} \quad \cdots\cdots (135)$$

식 (135)와 같이 부문별 고용량과 고용계수, 생산유발계수, 최종수요의 관계가 주어지고 특정 부문이 경제의 총고용에 대한 기여도가 어느 정도인지를 측정하기 위해서는 주어진 질문과 이에 대한 가정을 이용하는데,99) 먼저 고용량에 대한 관계식을 다음과 같이 정의한다.

$E_k^0 \quad (k=1,2,3)$	식 (130), 식 (133), 식 (135)에서 주어진 고용량
$E^0 = \sum_{k=1}^{3} E_k^0$	실제 총고용량
${}^iE_k^j \quad (j,k=1,2,3)$	부문 j가 유발한 고용의 기여도를 계산하기 위해 i번째 방법과 가정에 의해 측정된 부문 k의 고용
${}^iC^j \quad (j=1,2,3)$	i번째 방법에 의한 부문 j가 창출한 고용의 총고용에 대한 기여도

첫 번째로 총고용에 대한 부문 j의 기여도가 어느 정도인지에 대한 질문이 "부문 j의 생산품에 대한 최종수요가 0이면 총고용에 대한 효과는 얼마인가?"라면, 이는 부문 j의 기여도는 최종수요가 $F_j = 0$이라는 가정하에서 발생한 고용과 실제 총고용량인 E^0 간의 격차를 측정하는 것이라고 할 수 있다(방법 a). 즉 식 (136)처럼 부문 j의 기여량을 측정하는 것이다.

99) Groenewold 외 2인(1993)은 각 산업이 그 경제에서 어느 정도의 중요도를 갖고 있는지 측정하는 방법을 최종수요의 제거elimination of final demand, 산업 폐쇄shut-down of industry, 산업 재배치relocation of industry 그리고 국산 원재료 구입의 제거elimination of domestic raw-material purchases 등 네 가지로 구분하였다.

$$ {}^{a}C^{j} = E^{0} - ({}^{a}E_{1}^{j} + {}^{a}E_{2}^{j} + {}^{a}E_{3}^{j}) \quad \cdots\cdots (136)$$

여기서, F_j=0일 때 ${}^{a}E_{k}^{j}$는 식 (130)

따라서 $j=1$인 경우[100] 식 (133)에 적용하면 $F_1=0$이므로 식 (137)이 도출된다.

$$\begin{aligned} E_1^1 &= \alpha_{11}^{*}F_1 + \alpha_{12}^{*}F_2 + \alpha_{13}^{*}F_3 \\ E_2^1 &= \alpha_{21}^{*}F_1 + \alpha_{22}^{*}F_2 + \alpha_{23}^{*}F_3 \\ E_3^1 &= \alpha_{31}^{*}F_1 + \alpha_{32}^{*}F_2 + \alpha_{33}^{*}F_3 \end{aligned}$$

$$\begin{aligned} E_1^1 &= \alpha_{12}^{*}F_2 + \alpha_{13}^{*}F_3 \\ E_2^1 &= \alpha_{22}^{*}F_2 + \alpha_{23}^{*}F_3 \quad \cdots\cdots (137) \\ E_3^1 &= \alpha_{32}^{*}F_2 + \alpha_{33}^{*}F_3 \end{aligned}$$

식 (137)을 식 (136)의 부문 1의 고용 기여량에 적용하면 ${}^{a}C^{1} = E^{0} - ({}^{a}E_{1}^{1} + {}^{a}E_{2}^{1} + {}^{a}E_{3}^{1})$인데, 실제 고용량인 E^0와 첫 번째 가정에 의한 부문별 고용과의 차이가 식 (138)이다.

$$\begin{aligned} C^1 &= E^0 - (E_1^1 + E_2^1 + E_3^1) \\ &= (E_1 + E_2 + E_3) - ({}^{a}E_1^1 + {}^{a}E_2^1 + {}^{a}E_3^1) \quad \cdots\cdots (138)^{101)} \\ &= F_1(\alpha_{11}^{*} + \alpha_{21}^{*} + \alpha_{31}^{*}) \end{aligned}$$

---

100) $F_1=0$이므로 부문 1에 대한 최종수요가 없는 것을 가정한 것이다.

101) 식 (133)과 식 (137)을 통해 다음을 알 수 있다.

$$E_1 = e_1\alpha_{11}F_1 + e_1\alpha_{12}F_2 + e_1\alpha_{13}F_3 = \alpha_{11}^{*}F_1 + \alpha_{12}^{*}F_2 + \alpha_{13}^{*}F_3 \qquad {}^{a}E_1^1 = \alpha_{12}^{*}F_2 + \alpha_{13}^{*}F_3$$

$$E_2 = e_2\alpha_{21}F_1 + e_2\alpha_{22}F_2 + e_2\alpha_{23}F_3 = \alpha_{21}^{*}F_1 + \alpha_{22}^{*}F_2 + \alpha_{23}^{*}F_3 \qquad {}^{a}E_2^1 = \alpha_{22}^{*}F_2 + \alpha_{23}^{*}F_3$$

$$E_3 = e_3\alpha_{31}F_1 + e_3\alpha_{32}F_2 + e_3\alpha_{33}F_3 = \alpha_{31}^{*}F_1 + \alpha_{32}^{*}F_2 + \alpha_{33}^{*}F_3 \qquad {}^{a}E_3^1 = \alpha_{32}^{*}F_2 + \alpha_{33}^{*}F_3$$

따라서 부문 1, 부문 2와 부문 3에 대한 최종수요가 0이면 각 ${}^{a}C^{j}$는 다음과 같이 된다.

$${}^{a}C^{1} = E^{0} - ({}^{a}E_1^1 + {}^{a}E_2^1 + {}^{a}E_3^1) = F_1(\alpha_{11}^{*} + \alpha_{21}^{*} + \alpha_{31}^{*})$$

$${}^{a}C^{2} = E^{0} - ({}^{a}E_1^2 + {}^{a}E_2^2 + {}^{a}E_3^2) = F_2(\alpha_{12}^{*} + \alpha_{22}^{*} + \alpha_{32}^{*})$$

식 (138)과 주 101)을 이용하면 ${}^aC^j(j=1,2,3)$는 식 (139)가 된다.

$$\begin{aligned} {}^aC^1 &= F_1(\alpha^*_{11}+\alpha^*_{21}+\alpha^*_{31}) \\ {}^aC^2 &= F_2(\alpha^*_{12}+\alpha^*_{22}+\alpha^*_{32}) \\ {}^aC^3 &= F_3(\alpha^*_{13}+\alpha^*_{23}+\alpha^*_{33}) \end{aligned} \quad \cdots\cdots (139)$$

식 (139)로 특정 산업이 경제에서 제외되었을 경우 경제의 고용 전반에 얼마만큼 충격을 주는지 측정할 수 있다. 한편 $\sum_{j=1}^{3} {}^aC^j = E^0$ 인데,[102] 이는 개별 부문에 의해 창출된 고용의 기여량이 실제 고용 인원과 동일한 것을 나타낸다.[103]

두 번째로 각 산업의 고용 기여가 얼마인지를 파악하기 위해 해당 산업이 제거된 것을 가정할 수 있다(방법 b). 부문 1이 폐쇄되었다면 기여는 식 (140)과 같이 표기할 수 있다.[104]

$${}^bC^1 = E^0 - {}^bE^1 \quad \cdots\cdots (140)$$

여기서, ${}^bE^1 = {}^bE^1_2 + {}^bE^1_3$

식 (140)에서 충격에 의해 새로 가정된 고용인 ${}^bE^1 = {}^bE^1_2 + {}^bE^1_3$는 식 (141)을 이용한다.

$${}^aC^3 = E^0 - ({}^aE^3_1 + {}^aE^3_2 + {}^aE^3_3) = F_3(\alpha^*_{13}+\alpha^*_{23}+\alpha^*_{33})$$

102) $\sum_{j=1}^{3} C^j = F_1(\alpha^*_{11}+\alpha^*_{21}+\alpha^*_{31}) + F_2(\alpha^*_{12}+\alpha^*_{22}+\alpha^*_{32}) + F_3(\alpha^*_{13}+\alpha^*_{23}+\alpha^*_{33}) = E^0$

103) 동 방법의 한계 등에 대한 논의는 Groenewold, N. 외 2인(2006)을 참고

104) 가설적 제거hypothetical extraction의 일종이다.

$$\frac{(1-a_{22})}{e_2}\ {}^bE_2^1 - \frac{a_{23}}{e_3}\ {}^bE_3^1 - a_{24}\ {}^bW^1 = F_2$$

$$-\frac{a_{32}}{e_2}\ {}^bE_2^1 - \frac{(1-a_{33})}{e_3}\ {}^bE_3^1 - a_{34}\ {}^bW^1 = F_3 \quad \cdots\cdots (141)$$

$$-\frac{a_{42}}{e_2}\ {}^bE_2^1 - \frac{a_{43}}{e_3}\ {}^bE_3^1 + {}^bW^1 = 0$$

식 (141)에서 ${}^bE^1 = {}^bE_2^1 + {}^bE_3^1$은 식 (130)에 대해 부문 1이 폐쇄된 것을 가정하여 도출된 것이다.[105] 이 방법에서 중요한 가정은 부문 1이 폐쇄되었음에도 불구하고 부문 2와 부문 3은 기술구조 변화 없이 투입계수와 고용계수는 그대로 유지된다는 것이다.[106]

---

105) $\begin{bmatrix} \frac{1-a_{11}}{e_1} & \frac{-a_{12}}{e_2} & \frac{-a_{13}}{e_3} & -a_{14} \\ \frac{-a_{21}}{e_1} & \frac{1-a_{22}}{e_2} & \frac{-a_{23}}{e_3} & -a_{24} \\ \frac{-a_{31}}{e_1} & \frac{-a_{32}}{e_2} & \frac{1-a_{33}}{e_3} & -a_{34} \\ \frac{-a_{41}}{e_1} & \frac{-a_{42}}{e_2} & \frac{-a_{43}}{e_3} & 1 \end{bmatrix} \begin{bmatrix} E_1 \\ E_2 \\ E_3 \\ W \end{bmatrix} = \begin{bmatrix} F_1 \\ F_2 \\ F_3 \\ 0 \end{bmatrix}$에서 부문 1이 제거되었으므로

$\begin{bmatrix} 0 & 0 & 0 & 0 \\ 0 & \frac{1-a_{22}}{e_2} & \frac{-a_{23}}{e_3} & -a_{24} \\ 0 & \frac{-a_{32}}{e_2} & \frac{1-a_{33}}{e_3} & -a_{34} \\ 0 & \frac{-a_{42}}{e_2} & \frac{-a_{43}}{e_3} & 1 \end{bmatrix} \begin{bmatrix} 0 \\ {}^bE_2^1 \\ {}^bE_3^1 \\ {}^bW^1 \end{bmatrix} = \begin{bmatrix} 0 \\ F_2 \\ F_3 \\ 0 \end{bmatrix}$ 이 된다.

따라서 $\frac{(1-a_{22})}{e_2}\ {}^bE_2^1 - \frac{a_{23}}{e_3}\ {}^bE_3^1 - a_{24}\ {}^bW^1 = F_2$

$-\frac{a_{32}}{e_2}\ {}^bE_2^1 - \frac{(1-a_{33})}{e_3}\ {}^bE_3^1 - a_{34}\ {}^bW^1 = F_3$

$-\frac{a_{42}}{e_2}\ {}^bE_2^1 - \frac{a_{43}}{e_3}\ {}^bE_3^1 + {}^bW^1 = 0$이다.

106) 동일한 방식으로 부문 2와 부문 3에 대한 폐쇄에 대한 기여는 다음과 같다.
부문 2: ${}^bC^2 = E^0 - {}^bE^2$, ${}^bE^2 = {}^bE_1^2 + {}^bE_3^2$이며, ${}^bE_1^2$와 ${}^bE_3^2$는 다음을 만족한다.

세 번째로 각 산업의 고용 기여가 얼마인지를 파악하기 위해 해당 산업이 재배치[107] 되는 것을 가정하는 것이다(방법 c). 이 경우 부문 1의 기여는 식 (142)와 같다.

$$^{c}C^{1}=E^{0}-{}^{c}E^{1} \qquad \text{(142)}$$

여기서, $^{c}E^{1}={}^{c}E_{2}^{1}+{}^{c}E_{3}^{1}$

식 (142)에서 충격에 의해 가정된 고용인 $^{c}E^{1}={}^{c}E_{2}^{1}+{}^{c}E_{3}^{1}$는 식 (143)을 이용한다.

$$\begin{aligned}&\frac{(1-a_{22})}{e_2}\,{}^{c}E_{2}^{1}-\frac{a_{23}}{e_3}\,{}^{c}E_{3}^{1}-a_{24}\,{}^{c}W^{1}=F_2+\frac{a_{21}}{e_1}E_{1}^{0}\\&-\frac{a_{32}}{e_2}\,{}^{c}E_{2}^{1}-\frac{(1-a_{33})}{e_3}\,{}^{c}E_{3}^{1}-a_{34}\,{}^{c}W^{1}=F_3+\frac{a_{31}}{e_1}E_{1}^{0}\\&-\frac{a_{42}}{e_2}\,{}^{c}E_{2}^{1}-\frac{a_{43}}{e_3}\,{}^{c}E_{3}^{1}+{}^{c}W^{1}=0\end{aligned} \qquad \text{(143)}$$

$$\begin{aligned}&\frac{(1-a_{11})}{e_1}\,{}^{b}E_{1}^{2}-\frac{a_{13}}{e_3}\,{}^{b}E_{3}^{2}-a_{14}\,{}^{b}W^{2}=F_1\\&-\frac{a_{31}}{e_1}\,{}^{b}E_{1}^{2}-\frac{(1-a_{33})}{e_3}\,{}^{b}E_{3}^{2}-a_{34}\,{}^{b}W^{2}=F_2\\&-\frac{a_{41}}{e_1}\,{}^{b}E_{1}^{2}-\frac{a_{43}}{e_3}\,{}^{b}E_{3}^{2}+{}^{b}W^{2}=0\end{aligned}$$

부문 3: $^{b}C^{3}=E^{0}-{}^{b}E^{3}$, $^{b}E^{3}={}^{b}E_{1}^{3}+{}^{b}E_{2}^{3}$이며, $^{b}E_{1}^{3}$와 $^{b}E_{2}^{3}$는 다음을 만족한다.

$$\begin{aligned}&\frac{(1-a_{11})}{e_1}\,{}^{b}E_{1}^{3}-\frac{a_{12}}{e_2}\,{}^{b}E_{2}^{3}-a_{14}\,{}^{b}W^{3}=F_1\\&-\frac{a_{21}}{e_1}\,{}^{b}E_{1}^{3}-\frac{(1-a_{22})}{e_2}\,{}^{b}E_{2}^{3}-a_{24}\,{}^{b}W^{3}=F_2\\&-\frac{a_{41}}{e_1}\,{}^{b}E_{1}^{3}-\frac{a_{42}}{e_2}\,{}^{b}E_{2}^{3}+{}^{b}W^{3}=0\end{aligned}$$

107) 재배치된다는 것은 각 부문이 생산을 위해 재배치된 부문이 계속 중간재를 구입하는 것을 의미한다.

식 (143)을 두 번째 가정에 의해 기여도를 측정하는 식 (141)과 비교하면, 첫 번째 식과 두 번째 식의 우변에 $\frac{a_{21}}{e_1}E_1^0$과 $\frac{a_{31}}{e_1}E_1^0$이 추가되는 점이 다르다. $\frac{a_{21}}{e_1}E_1^0$에서 $e_1=\frac{E_1^0}{X_1}$이므로 $a_{21}X_1$인데, 부문 1의 생산에 중간재로 투입된 부문 2의 크기이다. 그러므로 식 (143)은 부문 1이 재배치되어도 부문 2의 수급은 부문 1에 중간투입되던 것이 부문 2의 초기 최종수요 F_2에 추가되면 균형이 유지되는 것을 나타낸다.[108]

11 부문 간 네트워크분석

산업연관분석은 부문 간에 존재하는 직·간접적인 상호연관효과를 측정한 결과가 행렬 또는 벡터 형태로 표기되는 것이 일반적이다. 따라서 계산 결과를 해석할 때 많은 계수가 가진 함의를 효과적으로 파악하는 것이 중요하다.

최근 들어 컴퓨터의 연산처리 능력이 급격하게 향상되고 네트워크분석 기법 등이 지속적으로 개발됨에 따라 산업연관분석도 숫자 나열 방식에서 시각적으로 구현하는 방법이 소개되고 있다. 본 절에서는 부문 간 연계성을 측정하는 평균확산거리APL: Average Propagation Length 기법을 이용하여 시각화하는 방법을 살펴보도록 한다.

평균확산거리 기법은 어떤 부문이 다른 부문과의 관계가 직접적인지 아니면 다른 부문을 우회하여 연계되는지 파악하기 위해 상호의존성 크기와 경제적 거리economic distance를 측정하여 시각화하는 것이다.[109]

수입이 없는 경제를 가정한 균형방정식 $X=AX+Y$로부터 도출된 최종수요와 산출의 관계식은 $X=(I-A)^{-1}Y$인데, 생산유발계수행렬 $(I-A)^{-1}$을 R이라고 하면 생산유발계수행렬은 제4장 2절에서 살펴본 바와 같이 식 (144)처럼 무한등비급수로 표기된다.

108) 제6장 5절 참고

109) 이 분석을 수행할 때 이용할 수 있는 소프트웨어로는 Gephi가 있는데, 사용 방법이 (부록 C)에 소개되어 있다.

$$R = \sum_{i=0}^{\infty} A^i \quad \cdots\cdots (144)$$

생산유발계수행렬 R의 i번째 행과 j번째 열에 위치한 원소 r_{ij}는 부문 j의 제품에 대한 최종수요가 한 단위 발생함에 따라 부문 i에서 유발된 산출 크기인데, 수요부문 j와 판매부문 i의 연계성인 후방연쇄효과를 측정하는 데 이용된다.

식 (144)를 식 (145)와 같이 최종수요와 산출의 관계로 전환하면 단계별로 산출효과를 측정할 수 있다.

$$X = RY = (\Sigma_{i=0}^{\infty} A^i)\,Y \quad \cdots\cdots (145)$$

즉 최종수요와 산출의 관계식인 $X = RY = (\Sigma_{i=0}^{\infty} A^i)\,Y$를 이용하여 최종수요에 의한 초기 생산 소요량 Y, 1차 생산효과 AY 그리고 2차, 3차 등의 간접효과로 우회 정도를 분해할 수 있다.

다음으로 공급 측면에서의 산업 간 관계는 판매부문 i가 수요부문 j에 대해 갖는 의존도인 전방연쇄효과로 측정하며 배분계수 $\overrightarrow{a_{ij}} = x_{ij}/X_i$를 이용한다.[110] 배분계수를 이용한 고쉬 역행렬 $(I-\overrightarrow{A})^{-1} = G$는 공급 측면에서의 균형방정식 $X' = X'\overrightarrow{A} + V'$(단, $\overrightarrow{A}$는 배분계수이고, V는 부가가치를 의미)에서 도출된다.

G의 원소 g_{ij}도 레온티에프 역행렬 R과 마찬가지로 분해할 수 있다. 먼저 부문 i의 본원적 요소비용(즉 부가가치)이 한 단위 증가하면 이 부문의 생산비용도 같은 크기로 한 단위 증가하고 산출물의 가치도 그만큼 증가하는 초기효과가 발생한다. 따라서 배분계수 $\overrightarrow{a_{ij}}$는 부문 i의 산출 한 단위 중에서 부문 j에 $\overrightarrow{a_{ij}}$만큼 배분된 것을 의미하기 때문에 부문 i의 산출이 한 단위 증가하면 부문 j의 생산비용은 $\overrightarrow{a_{ij}}$만큼 증가하게 되며, 동 효과는 직접효과에 해당된다. 다음으로 2단계에서는 직접효과를

110) 공급 측면에서의 모형을 수요 견인모형인 $X = RY$와 비교해 정량모형으로 인식되어 왔었으나, 최근에는 가격모형이라는 주장과 더불어 레온티에프 가격모형과 동일하다는 연구도 있었다. 본 장의 제5절에 설명되어 있다.

통해 추가된 비용 증가가 상품의 구매자에게 모두 전가된다면 특정 부문 k의 생산비용도 $\sum_{j=1}^{n} \overrightarrow{a_{ij}}\ \overrightarrow{a_{jk}}$만큼 증가하게 된다. 이러한 초기효과, 직접효과, 2차 이후의 효과 등을 모두 합한 관계식은 식 (146)과 같다.

$$X' = V' \sum_{i=0}^{\infty} (\overrightarrow{A})^i \qquad (146)$$

따라서 임금 등 본원적 요소의 비용 인상 V'에 따른 산출 변동 X'는 초기효과 V', 직접효과 $V' \cdot \overrightarrow{A}$, 간접효과 $V' \cdot \left[\sum_{i=2}^{\infty} (\overrightarrow{A})^i\right]$로 구분할 수 있다.

$$X' = V' \sum_{i=0}^{\infty} (\overrightarrow{A})^i \qquad (147)$$

식 (145)와 식 (147)처럼 산업 간의 상호연관관계는 수요 측면에서는 물론 공급 측면에서도 파악할 수 있으며, 평균확산거리 기법은 양 측면에서의 부문 간 상호연관관계를 측정하는 방법이라고 할 수 있다. 이 방법에서 초기효과는 제외되는데, 초기효과에 의한 산출은 산업구조에 의존하지 않고 직접 외생변수에 연계되어 발생하기 때문이다.

가. 공급 측 평균확산거리

공급 측면에서 고쉬 역행렬을 이용하여 부문 간 상호연관관계를 측정할 때 언급한 것처럼 부문 간의 상호연관관계는 자기 부문에서 발생하는 초기효과를 제외하고 파악하는 것이 적절하다고 할 수 있다. 이를 위해서는 크로네커 델타Kronecker delta 곱셈을 이용하는데, 크로네커 델타 δ_{ij}는 $i=j$이면 $\delta_{ij}=1$이고 $i \neq j$이면 0의 값을 갖는 행렬이다. 정방행렬인 경우에는 단위행렬이 여기에 해당된다.

고쉬 역행렬 G의 원소를 g_{ij}라고 하면 $g_{ij}-\delta_{ij}$는 부문 간의 직 · 간접 상호연관효과에서 초기효과를 제외한 것이기 때문에 부문 i의 비용이 상승하면 부문 j의 산출은 $g_{ij}-\delta_{ij}$만큼 증가하는 것을 의미한다. 고쉬 역행렬 $G=\Sigma_{i=0}^{\infty}(\overrightarrow{A})^{i}$에서 직접효과는 배분계수 $\overrightarrow{a_{ij}}$인데, $g_{ij}-\delta_{ij}$로 나눈 $\overrightarrow{a_{ij}}/(g_{ij}-\delta_{ij})$는 직접효과에 의한 산출 증가가 총유발효과에서 차지하는 비중이고 $(\overrightarrow{A})_{ij}^{2}/(g_{ij}-\delta_{ij})$는[111] 총유발효과 중 부문 i에서 부문 j에 도달하는 2차 회전, 즉 다른 부문을 통해 2차 우회하는 정도이다. 이를 일반화하면 $(\overrightarrow{A})_{ij}^{k}/(g_{ij}-\delta_{ij})$는 k차 회전의 크기가 총유발효과에서 차지하는 비중이다. 이들 각 효과를 합하면 1이 된다.[112]

부문 i에서 발생한 비용 충격이 부문 j로 전가되기 위해 필요한 평균 회전수는 식 (148)이다.

$$v_{ij}=\frac{[1\overrightarrow{a_{ij}}+2(\overrightarrow{A})_{ij}^{2}+3(\overrightarrow{A})_{ij}^{3}+\cdots\cdots]}{g_{ij}-\delta_{ij}} \quad \cdots\cdots (148)$$

주 112)에서처럼 $[(\overrightarrow{A})_{ij}^{1}+(\overrightarrow{A})_{ij}^{2}+(\overrightarrow{A})_{ij}^{3}+\cdots\cdots]/(g_{ij}-\delta_{ij})$는 1이기 때문에 분자에 있는 각 항은 가중치 역할을 하며 각 항에다 회전수 k를 곱하여 이를 더하면 두 부문이 어느 정도 회전을 통해 상호 연결되는지를 나타낸다. 즉 식 (148)에서 v_{ij}는 공급 측에서 부문 i의 비용 상승이 몇 번의 회전을 통해 부문 j에 전가되는지를 나타내는 것인데, v_{ij}로 구성된 행렬을 평균확산거리행렬 V라고 한다.[113] 식 (148) 우변의 분자를 행렬 H로 정의하면 고쉬 역행렬 G와 H는 식 (149)의 관계를 갖는다.

---

111) $(\overrightarrow{A})_{ij}^{k}$는 행렬 $(\overrightarrow{A})^{k}$의 (i,j)에 있는 원소이다.

112) $\dfrac{\Sigma_{i=1}^{\infty}(\overrightarrow{A})^{i}}{G-\Delta}=\dfrac{\Sigma_{i=1}^{\infty}(\overrightarrow{A})^{i}+I-I}{G-\Delta}=\dfrac{G-I}{G-\Delta}=I$

여기서, Δ는 크로네커 델타로 구성된 행렬이자 정방행렬이기 때문에 단위행렬이다.

113) $[(\overrightarrow{A})_{ij}^{1}+(\overrightarrow{A})_{ij}^{2}+(\overrightarrow{A})_{ij}^{3}+\cdots\cdots]/(g_{ij}-\delta_{ij})$는 1인데, 따라서 식 (148)처럼 분자의 k번째 위치한 항에 k를 곱하여 더하고 분모의 $g_{ij}-\delta_{ij}$로 나누면 분자의 값이 상대적으로 높은 항의 값에서 k가 결정된다.

$$H = \sum_{k=1}^{\infty} k(\overrightarrow{A})^k$$
$$= G(G-I) \quad \cdots\cdots (149)$$[114]

행렬 H의 원소를 h_{ij}라고 정의하면 평균확산거리행렬 V의 원소 v_{ij}는 식 (150)과 같다.

$$v_{ij} = \begin{cases} h_{ij}/(g_{ij}-\delta_{ij}), & g_{ij}-\delta_{ij}>0 \\ 0, & g_{ij}-\delta_{ij}=0 \end{cases} \quad \cdots\cdots (150)$$

식 (150)에서 $g_{ij}-\delta_{ij}=0$은 고쉬 역행렬의 대각원소값이 1인 경우이며 산출액이 부가가치로만 구성되거나 최종수요로만 배분되는 경우에 해당된다.

나. 수요 측 평균확산거리

가.절에서는 공급 측면에서 부문 간 상호연관관계를 살펴보았는데, 레온티에프 역행렬을 이용하여 수요 측면에서 부문 간의 직 · 간접 상호연관관계를 파악하는 방법은 다음과 같다.

부문 j에 대한 최종수요가 한 단위 발생하였을 경우 부문 i에 얼마만큼 총유발효과를 발생시키는지는 $a_{ij}+(A^2)_{ij}+(A^3)_{ij}+\cdots\cdots=r_{ij}-\delta_{ij}$를 이용한 것처럼(단, a_{ij}는 투입계수이고 A는 투입계수행렬이며, r은 생산유발계수) 수요를 견인하는 측의 평균확산거리는 식 (151)로 정의한다.

114) $G=(I-\overrightarrow{A})^{-1}$이며, $(I-\overrightarrow{A})H=(I-\overrightarrow{A})[\sum_{k=1}^{\infty}k(\overrightarrow{A})^k]=\sum_{k=1}^{\infty}k(\overrightarrow{A})^k-\sum_{k=1}^{\infty}k(\overrightarrow{A})^{k+1}=(\overrightarrow{A})^1+(\overrightarrow{A})^2+(\overrightarrow{A})^3+\cdots\cdots$이므로 $H=(I-\overrightarrow{A})^{-1}(G-I)=G(G-I)$이다.

$$\frac{1a_{ij}+2(A^2)_{ij}+3(A^3)_{ij}+\cdots\cdots}{r_{ij}-\delta_{ij}} \quad \cdots\cdots (151)$$

식 (148)과 식 (151)이 공급과 수요 측에서 각각 다르게 접근한 것이지만, 투입계수 A와 배분계수 $\overrightarrow{A}$는 $A\hat{X}=C=\hat{X}\overrightarrow{A}$[115] 또는 $A=\hat{X}\cdot\overrightarrow{A}\cdot\hat{X}^{-1}$[116]이므로 연계되어 있다. 즉 레온티에프 역행렬과 고쉬 역행렬의 관계는 식 (152)와 같으며 원소를 기준으로는 $r_{ij}=x_i g_{ij}/x_j$이다.

$$\begin{aligned} R &= (I-A)^{-1} \\ &= \hat{X}G\,\hat{X}^{-1} \quad \cdots\cdots (152) \end{aligned}$$

따라서 레온티에프 역행렬과 고쉬 역행렬의 관계가 k차 회전에서는 $(A^k)_{ij}=x_i(\overrightarrow{A^k})_{ij}/x_j$라는 것을 알 수 있다.

다. 수요모형과 공급모형의 평균확산거리 관계

나. 절에서 식 (151)로 정의된 수요 측에서의 평균확산거리도 공급 측에서의 평균확산거리인 식 (148)과 두 부문의 산출액 비율로 연결되어 있다는 것을 살펴보았는데, 식 (150)에서 정의된 행렬 V는 부문 i에서의 비용 상승이 부문 j에 주는 영향을 통해 측정되는 평균확산거리와 부문 j에서 수요 견인이 발생하였을 경우 부문 i가 받는 영향을 통해 측정되는 평균확산거리도 함께 나타낸다. 즉 부문 i에서 부문 j에 도달하기 위해 전방에 필요한 평균 회전수와 부문 j에서 부문 i에 도달하기 위해 후방에 필요한 평균 회전수가 같다는 것이다.

---

115) C를 내생부문 거래표라고 하면, 이 관계는 $A=C\cdot\hat{X}^{-1}$과 $\overrightarrow{A}=\hat{X}^{-1}\cdot C$를 통해 알 수 있다. 이는 본 장의 제5절에서 다루었다.

116) $a_{ij}=X_i\overrightarrow{a_{ij}}/X_j$

라. 평균확산거리모형의 보완

식 (150)의 행렬 V에서 v_{ij}는 부문 i와 부문 j가 만나는 원소인데, 부문 i는 행의 위치이기 때문에 공급 측에 해당되고 부문 j는 열의 위치이기 때문에 수요 측에 해당된다. 따라서 부문 i는 부문 j에 대해 공급 측에서 비용을 통해 관계를 갖는데 이를 전방평균확산거리forward APL라고 하며, 부문 j가 부문 i에 대해 하는 역할은 수요 측[117]을 통해 관계를 갖는데 이를 후방평균확산거리backward APL라고 한다.

그림 5-10 평균확산거리의 계산 결과

상품 \ 상품	1	2	……	n	행 평균
1	v_{11}	v_{12}	……	v_{1n}	$v_{1.}/n$
2	v_{21}	v_{22}	……	v_{2n}	$v_{2.}/n$
⋮	⋮	⋮	⋱	⋮	⋮
n	v_{n1}	v_{n2}	……	v_{nn}	$v_{n.}/n$
열 평균	$v_{.1}/n$	$v_{.2}/n$	……	$v_{.n}/n$	

[그림 5-10]과 같은 평균확산거리행렬 V에 대한 해석은 다음과 같다.

행렬 V에서 각 부문의 평균확산거리의 평균은 각 부문이 생산활동 측면에서 다른 부문들에 대해 어느 정도의 관계를 갖는지를 나타낸다.

행 평균은 각 부문의 전방평균확산거리의 평균이며 각 부문이 그 경제의 공급 측 생산사슬production chains에서 어느 단계에 위치해 있는지를 나타낸다. 어떤 부문의 행 평균이 크다면 다른 부문에 대해 갖는 회전수가 크다는 것을[118] 의미하기 때문에 해당 부문이 공급 측에서 다른 부문에 대해 갖는 연계성이 그만큼 간접적인 것이다. 즉 전방평균확산거리의 평균이 크다는 것은 회전수가 많은 것이기 때문에 해당 부문

117) 부문 j는 투입구조를 통해 부문 i를 구입한다.
118) 다른 부문에 대해 갖는 관계가 떨어져 있다는 것이다.

이 다른 부문에 공급 측면에서 관여할 때 생산사슬의 앞 단계에서 간접적으로 다른 부문과 관계를 갖는 것이다. 그렇기 때문에 해당 부문은 그 경제의 생산 단계에서 재료 제공 등과 같이 초기 단계에서 역할을 수행한다고 할 수 있다.

열 평균은 각 부문의 후방평균확산거리의 평균 크기이며 어떤 부문이 행렬 V의 열 평균에서 크기가 작다면 해당 부문은 수요 측에서 다른 부문을 수요하는 것이 그만큼 직접적이라는 것을 의미한다고 할 수 있다. 즉 해당 부문은 다른 부문과 수요로 연결될 때 생산사슬이 짧고 따라서 열 평균값이 큰 부문에 비해 그 경제의 생산사슬의 앞 단계에 있다고 할 수 있다.

정리하면 다음과 같다. 한 부문의 전방평균확산거리 평균값이 크거나(A) 후방평균확산거리 평균값이 작다면(B) 그 부문은 경제의 생산사슬에서 초기 단계, 즉 전방에서 공급 측 역할이 강한 것을 의미한다.

반대로 전방평균확산거리의 평균값이 작거나(C) 후방평균확산거리의 평균값이 큰(D) 부문은 그 경제의 생산사슬에서 후미 단계, 즉 후방에서 수요 측 역할이 다른 부문들에 비해 강한 것을 의미한다.

다음으로 고쉬 역행렬 G와 레온티에프 역행렬 R 각각에서 초기효과를 제거하고 이들 값의 평균인 식 (153)을 이용하는 방법이 있다.[119]

$$F = \frac{(L-I)+(G-I)}{2} \quad \cdots\cdots (153)$$

식 (153) 행렬 F의 원소 f_{ij}는 부문 i와 부문 j 간의 상호연관성의 크기를 나타내는 것이면서 부문 i의 비용 상승이 부문 j에 미치는 전방효과와 부문 j의 수요 견인이 부문 i에 미치는 후방효과의 평균이기도 하다. 그러나 주 119)에서 언급한 한계를 보완하기 위해서는 식 (153)의 행렬 F와 평균확산거리 행렬 V를 결합한 식 (154)를 이용한다.[120]

119) Dietzenbacher, E. 외 1인(2005)은 스페인 안달루시아를 대상으로 실증분석을 하여 지금까지 살펴본 평균확산거리 방법이 각 산업의 일반적인 특징을 잘 식별하지 못하거나 반대 결과가 도출되는 것을 알아내고 공급과 수요 측면을 동시에 고려하는 방법을 고안하였다.

$$s_{ij} = \begin{cases} int(v_{ij}), & f_{ij} \geq a \\ 0, & f_{ij} < a \end{cases} \quad \cdots\cdots (154)$$

식 (154)에서 $int(v_{ij})$는 v_{ij}가 몇 번의 회전을 통해 두 부문이 연계되는가를 나타내는데 v_{ij}의 결과에 가장 가까운 정수의 크기로 결정된다.

식 (154)를 이용하여 부문 간 상호연관성의 크기와 방향을 파악할 때 주의할 사항은 기준값 a의 크기를 설정하는 것이다. 이 식에서 보는 바와 같이 a값이 작으면 부문 간 연계성을 나타내는 행렬 S가 자세하게 기록되지만 의미가 약한 연계고리도 포함되기 때문에 식별이 어려워진다. 반대로 a가 크면 부문 간 상호연관관계에 대한 해석은 선명해지지만 상호 간의 연계고리가 많이 누락된다. 따라서 a의 수준은 시행착오를 통해 결정하는 것이 일반적이다.

마. 평균확산거리를 이용한 그래프 작성 방법

식 (154)로 생성된 행렬 S를 이용하여 그래프화하는 방법을 살펴보도록 한다. f_{ij}가 기준값 a의 값보다 작은 경우 s_{ij}의 값에는 0이 할당되는데, 이는 f_{ij}의 값이 작은 것은 두 부문 간의 연관성이 매우 낮다는 것이기 때문에 그래프분석에서 제외시킨다. 그리고 f_{ij}가 a보다 크거나 같은 값을 갖는 경우에는 두 부문 간의 상호연관관계가 일정 수준 이상인 것이기 때문에 평균확산거리행렬 V의 원소 v_{ij}에서 가장 가까운 정수값으로 행렬 S의 원소 s_{ij}의 값을 결정한다.

원소 s_{ij}의 값이 1인 경우와 2인 경우를 비교하면 다음과 같다. s_{ij}의 값은 v_{ij}에 의해 결정되기 때문에 두 부문이 각각 갖는 회전수와 같다고 할 수 있다. 이에 따라

120) 이 방법은 평균확산거리는 한 부문의 비용 상승(또는 수요 견인)이 다른 부문에 전가되는데 필요한 평균 단계, 즉 회전수를 통해 두 부문 간의 거리를 측정하는 것인 데 반해 전이되는 것의 크기와 관계성이 애매한 경우가 있다는 것이 실증분석 결과에서 나타났기 때문이었다. 그리고 제안한 행렬 F 역시 전이의 크기와 두 부문 간의 연계성 정도를 나타내는데 그 효과가 직접적인지 간접적인지를 명확하게 구분하지 못하는 한계가 있는 것으로 나타났다.

값이 1인 경우는 부문 i의 비용 증가가 부문 j에 대해 1회전 정도의 강한 관계를 갖고 연계되는 것이고 2인 경우는 다른 부문을 통해 우회하여 연계되는 것이다. 따라서 이러한 관계를 모든 부문에 대해 연결시키고 이를 그래프로 나타내면 그 경제 내에서의 각 부문들이 어떤 생산사슬로, 어느 정도의 연계고리를 갖고 관계를 맺는지 알 수 있다. 부문수가 많아지면 그래프화하는 것이 어렵기 때문에 주 109)에서 언급한 것처럼 Gephi 소프트웨어를 이용하면 효과적으로 구현할 수 있다.

12 구조경로분석

두 부문 간의 상호연관관계를 측정하기 위해 생산유발계수를 이용하는 것은 부문 간의 직접적인[121] 것은 물론 다른 부문을 통해 우회하는 간접적인 효과까지 포함시키기 위한 것이다. 이번 절에서 살펴볼 것은 두 부문 간의 직 · 간접 상호연관관계를 한 개의 생산유발계수로 파악하는 것이 아니라 우회하는 경로까지 분석하는 구조경로분석SPA: Structural Path Analysis이다.[122] 주 122)에서 설명한 것처럼 구조경로분석은 사회계정행렬에 적용하기 위해 개발된 것인데, 사회계정행렬에 대한 설명은 (부록 D)에 있다. 이 절에서는 구조경로분석의 이해도를 높이는 데 초점을 두고 간단히 소개한다.

사회계정행렬은 용어처럼 행렬로 되어 있으며 세로 방향으로는 비용을 지출expenditure(분배와 같음)한 것이고 가로 방향으로는 판매를 통한 수입receipts을 나타내는 구조로 되어 있다. [그림 5-11]과 [그림 5-12]가 사회계정행렬의 예이다.

[그림 5-11]에서 판매 수입은 판매구조(즉 배분구조)이고, 비용 지출은 투입구조에 해당한다고 할 수 있다.

121) 투입계수와 배분계수를 이용하는 것이다.

122) 구조경로분석은 Deforney, J.와 Thorbecke, E.가 사회계정행렬 내에서 계정 간의 상호움직임을 일반균형이론 측면에서 분석하기 위해 개발한 방법이다(Deforney, J. 외 1인, 1984).

그림 5-11 사회계정행렬의 예 (1)

		비용 지출				계
		내생	소계	외생	소계	
판매수입	내생	T_{nn}	n	T_{nx}	x	y_n
	외생	T_{xn}	l	T_{xx}	t	y_x
계		$y_n{}'$		$y_x{}'$		

행렬 내에 있는 부분행렬과 벡터를 살펴보면 다음과 같다. T_{nn}은 내생부문이 내생부문으로 투입된 것이고, 열벡터인 n은 내생부문이 생산을 위해 사용한 비용행렬 T_{nn}을 가로 방향으로 더한 것이다. T_{nx}는 내생부문이 소비 등의 외생부문에 판매하여 수취한 것이면서 동시에 외생부문이 내생부문을 구입하고 비용을 지출한 것인데, 열벡터인 x는 T_{nx}를 가로 방향으로 더한 것이다. 그리고 y_n은 두 개의 열벡터 n과 x를 더한 것이다. y_n을 공급 측에서 보면 내생부문이 내생부문과 외생부문에 판매하여 얻은 수입이 된다. 이와 마찬가지로 외생부문에 대해서도 가로 방향으로 보면 $y_x = l + t$가 성립된다. 공급과 수요가 일치하는 투입산출표와 마찬가지로 사회계정행렬에서 열합과 행합이 같기 때문에 합계 벡터는 전치된 형태만 다르고 그 원소의 값들은 항상 동일하다.

투입계수를 계산하는 것처럼 T_{nn}과 T_{xn}을 세로 방향으로 더하여 만든 행벡터 $y_n{}'$으로 T_{nn}을 나눈 것을 A_n이라고 하고, T_{xn}을 $y_n{}'$으로 나눈 것을 A_l이라고 하면 식 (155)와 식 (156)이 된다. 두 식에서 $\hat{y}_n$은 행벡터 $y_n{}'$과 열벡터 y_n의 대각행렬이다.

$$T_{nn} = A_n \hat{y}_n \quad \cdots\cdots (155)$$

$$T_{xn} = A_l \hat{y}_n \quad \cdots\cdots (156)$$

식 (155)와 식 (156)에 대해 대각행렬 $\hat{y}_n$ 대신에 열벡터 y_n을 곱하면 내생부문

투입구조를 행 방향으로 더한 식 (157)과 식 (158)이 성립한다.

$$n = A_n y_n \quad \cdots\cdots (157)$$

$$l = A_l y_n \quad \cdots\cdots (158)$$

수급균형식 $y_n = n + x$의 n을 식 (157)로 대체하면 식 (159)의 승수행렬 M_a가 도출된다.

$$y_n = A_n y_n + x$$

$$= (I - A_n)^{-1} x = M_a x \quad \cdots\cdots (159)^{123)}$$

식 (159)는 승수행렬 M_a에 충격변수 x를 곱하면 y_n이 도출되는 것인데, 생산유발계수에 최종수요를 곱하면 산출액이 도출되는 것과 같다.

[그림 5-11]에 있는 계정에서 내생부문 T_{nn}을 본원적 요소부문 1, 가계부문 2, 생산활동부문 3의 세 개로 세분하면 사회계정행렬은 [그림 5-12]로 확장되는데, 0은 거래가 없는 것이다. T_{13}을 가로 방향으로 보면 본원적 요소부문 1이 생산활동부문에 본원적 요소(부가가치)를 제공하여 수취한 것이고, 세로 방향으로 보면 생산활동부문 3이 본원적 요소를 구입하면서 비용으로 지출한 것이다. T_{21}을 행 방향으로 보면 가계부문 2가 본원적 요소를 제공하고 부문 1에서 수취한 것이며, 열 방향으로 보면 본원적 요소부문 1이 가계부문 2에 비용을 지불(임금 등으로)한 것이다. 그리고 T_{22}는 가계부문 2가 가계부문 2를 통해 수입을 얻은 것, 즉 가계군 간의 소득 이전과 같은 것이며, T_{32}는 생산활동부문 3이 가계부문 2에서 수취한 것인데 이는 가계부문의 소비지출을 나타낸다. T_{33}은 투입산출표의 내생부문과 같이 각 생산활동을 하는 부문 간의 거래 내역이고, 외생부문의 m'과 x'는 수입과 수출처럼 대외부문과의 거래를 포함한다.

123) $y_n = n + x = A_n y_n + x$, $y_n - A_n y_n = x$, $(I - A_n) y_n = x$, $\therefore\ y_n = (I - A_n)^{-1} x$

그림 5-12 사회계정행렬의 예 (2)

			비용 지출				계
			내생			외생	
			요소(부가가치)	가계	생산활동	기타 계정의 합계	
판매수입	내생	요소(부가가치)	0	0	T_{13}	x_1	y_1
		가계	T_{21}	T_{22}	0	x_2	y_2
		생산활동	0	T_{32}	T_{33}	x_3	y_3
	외생	기타 계정의 합계	$m_1{}'$	$m_2{}'$	$m_3{}'$	t	y_x
계			$y_1{}'$	$y_2{}'$	$y_3{}'$	y_x	

[그림 5-12]의 부분행렬은 [그림 5-13]의 관계를 갖는데, 화살표 T_{ij}는 계정 i와 계정 j 간의 상호관계를 통해 발생하는 화폐 흐름이다.

그림 5-13 사회계정행렬([그림 5-12])의 화폐 흐름

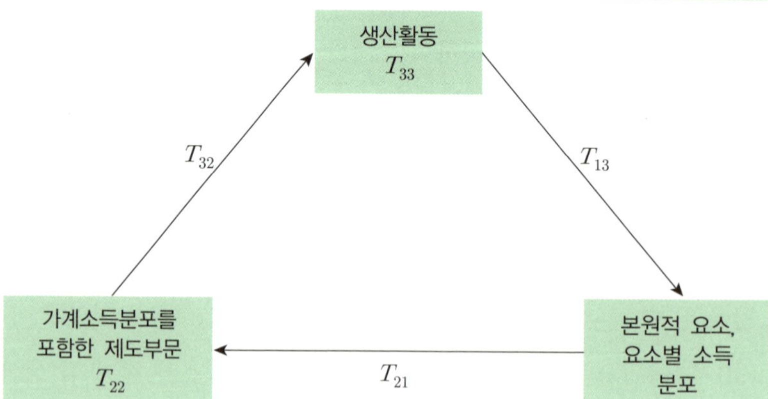

[그림 5-12]의 사회계정행렬로 세분화된 [그림 5-11]의 T_{nn}을 행렬로 표기하면 식 (160)이 된다.

$$T_{nn} = \begin{bmatrix} 0 & 0 & T_{13} \\ T_{21} & T_{22} & 0 \\ 0 & T_{32} & T_{33} \end{bmatrix} \quad \cdots\cdots (160)$$

식 (160)을 총비용 벡터인 $y_1{}'$, $y_2{}'$, $y_3{}'$으로 나눈 것을 평균지출성향행렬average expenditure propensity이라고 하는데 식 (161)과 같다.[124)]

$$A_n = \begin{bmatrix} 0 & 0 & A_{13} \\ A_{21} & A_{22} & 0 \\ 0 & A_{32} & A_{33} \end{bmatrix} \quad \cdots\cdots (161)$$

식 (159)와 식 (161)을 결합하면 생산활동을 나타내는 벡터 y_3는 식 (162)로 표기할 수 있다.

$$y_3 = A_{33}\, y_3 + (A_{32}\, y_2 + x_3) = (I - A_{33})^{-1}(A_{32}\, y_2 + x_3) \quad \cdots\cdots (162)$$[125)]

식 (162)에서 내생부문계정의 하나인 가계부문 1이 소득분위별처럼 군별로 구분된다면 A_{32}는 가계의 각 군별 소비지출 형태이고, y_2는 가계의 각 군별 소득 수준의 분포를 나타내기 때문에 이를 결합한 $A_{32}y_2$는 가계의 소비지출이 벡터[126)]로 된 것이며 이는 T_{32}를 행 방향으로 더한 것과 같다. x_3는 생산활동부문이 외생부문에 판

---

124) 투입계수와 같은 것이다.

125) y_3는 [그림 5-12]에서 생산활동을 판매 수입 방향으로 더한 것과 생산활동을 비용 지출 방향으로 더한 것, 즉 $y_3 = T_{32}\, e + T_{33} e + x_3$의 관계를 갖는다. 그러므로 이 관계를 행렬로 표기하면 다음과 같다.

$$\begin{pmatrix} y_1 \\ y_2 \\ y_3 \end{pmatrix} = \begin{bmatrix} 0 & 0 & A_{13} \\ A_{21} & A_{22} & 0 \\ 0 & A_{32} & A_{33} \end{bmatrix} \begin{pmatrix} y_1 \\ y_2 \\ y_3 \end{pmatrix} + \begin{pmatrix} x_1 \\ x_2 \\ x_3 \end{pmatrix}$$

$$y_1 = A_{13} y_3 + x_1$$

$$y_2 = A_{21} y_1 + A_{22} y_2 + x_2$$

$$y_3 = A_{32} y_2 + A_{33} y_3 + x_3 \Rightarrow y_3 = (I - A_{33})^{-1}(A_{32} y_2 + x_3)$$

126) 이는 레온티에프 역행렬에 곱해지는 최종수요 벡터와 같다.

매하고 수취한 것이므로[127] $A_{32}y_2+x_3$를 $(I-A_{33})^{-1}$에 곱하는 것은 최종수요와 생산유발계수의 관계를 확장한 모형이라고 할 수 있다.[128]

승법분해multiplicative decomposition[129]를 이용하면 식 (159)에 있는 M_a는 식 (163)과 같이 선형적으로 분해할 수 있다.

$$\begin{aligned} M_a &= I + (M_{a1}-I) + (M_{a2}-I)M_{a1} + (M_{a3}-I)M_{a2}M_{a1} \\ &= I + \quad T \quad + \quad O \quad + \quad C \end{aligned} \qquad (163)$$[130]

식 (163)에 있는 M_{a1}, M_{a2}, M_{a3}에 대한 각 의미는 [참고 3]에 설명되어 있는데, 이 식에서 I는 초기의 외생 주입을 나타낸다. 그리고 T는 자기 계정 내에서의 직 · 간접 연관효과인 M_{a1}에서 I를 뺀 것이므로 이전승수효과transfer multiplier effects의 순 기여분이고, O는 M_{a1}이 충격 주체이고 이 충격에 의해 발생한 계정 간의 직 · 간접효과에서 I를 뺀 것이므로 개방승수효과open-loop multiplier effects의 순 기여분이다. 그리고 C는 충격 주체가 이전승수효과와 개방승수효과의 순 기여분이고 이 충격에 의해 발생한 계정 이외의 직 · 간접효과에서 I를 뺀 것이므로 폐쇄승수효과closed-loop multiplier

127) 외생부문을 대외부문이라고 하면 생산물을 해외에 수출한 것과 같다.

128) 식 (157)과 식 (159)에서 유도된 것과 마찬가지로 M_a의 한계는 소득탄력성을 한 개로 전제한다는 점이다. 현실적인 대안은 각 군별로 관측된 소비와 소비탄력성에 일치하는 한계소비성향행렬marginal expenditure propensities인 C_n을 정하는 것이다. 이때 가격은 소득이 변경될 때도 고정되어 있다는 가정을 유지하여야 한다. $y_n=n+x$를 외생변수의 변동에 따른 방정식으로 표현하면 다음의 식이 유도되는데 n과 x는 독립적이라 상호 간에 교호작용은 없다.

$dy_n = dn + dx = C_n dy_n + dx = (I-C_n)^{-1}dx = M_c dx$

M_c는 고정가격승수행렬fixed-price multiplier matrix로 도출된 것인데 행렬 M_c는 소득과 지출 탄력성이 음(-)의 값이 되는 것을 방지한다.

129) 승법분해는 [참고 3]을 참조

130) 승법분해 결과인 $y=M_a=M_{a3}M_{a2}M_{a1}x$를 정리하면 식 (163)이 도출된다.

$$\begin{aligned} M_a &= M_{a3}M_{a2}M_{a1} \\ &= I - I + M_{a1} - M_{a1} + M_{a2}M_{a1} - M_{a2}M_{a1} + M_{a3}M_{a2}M_{a1} \\ &= I + (M_{a1}-I) + (M_{a2}-I)M_{a1} + (M_{a3}-I)M_{a2}M_{a1} \end{aligned}$$

effects의 순 기여분이 된다. 즉 식 (163)은 식 (159)의 승수행렬을 초기 외생주입, 이전승수효과, 개방승수효과 그리고 폐쇄승수효과의 기여분으로 분해한 것이다.

T는 내생계정(A_{22}, A_{33}) 내에서의 직접적인 이전으로부터 발생하는 승수효과이고 O는 세 계정 간의 상호작용이다. 그리고 C는 [그림 5-12]와 같이 생산활동으로부터 본원적 요소를 통해 다시 생산활동으로 오는 소득의 순환이 내생계정 내에서 완성되는 것을 나타낸다.

참고 3 | 승법분해 방법

식 (161)의 행렬 A_n은 두 개 행렬로 분리하여 다음과 같이 표기할 수 있다.

$$\begin{bmatrix} 0 & 0 & A_{13} \\ A_{21} & A_{22} & 0 \\ 0 & A_{32} & A_{33} \end{bmatrix} = \begin{bmatrix} 0 & 0 & 0 \\ 0 & A_{22} & 0 \\ 0 & 0 & A_{33} \end{bmatrix} + \begin{bmatrix} 0 & 0 & A_{13} \\ A_{21} & 0 & 0 \\ 0 & A_{32} & 0 \end{bmatrix}$$
$$= \quad B \quad + \quad C$$

그러면 식 (159)의 y_n은 $Ay_n + x$이므로 다음 과정을 거쳐 승법분해모형이 된다.

$$\begin{aligned} y_n &= A_n y_n + x \\ &= By_n + Cy_n + x \\ &= (I-B)^{-1}Cy_n + (I-B)^{-1}x \\ &= [I-(I-B)^{-1}C]^{-1}(I-B)^{-1}x \\ &= [I+(I-B)^{-1}C+(I-B)^{-1}C(I-B)^{-1}C]^{-1} \\ &\quad \cdot \{I-[(I-B)^{-1}C(I-B)^{-1}C(I-B)^{-1}C]\}^{-1} \cdot (I-B)^{-1}x \\ &= M_{a3} \cdot M_{a2} \cdot M_{a1} \cdot x \\ &= M_a \cdot x \end{aligned}$$

$M_{a3} \cdot M_{a2} \cdot M_{a1}$를 행렬 B와 C 그리고 전개된 것으로 정리하면 다음과 같다.

$$M_{a1} = (I-B)^{-1} = \begin{bmatrix} I & 0 & 0 \\ 0 & (I-A_{22})^{-1} & 0 \\ 0 & 0 & (I-A_{33})^{-1} \end{bmatrix}$$

$$M_{a2} = I-[(I-B)^{-1}C(I-B)^{-1}C(I-B)^{-1}C] = \begin{bmatrix} D & 0 & 0 \\ 0 & E & 0 \\ 0 & 0 & F \end{bmatrix}$$

여기서, $D=[I-A_{13}(I-A_{33})^{-1}A_{32}(I-A_{22})^{-1}A_{21}]^{-1}$

$$E=[I-(I-A_{22})^{-1}A_{21}A_{13}(I-A_{33})^{-1}A_{32}]^{-1}$$
$$F=[I-(I-A_{33})^{-1}A_{32}(I-A_{22})^{-1}A_{21}A_{13}]^{-1}$$
$$M_{a3}=[I+(I-B)^{-1}C+(I-B)^{-1}C(I-B)^{-1}C]^{-1}$$
$$=\begin{bmatrix} I & A_{13}(I-A_{33})^{-1}A_{32} & A_{13} \\ (I-A_{22})^{-1}A_{21} & I & (I-A_{22})^{-1}A_{21}A_{13} \\ (I-A_{33})^{-1}A_{32}(I-A_{22})^{-1}A_{21} & (I-A_{33})^{-1}A_{32} & I \end{bmatrix}$$

승법으로 분해된 각 행렬의 의미는 다음과 같다. M_{a1}은 각 내생계정이 자기 계정 내에서의 직 · 간접 연관효과intragroup effects이다. M_{a2}는 각 계정에 대해 외생 충격이 주어지면 이 충격이 세 계정을 모두 통과한 뒤 다시 자기 계정에 미치는 효과이기 때문에 계정 간의 직 · 간접 연관효과intergroup effects이다. M_{a3}는 M_{a2}와 달리 각 계정에 대해 충격이 주어지면 이 충격이 해당 계정의 외부를 통과한 뒤 다른 계정에 미치는 효과이기 때문에 계정외 직 · 간접 연관효과extragroup effects이다.

지금까지 외생적 충격이 주어진 상태에서 총효과를 계정 내에서의 효과와 계정 간의 효과로 분해하는 것을 살펴보았는데 부문 간의 관계 경로path를 구조적으로 파악하지는 못한다. 이를 위해 이용하는 방법이 구조경로분석이다.

구조경로분석에 이용되는 주요 개념과 용어는 다음과 같다. 지출expenditure을 영향력influence과 동일한 것으로 설정하는데, 이는 어떤 구조 내에서 두 점을 연결하면서 지출의 방향성을 갖는 호arc (i,j)의 평균지출성향인 a_{ji}는 점 i에서 점 j로 전이된 영향력의 크기와 같다는 것을 의미한다.[131)]

a_{ji}를 (i,j)의 집약도intensity라고 하며, 여러 호들 간의 네트워크를 구조적으로 나타낸 것을 영향력 그래프influence graph라고 한다. 경로path는 일련의 연속된 호들로 구성되고, 한 경로의 길이는 그것을 구성하는 호들의 개수로 정의된다.[132)] 같은 점을 두 번 이상 통과하지 않는 경로를 기본경로elementary path라고 하며, 출발점pole of

131) 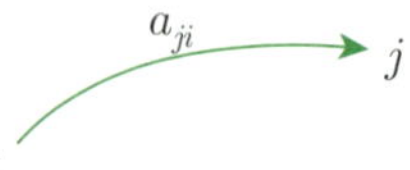

132) 그러므로 한 개의 호는 길이가 1인 한 개의 경로이다.

origin이 종착점pole of destination과 같은 경로를 회로circuit라고 한다. 지금까지 정의한 용어로 [그림 5-14]를 보면 경로 (i,x,y,j)는 기본경로이고 경로 (x,y,z,x)는 회로이다.

그림 5-14 **회로를 갖는 기본경로의 예**

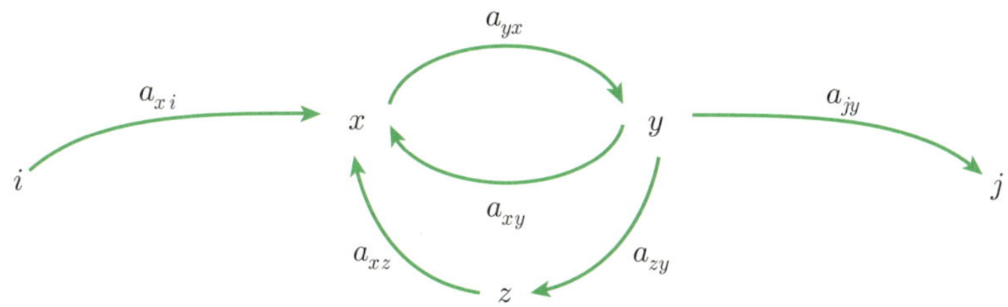

영향력은 이와 같은 경로를 이용하여 측정하며 직접영향력, 총영향력, 전체영향력으로 구분된다.

가. 직접영향력

기본경로를 통해 전이된 점 j에 대한 점 i의 직접영향력direct influence은 점 i의 한 단위 변화에 의해 발생한 점 j의 소득(또는 생산) 변화의 크기로 정의되는데, 이때 해당되는 기본경로에 있는 점을 제외한 나머지 모든 점들의 소득은 변하지 않는다고 가정한다. 따라서 직접영향력은 호 또는 기본경로를 따라 다음과 같이 측정한다.

호 (i,j)에 있는 점 j에 대한 점 i의 직접영향력은 식 (164)와 같이 표기하는데, a_{ji}는 평균지출성향행렬 A_n의 (j,i)에 있는 원소이며 A_n을 직접영향력행렬이라고 한다.[133)]

133) 행렬의 원소가 (j,i)로 되어 있다면 j번째 행과 i번째 열에 위치한 것을 의미하므로 투입계수 a_{ij}가 i번째 행과 j번째 열에 위치하는 것과 비교하여 주의가 필요하다. 사회계정행렬 내의 (j,i)에 있는 원소를 t_{ji}라고 하면 $t_{ji}=a_{ji}y_i$로 표시할 수 있는데 이때 y_i는 열합 벡터의 i번째에 위치한 것이다.

$$I^D_{(i \to j)} = a_{ji} \quad \cdots\cdots (164)$$

기본경로 $(i, \cdots\cdots, j)$에 대한 직접영향력은 다음과 같이 측정한다. 점 i에서 점 j로 된 기본경로에 점(부문)들이 추가되어 있다면 경로를 구성하는 각 호들의 집약도를 곱하여 계산하는데 이를 곱셈규칙multiplication rule이라고 하며 식 (165)와 같다.

$$I^D_{(i, \dots, j)} = a_{jn} \cdots\cdots a_{mi} \quad \cdots\cdots (165)$$

예를 들어 [그림 5-14]와 같은 기본경로에 대한 직접영향력은 식 (166)과 같이 계산한다.

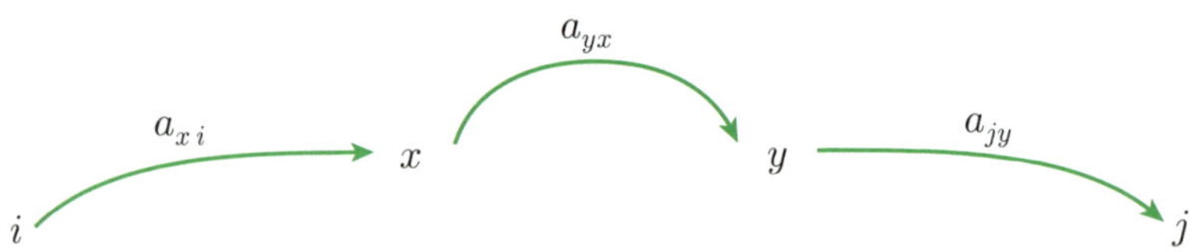

$$I^D_{(i \to j)_p} = I^D_{(i, x, y, j)} = a_{xi} a_{yx} a_{jy} \quad \cdots\cdots (166)$$

나. 총영향력

부문(점) 간의 상호작용은 다양한 형태로 이루어지는데, 어떤 기본경로에 있는 점들은 자기 이외의 점은 물론 다른 회로를 형성하는 점들과도 연결되기도 하는 등 복잡한 형태로 이루어진다.

총영향력total influence은 출발점이 i이고 종착점이 j인 기본경로 $p = (i, \cdots, j)$가 주어졌을 경우 기본경로 p에 귀속될 수 있는 구조 내의 모든 간접효과를 포함하여 점 i에서 점 j로 전이되는 영향력이다. 총영향력은 기본경로를 따라 전이된 직접영향력과 기본경로에 붙어 있는 회로들에 의해 유발된 간접효과를 모두 누적시킨 것이다. 예를 들어 [그림 5-14]와 같은 회로를 갖고 있는 기본경로의 총영향력은 다음과 같다.

식 (166)에서 점 i와 점 y 간의 직접영향력은 $a_{xi}a_{yx}$인데, 이 직접영향력은 다시 점 y에서 점 x로 전이되는 두 개의 루프를 통해 $a_{xi}a_{yx}(a_{xy}+a_{zy}a_{xz})$로 표기된다. 그리고 이 효과는 다시 점 x와 점 y로 계속해서 전이되기 때문에 $a_{yx}(a_{xy}+a_{zy}a_{xz})$, $[a_{yx}(a_{xy}+a_{zy}a_{xz})]^2$, $[a_{yx}(a_{xy}+a_{zy}a_{xz})]^3$, ……로 측정하며 $a_{xi}a_{yx}[1-a_{yx}(a_{xy}+a_{zy}a_{xz})]^{-1}$로 표기할 수 있다.[134] 그리고 기본경로에는 추가로 점 y에서 점 j로 가는 호의 영향력 a_{jy}가 있으므로 [그림 5-14]의 경로가 갖는 총영향력은 식 (167)과 같다.

$$I^T_{(i\to j)_p} = a_{xi}a_{yx}a_{jy}[1-a_{yx}(a_{xy}+a_{zy}a_{xz})]^{-1} \quad \cdots\cdots (167)$$

식 (167)에서 $a_{xi}a_{yx}a_{jy}$가 직접영향력 $I^D_{(i\to j)_p}$인데, $[1-a_{yx}(a_{xy}+a_{zy}a_{xz})]^{-1}$을 경로승수path multiplier라고 하며 이를 M_p로 표기하면 식 (167)의 총영향력은 식 (168)이 된다.

$$I^T_{(i\to j)_p} = I^D_{(i\to j)_p} M_p \quad \cdots\cdots (168)$$

식 (168)에서 M_p는 경로 p에서의 직접영향력이 인접한 피드백 회로를 통해 얼마나 증가되는지를 나타낸다.

일반적으로 기본경로 p의 구조 내에서 경로승수 M_p는 두 개의 행렬식 값의 비율, 즉 $\Delta p/\Delta$이다. 이때 Δ는 식 (161)에서의 A_n을 전제하면 행렬식 $|I-A_n|$이고 Δp는 경로 p의 양 끝점 두 개를 뺀 구조의 행렬식 값이다.

134) $a_{xi}a_{yx}\{1+a_{yx}(a_{xy}+a_{zy}a_{xz})+[a_{yx}(a_{xy}+a_{zy}a_{xz})]^2+[a_{yx}(a_{xy}+a_{zy}a_{xz})]^3+\cdots\cdots\}$이며, 이때 각 a의 값들은 1보다 작기 때문에 $a_{xi}a_{yx}[1-a_{yx}(a_{xy}+a_{zy}a_{xz})]^{-1}$이 된다.

다. 전체영향력

전체영향력global influence은 직접영향력이나 총영향력처럼 특정 경로를 나타내는 것이 아니고 점 i에서 점 j까지의 관계에서 점 i에 주어진 한 단위 산출 또는 소득 충격이 점 j의 산출 또는 소득에 미치는 전체효과이다. 즉 전체영향력은 생산유발계수와 같다고 할 수 있으며 식 (169)로 측정된다.

$$y_n = (I - A_n)^{-1} x = M_a x \quad \cdots\cdots (169)$$

식 (169)에서 행렬 M_a를 전체영향력행렬matrix of global influence이라고 하는데 M_a에서 j행 i열에 위치한 원소를 m_{aji}라고 하면 이는 x_i만큼의 외생 충격이 발생하면 y_j의 총효과가 발생하는 것을 의미한다. 그리고 전체영향력은 식 (170)과 같이 표기한다.

$$I^G_{(i \to j)} = M_{aji} \quad \cdots\cdots (170)$$

전체영향력을 특정한 기본경로에 연계된 효과만을 나타내는 직접영향력과 비교하면 두 가지 측면에서 다르다. 첫 번째는 분석 대상이 되는 두 점을 연결시키는 모든 기본경로에 의해 발생하는 효과를 포함한다. 두 번째는 전체영향력은 그래프에 존재하는 모든 회로로부터 발생하는 모든 유발과 피드백효과를 포함한다.

지금까지의 과정을 이용해 [그림 5-15]와 같은 네트워크에 대한 영향력 정도를 측정하는 방법은 다음과 같다. [그림 5-15]는 [그림 5-14]에 두 개의 새로운 기본경로인 (i,s,j)와 (i,v,j)가 추가된 것이다.

경로 (i,s,j)는 별도로 인접한 회로 없이 기본경로로만 이루어진 것이고, 경로 (i,v,j)는 점 v를 회귀하는 한 개의 루프를 갖고 있다. 이 네트워크에서 [그림 5-14]에 있었던 경로는 1로 표기하고 경로 (i,s,j)에 대해서는 2로, 경로 (i,v,j)에 대해서는 3으로 표기하면 i에서 j로 가는 전체영향력은 식 (171)과 같이 표기할 수 있다.

그림 5-15 **회로를 갖는 기본경로의 네트워크의 예**

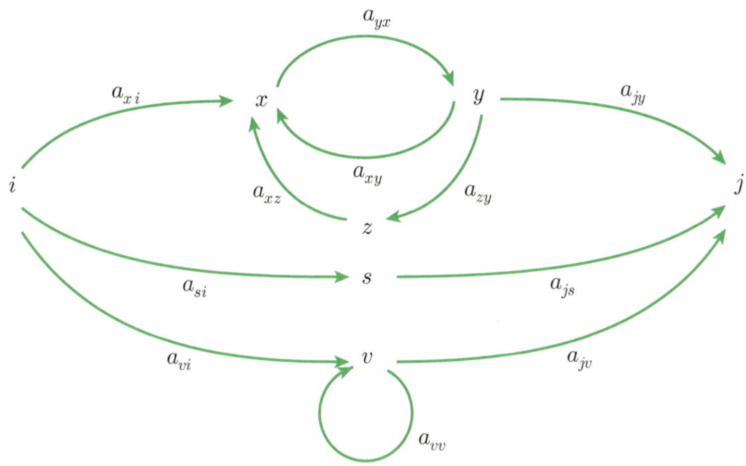

$$
\begin{aligned}
I^G_{(i \to j)} &= m_{aji} = I^T_{(i,x,y,j)} + I^T_{(i,s,j)} + I^T_{(i,v,j)} \\
&= I^T_{(i \to j)_1} + I^T_{(i \to j)_2} + I^T_{(i \to j)_3} \\
&= I^D_{(i \to j)_1} M_1 + a_{si} a_{js} + (a_{vi} a_{jv})(1 - a_{vv})^{-1} \\
&= I^D_{(i \to j)_1} M_1 + I^D_{(i \to j)_2} + I^D_{(i \to j)_3} M_3 \quad \cdots\cdots (171)
\end{aligned}
$$

식 (171)에 있는 세 경로 중에서 두 번째는 인접 회로가 없기 때문에 두 점을 연결하는 전체영향력은 점 i와 점 j에 걸쳐 있는 각각의 모든 기본경로를 따라 이전되는 총영향력의 수열로 분해될 수 있다. 그리고 식 (171)은 식 (172)와 같이 표기할 수 있다.

$$
\begin{aligned}
I^G_{(i \to j)} &= m_{aji} = \sum_{p=1}^{n} I^T_{(i \to j)_p} \\
&= \sum_{p=1}^{n} I^D_{(i \to j)_p} M_p \quad \cdots\cdots (172)
\end{aligned}
$$

여기서, $p = 1,2,k,\cdots,n$으로 기본경로

지금까지 구조경로분석 메커니즘을 살펴보았는데 다음과 같이 계산한다. 식 (169)는 행렬식 값의 확장을 통해 좀 더 쉽게 계산할 수 있는데, [그림 5-15]와 같은 네트워크를 전제하면 $I-A_n$은 식 (173)이 된다. 그리고 이 행렬에 대한 행렬식 값은 Δ로 표기하도록 한다.

$$I-A_n = \begin{matrix} & i & x & y & z & s & v & j \\ i & 1 & & & & & & \\ x & -a_{xi} & 1 & -a_{xy} & -a_{xz} & & & \\ y & & -a_{yx} & 1 & & & & \\ z & & & -a_{zy} & 1 & & & \\ s & -a_{si} & & & & 1 & & \\ v & -a_{vi} & & & & & 1-a_{vv} & \\ j & & & -a_{jy} & & -a_{js} & -a_{jv} & 1 \end{matrix} \quad \cdots\cdots (173)$$

앞에서도 언급하였지만 전체영향력행렬은 생산유발계수행렬과 같은 방식으로 계산된다. 즉 전체영향력은 이 행렬의 j번째 행과 i번째 열에 있는 원소의 여인수행렬 cofactor135)의 행렬식 값과 행렬식 값 $|I-A_n|$의 비율인 식 (174)를 이용해 계산한다. 점 i가 충격의 시발점이고 점 j가 종착점인데, 생산유발계수행렬의 원소를 r_{ij}라고 하면 이는 부문 j의 제품에 대한 최종수요가 한 단위 발생함에 따라 여러 경로를 통해 부문 i가 받는 모든 생산유발효과이다. 다만 이 절에서 설명은 일반적인 산업연관분석의 표기인 i번째 행, j번째 열이 아니라 반대로 표기하였기 때문에 주의가 필요하다.136)

$$I^G_{(i\to j)} = \frac{\Delta_{ij}}{\Delta} \quad \cdots\cdots (174)$$

여기서, 행렬식 Δ_{ij}은 행렬식 Δ의 (i,j)원소의 여인수

135) 제3장의 식 (15) 참조

136) 본 절에서의 표기가 일반적인 생산유발계수의 행과 열의 위치가 다른 것은 구조경로분석모형을 소개한 Deforney. J. 외 1인(1984)을 따르기 위한 것이다.

(i,j)의 여인수행렬을 통해 식 (174)를 분해하는 기본적인 방법은 역행렬 계산에서 소행렬과 여인수의 차원을 한 단계씩 축소시키면서 부문 i와 부문 j의 관계를 파악하는 것이다. 원소 (i,j)의 여인수행렬은 식 (175)와 같다.

$$C_{ij} = \begin{array}{c} \\ x \\ y \\ z \\ s \\ v \\ j \end{array} \begin{array}{c} \begin{array}{cccccc} i & x & y & z & s & v \end{array} \\ \begin{bmatrix} -a_{xi} & 1 & -a_{xy} & -a_{xz} & & \\ & -a_{yx} & 1 & & & \\ & & -a_{zy} & 1 & & \\ -a_{si} & & & & 1 & \\ -a_{vi} & & & & & 1-a_{vv} \\ & & -a_{jy} & & -a_{js} & -a_{jv} \end{bmatrix} \end{array} \quad \cdots\cdots (175)$$

첫 번째 열에 대한 소행렬로 행렬식 값은 식 (176)과 같이 계산된다.

$$\begin{aligned} |C_{ij}| &= (-a_{xi})(-1)^{(1+1)} \begin{vmatrix} -a_{yx} & 1 & 0 & 0 & 0 \\ 0 & -a_{zy} & 1 & 0 & 0 \\ 0 & 0 & 0 & 1 & 0 \\ 0 & 0 & 0 & 0 & 1-a_{vv} \\ 0 & -a_{jy} & 0 & -a_{js} & -a_{jv} \end{vmatrix} \\ &+ (-a_{si})(-1)^{(1+4)} \begin{vmatrix} 1 & -a_{xy} & -a_{xz} & 0 & 0 \\ -a_{yx} & 1 & 0 & 0 & 0 \\ 0 & -a_{zy} & 1 & 0 & 0 \\ 0 & 0 & 0 & 0 & 1-a_{vv} \\ 0 & -a_{jy} & 0 & -a_{js} & -a_{jv} \end{vmatrix} \\ &+ (-a_{vi})(-1)^{(1+5)} \begin{vmatrix} 1 & -a_{xy} & -a_{xz} & 0 & 0 \\ -a_{yx} & 1 & 0 & 0 & 0 \\ 0 & -a_{zy} & 1 & 0 & 0 \\ 0 & 0 & 0 & 1 & 0 \\ 0 & -a_{jy} & 0 & -a_{js} & -a_{jv} \end{vmatrix} \\ &= (\mathrm{A}) + (\mathrm{B}) + (\mathrm{C}) \quad \cdots\cdots (176) \end{aligned}$$

식 (176)의 (A), (B), (C) 각 항은 [그림 5-16]과 같이 점 i에서 점 j로 전이되는 과정에서 발생하는 관계를 나타낸다.

그림 5-16 네트워크([그림 5-15])에 대한 소행렬과 호의 관계

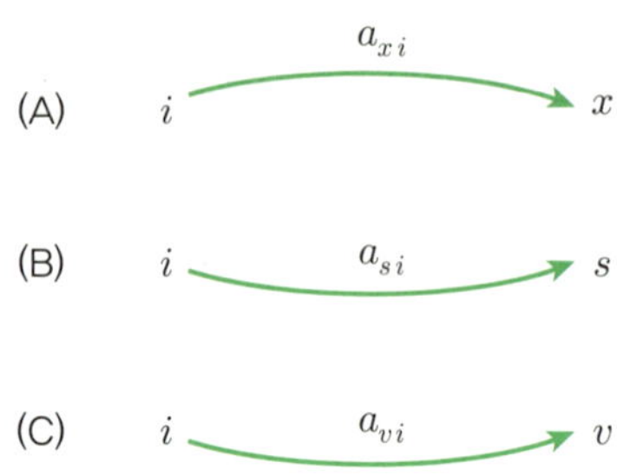

[그림 5-16]은 차원을 한 단계 축소하여 만들어진 경로이다. 다음으로 (A), (B), (C) 소행렬 각각에 대해 한 단계를 더 축소한 소행렬에 대한 행렬식 값을 도출하는 과정은 다음과 같다. 이때 (A) 부분에 대한 소행렬은 x열에 대해, (B) 부분에 대한 소행렬은 s열에 대해, 그리고 (C) 부분에 대한 소행렬은 v열에 대해 각각 도출하는데,[137] 식 (177)과 같다.

$$
\begin{aligned}
|C_{ij}| &= (-a_{xi})(-a_{yx})(-1)^{(1+1)}\begin{vmatrix} -a_{zy} & 1 & 0 & 0 \\ 0 & 0 & 1 & 0 \\ 0 & 0 & 0 & 1-a_{vv} \\ -a_{jy} & 0 & -a_{js} & -a_{jv} \end{vmatrix} \\
&\quad -(-a_{si})(-a_{js})(-1)^{(5+4)}\begin{vmatrix} 1 & -a_{xy} & -a_{xz} & 0 \\ -a_{yx} & 1 & 0 & 0 \\ 0 & -a_{zy} & 1 & 0 \\ 0 & 0 & 0 & 1-a_{vv} \end{vmatrix} \\
&\quad +(-a_{vi})(-a_{jv})(-1)^{(5+5)}\begin{vmatrix} 1 & -a_{xy} & -a_{xz} & 0 \\ -a_{yx} & 1 & 0 & 0 \\ 0 & -a_{zy} & 1 & 0 \\ 0 & 0 & 0 & 1 \end{vmatrix} \\
&= (\mathrm{A}') + (\mathrm{B}') + (\mathrm{C}') \qquad \cdots\cdots (177)
\end{aligned}
$$

137) 실제 계산에서 x, s, v열에 대해서만 소행렬을 각각 정한 것은 이 네트워크의 해당 벡터에 값이 존재하는 원소가 1개씩이므로 소행렬 계산이 효율적이기 때문이다.

그림 5-17 **한 차원 축소된 네트워크([그림 5-15])에 대한 소행렬과 호의 관계**

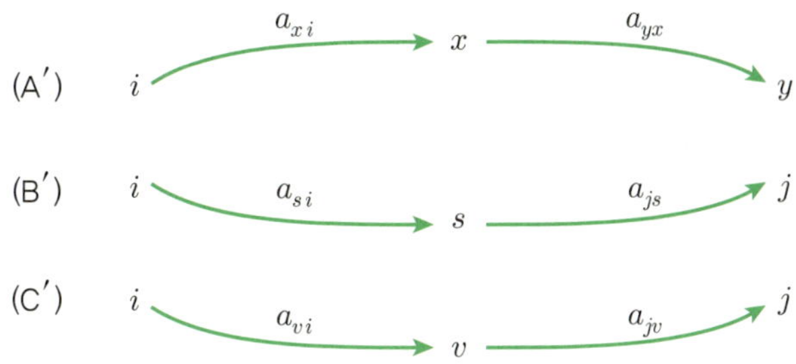

식 (177)과 [그림 5-17]의 차원이 한 단계 더 축소된 행렬식을 통해 점 i에서 시작하여 점 j에 도달한 경로는 (B′)과 (C′)가 있다는 것을 알 수 있다. (A′)는 아직 점 j에 도달하지 못하였기 때문에 한 차원 더 축소해야 한다. 따라서 소행렬식의 행렬식 값을 추가로 계산하여야 하는데, 이는 식 (178)과 같다.

$$
\begin{aligned}
(\mathrm{A}') \quad & (-a_{xi})(-a_{yx})(-a_{zy})(-1)^{(1+1)}\begin{vmatrix} 0 & 1 & 0 \\ 0 & 0 & 1-a_{vv} \\ 0 & -a_{js} & -a_{jv} \end{vmatrix} \\
& +(-a_{xi})(-a_{yx})(-a_{jy})(-1)^{(4+1)}\begin{vmatrix} 1 & 0 & 0 \\ 0 & 1 & 0 \\ 0 & 0 & 1-a_{vv} \end{vmatrix} \\
& =(\mathrm{A}'-1)+(\mathrm{A}'-2) \quad \cdots\cdots (178)
\end{aligned}
$$

그림 5-18 **[그림 5-17] (A′)의 소행렬과 호의 관계**

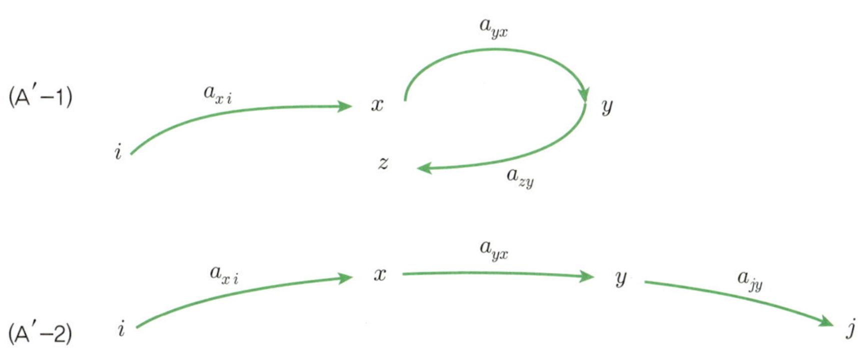

식 (178)의 (A′−1)에서 소행렬은 첫 번째 열벡터가 모두 0이기 때문에 행렬식 값은 0이다. 그러므로 식 (177)의 (A′)는 식 (178)의 우변에 있는 두 번째 항인 (A′−2)가 된다. 따라서 Δ_{ij}를 계산하기 위해 전개한 식 (177)의 (B′), (C′)와 식 (178)의 (A′−2)를 선형적으로 결합하면 식 (179)로 정리된다.

$$\Delta_{ij} = a_{x\,i} a_{yx} a_{jy} \Delta_1 + a_{s\,i} a_{js} \Delta_2 + a_{v\,i} a_{jv} \Delta_3 \quad \cdots\cdots (179)$$

식 (179)에서 Δ_1은 식 (178)의 (A′−2)의 기본경로인 (i,x,y,j)에 대한 소행렬의 행렬식 값이다. Δ_2는 식 (177)의 (B′)의 기본경로인 (i,x,j)에 대한 소행렬의 행렬식 값이고 Δ_3는 식 (177)의 (C′)의 기본경로인 (i,v,j)에 대한 소행렬의 행렬식 값이다. 식 (179)의 Δ_{ij}가 Δ에서 차지하는 비율은 식 (174)의 전체영향력 $I^G_{(i\to j)}$이므로 식 (170)과 식 (171)을 이용하여 식 (180)으로 표기할 수 있다.

$$\begin{aligned} I^G_{(i\to j)_p} &= m_{aji} \\ &= \frac{\Delta_{ij}}{\Delta} \\ &= I^D_{(i\to j)_1} M_1 + I^D_{(i\to j)_2} + I^D_{(i\to j)_3} M_3 \\ &= a_{x\,i} a_{yx} a_{jy} \frac{\Delta_1}{\Delta} + a_{s\,i} a_{js} \frac{\Delta_2}{\Delta} + a_{v\,i} a_{jv} \frac{\Delta_3}{\Delta} \quad \cdots\cdots (180) \end{aligned}$$

식 (180)의 $M_1\left(=\frac{\Delta_1}{\Delta}\right)$, $M_2\left(=\frac{\Delta_2}{\Delta}\right)$, $M_3\left(=\frac{\Delta_3}{\Delta}\right)$는 각각 식 (181)과 같은데, 분모의 Δ는 $(1-a_{vv})[1-a_{xy}a_{yx}(1+a_{xz})]$이다.[138)]

138) Δ는 식 (172)의 전체 네트워크에 대한 행렬식 값인데 다음과 같이 계산한다. 먼저 이 행렬의 1행에는 첫 번째에만 1이 있으므로 1행과 1열을 제거한 소행렬을 A'이라고 하면 $(1)(-1)^{1+1}|A'|$이 식 (172)의 행렬식 값이 된다. 두 번째로 소행렬 A'에서는 6번째 열의 6번째 원소만 1이 있으므로 이를 제거한 소행렬을 A''라고 하면 행렬식 값은 $(1)(-1)^{1+1}(1)(-1)^{6+6}|A''|$이 된다. 세 번째로 소행렬 A''에서는 5행 5열에 있는 원소만

$$M_1 = \frac{\Delta_1}{\Delta} = \frac{(1-a_{vv})}{(1-a_{vv})[1-a_{yx}(a_{xy}+a_{zy}a_{xz})]} = \frac{1}{1-a_{yx}(a_{xy}+a_{zy}a_{xz})}$$

$$M_2 = \frac{\Delta_2}{\Delta} = \frac{(1-a_{vv})[1-a_{yx}(a_{xy}+a_{zy}a_{xz})]}{(1-a_{vv})[1-a_{yx}(a_{xy}+a_{zy}a_{xz})]} = 1$$

$$M_3 = \frac{\Delta_3}{\Delta} = \frac{[(1-a_{yx}a_{zy}a_{xz})-(a_{xy}a_{yx})]}{(1-a_{vv})[1-a_{yx}(a_{xy}+a_{zy}a_{xz})]} = \frac{1}{(1-a_{vv})}$$

··(181)

식 (180)의 우변 첫 번째 항 $a_{xi}a_{yx}a_{jy}\dfrac{\Delta_1}{\Delta}$을 정리하면 $\dfrac{a_{xi}a_{yx}a_{jy}}{1-a_{yx}(a_{xy}+a_{zy}a_{xz})}$가 되는데 이는 총영향력을 도출하였던 식 (167)과 같다.

이와 같이 구조경로분석을 이용하면 생산유발계수 r_{ij}에 대한 해당 원소의 소행렬 차원을 한 단계씩 축소시키면서 두 부문 간의 직 · 간접 상호연관관계를 다른 부문을 통해 우회하는 과정도 분해하여 측정할 수 있다.

$(1-a_{vv})$가 있으므로 이를 제거한 소행렬을 A'''라고 하면 행렬식 값은 $(1)(-1)^{1+1}(1)(-1)^{6+6}(1-a_{vv})(-1)^{4+4}|A'''|$이 되며 도출된 A'''는 $\begin{bmatrix} 1 & -a_{xy} & -a_{xz} \\ -a_{yx} & 1 & 0 \\ 0 & -a_{zy} & 1 \end{bmatrix}$이 된다.

A'''의 행렬식 값은 $(1-a_{yx}a_{zy}a_{xz})-(a_{xy}a_{yx})$이므로 최종적으로 Δ는 $(1)(-1)^{1+1}(1)(-1)^{6+6}(1-a_{vv})(-1)^{4+4}[(1-a_{yx}a_{zy}a_{xz})-(a_{xy}a_{yx})] = (1-a_{vv})[1-a_{xy}(a_{yx}a_{xz}+a_{yx})]$ 이 된다.

6

Input-Output Analysis
산업연관분석

CHAPTER

지역산업연관표와 세계산업연관표

1. 지역산업연관표
2. 세계산업연관표
3. 글로벌 가치사슬GVC과 부가가치 기준 무역TiVA
4. 수직 분업화와 VAX 비율
5. 특정 국가의 산출 변동이 다른 국가의 경제에 미치는 효과
6. 다지역 산업연관표를 이용한 요인분해모형(M&Q모형)

Chapter 06

지역산업연관표와 세계산업연관표

지금까지 살펴보았던 산업연관분석 기법들은 주로 한 지역을 대상으로 작성된 투입산출표를 이용하는 것이었다. 투입산출표는 두 개 이상의 지역에 있는 여러 산업들이 서로 연결되어 작성되기도 한다.[1] 두 개 이상의 지역이라 함은 한 국가 내의 여러 지역(예를 들어, 우리나라의 경우 수도권, 충청권 등)일 수도 있고 두 개 이상의 국가일 수도 있다. 본 장에서는 두 개 이상의 지역 또는 국가로 된 투입산출표인 지역산업연관표와 세계산업연관표를 이용한 분석 방법을 살펴보도록 한다.

우리나라에서 지역산업연관표는 2003년표가 최초라고 할 수 있는데, 한국은행이 우리나라 지역을 6개 권역[2]으로 구분 작성하여 2007년에 공표한 것이다. 이 표가 작성된 이후 한국은행은 16개 광역자치단체를 기준으로 2005년, 2010년, 2013년 지역산업연관표를 발표하였으며, 2020년에는 17개 지역으로 된 2015년 지역산업연관표도 발표하였다.

두 개 이상의 국가가 연결된 산업연관표는 세계산업연관표라고 하는데, 2000년대 들어 전 세계 주요 국가들을 대부분 포함하고 있는 표가 작성됨에 따라 세계산업연관표라고 한다. 대표적인 세계산업연관표로는 WIODWorld Input-Output Database, ICIOInter-Country Input-Output Tables와 아시아-태평양 국제산업연관표 등이 있다.

1) 한 국가의 산업연관표에서 해외와의 거래는 수입과 수출을 통해 기록된다. 수입은 사용처에 따라 중간재와 최종재로 구분되기 때문에 다지역적인 특징을 일부 갖고 있지만 수출은 중간재와 최종재 수출로 구분되지 않기 때문에 개방경제의 특징만 갖고 있다고 할 수 있다.

2) 수도권(서울, 인천, 경기), 충청권(대전, 충북, 충남), 호남권(광주, 전북, 전남), 영남권(부산, 대구, 울산, 경북, 경남), 강원권, 제주권

1 지역산업연관표

한 국가 내에 있는 여러 지역들은 다른 산업구조와 생산기술구조 그리고 거래 형태를 갖고 있는데, 지역산업연관표는 이러한 지역별 · 산업별 간의 거래 내역을 투입산출표로 작성한 것이다. 그러므로 지역산업연관표는 지역 내에서의 상호연관관계와 지역 간의 상호연관관계를 측정하는 지역산업연관분석에 이용한다.

가. 지역산업연관표의 종류

지역산업연관표는 포함하고 있는 지역이 한 개인지 두 개 이상인지에 따라 단일지역 산업연관표와 다수지역 산업연관표로 구분된다.

단일지역 산업연관표는 한 지역만을 대상으로 하기 때문에 일반적인 1국 산업연관표와 같은 형태이다. 단일지역 산업연관표도 상품을 그 지역에서 생산된 것만을 대상으로 작성되어 있는지, 자기 지역에서 생산된 것과 해당 국가의 다른 지역에서 이입된 것 그리고 해외에서 수입된 것을 모두 포함시켜 작성되었는지에 따라 구분된다.

다수지역 산업연관표는 두 개 이상의 지역을 대상으로 지역 간 그리고 산업 간에 이루어졌던 거래 내역이 표기된 산업연관표인데, 다수지역 산업연관표는 작성 방법에 따라 지역간 산업연관표IRIO: Inter-Regional Input-Output Table와 다지역 산업연관표MRIO: Multi-Regional Input-Output Table로 구분된다. 지역간 산업연관표는 지역 간에 발생한 상호연관관계를 분석하는 지역산업연관분석에 부합하는 통계임에도 불구하고 작성이 어렵다는 문제가 있다. 다지역 산업연관표는 이러한 문제를 해결하기 위해 미국의 하버드경제연구소HERP: Harvard Economic Research Project의 체너리Chenery(1953)와 모제스Moses(1955)가 개발한 것이다.[3)]

3) 다지역 산업연관표를 체너리-모제스Chenery-Moses모형이라고도 한다.

(1) 지역내 산업연관표

지역내 산업연관표는 전국산업연관표와 형식이 유사하지만 용어와 개념에 다소 차이가 있다. 전국산업연관표는 한 국가를 대상으로 작성되고 경제 영역이 국경으로 구분되기 때문에 다른 국가로부터 구입한 것은 수입으로 처리되고 다른 국가로 판매한 것은 수출로 처리된다. 지역내 산업연관표는 해당 지역의 경제 영역이 해외는 물론 국내의 다른 지역에도 적용되기 때문에 해외와의 거래를 구분하는 수출, 수입과 더불어 국내의 다른 지역으로부터 재화나 서비스를 구입하는 이입 그리고 다른 지역으로 판매하는 이출도 표기된다. 따라서 한 지역이 산출한 재화와 서비스 중에서 국내용은 자기 지역의 생산활동을 위한 중간재와 소비 투자의 최종재로 수요되는 것과 그리고 국내 다른 지역의 생산활동을 위한 중간재와 소비와 투자의 최종재로 수요되는 것으로 구분된다. 해외용은 해외중간재 또는 최종재로 사용되기 위해 수출되지만 전국산업연관표와 마찬가지로 별도로 구분되지 않는다.

일반적으로 지역산업연관표에서는 다른 국가와의 거래를 전국산업연관표와 동일하게 수출과 수입으로 명명하고 국내의 다른 지역과의 거래는 앞에서 언급한 대로 이입과 이출이라고 한다. 그리고 해당 지역의 입장에서는 수출, 수입은 이출, 이입과 동일한 것이라고 할 수 있는데, 지역내 산업연관표의 형식은 [그림 6-1]과 같다.

[그림 6-1]의 지역내 산업연관표는 부문이 n개로 구성되어 있는 경제인데, 국내 타지역에서 생산된 생산품과 해외에서 수입된 생산품을 구분하지 않은 것이기 때문에 전국산업연관표의 형식과 유사하다. 그리고 공급과 수요 측에서 혼합된 상품도 전국산업연관표와 같이 자기 지역, 타지역, 해외로 구분한 비경쟁형 거래표로 구분될 수도 있다.

[그림 6-1]을 투입구조 방향으로 보면, 부문 1의 중간투입 $X_{.1}$은 $\sum_{i=1}^{n} X_{i1}$이며 부가가치 V_1은 피용자보수 R_1, 영업잉여 S_1, 고정자본소모 D_1 그리고 생산세 T_1의 합계($V_1 = R_1 + S_1 + D_1 + T_1$)이다. 따라서 중간투입 $X_{.1}$과 부가가치 V_1을 더한 것은 해당 지역에 있는 부문 1의 산출액 X_1이 된다. 그리고 부문 1은 그 지역에서 산출된 X_1, 해외에서 수입된 M_1 그리고 국내 타지역에서 이입된 N_1이 모두 더

그림 6-1 **지역내 산업연관표의 기본구조**

		내생부문				외생부문					총수요	수입(공제)	이입(공제)	지역내 산출액	총공급
		1	…	n	중간수요계	소비	투자	수출	이출	최종수요계					
내생부문	1	X_{11}		X_{1n}	$X_{1.}$	C_1	I_1	E_1	O_1	Y_1	$X_{1.}+Y_1$	M_1	N_1	X_1	$M_1+N_1+X_1$
	⋮			배분구조 →											
	n	X_{n1}		X_{nn}	$X_{n.}$	C_n	I_n	E_n	O_n	Y_n	$X_{n.}+Y_n$	M_n	N_n	X_n	$M_n+N_n+X_n$
	중간투입계	$X_{.1}$	투입구조 ↓	$X_{.n}$											
외생부문	피용자보수	R_1		R_n											
	영업잉여	S_1		S_n											
	고정자본소모	D_1		D_n											
	생산세	T_1		T_n											
	부가가치계	V_1		V_n											
지역내 산출액		X_1		X_n											

해져 총공급을 구성[4]하며, 그리고 부문 1은 중간수요된 $X_{1}. = \sum_{j=1}^{n} X_{1j}$, 소비 C_1, 투자 I_1 등 자기 지역의 최종수요와 국내 타지역으로 이출된 O_1 그리고 해외로 수출된 E_1을 더하여$(= C_1 + I_1 + O_1 + E_1)$ 총수요를 구성한다. 따라서 지역내 산업연관표가 전국산업연관표와 다른 점은 국내 타지역으로의 이출은 국내 타지역의 생산중간재와 최종재로의 사용 여부에 상관없이 해외수출과 동일하게 처리되는 것이다.

지역내 산업연관표를 이용한 분석도 전국산업연관표를 이용한 산업연관분석과 동일한 방법으로 이루어진다.

(2) 다지역 산업연관표MRIO

여러 지역으로 구성되어 있는 산업연관표인 다지역 산업연관표는 지역기술계수regional technical coefficient와 교역계수표trade coefficient table를 이용하여 작성되는 지역산업연관표이다.[5] 지역기술계수는 한 지역의 산출에 투입된 원재료가 어느 지역

4) 해외로부터의 수입과 타지역으로부터의 이입은 해당 지역에 들어온 것만을 대상으로 한다.

에서 생산된 것인지를 구분하지 않고 산출액으로 나눈 것이다.[6)]

지역 1과 지역 2로 구성된 다지역 산업연관표를 이용하여 살펴보면 다음과 같다. 지역 1의 투입계수는 자기 지역에서 생산된 원 · 부재료를 투입한 것과 다른 지역에서 구입하여 원 · 부재료로 투입한 것 그리고 해외에서 수입하여 투입한 원 · 부재료로 구성된다. 지역 1이 자기 지역에서 구입한 원 · 부재료의 투입계수는 A_{11}, 지역 2에서 구입한 원 · 부재료의 투입계수는 A_{21}로 표기하고 자기 지역과 다른 지역에서 구입한 원 · 부재료를 모두 합친 $A_1 = A_{11} + A_{21}$이 지역 1의 지역기술계수이다. 마찬가지로 지역 2의 지역기술계수를 $A_2 = A_{12} + A_{22}$라고 하면 두 지역의 지역기술계수를 함께 표기할 수 있는데 식 (1)과 같다.[7)]

$$A = \begin{bmatrix} A_1 & 0 \\ 0 & A_2 \end{bmatrix} \quad \cdots\cdots (1)$$

지역기술계수는 각 지역에 대한 투입구조만 표기되어 있고 다른 지역으로부터 투입된 원 · 부재료 내역이 없으므로 지역 간의 상호연관관계를 분석하는 데 한계가 있다. 다지역 산업연관표로 지역 간의 상호연관관계를 분석하기 위해 이용되는 것이 교역계수표(C)이다.

교역계수표는 기본적으로 지역 간에 발생한 재화와 서비스 교역에는 일정한 흐름이 있다고 가정한 것이다. 즉 한 지역에서 생산되어 다른 지역에 공급되는 것은 중간재로 공급되는 것과 최종재로 공급되는 것으로 나뉘지만 교역계수는 이를 구분하지 않고 동일한 비율만큼 중간재와 최종재로 사용된다는 것이다.

교역계수표의 하위행렬인 C_{ij}(단, $i, j = 1, 2$)는 지역 i에서 생산된 제품이 지역 j에 공급된 비율이며 식 (2)와 같이 표기한다.[8)] 교역계수행렬은 정방행렬이다. 그리

5) 지역기술계수와 교역계수를 활용하는 것은 지역내 산업연관표로 구성된 다지역 산업연관표를 다음 절에서 설명할 지역간 산업연관표 형식으로 전환하여 지역 간 · 산업 간 상호연관관계를 분석하기 위한 것이라고 할 수 있다.

6) 지역기술계수는 투입계수와 유사하다.

7) 여기서 A_{11}, A_{21}, A_{12}, A_{22}는 미지의 상태인데 알고 있다면 이 작업이 필요 없다.

고 다지역 산업연관표에서 생산지역별로 구분되지 않는 최종수요에서 Y_1을 지역 1의 최종수요, Y_2를 지역 2의 최종수요라고 하면 최종수요 Y는 식 (2)와 같다.

$$C = \begin{bmatrix} \widehat{C_{11}} & \widehat{C_{12}} \\ \widehat{C_{21}} & \widehat{C_{22}} \end{bmatrix}, \quad Y = \begin{bmatrix} Y_1 \\ Y_2 \end{bmatrix} \quad \cdots\cdots (2)$$

지역기술계수인 식 (1)과 교역계수인 식 (2)를 이용하여 두 지역 간에 발생한 교역을 추정하는 방법은 다음과 같다. 교역계수 C와 지역기술계수 A를 곱한 식 (3)에서 $\hat{C}_{ij}A_j$(단, $i,j=1,2$)는 지역 j의 지역기술계수행렬 A_j에 대해 지역 i에서 생산한 제품이 지역 j로 공급된 비율을 적용한 것이다.

$$CA = \begin{bmatrix} \widehat{C_{11}} & \widehat{C_{12}} \\ \widehat{C_{21}} & \widehat{C_{22}} \end{bmatrix} \begin{bmatrix} A_1 & 0 \\ 0 & A_2 \end{bmatrix} = \begin{bmatrix} \widehat{C_{11}}A_1 & \widehat{C_{12}}A_2 \\ \widehat{C_{21}}A_1 & \widehat{C_{22}}A_2 \end{bmatrix} \quad \cdots\cdots (3)$$

교역계수 C와 지역별 최종수요 Y를 곱한 식 (4)에서 $\hat{C}_{ij}Y_j$는 지역 i에서 생산된 제품이 지역 j로 공급된 비율을 지역 j의 최종수요에 적용한 것인데, 식 (4)에서 지역 j의 최종수요는 $\hat{C}_{1j}Y_j$와 $\hat{C}_{2j}Y_j$로 구성된다(단, $i,j=1,2$).

$$CY = \begin{bmatrix} \widehat{C_{11}} & \widehat{C_{12}} \\ \widehat{C_{21}} & \widehat{C_{22}} \end{bmatrix} \begin{bmatrix} Y_1 \\ Y_2 \end{bmatrix} = \begin{bmatrix} \widehat{C_{11}}Y_1 + \widehat{C_{12}}Y_2 \\ \widehat{C_{21}}Y_1 + \widehat{C_{22}}Y_2 \end{bmatrix} \quad \cdots\cdots (4)$$

최종수요와 산출의 관계식인 $X=(I-A)^{-1}Y$를 식 (3)과 식 (4)에 적용하면 다지역 산업연관표에서의 최종수요와 산출의 관계식인 식 (5)가 도출된다.

$$X = CAX + CY$$

8) $\widehat{C_{ij}}$는 C_{ij}의 대각행렬이다.

$$\begin{bmatrix} X_1 \\ X_2 \end{bmatrix} = \begin{bmatrix} \widehat{C_{11}} & \widehat{C_{12}} \\ \widehat{C_{21}} & \widehat{C_{22}} \end{bmatrix} \begin{bmatrix} A_1 & 0 \\ 0 & A_2 \end{bmatrix} \begin{bmatrix} X_1 \\ X_2 \end{bmatrix} + \begin{bmatrix} \widehat{C_{11}} Y_1 + \widehat{C_{12}} Y_2 \\ \widehat{C_{21}} Y_1 + \widehat{C_{22}} Y_2 \end{bmatrix}$$

$$X = (I - CA)^{-1} CY$$

$$\begin{bmatrix} X_1 \\ X_2 \end{bmatrix} = \left(I - \begin{bmatrix} \widehat{C_{11}} & \widehat{C_{12}} \\ \widehat{C_{21}} & \widehat{C_{22}} \end{bmatrix} \begin{bmatrix} A_1 & 0 \\ 0 & A_2 \end{bmatrix} \right)^{-1} \left(\begin{bmatrix} \widehat{C_{11}} Y_1 + \widehat{C_{12}} Y_2 \\ \widehat{C_{21}} Y_1 + \widehat{C_{22}} Y_2 \end{bmatrix} \right) \quad \cdots\cdots (5)$$

식 (5)를 통해 다지역 산업연관표에 기술계수와 교역계수의 결합은 지역내 산업연관표를 이용하여서도 지역 간 상호연관관계분석을 할 수 있다는 것을 알 수 있다. 그러나 MRIO 기법을 이용한 지역 간 그리고 산업 간의 상호연관관계분석은 교역계수 비율이 지역내 산업연관표에 일률적으로 적용되는 문제가 있다.

(3) 지역간 산업연관표IRIO

지역간 산업연관표9)는 국내의 한 지역이 제품을 생산할 때 자기 지역에서 생산된 제품을 중간재로 사용한 것은 물론 다른 지역에서 생산한 것을 중간재로 사용한 내역이 구분 표기되어 있으며, 소비와 투자 등의 최종수요도 자기 지역에서 생산된 것과 다른 지역에서 생산 공급된 것이 구분 표기되어 있다.

따라서 지역간 산업연관표는 어떤 지역이 생산한 제품이 자기 지역과 국내의 다른 지역의 생산활동에 중간재로 사용된 것 그리고 자기 지역과 국내 타지역의 소비와 투자의 최종재로 사용된 것은 물론 해외로 수출된 것이 모두 표기되므로 지역 간·산업 간 상호연관관계분석에 적합하다. 지역 간 그리고 산업 간에 거래된 내역을 표기하기 위해서는 각 지역이 산출한 상품의 이출과 이입이 어떻게 이루어지는가를 파악해야 하는데 조사에 많은 시간과 인력이 소요되고 이용할 수 있는 자료도 제한되어 있다. [그림 6-2]는 지역이 m개이고 부문이 n개로 되어 있는 지역간 산업연관표이다.

9) 아이사드Isard모형이라고도 한다.

그림 6-2 지역간 산업연관표의 기본구조

<table>
<tr><td colspan="3" rowspan="3"></td><td colspan="3">중간수요</td><td colspan="3">최종수요</td><td rowspan="3">지역내 산출액</td></tr>
<tr><td>지역 1</td><td>…</td><td>지역 m</td><td>지역 1</td><td>…</td><td>지역 m</td></tr>
<tr><td>1 … n</td><td></td><td>1 … n</td><td>소비 투자 수출</td><td></td><td>소비 투자 수출</td></tr>
<tr><td rowspan="3">국산투입</td><td>지역 1</td><td>1 ⋮ n</td><td>Z_{11}</td><td rowspan="6">투입구조 ↓</td><td>Z_{1m}</td><td>$Y_{11}^{국산}$</td><td>…</td><td>$Y_{1m}^{국산}$</td><td>X_1</td></tr>
<tr><td>⋮</td><td></td><td></td><td colspan="5">배분구조 →</td></tr>
<tr><td>지역 m</td><td>1 ⋮ n</td><td>Z_{m1}</td><td>Z_{mm}</td><td>Y_{m1}^{d}</td><td>…</td><td>Y_{mm}^{d}</td><td>X_n</td></tr>
<tr><td colspan="2">수입투입</td><td>1 ⋮ n</td><td>M_1</td><td>M_m</td><td>$Y_1^{수입}$</td><td>…</td><td>$Y_m^{수입}$</td><td></td></tr>
<tr><td colspan="3">부가가치</td><td>V_1</td><td>V_m</td><td colspan="4"></td></tr>
<tr><td colspan="3">지역내 산출액</td><td>X_1</td><td>X_m</td><td colspan="4"></td></tr>
</table>

[그림 6-2]의 $Z_{lk}(l,k=1,\cdots,m)$는 중간투입과 중간수요에 대한 각 지역 간의 거래 내역인데, 투입구조로 보면 지역 k가 생산을 위해 지역 l에서 생산된 재화나 서비스를 중간재로 투입한 것이다. 그리고 배분구조로 보면 지역 l이 생산한 재화 또는 서비스가 지역 k의 생산에 중간재로 사용된 것이다. 지역 l과 지역 k 간의 중간재 교역에서 부문이 n개로 되어 있는 경우 Z_{lk}는 식 (6)과 같다.

$$Z_{lk}=\begin{bmatrix} z_{lk}^{11} & \cdots & z_{lk}^{1n} \\ \vdots & \ddots & \vdots \\ z_{lk}^{n1} & \cdots & z_{lk}^{nn} \end{bmatrix} \quad (l,k=1,\cdots,m) \qquad (6)$$

식 (6)의 지역이 m개이고 부문이 n개인 지역간 산업연관표의 투입구조는 다음과 같다. 지역 $k(k=1,2,\cdots,m)$의 부문 $j(j=1,2,\cdots,n)$ 투입구조는 크게 네 개로 구분된다. 첫 번째는 지역 k가 자기 지역에서 생산한 재화와 서비스를 사용한 내역으로 구성된 부분행렬 Z_{kk}에서의 중간투입인 $\Sigma_{i=1}^{n} Z_{kk}^{ij}$가 있다. 두 번째는 다른 지역들이 생산한 재화와 서비스를 사용한 내역인 Z_{1k}, Z_{2k}, …, $Z_{k-1,k}$, $Z_{k+1,k}$, …, Z_{mk}의 $m-1$개 부분행렬에 대해 부문 j의 투입구조에서 중간투입인 $\Sigma_{l=1}^{m}\Sigma_{i=1}^{n} Z_{lk}^{ij} - \Sigma_{i=1}^{n} Z_{kk}^{ij}$이고 세 번째는 해외에서 수입하여 생산에 사용한 중간재행렬인 M_k에서의 $\Sigma_{i=1}^{n} M_k^{ij}$이다. 네 번째는 부가가치행렬의 부분행렬 V_k^j는 지역 k의 부문 j가 생산을 위해 본원적 요소로 투입한 대가로 지불한 피용자보수, 영업잉여, 고정자본소모, 생산세 등의 합계이다. 그러므로 지역 k의 부문 j산출액 X_k^j은 중간투입 세 부문과 부가가치를 더한 $\Sigma_{l=1}^{m}\Sigma_{i=1}^{n} Z_{lk}^{ij} + \Sigma_{i=1}^{n} M_k^{ij} + V_k^j$이다.

지역 k의 부문 i 배분구조는 다음과 같다. [그림 6-2]에서 이에 해당하는 산출액은 X_k^i인데, 지역 k가 국내이기 때문에 국산품만 배분되는 것과 같다. 이 점이 수입을 공급 측에 포함시키는 전국산업연관표와 수입과 이입을 공급 측에 포함시키는 지역내 산업연관표와 다른 것이다.[10] 산출액 X_k^i도 크게 네 개로 구분된다. 첫 번째는 지역 k의 부문 i가 자기 지역으로의 생산중간재 배분을 나타내는 부분행렬 Z_{kk}에서의 $\Sigma_{j=1}^{n} Z_{kk}^{ij}$이고, 두 번째는 자기 지역의 최종재 배분을 나타내는 행렬 $Y_{kk}^{국산}$에 있는 $Y_{kk}^{i,소비} + Y_{kk}^{i,투자} + Y_{kk}^{i,수출}$이다. 세 번째는 국내 다른 지역으로의 생산중간재 배분을 나타내는 Z_{k1}, Z_{k2}, …, $Z_{k,k-1}$, $Z_{k,k+1}$, …, Z_{km}의 $m-1$개 행렬인 $\Sigma_{l=1}^{m}\Sigma_{j=1}^{n} Z_{kl}^{ij} - \Sigma_{j=1}^{n} Z_{kk}^{ij}$이고, 네 번째는 국내 다른 지역의 소비와 투자 그리고 해외수출로의 최종재 배분을 나타내는 $\Sigma_{l=1}^{m}\Sigma_{fd=1}^{P} Y_{kl}^{i,fd} - \Sigma_{fd=1}^{P} Y_{kk}^{i,fd}$(단, fd=소비, 투자, 수출)이다.

이와 같이 지역간 산업연관표에서 국산품은 국내 해당 지역의 산출로만 되어 있고 수입품은 별도 공급 벡터와 행렬로 표기되어 각 지역의 투입구조를 통해 투입되는 방식이다. 지역간 산업연관표는 각 지역의 여러 부문들이 다른 지역의 부문들과 거래 내역이 표기되어 있기 때문에 제4장과 제5장에서 살펴본 다양한 분석에 활용할 수 있다.

10) 전국산업연관표와 지역내 산업연관표를 국산과 수입으로 구분하고 자기 지역과 타지역으로 구분하면 지역산업연관표는 전국산업연관표와 같은 구조가 된다.

나. 지역산업연관표를 이용한 지역 간 상호연관관계 측정

투입계수는 지역산업연관분석에서도 기본적인 매개체이다. 지역간 산업연관표에 지역별 · 부문별 수요와 공급의 관계를 적용하면, 각 지역의 각 부문에서 생산된 재화와 서비스는 가.절에서 설명한 바와 같이 중간수요(Z)와 최종수요(Y)로 배분되며 이들 두 개의 수요는 다시 자기 지역과 국내 다른 지역으로의 배분으로 나누어진다.

지역이 두 개인 지역간 산업연관표를 이용하여 살펴보면 다음과 같다. 지역간 산업연관표의 수급균형식은 식 (7)인데 투입계수($A_{ij} = Z_{ij}/X_j$)를 이용하면 수급균형식은 식 (8)이 된다. 그리고 이를 행렬로 표기한 것이 식 (9)이다.

$$\begin{aligned} Z_{11} + Z_{12} + Y_{11}^d + Y_{12}^d = X_1 \\ Z_{21} + Z_{22} + Y_{21}^d + Y_{22}^d = X_2 \end{aligned} \quad \cdots\cdots (7)$$

$$\begin{aligned} A_{11}^d X_1 + A_{12}^d X_2 + Y_{11}^d + Y_{12}^d = X_1 \\ A_{21}^d X_1 + A_{22}^d X_2 + Y_{21}^d + Y_{22}^d = X_2 \end{aligned} \quad \cdots\cdots (8)$$

$$\begin{bmatrix} A_{11}^d & A_{12}^d \\ A_{21}^d & A_{22}^d \end{bmatrix} \begin{bmatrix} X_1 \\ X_2 \end{bmatrix} + \begin{bmatrix} Y_1^d \\ Y_2^d \end{bmatrix} = \begin{bmatrix} X_1 \\ X_2 \end{bmatrix} \quad \cdots\cdots (9)$$

여기서, $Y_1^d = Y_{11}^d + Y_{12}^d$, $Y_2^d = Y_{21}^d + Y_{22}^d$

행렬로 표기된 수급균형식 (9)를 최종수요와 산출의 관계로 전환한 것이 식 (10)이다.

$$\begin{bmatrix} X_1 \\ X_2 \end{bmatrix} = \left(I - \begin{bmatrix} A_{11}^d & A_{12}^d \\ A_{21}^d & A_{22}^d \end{bmatrix} \right)^{-1} \cdot \begin{bmatrix} Y_1^d \\ Y_2^d \end{bmatrix} \quad \cdots\cdots (10)$$

$$X = (I - A^d)^{-1} \cdot Y^d$$

식 (10)의 생산유발계수 $(I - A^d)^{-1}$의 부분행렬을 정리한 것이 식 (11)이다.

$$\begin{bmatrix} X_1 \\ X_2 \end{bmatrix} = \begin{bmatrix} I - A_{11}^d & -A_{12}^d \\ -A_{21}^d & I - A_{22}^d \end{bmatrix}^{-1} \cdot \begin{bmatrix} Y_1^d \\ Y_2^d \end{bmatrix}$$

$$= \begin{bmatrix} B_{11} & B_{12} \\ B_{21} & B_{22} \end{bmatrix} \cdot \begin{bmatrix} Y_1^d \\ Y_2^d \end{bmatrix} \quad \cdots\cdots (11)$$

식 (11)에서 $\begin{bmatrix} I - A_{11}^d & -A_{12}^d \\ -A_{21}^d & I - A_{22}^d \end{bmatrix}^{-1} = \begin{bmatrix} B_{11} & B_{12} \\ B_{21} & B_{22} \end{bmatrix}$이므로 $\begin{bmatrix} I - A_{11}^d & -A_{12}^d \\ -A_{21}^d & I - A_{22}^d \end{bmatrix} \cdot \begin{bmatrix} B_{11} & B_{12} \\ B_{21} & B_{22} \end{bmatrix} = \begin{bmatrix} I & 0 \\ 0 & I \end{bmatrix}$이다. 따라서 다음의 네 개 관계식이 도출된다.

① $(I - A_{11}^d)B_{11} - A_{12}^d B_{21} = I$

② $(I - A_{11}^d)B_{12} - A_{12}^d B_{22} = 0$

③ $-A_{21}^d B_{11} + (I - A_{22}^d)B_{21} = 0$

④ $-A_{21}^d B_{12} + (I - A_{22}^d)B_{22} = I$

B_{11}, B_{12}, B_{21}, B_{22}는 다음과 같다.

①′ $B_{11} = (I - A_{11}^d)^{-1} + (I - A_{11}^d)^{-1} A_{12}^d B_{21}$

②′ $B_{12} = (I - A_{11}^d)^{-1} A_{12}^d B_{22}$

③′ $B_{21} = (I - A_{22}^d)^{-1} A_{21}^d B_{11}$

④′ $B_{22} = (I - A_{22}^d)^{-1} + (I - A_{22}^d)^{-1} A_{21}^d B_{12}$ ……………… (12)

식 (12)에서 하위행렬 ①′, ②′, ③′, ④′의 의미는 다음과 같다.

①′ $B_{11} = (I - A_{11}^d)^{-1} + (I - A_{11}^d)^{-1} A_{12}^d B_{21}$

B_{11}은 지역 1의 포괄적인 지역 내 상호연관관계이다. B_{11}의 첫 번째 항 $(I - A_{11}^d)^{-1}$

은 지역 1의 생산품에 대한 최종수요가 한 단위 발생하면 자기 지역의 각 부문에서 직 · 간접적으로 유발되는 생산유발효과이다. 두 번째 항 $(I-A_{11}^d)^{-1}A_{12}^d B_{21}$에서 B_{21}은 지역 1의 생산품에 대한 최종수요 한 단위에 의해 지역 2에서 유발된 생산이기 때문에 B_{21}만큼 지역 2에서 생산이 유발되면 $A_{12}^d B_{21}$만큼 지역 2의 생산에 투입되는 지역 1의 생산품이 증가한다. 지역 1이 생산하여 타지역에 배분한 것은 지역 1의 입장에서 보면 최종수요라고 할 수 있기 때문에 지역 1에서 증가된 생산을 최종수요 발생에 따른 효과라고 할 수 있다. 따라서 B_{11}은 자기 지역 내에서의 생산유발효과와 그리고 지역 2의 생산유발을 통해 우회하여 발생하는 생산유발효과를 더한 것이다.

②′ $B_{12}=(I-A_{11}^d)^{-1}A_{12}^d B_{22}$

B_{12}는 지역 2의 생산품에 대한 최종수요 발생과 지역 1의 상호연관관계이다. B_{22}는 지역 2의 생산품에 대한 최종수요가 발생하면 자기 지역인 지역 2에서 직 · 간접적으로 유발된 생산의 크기인데, B_{22}만큼 지역 2에서 생산이 유발되면 $A_{12}^d B_{22}$만큼 지역 2의 생산에 투입되는 지역 1의 생산이 발생한다. 이는 지역 2에 의해 지역 1에서 발생한 생산이기 때문에 지역 1의 입장에서 최종수요라고 할 수 있으며 이러한 최종수요가 있으면 $(I-A_{11}^d)^{-1}A_{12}^d B_{22}$의 생산이 유발된다. 그러므로 B_{12}는 지역 2에 의해 지역 2에서 생산이 유발되고 이를 위해 지역 1의 생산품이 중간투입되면서 지역 1에 생산이 유발된 것이다.

③′ $B_{21}=(I-A_{22}^d)^{-1}A_{21}^d B_{11}$

B_{21}은 지역 1의 생산품에 대한 최종수요 발생과 지역 2의 상호연관관계이다. B_{11}은 지역 1의 생산품에 대한 최종수요가 발생하면 자기 지역인 지역 1에서 직 · 간접적으로 유발된 생산의 크기인데, B_{11}만큼 지역 1에서 생산이 유발되면 $A_{21}^d B_{11}$만큼 지역 1의 생산에 투입되는 지역 2의 생산이 발생한다. 이는 지역 1에 의해 지역 2에서 발생한 생산이기 때문에 지역 2의 입장에서 최종수요라고 할 수 있으며 이러한

최종수요가 있으면 $(I-A_{22}^d)^{-1}A_{21}^d B_{11}$의 생산이 유발된다. 그러므로 B_{21}는 지역 1에 의해 지역 1에서 생산이 유발되고 이를 위해 지역 2의 생산품이 중간투입되면서 지역 2에 생산이 유발된 것이다.

④′ $B_{22}=(I-A_{22}^d)^{-1}+(I-A_{22}^d)^{-1}A_{21}^d B_{12}$

B_{22}는 지역 2의 포괄적인 지역 내 상호연관관계이다. 첫 번째 항 $(I-A_{22}^d)^{-1}$은 지역 2의 생산품에 대한 최종수요 한 단위에 따라 자기 지역의 각 부문에서 직 · 간접적으로 유발되는 생산유발효과이다. 두 번째 항 $(I-A_{22}^d)^{-1}A_{21}^d B_{12}$에서 B_{12}는 지역 2의 생산품에 대한 최종수요 한 단위에 의해 지역 1에서 유발된 생산이기 때문에 B_{12}만큼 지역 1에서 생산이 유발되면 $A_{21}^d B_{12}$만큼 지역 1의 생산에 투입되는 지역 2의 생산이 증가한다. 지역 2가 생산하여 타지역에 배분한 것은 지역 2의 입장에서 보면 최종수요이기 때문에 지역 2에서 증가된 생산을 최종수요 발생에 따른 효과라고 할 수 있다. 따라서 B_{22}는 자기 지역 내에서의 생산유발효과와 그리고 지역 1의 생산유발을 통해 우회하여 발생하는 생산유발효과를 더한 것이다.

지역간 산업연관표를 이용하면 어떤 지역이 다른 지역과 맺는 직접적인 관계는 물론 우회하여 나타나는 간접적인 관계도 파악할 수 있다는 것을 알 수 있다. 따라서 지역의 경제정책을 수립할 때 지역간 산업연관표를 활용하면 구조를 세밀하게 분석할 수 있다.

2 세계산업연관표

산업연관표는 한 국가를 대상으로 작성되거나 한 국가의 여러 지역을 대상으로 작성되던 것이 일반적이었다. 1980년부터 두 개 이상의 국가 간 상호연관관계를 측정하기 위한 산업연관표가 본격적으로 작성되기 시작하였는데 이를 세계산업연관표라고 한다.

두 개 이상 국가들의 산업 간 교역을 대상으로 작성되는 세계산업연관표는 형식이 지역간 산업연관표와 유사한데 대표적인 사례로는 WIOD와 ICIO가 있다.[11]

세계산업연관표데이터베이스WIOD[12]는 국가 간 교역, 환경 문제 그리고 사회경제적 발전에 대한 글로벌화의 효과를 분석하기 위해 유럽 집행위원회의 기금으로 유럽의 주요 연구기관, 학계 그리고 OECD 등 국제기구가 참여[13]하여 작성된 것이다. 세계산업연관표WIOT: World Input-Output Table는 세계산업연관표데이터베이스 구축의 일환으로 작성된 것인데, WIOD는 2012년에 처음 발표되었고 2016년 11월에는 2014년까지 시계열이 확장된 표가 발표됨으로써 실효성이 높아졌다. 이 절에서는 2016년 버전의 세계산업연관표데이터베이스 중에서 세계산업연관표를 살펴본 다음 2018년 12월에 발표된 OECD의 ICIO 구조도 알아보도록 한다.[14]

WIOD(2016년 버전)는 세계산업연관표, 국제공급사용표International SUTs, 국가공급사용표National SUTs, 사회경제계정Socio-Economic Accounts으로 구성되어 있다.[15] 시

11) 이외에도 EORA가 있는데 이는 국제연합무역개발회의UNCTAD가 글로벌 가치사슬을 분석하기 위해 MRIO로 작성한 것이다.

12) Timmer, M.(2012)

13) 개발에 참여한 기관은 11개 기관인데 유럽을 중심으로 되어 있다.
① University of Groningen(RUG), Netherlands
② Institute for Prospective Technological Studies(IPTS), Spain
③ Wiener Institut für Internationale Wirtschaftsvergleiche(WIIW), Austria
④ Zentrum für Europäische Wirtschaftsforschung(ZEW), Germany
⑤ Österreichisches Institut für Wirtschaftsforschung(WIFO), Austria
⑥ Hochschule Konstanz(HTWG), Germany
⑦ The Conference Board Europe(TCBE), Belgium
⑧ Organisation for Economic Co-operation and Development(OECD), France
⑨ CPB Netherlands Bureau for Economic Policy Analysis(CPB), Netherlands
⑩ Institute of Communication and Computer Systems(ICCS), Greece
⑪ Centrale Recherche SA(CRSA), France

14) WIOT와 ICIO는 포함하고 있는 국가와 산업의 수가 다르다.

15) 2012년 버전의 사회경제계정에는 경상 및 불변가격으로 된 35개 산업별 산출과 부가가치, 자본스톡 및 투자, 기술수준별 임금 및 고용 자료가 있으며, 환경계정에는 에너지 사용, CO_2 방출, 오염, 토지사용 및 물 사용 자료가 있다.

계열은 2000년부터 2014년까지이며 가격은 당해년 미국달러이다. 유럽 30개 국가와 우리나라를 비롯한 비유럽 13개 국가 등 43개국을 포함하고 있으며 나머지 국가는 기타ROW: Rest of the World로 합쳐져 있다. 부문은 산업을 기준으로 56개로 분류되어 있어 내생부문은 「2,464×2,464」 차원의 행렬로 되어 있다.16)

표 6-1 세계산업연관표WIOT 국가 목록

2016년 버전(43개국)

유럽	오스트리아, 벨기에, 불가리아, 크로아티아*, 사이프러스, 체코, 덴마크, 에스토니아, 핀란드, 프랑스, 독일, 그리스, 헝가리, 아일랜드, 이탈리아, 라트비아, 리투아니아, 룩셈부르크, 몰타, 네덜란드, 노르웨이*, 폴란드, 포르투갈, 루마니아, 슬로바키아, 슬로베니아, 스페인, 스웨덴, 스위스*, 영국 (30개국)
북메리카	캐나다, 미국 (2개국)
라틴아메리카	브라질, 멕시코 (2개국)
아시아·태평양	중국, 인도, 일본, 한국, 호주, 대만, 터키, 인도네시아, 러시아 (9개국)

2012년 버전(40개국)

유럽	오스트리아, 벨기에, 불가리아, 사이프러스, 체코, 덴마크, 에스토니아, 핀란드, 프랑스, 독일, 그리스, 헝가리, 아일랜드, 이탈리아, 라트비아, 리투아니아, 룩셈부르크, 몰타, 네덜란드, 폴란드, 포르투갈, 루마니아, 슬로바키아, 슬로베니아, 스페인, 스웨덴, 영국 (27개국)
북메리카	캐나다, 미국 (2개국)
라틴아메리카	브라질, 멕시코 (2개국)
아시아·태평양	중국, 인도, 일본, 한국, 호주, 대만, 터키, 인도네시아, 러시아 (9개국)

* 2016년 버전에 신규로 추가된 국가

16) 2012년 버전은 ROW를 포함한 41개 국가에 대해 각각 35개 산업으로 분류되어 있기 때문에 「1,435×1,435」 차원의 행렬로 되어 있다.

표 6-2 세계산업연관표의 산업분류

2016년 버전: 56개

1	농업 및 관련서비스	20	자동차 및 트레일러	39	통신
2	임업	21	기타 수송장비	40	컴퓨터프로그램, 컨설팅 및 정보서비스
3	수산업	22	가구 및 기타 제조업제품		
4	광업	23	기계 및 장비 수리	41	금융서비스
5	음식료품	24	전기, 가스, 증기	42	보험 및 연금
6	섬유 및 가죽	25	수도	43	금융보험 관련서비스
7	목재 및 목제품	26	하수 및 쓰레기 처리	44	부동산
8	종이 및 종이제품	27	건설	45	법률 및 회계서비스
9	인쇄 및 기록 매체	28	자동차 도소매	46	건축 및 공학서비스
10	코크스 및 석유제품	29	도매	47	과학 연구 및 개발
11	화학제품	30	소매	48	광고 및 시장조사
12	의약품	31	육상운송	49	기타 전문 과학 기술서비스
13	고무 및 플라스틱	32	수상운송	50	기타 사업서비스
14	비철금속	33	항공운송	51	공공행정 및 국방
15	철강제품	34	창고 및 운송지원서비스	52	교육
16	금속제품	35	우편	53	의료 및 사회보장
17	컴퓨터, 전자 및 광학제품	36	음식 및 숙박	54	기타 사회서비스
18	전기제품	37	출판	55	가사서비스(有 피고용자)
19	기계 및 장비	38	영화 및 방송	56	기타 국제 및 외국의 기관

2012년 버전: 35개

1	농수산업	13	기계	25	항공운송
2	광업	14	전기 및 전자기기	26	기타 운수보조서비스
3	음식료품	15	수송장비	27	우편 및 통신
4	섬유제품	16	기타 공산품	28	금융중개서비스
5	가죽 및 신발	17	전기, 가스, 수도	29	부동산
6	목재 및 가공품	18	건설	30	임대 및 기타 사업서비스
7	종이 및 인쇄	19	자동차 판매 및 수리	31	공공행정 및 국방
8	석탄 및 석유	20	도매	32	교육
9	화학제품	21	소매	33	보건 및 사회서비스
10	고무 및 플라스틱제품	22	음식 및 숙박	34	기타 사회 및 개인서비스
11	기타 비금속광물제품	23	내륙운송	35	가사서비스(有 피고용자)
12	철강 및 금속제품	24	수상운송		

최종수요는 ① 가계최종소비지출, ② 가계에 봉사하는 민간비영리단체NPISH 최종소비지출, ③ 정부최종소비지출, ④ 총고정자본형성, ⑤ 재고 및 귀중품 변동 등 다섯 개의 외생 벡터가 알파벳 국가 순서로 되어 있다.

투입 방향으로는 ① 총중간소비, ② 순생산물세, ③ 수출에 대한 CiF/FOB 조정, ④ 거주자 해외직접구매, ⑤ 비거주자 국내구매, ⑥ 기초가격 부가가치, ⑦ 국제운수마진, ⑧ 기초가격 총산출액 등 8개의 벡터가 순서대로 기록되어 있다. 여러 차례 강조한 것과 같이 부문분류 체계와 표 형식을 점검하는 것은 분석에서 중요한 사항이다.

WIOT의 형식[17]은 [그림 6-3]과 같다. [그림 6-3]은 세계에 있는 국가를 A와 B의 2개국과 기타 지역ROW으로 구분한 것이다.

그림 6-3 3국으로 된 세계산업연관표의 구조

		Country A	Country B	Rest of World	Country A	Country B	Rest of World	Total
		Intermediate	Intermediate	Intermediate	Final domestic	Final domestic	Final domestic	
		Industry	*Industry*	*Industry*				
Country A	*Industry*	Intermediate use of domestic output	Intermediate use by B of exports from A	Intermediate use by RoW of exports from A	Final use of domestic output	Final use by B of exports from A	Final use by RoW of exports from A	Output in A
Country B	*Industry*	Intermediate use by A of exports from B	Intermediate use of domestic output	Intermediate use by RoW of exports from B	Final use by A of exports from B	Final use of domestic output	Final use by RoW of exports from B	Output in B
Rest of World (RoW)	*Industry*	Intermediate use by A of exports from RoW	Intermediate use by B of exports from RoW	Intermediate use of domestic output	Final use by A of exports from RoW	Final use by B of exports from RoW	Final use of domestic output	Output in RoW
		Value added	Value added	Value added				
		Output in A	Output in B	Output in RoW				

출처: Timmer, M. et al.(2012)

17) 지역산업연관표는 한 국가의 지역 간 거래가 표기되어 있기 때문에 수입이 외생부문에서 공급되는 것으로 표기되지만 세계산업연관표는 세계 모든 국가의 각 부문이 수요의 주체이자 공급의 주체이기 때문에 외생부문에 수입 벡터가 별도로 없다.

WIOT는 국가 간의 수출과 수입 거래가 직접적으로 중간투입 또는 최종수요로 표기되기 때문에 형태가 지역간 산업연관표와 유사하다고 할 수 있다. 두 표의 차이를 보면, [그림 6-2]의 지역간 산업연관표는 지역 간에 발생한 거래 내역에 해외로부터의 수입중간재가 행렬의 하위부문에 별도의 투입행렬로 표기되고 최종수요는 전국 산업연관표와 유사하게 표기될 뿐만 아니라 각 지역 수출도 최종수요 벡터 내에 하나의 벡터로 위치하여 수출 내역이 기록되어 있다.[18] [그림 6-3]의 세계산업연관표는 해외수출은 다른 국가의 중간재 또는 최종재로 모두 판매(즉 배분)된 내역이 별도로 표기되기 때문에 수출 벡터가 없다. 그러므로 세계산업연관표에서 해외로부터의 수입은 각 국가별 수입액이 모두 중간재로 투입되거나 최종재로 수요된다.

OECD가 2018년 12월에 발표한 ICIO는 WIOT와 형식이 유사하지만 국가가 [표 6-3]처럼 ROW를 포함하여 65개[19]이고 부문은 [표 6-4]처럼 36개로 분류되어 있다. WIOT와 비교하면 투입구조에 중간투입, 순생산물세, 부가가치만 있다는 점이 다르다.

표 6-3 OECD ICIO(2018년 버전)의 국가 목록

OECD 국가	호주, 오스트리아, 벨기에, 캐나다, 칠레, 체코, 덴마크, 에스토니아, 핀란드, 프랑스, 독일, 그리스, 헝가리, 아이슬란드, 아일랜드, 이스라엘, 이탈리아, 일본, 한국, 라트비아, 리투아니아, 룩셈부르크, 멕시코*, 네덜란드, 뉴질랜드, 노르웨이, 폴란드, 포르투갈, 슬로바키아, 슬로베니아, 스페인, 스웨덴, 스위스, 터키, 영국, 미국 (36개 국가)
비OECD 국가	아르헨티나 브라질, 브루나이, 불가리아, 캄보디아, 중국*, 콜롬비아, 코스타리카, 크로아티아, 사이프러스, 인도, 인도네시아, 홍콩, 카자흐스탄, 말레이시아, 몰타, 모로코, 페루, 필리핀, 루마니아, 러시아, 사우디아라비아, 싱가포르, 남아프리카공화국, 대만, 타이, 튀니지, 베트남, 기타 국가들 (29개 국가)

* 국가분류 중에서 중국과 멕시코의 경우는 주 19) 참조

18) 비경쟁형으로 작성된 산업연관표는 국산과 수입으로 구분된다.

19) 멕시코와 중국은 ICIO상에 글로벌 제조 등을 기준으로 세 개의 국가로 분리되어 있으므로 ICIO에는 국가가 69개로 되어 있다.

표 6-4 OECD ICIO(2018년 버전)의 산업분류(36개)

1	농림수산업	19	기타 수송장비
2	광업(에너지부문)	20	기타 제조업제품
3	광업(비에너지부문)	21	전기, 가스, 수도 및 위생서비스
4	광업서비스	22	건설
5	음식료품	23	도소매서비스
6	섬유 및 가죽	24	운수서비스
7	목재 및 목제품	25	음식 및 숙박
8	종이 및 인쇄	26	출판, 방송
9	석탄 및 석유	27	통신
10	화학제품	28	IT 및 기타 정보서비스
11	고무 및 플라스틱	29	금융 및 보험
12	비금속광물제품	30	부동산
13	1차 철강제품	31	기타 사업서비스
14	금속제품	32	공공행정, 국방 및 사회보장
15	컴퓨터, 전자 및 광학기기	33	교육
16	전기제품	34	의료 및 보건
17	기계 및 장비	35	예술, 연예 및 기타 서비스
18	자동차 및 트레일러	36	가사서비스(有 고용자)

2018년 버전 ICIO의 구조는 [그림 6-4]와 같다. OECD의 ICIO 데이터베이스에는 세계산업연관표는 물론 국가별 산업연관표도 수록되어 있다.[20]

20) 우리나라를 비롯한 일본, 중국은 상품 기준의 투입산출표가 이용되는 반면, 유럽 등 다른 국가는 공급사용표만 작성하는 경우도 있어 투입산출표 전환은 물론 각 부문의 개념과 포괄 범위에서 차이가 있을 수 있다.

그림 6-4 OECD ICIO(2018년 버전)의 구조

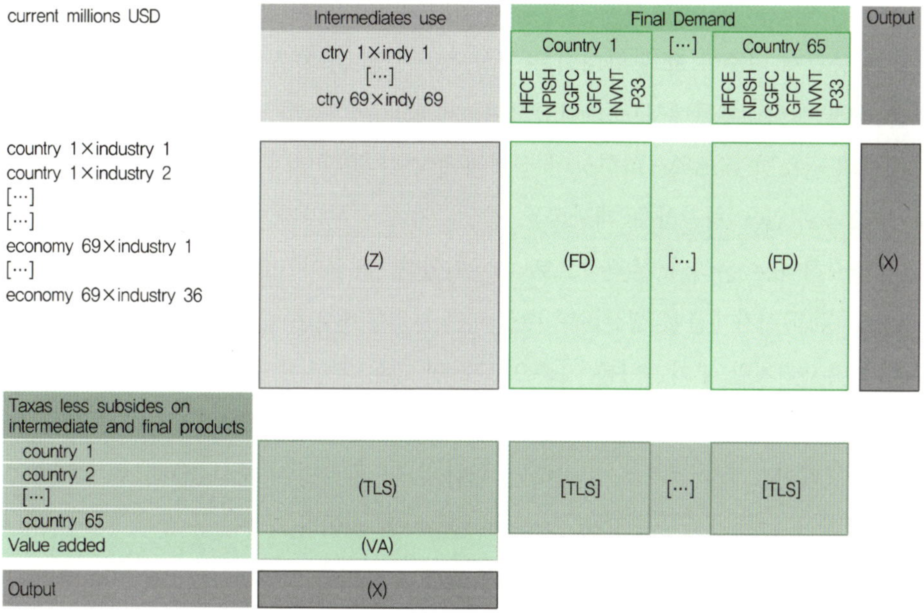

출처: OECD.org/sti/ind/inter-country-input-output-tables.htm의 ReadMe._ICIO_R.xlsx

3 글로벌 가치사슬GVC과 부가가치 기준 무역TiVA

대부분 재화나 서비스의 생산 과정에는 여러 국가들이 수직적이고 수평적으로 연결되어 있어 생산구조의 글로벌화를 체계적으로 분석하기 위한 연구와 논의가 다양하게 진행되고 있다.

1960년대부터 세계경제는 유럽을 시작으로 급속하게 통합되기 시작하였는데, 이 현상은 미국, 유럽, 일본의 삼각 체제를 거쳐 동아시아와 신흥공업국NIEs의 합류와 더불어 기러기 편대식flying geese 성장[21] 패턴 등 다양한 형태로 있었다. 게다가 중국[22]과 인도 등의 국가들도 세계경제에 급속히 통합되어 세계경제 통합의 주도국이

21) 기러기 편대식flying geese 성장 패턴은 한 나라의 산업화와 주변국으로의 산업 확산이 마치 기러기 떼가 날아오르는 것과 유사한 형태를 띠며 이뤄지는 것이다.

되기도 하였다. 세계경제의 통합현상은 생산의 글로벌 네트워크화를 동반하였는데, 이는 국가 간 거래가 소비재나 자본재 등 최종재 중심에서 벗어나 원 · 부재료로 사용되는 중간재 비중이 크게 확대되는 현상으로[23] 섬유, 자동차 및 전자산업 등 제조업은 물론 서비스부문에서도 나타났으며, 제조의 서비스화도 확대되고 있다.

생산의 글로벌 네트워크화현상이 심화됨에 따라 통관 자료 등 무역통계를 기준으로 수출과 수입을 차감하여 계산하는 경상수지에서 부가가치를 기준으로 분석하는 것이 필요하다는 논의가 본격적으로 대두되었다. 중국이 미국 애플사의 iPhone과 Laptop 등의 전자제품을 생산하여 수출하면 무역통계로는 중국이 수출을 통한 경상수지가 흑자이지만 부가가치를 기준으로 하면 많은 부분이 중국보다는 미국, 일본, 한국, 대만 등의 기업에서 창출되기도 한다. 이러한 국가별 수출의 부가가치 창출 능력을 실질적이고 체계적으로 파악하기 위한 것이 글로벌 가치사슬GVC: Global Value Chain과 부가가치 기준 무역TiVA: Trade in Value-Added이다.

이러한 세계경제에서 교역의 증가는 중간재 중심으로 이루어졌다. 중간재 중심의 수출입 비중 상승은 국가별 생산의 수직 분업화vertical specialization현상이 심화되고, 따라서 국가 간 상호의존도가 높아지는 것을 의미한다.

22) 중국은 최근 들어서는 단순한 생산기지로서의 역할에서 벗어나고 있다.
23) [그림 6-5]는 세계경제의 통합과 더불어 상품과 서비스 교역의 움직임을 나타내는데, 전 세계의 GDP 대비 재화와 서비스의 수출입 비중이 지속적으로 증가 추세에 있음을 알 수 있다.

그림 6-5 세계경제의 GDP 대비 재화와 서비스의 수출입 비중 추이 (단위: %)

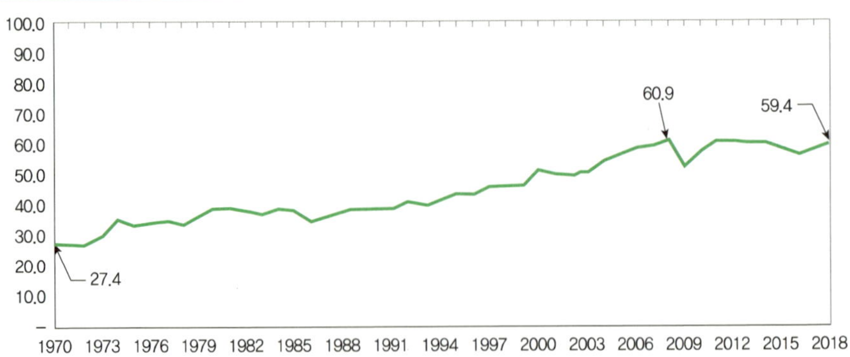

출처: http://databank.worldbank.org

이번 절에서는 글로벌 가치사슬과 TiVA에 대해 살펴보도록 한다. 세계산업연관표를 이용한 분석의 대표적인 사례로는 Wang, Z. 외 1인(2009), Timmer, M. P. 외(2012) 그리고 Johnson, R. C.(2012) 등이 있다.

가. 글로벌 가치사슬GVCs: Global Value Chains

가치사슬은 하버드 대학교의 마이클 포터Michael Porter 교수가 기업의 비교우위를 분석하기 위해 개발한 개념이다. 포터 교수는 사슬chains은 가치를 창조create and build하는 일련의 활동으로 정의하고 활동을 본질적 활동primary activities과 지원활동support activities으로 구분하였다. 본질적 활동은 물류투입, 운영/생산, 물류산출, 마케팅 및 영업, 서비스활동처럼 재화와 서비스의 물리적 가치 창출과 관련하여 부가가치를 직접적으로 창출하는 데 기여하는 것이다. 지원활동은 기업 인프라, 인적자원관리, 기술개발, 구매조달처럼 부가가치를 직접적으로 창출하지 않지만 창출할 수 있도록 지원하는 것이다. 이처럼 기업에서의 가치사슬은 생산 초기 단계에서 판매까지는 물론 보안부터 디자인까지의 다양한 활동도 포함된다.

글로벌 가치사슬은 기업 내에서의 가치사슬 개념을 세계경제의 통합 과정에서 여러 국가 간에 다양한 원·부재료와 여러 가공 단계를 거쳐 이루어지는 것의 측정까지 확장한 것이다. OECD는 "글로벌 가치사슬은 최종재인 재화와 서비스가 특정한 한 국가 내에서가 아니라 여러 국가로부터의 자원과 생산요소를 이용하여 생산되는 과정이다"라고 정의하였으며, 거의 모든 생산품이 해외의 부가가치를 포함하고 있는데 해당 부가가치의 과다 여부는 그 산업과 해당 산업 내에 있는 기업들의 조직 형태에 의존한다고 하였다.[24)]

글로벌 가치사슬은 생산과 관련된 디자인, 연구, 제조, 마케팅 등처럼 초기 단계에서 최종 단계까지 국가 간에 그리고 산업 간에 발생한 모든 활동 영역을 대상으로 한다. 글로벌 가치사슬분석은 크게 ① 인터뷰 등 실지조사field survey 자료, ② 산업

24) OECD(2016)

및 시장분석 자료, ③ 기업 환경 자료, ④ 무역통계 자료, ⑤ 산업통계 및 산업연관표 등의 자료를 이용하는 방법으로 나뉘는데,[25] 다국적 기업이 글로벌 생산 네트워크 형성의 주도권을 갖고 있기 때문에 주로 기업을 대상으로 이루어졌었다.

산업연관표를 이용한 글로벌 가치사슬분석은 최종재를 주로 대상으로 하는데, 어떤 최종재의 글로벌 가치사슬은 해당 최종재를 생산하기 위해 직 · 간접적으로 필요한 모든 행위들을 통해 발생한 부가가치라고 일반적으로 정의[26]한다. 글로벌 가치사슬은 여러 국가와 산업들이 상호 연결된 사슬 내의 위치에서 생산의 분절화fragmentation of production와 중간재 교역을 이용한 원가 측면의 우위가 어느 정도인지를 분석하는 것이며 후방참여와 전방참여라는 개념을 이용한다.

나. 부가가치 기준 무역TiVA: Trade in Value-Added

경상수지는 국가 간의 재화와 서비스 수출과 수입을 관세청 무역통계로 계산하는데 국가 간 생산의 네트워크와 생산과 판매를 통해 창출되는 부가가치가 최종적으로 어디에 귀속되는지 측정하지 못하는 한계가 있었다. 2000년대 들어 WIOT와 같은 세계산업연관표가 작성되면서 교역 결과가 부가가치 개념으로 측정되기 시작하였는데, 대표적인 것이 부가가치 기준 무역이다.

부가가치 기준 무역은 각 국가들이 글로벌 가치사슬에 참여함으로써 창출된 부가가치 중에서 최종적으로 얼마나 확보하는지를 측정하는 것이라고 할 수 있다. 그리고 부가가치 기준 무역에서 해당 국가의 수출은 국가 간의 교역량(또는 금액)이 아니라 교역에 따른 각각의 생산 단계별로 측정된 부가가치를 이용한다. UN국제무역개발회의UNCTAD: United Nations Conference on Trade and Development는 일반적인 무역과 부가가치 기준 무역의 차이를 [그림 6-6]을 이용해 설명하고 있다.

25) Frederick, S.(2014)

26) Timmer, M. P. 외 4인(2014)

그림 6-6 기존의 무역통계와 TiVA의 비교

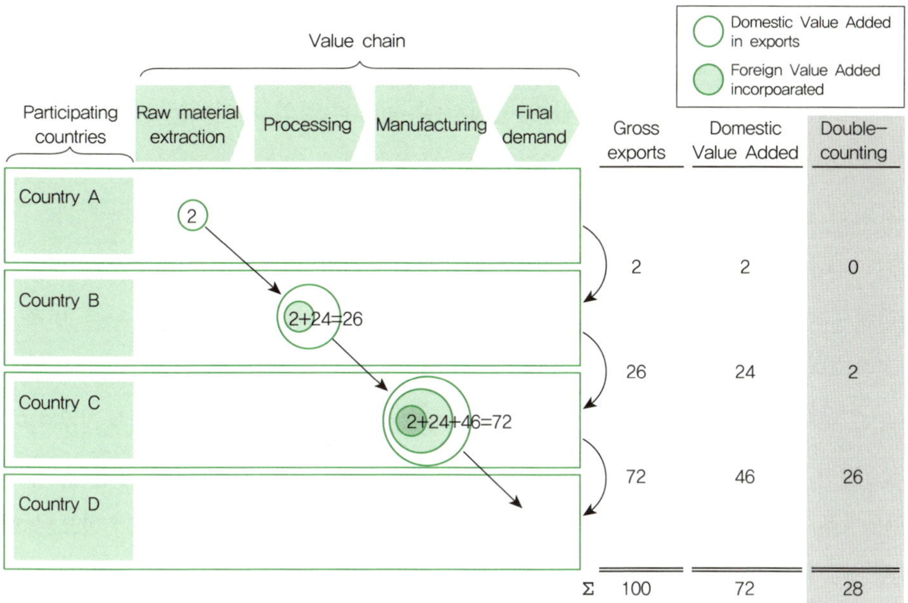

출처: UNCTAD(2013)

[그림 6-6]은 어떤 상품이 A, B, C의 세 국가를 거쳐 생산된 다음 최종적으로 D국에서 소비되는 경우이다. 기존의 방식으로는 A국에서 B국으로의 수출이 2달러, B국에서 C국으로의 수출이 26달러, 그리고 C국에서 최종소비국인 D국으로의 수출이 72달러 발생하여 국제적으로 총수출이 100달러인 것으로 측정한다.

부가가치 기준 무역으로는 이들 국가들 간의 무역은 72달러가 된다. A국에서는 2달러의 부가가치가 B국으로의 수출에 의해 창출되고, B국은 A국에서 중간재로 2달러를 수입 가공하여 C국으로 26달러로 수출하였기 때문에 중간재로 수입한 2달러를 차감한 24달러(=26달러-2달러)의 부가가치가 창출되었다. 그리고 C국은 B국에서 중간재로 26달러를 수입 가공하여 D국에 72달러로 판매하였기 때문에 D국에서 창출된 부가가치는 46달러(=72달러-26달러)이다. 따라서 기존의 방식으로는 100달러의 교역이 발생하였지만 부가가치 기준으로 전환하면 72달러(=2달러+24달러+46달러)가 된다. 따라서 전통적인 무역 측정 방법으로 교역을 측정한 것은 중간재가 각 교역 단계에 반영되어 이중계상되기 때문에 부가가치 기준보다 28달러가 과대 평가된다.

이와 같이 두 개의 다른 기준으로 측정하면 총수출과 부가가치 기준 무역의 결과가 다르게 나타나지만, 한 국가의 입장에서 수출과 수입의 차이에는 변동이 나타나지 않는다. 왜냐하면 B국에서는 26달러를 수출하지만 2달러를 수입하였기 때문에 부가가치 기준으로는 24달러를 수출한 것이기 때문이다.

그러나 [표 6-5]처럼 수직적이지 않은 국제교역에서 부가가치를 기준으로 교역을 측정하면 한 국가가 다른 국가들과의 교역에 따라 발생하는 경상수지 규모는 변하지 않지만 두 국가 간의 경상수지는 변할 수 있다. 대표적인 예[27]로는 [표 6-5]와 같이 미국과 중국 간의 아이폰 교역을 어떻게 측정하느냐에 따라 결과가 다른 경우이다.

2009년 기준으로 미국의 대 중국 아이폰 교역 수지는 19억 달러 적자인데, 부가가치 기준 무역으로 측정하면 적자 내역이 바뀌게 된다. 부가가치 기준 무역으로 미국과 중국의 교역을 평가하면, 미국의 대 중국 교역수지는 0.7억 달러 적자에 불과하고 나머지는 핵심 부품을 생산하고 R&D 센터가 위치한 일본, 한국, 독일 등에 대해 적자가 오히려 훨씬 크게 발생한다.

표 6-5 | 2009년 기준 미국의 iPhone 교역수지 (단위: 백만 달러)

	중국	일본	한국	독일	ROW	세계
기존의 측정 방법	−1,901.2	0	0	0	0	−1,901.2
부가가치 기준 측정	−73.5	−684.8	−259.4	−340.7	−542.8	−1,901.2

출처: Javorsek, M. and Camacho, I.(2015)

부가가치 기준으로 무역을 측정하면 다음을 파악할 수 있다.[28]

첫 번째, 국내의 부가가치가 수출에 의해 어디에서 얼마나 창출되는지 측정할 수 있다. 두 번째, 국내의 서비스산업이 국제적인 교역에 직접적으로 노출되지 않더라도 수출에 어느 정도 기여하는지 측정할 수 있다. 세 번째, 부가가치를 기준으로 무

27) Javorsek, M. 외 1인(2015)
28) Javorsek, M. 외 1인(2015)

역불균형을 이해할 수 있다. 네 번째, 무역과 고용 간의 연계성을 파악할 수 있다. 다섯 번째, 2008년 금융위기와 같은 거시경제적 충격이 무역에 미치는 영향을 효과적으로 파악할 수 있다. 그리고 여섯 번째, 무역 환경 측면에서의 충격, 기후변화에 대한 무역의 잠재적 충격, 무역의 온실가스 배출에 미치는 영향을 측정할 수 있다.

(1) TiVA 측정에 이용되는 주요 개념

TiVA 측정과 관련된 주요 용어와 개념 중에 대표적인 것으로는 총수출에 포함된 국내부가가치DVA: Domestic Value Added embodied in gross exports와 총수출에 포함된 해외부가가치FVA: Foreign Value Added embodied in gross exports가 있다. 이들 지표는 [그림 6-7]과 같이 총수출을 부가가치로 분해하는 과정에서 계산된다.

그림 6-7 총수출의 분해

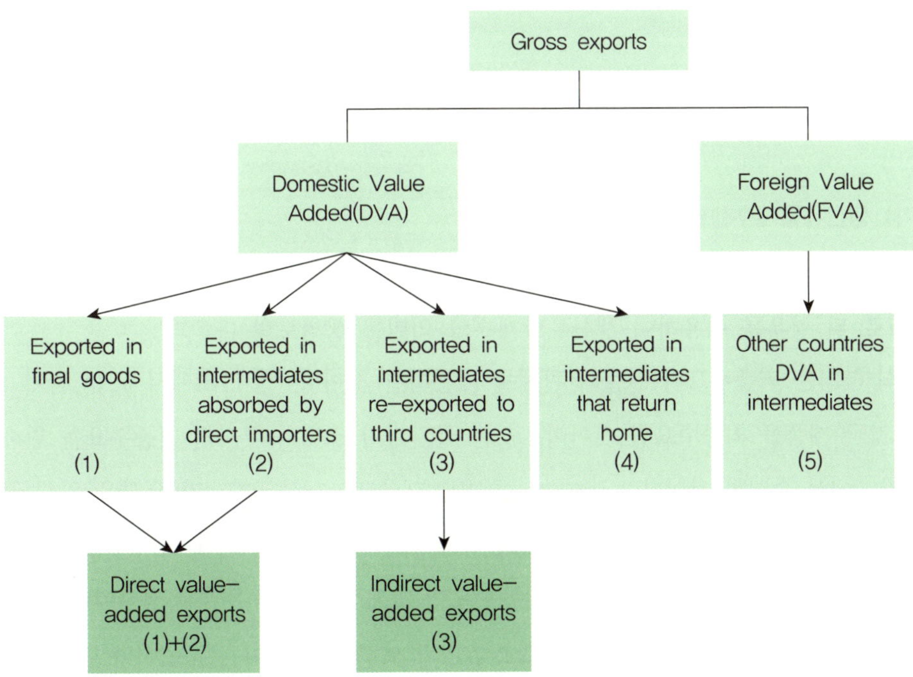

출처: Koopman R. 외 2인(2010)

DVA는 수출을 위한 재화와 서비스의 생산 과정에서 국내경제에 직 · 간접적으로 유발된 부가가치이다. 따라서 국내산업이 생산하여 수출한 모든 재화와 서비스에 내재되어 있는 부가가치는 물론 해외의 중간재 생산에 사용되기 위해 수출되었다가 재수입되면서 유발되는 부가가치도 포함한다. DVA는 다음과 같이 세분화할 수 있다. 첫 번째는 해외의 소비와 투자 등 최종재로 수출된 것에 의해 유발된 부가가치(1), 두 번째는 국내소비와 투자용으로 해외에서 수입한 재화와 서비스에 포함된 국산중간재를 수출하면서 유발된 부가가치(2), 세 번째는 제3국에 재수출되는 재화와 서비스의 생산에 사용된 수출중간재에 의해 유발된 부가가치(3)인데 (3)을 간접 부가가치 수출DVX: indirect value-added exports이라고 한다. 그리고 네 번째는 중간재로 수출된 재화 및 서비스 중에서 본국으로 재수입되면서 유발된 부가가치(4)가 있다.

FVA는 수출용 재화와 서비스를 생산하기 위해 중간재로 해외재화와 서비스를 사용함으로써 해외에서 유발된 부가가치(5)이며, 통상적으로 FVA는 원산지에 의해 측정된다.

(2) 세계산업연관표를 이용한 TiVA의 측정

(가) 생산유발계수행렬의 의미

[그림 6-3]의 세 개 국가로 된 세계산업연관표를 N개 국가이고 각 국가의 부문은 1개로 된 경우를 이용하여 생산유발계수의 의미를 살펴보면 다음과 같다.

식 (13)은 최종수요와 산출의 관계를 세분화한 것이다. 식 (13)에서 y_{ii}는 국가 i가 자국 제품을 최종수요한 것이며, y_{ij}는 국가 j가 소비와 투자의 최종수요를 위해 국가 i에서 수입한 것이다($i, j=1,2,\cdots,N$). 그리고 x_{ij}는 국가 j가 생산을 위해 국가 i에서 수입한 중간재 투입이 아니라 국가 j의 최종수요에 의해 국가 i에서 유발된 생산이며, x_{ii}는 국가 i가 자국 최종수요에 의해 자국에서 유발된 생산이다. 그러므로 $\sum_{j=1}^{N} x_{ij} = x_{i.}$는 각 국가의 최종수요에 의한 국가 i의 산출액이다.[29]

29) 최종수요가 국가별이 아니라 하나의 벡터로 되어 있는 경우는 다음과 같다.

$$\begin{bmatrix} x_{11} \cdots\cdots x_{1N} \\ x_{21} \cdots\cdots x_{2N} \\ \vdots \quad \ddots \quad \vdots \\ x_{N1} \cdots\cdots x_{NN} \end{bmatrix} = \begin{bmatrix} B_{11} \cdots\cdots B_{1N} \\ B_{21} \cdots\cdots B_{2N} \\ \vdots \quad \ddots \quad \vdots \\ B_{N1} \cdots\cdots B_{NN} \end{bmatrix} \begin{bmatrix} y_{11} \cdots\cdots y_{1N} \\ y_{21} \cdots\cdots y_{2N} \\ \vdots \quad \ddots \quad \vdots \\ y_{N1} \cdots\cdots y_{NN} \end{bmatrix} \quad \cdots\cdots (13)$$

식 (13)이 제4장 2절의 식 (6)과 다른 점은 최종수요의 구성이다. 제4장 2절의 식 (6)은 최종수요가 하나의 벡터이고 식 (13)은 각 국가의 최종수요 벡터를 가로 방향으로 결합한 행렬이므로 식 (13)의 최종수요행렬을 가로 방향으로 더하면 전자와 같아진다.

내생부문과 최종수요 모두 「$N \times N$」행렬로 되어 있는 식 (13)에 대해 각 국가별로 최종수요를 소비와 투자로 구분하여 최종수요 벡터를 구성한다면 행렬의 차원이 「$N \times 2N$」이 된다.30)

식 (13)에서 생산유발계수행렬(B)과 최종수요행렬(y)을 곱하면 식 (14)가 된다.31)

산출액 $X = (x_1, x_2, \cdots, x_n)'$, 최종수요 $Y = (y_1, y_2, \cdots, y_n)'$, 생산유발계수 $B = \begin{bmatrix} r_{11} & \cdots & r_{1n} \\ \vdots & \ddots & \vdots \\ r_{n1} & \cdots & r_{nn} \end{bmatrix}$

이라고 하면 최종수요를 대각행렬로 전환하여 생산유발계수와 곱하면 다음과 같다.

$$\begin{bmatrix} r_{11} & \cdots & r_{1n} \\ \vdots & \ddots & \vdots \\ r_{n1} & \cdots & r_{nn} \end{bmatrix} \begin{bmatrix} y_1 & \cdots & 0 \\ \vdots & \ddots & \vdots \\ 0 & \cdots & y_n \end{bmatrix} = \begin{bmatrix} r_{11}y_1 & r_{12}y_2 & \cdots & r_{1n}y_n \\ \vdots & \vdots & \ddots & \vdots \\ r_{n1}y_1 & r_{n2}y_2 & \cdots & r_{nn}y_n \end{bmatrix}$$

이 식에서 행합 $\Sigma_{j=1}^{n} r_{ij} y_j = x_i$는 각 최종수요에 의한 국가 i의 생산유발이다.

30) 식 (13)은 1개의 부문으로 구성되어 있다고 가정하였지만 세계산업연관표가 N개 국가와 n개 부문으로 된 경우 최종수요행렬의 차원은 「$nN \times N$」이 되고, 최종수요를 소비와 투자로 다시 구분한다면 최종수요행렬의 차원은 「$nN \times 2N$」이 된다.

31) 3국으로 구성된 세계산업연관표인 경우, 식 (13)과 식 (14)는 다음과 같다.

$$\begin{bmatrix} x_{11} & x_{12} & x_{13} \\ x_{21} & x_{22} & x_{23} \\ x_{31} & x_{32} & x_{33} \end{bmatrix} = \begin{bmatrix} B_{11} & B_{12} & B_{13} \\ B_{21} & B_{22} & B_{23} \\ B_{31} & B_{32} & B_{33} \end{bmatrix} \begin{bmatrix} y_{11} & y_{12} & y_{13} \\ y_{21} & y_{22} & y_{23} \\ y_{31} & y_{32} & y_{33} \end{bmatrix} = \begin{bmatrix} \sum_{j=1}^{3} B_{1j} y_{j1} & \sum_{j=1}^{3} B_{1j} y_{j2} & \sum_{j=1}^{3} B_{1j} y_{j3} \\ \sum_{j=1}^{3} B_{2j} y_{j1} & \sum_{j=1}^{3} B_{2j} y_{j2} & \sum_{j=1}^{3} B_{2j} y_{j3} \\ \sum_{j=1}^{3} B_{3j} y_{j1} & \sum_{j=1}^{3} B_{3j} y_{j2} & \sum_{j=1}^{3} B_{3j} y_{j3} \end{bmatrix}$$

$$\begin{bmatrix} x_{11} & \cdots\cdots & x_{1N} \\ x_{21} & \cdots\cdots & x_{2N} \\ \vdots & \ddots & \vdots \\ x_{N1} & \cdots\cdots & x_{NN} \end{bmatrix} = \begin{bmatrix} B_{11} & \cdots\cdots & B_{1N} \\ B_{21} & \cdots\cdots & B_{2N} \\ \vdots & \ddots & \vdots \\ B_{N1} & \cdots\cdots & B_{NN} \end{bmatrix} \begin{bmatrix} y_{11} & \cdots\cdots & y_{1N} \\ y_{21} & \cdots\cdots & y_{2N} \\ \vdots & \ddots & \vdots \\ y_{N1} & \cdots\cdots & y_{NN} \end{bmatrix}$$

$$= \begin{bmatrix} \sum_{j=1}^{N} B_{1j}\, y_{j1} & \sum_{j=1}^{N} B_{1j}\, y_{j2} & \cdots\cdots & \sum_{j=1}^{N} B_{1j}\, y_{jN} \\ \vdots & \vdots & \ddots & \vdots \\ \sum_{j=1}^{N} B_{Nj}\, y_{j1} & \sum_{j=1}^{N} B_{Nj}\, y_{j2} & \cdots\cdots & \sum_{j=1}^{N} B_{Nj}\, y_{jN} \end{bmatrix} \quad \cdots\cdots\cdots\cdots (14)$$

식 (14)의 좌변에서 임의의 원소 x_{lm}은 우변의 $\sum_{j=1}^{N} B_{lj}\, y_{jm}$(단, $l, m = 1, 2, \cdots, N$)에 해당되는데 국가 m에서 최종수요가 발생하여 국가 l에서 생산이 유발된 것이다. 즉 $\sum_{j=1}^{N} B_{lj}\, y_{jm}$는 $B_{l1}\, y_{1m} + B_{l2}\, y_{2m} + \cdots\cdots + B_{lN} y_{Nm}$이기 때문에 국가 m이 국가 1의 제품을 최종수요함으로써 국가 l에서 생산이 유발된 것부터 국가 m이 국가 N이 생산한 제품을 최종수요함으로써 국가 l에서 생산이 유발된 것 모두 포함한다.

각 국가별 최종수요에 의한 생산유발구조에 부가가치계수[32]의 대각행렬인 식 (15)를 결합하여 국가별 최종수요와 부가가치유발구조를 살펴보면 다음과 같다. 식 (15)에서 v_j는 국가 j의 부가가치계수이다.

$$V = \begin{bmatrix} v_1 & \cdots\cdots & 0 \\ \vdots & \ddots & \vdots \\ 0 & \cdots\cdots & v_N \end{bmatrix} \quad \cdots\cdots\cdots\cdots (15)$$

식 (15)의 부가가치계수 대각행렬과 식 (13)의 생산유발계수행렬의 우변 첫 번째 항을 곱하면 식 (16)의 행렬 M이 도출되는데, 행렬 M은 부가가치유발계수행렬 $\widehat{A^v}(I - A^d)^{-1}$이다.[33]

32) 부가가치계수는 부가가치를 총투입액(=산출액)으로 나눈 것이다.
33) 제4장 2절에서 설명하였다.

$$
\begin{aligned}
M &= V \cdot B \\
&= \begin{bmatrix} v_1 & \cdots & 0 \\ \vdots & \ddots & \vdots \\ 0 & \cdots & v_N \end{bmatrix} \cdot \begin{bmatrix} B_{11} & \cdots & B_{1N} \\ \vdots & \ddots & \vdots \\ B_{N1} & \cdots & B_{NN} \end{bmatrix} \\
&= \begin{bmatrix} v_1 B_{11} & v_1 B_{12} & \cdots\cdots & v_1 B_{1N} \\ v_2 B_{21} & v_2 B_{22} & \cdots\cdots & v_2 B_{2N} \\ \vdots & \vdots & \ddots & \vdots \\ v_N B_{N1} & v_N B_{N2} & \cdots\cdots & v_N B_{NN} \end{bmatrix} \quad \cdots\cdots (16)
\end{aligned}
$$

행렬 M을 부가가치배분행렬VAS: value-added share matrix이라고 하는데 행렬 M에서 $v_i B_{ij}$는 국가 j가 생산한 제품에 대한 최종수요가 한 단위 발생함에 따라 국가 i에서 유발된 부가가치이다. 따라서 행렬 M을 행 방향으로 더하면 각 국가가 생산한 제품에 대한 최종수요가 각각 한 단위 발생할 경우 국가 i에서 유발된 부가가치 크기이다.

부가가치계수행렬 V와 최종수요가 포함되어 있는 식 (15)를 곱하면 식 (17)이 되는데, 최종수요와 생산 그리고 부가가치의 관계는 다음과 같다.

$$
\begin{aligned}
&\begin{bmatrix} v_1 & \cdots\cdots & 0 \\ \vdots & \ddots & \vdots \\ 0 & \cdots\cdots & v_N \end{bmatrix} \cdot \begin{bmatrix} \sum_{j=1}^{N} B_{1j}\, y_{j1} & \sum_{j=1}^{N} B_{1j}\, y_{j2} & \cdots\cdots & \sum_{j=1}^{N} B_{1j}\, y_{jN} \\ \vdots & \vdots & \ddots & \vdots \\ \sum_{j=1}^{N} B_{Nj}\, y_{j1} & \sum_{j=1}^{N} B_{Nj}\, y_{j2} & \cdots\cdots & \sum_{j=1}^{N} B_{Nj}\, y_{jN} \end{bmatrix} \\
&= \begin{bmatrix} v_1 \sum_{j=1}^{N} B_{1j}\, y_{j1} & v_1 \sum_{j=1}^{N} B_{1j}\, y_{j2} & \cdots\cdots & v_1 \sum_{j=1}^{N} B_{1j}\, y_{jN} \\ \vdots & \vdots & \ddots & \vdots \\ v_N \sum_{j=1}^{N} B_{Nj}\, y_{j1} & v_N \sum_{j=1}^{N} B_{Nj}\, y_{j2} & \cdots\cdots & v_N \sum_{j=1}^{N} B_{Nj}\, y_{jN} \end{bmatrix} \quad \cdots\cdots (17)
\end{aligned}
$$

식 (17)의 우변 1행 1열에 있는 원소 $v_1 \Sigma_{j=1}^{N} B_{1j}\, y_{j1}$를 전개하면 $v_1 B_{11}\, y_{11} + v_1 B_{12}\, y_{21} + \cdots\cdots + v_1 B_{1n}\, y_{n1}$인데, 첫 번째 항 $v_1 B_{11}\, y_{11}$에서 최종수요 y_{11}은

국가 1이 자국 생산품을 최종수요하는 것이고 v_1B_{11}은 국가 1이 생산한 제품에 대한 최종수요가 한 단위 발생할 때 자국에서 유발된 부가가치이기 때문에 $v_1B_{11}y_{11}$은 국가 1이 자국 생산품을 최종수요함으로써 자국에서 유발된 부가가치이다.

두 번째 항 $v_1B_{12}y_{21}$에서 최종수요 y_{21}는 국가 1이 국가 2가 생산한 제품을 최종수요한 것이고 v_1B_{12}는 국가 2가 생산한 제품에 대한 최종수요가 한 단위 발생할 때 국가 1에서 유발된 부가가치이기 때문에 $v_1B_{12}y_{21}$은 국가 1이 국가 2에서 생산한 제품을 최종수요함으로써 국가 1에서 유발된 부가가치이다.

마찬가지로 N번째 항 $v_1B_{1N}y_{N1}$에서 y_{N1}은 국가 1에서 국가 N이 생산한 제품을 최종수요한 것이고 v_1B_{1N}은 국가 N이 생산한 제품에 대한 최종수요가 한 단위 발생할 때 국가 1에서 유발된 부가가치이기 때문에 $v_1B_{1N}y_{N1}$은 국가 1이 국가 N에서 생산한 제품을 최종수요함으로써 국가 1에서 유발된 부가가치이다.

따라서 N개의 항을 모두 더한 $v_1\sum_{j=1}^{N}B_{1j}y_{j1}$은 국가 1이 자국을 포함해 다른 국가에서 생산한 제품을 최종수요함으로써 국가 1에서 유발된 부가가치이다.

이를 $v_i\sum_{j=1}^{N}B_{ij}y_{jk}(k=1,2,\cdots N)$으로 일반화하면 $v_iB_{i1}y_{1k}$, $v_iB_{i2}y_{2k}$, $\cdots$, $v_iB_{iN}y_{Nk}$를 더한 것이기 때문에 국가 k가 국가 1부터 국가 N까지 모든 국가에서 생산한 제품을 최종수요함으로써 국가 i에서 유발된 부가가치이다.

한편, $v_1\sum_{j=1}^{N}B_{1j}y_{j1}$에서 첫 번째 항을 제외하고 두 번째 항에서 N번째 항까지 더한 $v_1\sum_{j=2}^{N}B_{1j}y_{j1}$은 국가 1이 자국을 제외한 다른 국가에서 생산한 제품을 최종수요함으로써 국가 1에서 유발된 부가가치이다.

지금까지 식 (17)의 특정 원소를 중심으로 살펴보았는데, 식 (17)의 행렬을 열과 행 방향으로 구분하여 살펴보도록 한다. 먼저 식 (17) 우변 행렬의 첫 번째 열벡터인 식 (18)의 의미는 다음과 같다.

$$\begin{bmatrix} v_1 \sum_{j=1}^{N} B_{1j}\, y_{j1} \\ v_2 \sum_{j=1}^{N} B_{2j}\, y_{j1} \\ \vdots \\ v_N \sum_{j=1}^{N} B_{Nj}\, y_{j1} \end{bmatrix} = \begin{bmatrix} v_1 B_{11}\, y_{11} & v_1 B_{12}\, y_{21} \cdots\cdots & v_1 B_{1N}\, y_{N1} \\ v_2 B_{21}\, y_{11} & v_2 B_{22}\, y_{21} \cdots\cdots & v_2 B_{2N}\, y_{N1} \\ \vdots & \vdots \quad \ddots & \vdots \\ v_N B_{N1}\, y_{11} & v_N B_{N2}\, y_{21} \cdots\cdots & v_N B_{NN}\, y_{N1} \end{bmatrix} \begin{bmatrix} 1 \\ 1 \\ \vdots \\ 1 \end{bmatrix} \qquad \cdots\cdots(18)$$

식 (18) 좌변의 첫 번째 원소 $v_1 \Sigma_{j=1}^{N} B_{1j}\, y_{j1}$(이는 식 (18) 우변의 첫 번째 행렬을 행 방향으로 더한 것)는 앞에서 설명한 바와 같이 국가 1이 자국을 포함한 모든 국가에서 생산한 제품을 최종수요함으로써 국가 1에서 유발된 부가가치이다. 두 번째 원소 $v_2 \Sigma_{j=1}^{N} B_{2j}\, y_{j1}$는 국가 1이 자국을 포함한 모든 국가에서 생산한 제품을 최종수요함으로써 국가 2에서 유발된 부가가치이다. 마찬가지로 N번째 원소 $v_N \Sigma_{j=1}^{N} B_{Nj}\, y_{j1}$는 국가 1이 자국을 포함한 모든 국가에서 생산한 제품을 최종수요함으로써 국가 N에서 유발된 부가가치다. 즉 이 벡터의 각 원소들은 국가 1이 자국을 포함한 모든 국가에서 생산한 제품을 최종수요함으로써 각 국가에서 유발된 부가가치의 크기이다.

따라서 식 (18) 좌변의 열벡터 합계는 국가 1이 자국을 포함한 모든 국가에서 생산한 제품을 최종수요함으로써 모든 국가에서 유발된 부가가치이다.

식 (17)에서 설명한 것처럼 식 (18)의 우변 행렬에서는 국가 1이 어떤 국가의 생산품을 최종수요하느냐에 따라 각국에서 창출되는 부가가치를 알 수 있다. 식 (18) 우변 왼쪽 행렬의 첫 번째 열벡터는 국가 1이 자국 생산품을 최종수요함으로써 각 국가에서 유발된 부가가치이므로 이를 더하면 국가 1이 자국 생산품을 최종수요함으로써 모든 국가에서 유발되는 부가가치이고, j번째 열벡터는 국가 1이 국가 j에서 생산한 제품을 최종수요함으로써 모든 국가에서 유발된 부가가치이므로 이를 더하면 국가 1이 국가 j에서 생산한 제품을 최종수요함으로써 모든 국가에서 유발된 부가가치이다. 마찬가지로 N번째 열벡터는 국가 1이 국가 N이 생산한 제품을 최종수요함으로써 각국에서 유발된 부가가치이므로 이를 더하면 국가 1이 국가 N이 생산한 제품을 최종수요함으로써 모든 국가에서 유발된 부가가치이다.

다음으로 식 (17) 우변 행렬의 첫 번째 행벡터인 식 (19)의 의미는 다음과 같다.

$$\left[v_1 \sum_{j=1}^{N} B_{1j}\, y_{j1} \;\; v_1 \sum_{j=1}^{N} B_{1j}\, y_{j2} \;\cdots\cdots\; v_1 \sum_{j=1}^{N} B_{1j}\, y_{jN} \right]$$
$$= \begin{bmatrix} v_1 B_{11}\, y_{11} + v_1 B_{12}\, y_{21} + \cdots\cdots + v_1 B_{1N}\, y_{N1} \\ v_1 B_{11}\, y_{12} + v_1 B_{12}\, y_{22} + \cdots\cdots + v_1 B_{1N}\, y_{N2} \\ \vdots \qquad\qquad \vdots \\ v_1 B_{11}\, y_{1N} + v_1 B_{12}\, y_{2N} + \cdots\cdots + v_1 B_{1N}\, y_{NN} \end{bmatrix}' \quad \cdots\cdots (19)$$

식 (19) 행벡터의 첫 번째 원소 $v_1 \Sigma_{j=1}^{N} B_{1j}\, y_{j1}$는 국가 1이 자국을 포함한 각국에서 생산한 제품을 최종수요함으로써 국가 1에서 창출된 부가가치이고, 두 번째 원소 $v_1 \Sigma_{j=1}^{N} B_{1j}\, y_{j2}$는 국가 2가 자국을 포함한 각국이 생산한 제품을 최종수요함으로써 국가 1에서 유발된 부가가치이다. 그리고 N번째 원소 $v_1 \Sigma_{j=1}^{N} B_{1j}\, y_{jN}$는 국가 N이 자국을 포함한 각국에서 생산한 제품을 최종수요함으로써 국가 1에서 유발된 부가가치이다. 따라서 행벡터의 합계는 각국에서 최종수요가 발생함에 따라 국가 1에서 유발된 부가가치이다. 식 (19)도 합벡터를 이용하면 식 (20)과 같이 두 개의 행렬로 표기할 수 있다.

$$\left(\begin{bmatrix} v_1 B_{11}\, y_{11} & v_1 B_{12}\, y_{21} & \cdots\cdots & v_1 B_{1N}\, y_{N1} \\ v_1 B_{11}\, y_{12} & v_1 B_{12}\, y_{22} & \cdots\cdots & v_1 B_{1N}\, y_{N2} \\ \vdots & \vdots & \ddots & \vdots \\ v_1 B_{11}\, y_{1N} & v_1 B_{12}\, y_{2N} & \cdots\cdots & v_1 B_{1N}\, y_{NN} \end{bmatrix} \begin{bmatrix} 1 \\ 1 \\ \vdots \\ 1 \end{bmatrix} \right)'$$
$$= [1\,1 \ldots\ldots 1] \begin{bmatrix} v_1 B_{11}\, y_{11} & v_1 B_{11}\, y_{12} & \cdots\cdots & v_1 B_{11}\, y_{1N} \\ v_1 B_{12}\, y_{21} & v_1 B_{12}\, y_{22} & \cdots\cdots & v_1 B_{12}\, y_{2N} \\ \vdots & \vdots & \ddots & \vdots \\ v_1 B_{1N}\, y_{N1} & v_1 B_{1N}\, y_{N2} & \cdots\cdots & v_1 B_{1N}\, y_{NN} \end{bmatrix} \quad \cdots\cdots (20)$$

식 (20) 우변의 오른쪽 행렬에 있는 원소 $v_1 B_{1j} y_{ji}$에서 $B_{1j} y_{ji}$는 국가 i가 국가 j

의 제품을 y_{ji}만큼 최종수요함으로써 국가 1에서 유발된 생산이기 때문에 $v_1 B_{1j} y_{ji}$는 국가 i가 국가 j가 생산한 제품을 최종수요함으로써 국가 1에서 유발된 부가가치이다. 따라서 식 (20) 우변 오른쪽 행렬의 첫 번째 열벡터를 더하면 국가 1이 국가 1에서 국가 N까지 각국에서 생산한 제품을 최종수요함으로써 국가 1에서 유발된 부가가치이고, 두 번째 열벡터를 더하면 국가 2가 국가 1에서 국가 N까지 각국에서 생산한 제품을 최종수요함으로써 국가 1에서 유발된 부가가치이다. 마찬가지로 N번째 열벡터를 더하면 국가 N이 국가 1에서부터 국가 N까지 각국의 생산품을 최종수요함으로써 1국에서 유발된 부가가치이다.

그리고 행 방향으로 보면, 첫 번째 행벡터를 더하면 국가 1에서 국가 N까지의 각 국가가 국가 1이 생산한 제품을 최종수요함으로써 국가 1에서 유발된 부가가치이고, 두 번째 행벡터를 더하면 국가 1에서 국가 N까지의 각 국가가 국가 2가 생산한 제품을 최종수요함으로써 국가 1에서 유발된 부가가치이다. 마찬가지로 N번째 행벡터를 더하면 국가 1에서 국가 N까지 각국이 국가 N이 생산한 제품을 최종수요함으로써 국가 1에서 유발된 부가가치이다.

정리하면 식 (18)은 국가 1의 최종수요구조에 의한 국가별 부가가치유발을 분석하는 것이고, 식 (20)은 각 국가의 최종수요구조에 의해 국가 1에서 유발된 부가가치를 분석하는 것이다.

세계산업연관표는 어떤 국가가 생산한 제품이 자국 내에서의 거래는 물론 다른 국가의 내생부문과 최종수요부문을 통해 거래된 내역을 모두 포함시켜 표기되기 때문에 식 (17)에서 식 (20)까지 설명한 생산유발계수행렬을 이용하면 국가 간 교역을 통한 부가가치유발효과는 물론 제3국으로 우회하여 발생된 부가가치유발효과도 분해하여 측정할 수 있다. 다만 내생부문행렬에서 Z_{ii}와 최종수요행렬에서 y_{ii}를 제외[34]하면 모두 국가 간에 발생한 교역을 나타내지만 내생부문행렬을 이용하여 계산하는 생산유발계수행렬의 B_{ii}에는 국가 i가 생산한 제품에 대한 최종수요 한 단위

34) Z_{ii}는 국가 i가 자국에서 생산한 제품을 중간재로 사용한 것이고 y_{ii}는 국가 i가 생산한 제품을 자국에서 최종재로 사용한 것이므로 세계산업연관표에서 이 두 부문을 제외하면 국가 간에 발생한 교역을 나타낸다.

발생으로 인해 국가 i에서의 생산유발효과는 물론 다른 국가들을 통하여 우회하여 발생하는 간접효과도 포함하기 때문에 주의가 필요하다.

(나) 부가가치배분행렬과 부가가치 기준 무역

부가가치 기준 무역의 이해를 높이기 위해 부가가치배분행렬 $M = V \cdot B$를 살펴보면 다음과 같다.

식 (21) 행렬 M의 대각원소 $v_i B_{ii}$는 국가 i가 생산한 제품에 대한 최종수요가 한 단위 발생하였을 경우 자국에서 유발된 부가가치이고, 비대각원소 $v_i B_{ij}$(단, $i \neq j$)는 국가 j가 생산한 제품에 대한 최종수요가 한 단위 발생하였을 경우 국가 i에서 유발된 부가가치이다.

$$M = \begin{bmatrix} v_1 B_{11} & \cdots\cdots & v_1 B_{1N} \\ \vdots & \ddots & \vdots \\ v_N B_{N1} & \cdots\cdots & v_N B_{NN} \end{bmatrix} \quad \cdots\cdots (21)$$

식 (13)의 최종수요행렬에서 원소 y_{ij}는 $i \neq j$인 경우 국가 i가 생산한 제품이 국가 j의 최종수요로 사용된 수출을 나타내기 때문에 y_i^*를 $\Sigma_{j=1, j \neq i}^{N} y_{ij}$로 정의하면 y_i^*는 국가 i의 해외수출이 된다.[35] 그리고 국가 i의 수출액 y_i^*로 구성된 대각행렬 Y^*는 식 (22)인데, 다시 말하면 Y^*는 다른 국가의 소비와 투자로 수출된 최종수요 행렬이다.

35) $y_{i.} = \Sigma_{j=1}^{N} y_{ij}$은 자국 소비와 투자로 최종수요된 것도 포함하기 때문에 y_i^*와 비교하면 y_{ii}만큼 더 크다. 한편 총수출은 중간재를 포함한 수출일 수도 있고 최종재만을 포함한 수출일 수도 있다. 본 책자에서는 총수출을 최종재만을 대상으로 하였는데 중간재 수출은 생산유발계수 행렬인 B에 이미 반영되어 있어 이중계산 가능성이 있을 수 있기 때문이다.

$$Y^* = \begin{bmatrix} y_1^* & \cdots\cdots & 0 \\ \vdots & \ddots & \vdots \\ 0 & \cdots\cdots & y_N^* \end{bmatrix} \quad \cdots\cdots (22)$$

식 (21)의 부가가치배분행렬 M과 식 (22)의 수출행렬 Y^*를 곱한 식 (23)을 이용하면 수출에 의해 국내와 해외에서 유발된 부가가치를 교역 측면에서 파악할 수 있는데 이를 이용하여 TiVA를 측정한다.

$$TiVA = V \cdot B \cdot Y^*$$

$$\begin{bmatrix} \hat{T}_{11} & \cdots\cdots & \hat{T}_{1N} \\ \vdots & \ddots & \vdots \\ \hat{T}_{N1} & \cdots\cdots & \hat{T}_{NN} \end{bmatrix} = \begin{bmatrix} v_1 & \cdots\cdots & 0 \\ \vdots & \ddots & \vdots \\ 0 & \cdots\cdots & v_N \end{bmatrix} \cdot \begin{bmatrix} B_{11} & \cdots\cdots & B_{1N} \\ \vdots & \ddots & \vdots \\ B_{N1} & \cdots\cdots & B_{NN} \end{bmatrix} \cdot \begin{bmatrix} y_1^* & \cdots\cdots & 0 \\ \vdots & \ddots & \vdots \\ 0 & \cdots\cdots & y_N^* \end{bmatrix} \quad (23)$$

식 (23) 우변의 세 항을 모두 곱하여 정리하면 식 (24)가 되는데, TiVA행렬의 각 원소는 $\hat{T}_{ij} = v_i B_{ij} y_j^*$이다.

$$\begin{bmatrix} \hat{T}_{11} & \cdots\cdots & \hat{T}_{1N} \\ \vdots & \ddots & \vdots \\ \hat{T}_{N1} & \cdots\cdots & \hat{T}_{NN} \end{bmatrix} = \begin{bmatrix} v_1 B_{11} y_1^* & \cdots\cdots & v_1 B_{1N} y_N^* \\ \vdots & \ddots & \vdots \\ v_N B_{N1} y_1^* & \cdots\cdots & v_N B_{NN} y_N^* \end{bmatrix} \quad \cdots\cdots (24)$$

식 (24)의 부가가치 기준 무역 행렬의 대각원소는 국가 i가 생산한 제품이 해외 최종수요로 수출됨으로써 자국에서 유발된 부가가치이며 수출에 의한 국내부가가치 DVA: Domestic Value-Added embodied in Exports[36]라고 한다. 예를 들어 1행 1열에 있는 $v_1 B_{11} y_1^*$의 의미는 다음과 같다. y_1^*는 국가 1이 생산한 제품이 자국을 제외한 다른 국가의 소비와 투자의 최종수요로 수출된 것이고, $v_1 B_{11}$은 국가 1이 생산한 제품에 대한 최종수요가 한 단위 발생하였을 경우 국가 1에서 유발된 부가가치이다. 따라서

36) [그림 6-7] 참조

$v_1 B_{11} y_1^*$는 국가 1이 생산한 제품이 해외의 최종수요로 수출됨으로써 국가 1에서 유발된 부가가치이다.

한편 부가가치 기준 무역 행렬의 비대각원소는 열 방향과 행 방향이 서로 다르게 해석되는데, 즉 부가가치가 최종수요를 통해 유발된 것이 아니라 부가가치 자체를 수출하거나 수입하는 개념이 도입된다. 먼저 식 (24)를 열 방향으로 비대각원소를 보면 수출에 의한 해외부가가치FVA: Foreign Value-Added embodied in exports[37]를 알 수 있다. N행 1열에 있는 $\hat{T}_{N1} = v_N B_{N1} y_1^*$에서 y_1^*는 국가 1이 생산한 제품이 자국을 제외한 해외소비와 투자의 최종수요로 수출된 것이고 $v_N B_{N1}$은 국가 1이 생산한 제품에 대한 최종수요가 한 단위 발생하였을 경우 국가 N에서 유발된 부가가치이다. 따라서 $v_N B_{N1} y_1^*$은 국가 1이 생산한 제품이 해외의 최종수요로 수출됨으로써 국가 N에서 유발된 부가가치인데, 이는 기존의 산업연관분석에서 수출과 부가가치유발계수 관계로 파악하는 것이다. 부가가치를 교역의 대상으로 보면 국가 1의 입장에서 DVA인 $v_1 B_{11} y_1^*$은 국가 1이 자국의 수출품을 생산하기 위해 필요한 부가가치이고 FVA인 $v_N B_{N1} y_1^*$는 국가 1이 수출하기 위해 N국으로부터 수입해야 하는 부가가치로 해석한다. 따라서 FVA의 열합은 열에 위치한 해당 국가가 생산한 제품이 해외 최종수요로 수출하기 위해 각 국가에서 수입해야 하는 FVA이다. 이처럼 TiVA는 국제교역을 재화 및 서비스의 통관 기준이 아니라 교역에 의해 유발되는 부가가치를 수출과 수입의 교역 대상으로 해석하는 것이 특징이다.

다음으로 식 (24) 우변 행렬의 비대각원소를 행 방향으로 보면 간접 부가가치 수출DVX: indirect value-added exports을 알 수 있다. 1행 N열에 있는 원소 $v_1 B_{1N} y_N^*$에서 y_N^*는 국가 N이 생산한 제품이 해외소비와 투자의 최종수요로 수출된 것이고 $v_1 B_{1N}$는 국가 N이 생산한 제품에 대한 최종수요 한 단위 발생으로 국가 1에서 유발된 부가가치이다. 따라서 $v_1 B_{1N} y_N^*$는 국가 N이 생산한 제품이 해외 최종수요로 수출됨으로써 국가 1에서 유발된 부가가치이다. 이러한 해석도 기존의 수출과 부가가치유발

37) [그림 6-7] 참조

계수 관계를 의미하며 부가가치 기준 무역으로는 국가 1의 입장에서 국가 1이 국가 N에 수출한 부가가치이고 국가 N의 입장에서 수출품을 생산하기 위해 국가 1에서 수입한 부가가치로 해석한다. 예를 더 들면 $v_1B_{12}y_2^*$은 국가 1이 국가 2에 수출한 부가가치이며 이는 국가 2의 입장에서 수출품을 생산하기 위해 국가 1에서 수입한 부가가치이다. 따라서 행 방향 합계는 국가 1이 자국과 다른 국가들이 수출품을 생산하는 데에 따라 부가가치를 얼마나 수출하는지를 나타낸다.

따라서 부가가치 기준 무역행렬을 이용하면 수출입이 아니라 부가가치를 교역의 주체로 파악할 수 있다.

세계산업연관표에서는 모든 국가가 하나의 폐쇄경제시스템 안에서 교역한 것과 같은 것이기 때문에 각 국가가 다른 국가들을 원천으로 해서 유발된 총부가가치는 다른 국가들의 수출에 의해 유발된 총부가가치 수준과 동일하다. 따라서 전체적으로 FVA와 DVX는 일치한다.

(3) 부가가치 기준 무역의 분해

각 국가는 소비나 투자의 최종재를 직접 수입하기도 하고, 다른 국가에서 생산한 제품을 중간재로 수입하여 생산 과정을 거쳐 최종재로 사용하는 경우도 있고 가공한 중간재나 최종재를 다른 국가에 수출하기도 한다.

이처럼 다양한 국가 간의 교역을 반영한 부가가치 기준 무역을 국가 i가 국가 j로의 수출 E_{ij}를 이용하여 분해하면 다음과 같다. 국가 i에서 국가 j로의 수출은, 국가 j가 생산에 중간재로 투입하기 위해 국가 i가 수출한 $A_{ij}X_j$와 국가 j가 최종수요를 위해 국가 i에서 생산한 제품을 수입한 Y_{ij}로 구분할 수 있다. 그리고 중간재 수출 $A_{ij}X_j$는 다시 ① 국가 j가 자국의 소비나 투자의 최종재 생산에 이용한 것인 $A_{ij}X_{jj}$, ② 국가 j가 제3국인 t국으로의 수출에 이용한 중간재인 $A_{ij}X_{jt}$, ③ 국가 j에서 가공되어 국가 i가 중간재로 재수입한 $A_{ij}X_{ji}$ 등 세 가지로 분해될 수 있는데, 이를 정리한 것이 식 (25)이다. 여기서 X_{ij}는 식 (13)에서의 $X_{ij}=\sum_{l=1}^{N}B_{il}\,y_{lj}$(단, $l=1,2,\cdots,N$)인데, X_{ij}는 국가 j의 최종수요에 의해 국가 i에서 생산유발된 것이다.

$$E_{ij} = Y_{ij} + A_{ij}X_j$$
$$= Y_{ij} + A_{ij}X_{jj} + A_{ij}X_{jt} + A_{ij}X_{ji} \quad \cdots\cdots (25)$$

X_{ij}와 세 개의 국가로 산업연관표를 이용하여 국가 1이 국가 3으로 수출한 것을 예로 들어 ①, ②, ③ 각각을 살펴보면 다음과 같다.

①에 해당되는 것은 $A_{13}X_{33}$인데 X_{33}은 식 (14)처럼 $X_{33} = \sum_{j=1}^{3} B_{3j}y_{j3} = B_{31}y_{13} + B_{32}y_{23} + B_{33}y_{33}$이므로 국가 3의 최종수요에 의해 국가 3에서 유발된 생산액이다.[38] 따라서 A_{13}를 곱한 $A_{13}X_{33}$는 생산액 X_{33}을 충족하기 위해 국가 1의 생산품 중 국가 3의 생산에 중간투입된 것이다. ②에서 제3국을 국가 2라고 하면 $A_{13}X_{32}$인데, X_{32}는 $\sum_{j=1}^{3} B_{3j}y_{j2} = B_{31}y_{12} + B_{32}y_{22} + B_{33}y_{32}$이므로 제3국인 국가 2의 최종수요에 의해 국가 3에서 유발된 생산액이다. 따라서 A_{13}를 곱한 $A_{13}X_{32}$는 생산액 X_{32}를 충족하기 위해 국가 1의 생산품 중 국가 3의 생산에 중간투입된 것이다. ③은 $A_{13}X_{31}$인데 X_{31}는 $\sum_{j=1}^{3} B_{3j}y_{j1} = B_{31}y_{11} + B_{32}y_{21} + B_{33}y_{31}$이므로 국가 1의 최종수요에 의해 국가 3에서 유발된 생산액이기 때문에 A_{13}를 곱한 $A_{13}X_{31}$는 생산액 X_{31}을 충족하기 위해 국가 1에서 생산한 제품 중 국가 3의 생산에 중간투입된 것이다.

따라서 국가 i가 생산하여 국가 j에 수출한 것은 국가 j의 소비와 투자를 위한 최종재로 수출한 Y_{ij}와 국가 j의 생산에 식 (25)와 같이 세 가지로 분리되어 중간재로 투입되는 $A_{ij}X_j$로 구성된다.

식 (25)를 이용하여 국가 i의 수출에 의해 자국 i와 해외에서 유발된 부가가치를 E_i^*라고 하면 E_i^*는 국가 i의 DVA와 FVA를 더한 $E_i^* = DVA_i + FVA_i$이다.

DVA_i는 국가 i가 해외에 수출하여 자국에서 유발된 부가가치인데, 이는 Y_{ij}와 $A_{ij}X_{jj}$, $A_{ij}X_{jt}$ 그리고 $A_{ij}X_{ji}$에 의해 유발되기 때문에 자국 i를 제외한 $N-1$개의

38) 즉 $B_{31}y_{13}$는 국가 3이 국가 1이 생산한 제품을 최종수요함으로써 국가 3에서 유발된 생산이고 $B_{32}y_{23}$는 국가 3이 국가 2가 생산한 제품을 최종수요함으로써 국가 3에서 유발된 생산이다. 따라서 X_{33}는 국가 3이 국가 1, 국가 2 그리고 국가 3(자국)이 생산한 제품으로 최종수요함으로써 국가 3에서 유발된 생산액이다.

국가에 수출함으로써 유발된 부가가치를 더한 것이므로[39] $v_iB_{ii}\sum_{j=1,\,j\neq j}^{N}Y_{ij}$, $v_iB_{ii}\sum_{j=1,\,j\neq j}^{N}A_{ij}X_{jj}$, $v_iB_{ii}\sum_{j=1,\,j\neq j}^{N}\sum_{t=1,\,t\neq i\,\mathrm{and}\,j}^{N}A_{ij}X_{jt}$, $v_iB_{ii}\sum_{j=1,\,j\neq j}^{N}A_{ij}X_{ji}$로 구성된다. 따라서 E_i^*는 식 (26)과 같다.

$$
\begin{aligned}
E_{i*} &= DVA_i + FVA_i \\
&= v_iB_{ii}\sum_{j=1,\,j\neq i}^{N}Y_{ij} && \text{①} \\
&\quad + v_iB_{ii}\sum_{j=1,\,j\neq i}^{N}A_{ij}X_{ij} && \text{②} \\
&\quad + v_iB_{ii}\sum_{j=1,\,j\neq j}^{N}\Big(\sum_{t=1,\,t\neq i\,\mathrm{and}\,j}^{N}A_{ij}X_{jt}\Big) && \text{③} \\
&\quad + v_iB_{ii}\sum_{j=1,\,j\neq j}^{N}A_{ij}X_{ji} && \text{④} \\
&\quad + FVA_i && \text{⑤}
\end{aligned}
\qquad \cdots\cdots (26)
$$

식 (26)을 통해 DVA는 ① $v_iB_{ii}\sum_{j=1,\,j\neq i}^{N}Y_{ij}$는 수입 국가의 최종수요에 의해 사용된 DVA, ② $v_iB_{ii}\sum_{j=1,\,j\neq i}^{N}A_{ij}X_{ij}$는 수입 국가가 최종소비재를 생산하기 위해 중간재로 사용한 DVA, ③ $v_iB_{ii}\sum_{j=1,\,j\neq j}^{N}\sum_{t=1,\,t\neq i\,\mathrm{and}\,j}^{N}A_{ij}X_{jt}$는 제3국으로의 수출재를 생산하기 위해 중간재로 사용된 DVA, ④ $v_iB_{ii}\sum_{j=1,\,j\neq j}^{N}A_{ij}X_{ji}$는 원수출국으로 재수출하기 위해 중간재로 사용된 DVA 등 총 네 개로 분리되는 것을 알 수 있다. DVA 중에서 ③은 간접 부가가치 수출, 즉 DVX이다. 이러한 총수출의 분해 결과를 나타낸 것이 앞의 [그림 6-7]이다.

---

39) 3개 국가로 된 경우는 다음과 같다.

$$
\begin{bmatrix} v_1 & 0 & 0 \\ 0 & v_2 & 0 \\ 0 & 0 & v_3 \end{bmatrix} \cdot \begin{bmatrix} B_{11} & B_{12} & B_{13} \\ B_{21} & B_{22} & B_{23} \\ B_{31} & B_{32} & B_{33} \end{bmatrix} \cdot \begin{bmatrix} Y_{11} & Y_{12} & Y_{13} \\ Y_{21} & Y_{22} & Y_{23} \\ Y_{31} & Y_{32} & Y_{33} \end{bmatrix}
$$

$$
= \begin{bmatrix} v_1B_{11}Y_{11}+v_1B_{12}Y_{21}+v_1B_{13}Y_{31} & v_1B_{11}Y_{12}+v_1B_{12}Y_{22}+v_1B_{13}Y_{32} & v_1B_{11}Y_{13}+v_1B_{12}Y_{23}+v_1B_{13}Y_{33} \\ v_2B_{21}Y_{11}+v_2B_{22}Y_{21}+v_2B_{23}Y_{31} & v_2B_{21}Y_{12}+v_2B_{22}Y_{22}+v_2B_{23}Y_{32} & v_2B_{21}Y_{13}+v_2B_{22}Y_{23}+v_2B_{23}Y_{33} \\ v_3B_{31}Y_{11}+v_3B_{32}Y_{21}+v_3B_{33}Y_{31} & v_3B_{31}Y_{12}+v_3B_{32}Y_{22}+v_3B_{33}Y_{32} & v_3B_{31}Y_{13}+v_3B_{32}Y_{23}+v_3B_{33}Y_{33} \end{bmatrix}
$$

(4) 후방참여도와 전방참여도

다음으로 글로벌 가치사슬에서 각 국가가 후방 측면에서 참여하는 정도와 전방 측면에서 참여하는 정도를 측정하는 후방참여도backward participation와 전방참여도forward participation를 살펴보도록 한다.

후방참여도와 전방참여도는 식 (24)[40]를 이용하여 계산하는데, 후방참여도는 수출에 의해서 해외에서 유발된 부가가치가 수출에서 차지하는 비중이다. 그러므로 식 (24)의 부가가치 기준 무역 행렬을 열 방향으로 자국에서 유발된 부가가치를 제외한 $N-1$개를 더하고 이를 해당 국가의 총수출로 나눈 식 (27)로 계산한다.

$$\text{후방참여도: } \frac{\sum_{i \neq j}^{N} v_i B_{ij} y_j}{y_j} \qquad \cdots\cdots (27)$$

전방참여도는 자국의 중간재 수출에 의해 유발된 부가가치가 수출에서 차지하는 비중이다. 그러므로 식 (24)의 부가가치 기준 무역 행렬을 열 방향으로 자기 국가에서 유발된 부가가치를 제외한 $N-1$개를 더하고 이를 해당 국가의 총수출로 나눈 식 (28)로 계산한다. 식 (27)과 식 (28)이 식 (24)와 다른 점은 자국에서 유발된 부가가치를 제외하는 것이다.[41] 그리고 후방참여도와 전방참여도를 더한 것을 글로벌 가치사슬 참여도라고 한다.

$$\text{전방참여도 : } \frac{\sum_{i \neq j}^{N} v_j B_{ji} y_i}{y_j} \qquad \cdots\cdots (28)$$

---

40) $\begin{bmatrix} \widehat{T_{11}} & \cdots\cdots & \widehat{T_{1N}} \\ \vdots & \ddots & \vdots \\ \widehat{T_{M1}} & \cdots\cdots & \widehat{T_{NN}} \end{bmatrix} = \begin{bmatrix} v_1 B_{11} y_1^* & \cdots\cdots & v_1 B_{1N} y_N^* \\ \vdots & \ddots & \vdots \\ v_N B_{M1} y_1^* & \cdots\cdots & v_N B_{NN} y_N^* \end{bmatrix}$

41) 후방참여도와 전방참여도 측정에서 한 가지 고려할 사항이 있는데 주 35)에서 언급한 바와 같이 해당 국가의 총수출을 어디까지 포함할 것이다.

4 수직 분업화와 VAX 비율

가. 수직 분업화

한 국가는 생산을 위해 자국에서 생산된 것과 다른 국가로부터 수입한 것을 원·부재료로 투입한다. 이렇게 만들어진 생산품은 자국에서 중간재 또는 최종재로 사용되거나 해외로 수출된다. 이를 수입한 국가는 수입제품을 다시 가공 등의 중간재로 투입하여 자국 내의 최종재로 사용하기도 하고 다시 수출하기도 한다. 이처럼 최종재가 완성될 때까지 각 국가가 생산하고 수입하고 해외중간재로 다시 수출하는 일련의 과정을 수직적으로 연결vertically linked되어 있다고 한다. 국제교역 과정에서 발생하는 이러한 현상을 수직 분업화라고 한다.[42)]

수직 분업화를 교역량 기준으로 측정할 때 식 (29)와 식 (30)을 이용하는데,[43)] 식 (29)는 부문 i에 대한 수직 분업화의 크기이며 식 (30)은 국가 k의 수직 분업화 수준을 측정하기 위해 식 (29)에서 계산된 부문들의 VS_{ki}를 더한 $VS_k=\sum_i VS_{ki}$를 국가 k의 총수출인 EX_k로 나눈 것이다.

$$VS_i = \frac{\text{수입중간재}_i}{\text{총산출}_i} \cdot \text{수출}_i = \frac{\text{수출}_i}{\text{총산출}_i} \cdot \text{수입중간재}_i \quad \cdots\cdots (29)$$

$$\frac{VS_k}{EX_k} = \frac{\sum_i VS_{ki}}{\sum_i EX_{ki}} \quad \cdots\cdots (30)$$

여기서, $i=1,2,\cdots,n$은 부문, $k=1,2,\cdots,N$은 국가

식 (30)은 수출을 많이 하는 부문이 수입중간재를 많이 구입하는 경우 증가하며 식 (29)에서 알 수 있는 것처럼 수입중간재가 없는 경우에는 VS는 0이 된다.

42) 수직 분업화에 대비되어 사용하는 용어로 수평 분업화horizontal specialization가 있는데 이는 생산 과정이 한 국가에서 시작되고 완료되는 것을 말한다.

43) Hummel 외 2인(2001)

수직 분업화를 부가가치 측면에서 살펴보기 위해서는 지수 VAS_E와 VAS_I를 이용한다. VAS_E는 식 (24)의 TiVA를 측정하는 식 (24), 즉 $V \cdot B \cdot Y^{*}$[44]에 해당하며 VAS_I는 식 (31)과 같은 중간재 수출을 통한 부가가치이다.

$$VAS\_I = VAS\_I = V \cdot B \cdot \begin{bmatrix} \sum_{j=1, j \neq 1}^{n} X_{1j} \\ \sum_{j=1, j \neq 2}^{n} X_{2j} \\ \vdots \\ \sum_{j=1, j \neq i}^{n} X_{ij} \\ \vdots \\ \sum_{j=1, j \neq n}^{n} X_{nj} \end{bmatrix} \quad \cdots\cdots (31)$$

식 (31)은 해외에 생산을 위한 중간재로 수출함으로써 각 국가에서 유발된 부가가치이다. 그러므로 중간재 수출에 의한 부가가치인 VAS_I와 수출에 의한 부가가치인 VAS_E의 비율인 식 (32)의 VSI 비율을 이용하면 수직 분업화에 의해 유발된 부가가치 정도를 측정할 수 있다.

$$VSI = \frac{VAS\_I}{VAS\_E} \quad \cdots\cdots (32)$$

식 (32)에서 VSI 비율은 VAS_I가 증가하면 상승하고, VAS_I의 증가가 VAS_E의 증가보다 상대적으로 더 크면 상승한다.[45]

44) $V \cdot B$는 본 장의 제3절에서 설명한 부가가치배분행렬 M이다.

45) Hummel 외 2인(2001)은 수출된 상품을 생산하는 데 수입 투입품을 사용하는 정도가 수직 분업이라고 정의하였는데, VSI의 상승은 수직 분업화가 심화되었다는 것을 나타낸다고 할 수 있다.

나. VAX 비율

총수출 대비 부가가치 수출의 비율인 VAX 비율을 이용하여 수직 분업화 정도를 측정하기도 하는데 [그림 6-8]의 예를 통해 살펴보면 다음과 같다.

그림 6-8 3개 국가로 된 세계산업연관표

	중간수요			최종수요			총산출액
	지역 1	지역 2	지역 3	지역 1	지역 2	지역 3	
지역 1	X_{11}	X_{12}	X_{13}	Y_{11}	Y_{12}	Y_{13}	X_1
지역 2	X_{21}	X_{22}	X_{23}	Y_{21}	Y_{22}	Y_{23}	X_2
지역 3	X_{31}	X_{32}	X_{33}	Y_{31}	Y_{32}	Y_{33}	X_3
부가가치	V_1	V_2	V_3				
총산출액	X_1	X_2	X_3				

[그림 6-8]을 배분 방향의 수급균형식으로 표기하면 식 (33)과 같다.

$$\begin{aligned} X_{11} + X_{12} + X_{13} + Y_{11} + Y_{12} + Y_{13} &= X_1 \\ X_{21} + X_{22} + X_{23} + Y_{21} + Y_{22} + Y_{23} &= X_2 \\ X_{31} + X_{32} + X_{33} + Y_{31} + Y_{32} + Y_{33} &= X_3 \end{aligned} \quad \cdots\cdots (33)$$

금액 기준으로 된 식 (33)을 투입계수 $a_{ij} = X_{ij}/X_j$를 이용하여 행렬로 표기하면 수급균형식은 식 (34)가 된다.

$$\begin{pmatrix} X_1 \\ X_2 \\ X_3 \end{pmatrix} = \begin{pmatrix} a_{11} & a_{12} & a_{13} \\ a_{21} & a_{22} & a_{23} \\ a_{31} & a_{32} & a_{33} \end{pmatrix} \begin{pmatrix} X_1 \\ X_2 \\ X_3 \end{pmatrix} + \begin{pmatrix} Y_{11} \\ Y_{21} \\ Y_{31} \end{pmatrix} + \begin{pmatrix} Y_{12} \\ Y_{22} \\ Y_{32} \end{pmatrix} + \begin{pmatrix} Y_{13} \\ Y_{23} \\ Y_{33} \end{pmatrix} \quad \cdots\cdots (34)$$

투입계수로 표기된 수급균형식인 식 (34)를 최종수요와 산출의 관계를 파악하기 위한 생산유발계수행렬로 정리하면 식 (35)가 된다.

$$\begin{pmatrix} X_1 \\ X_2 \\ X_3 \end{pmatrix} = \begin{pmatrix} I-A_{11} & -A_{12} & -A_{13} \\ -A_{21} & I-A_{22} & -A_{23} \\ -A_{31} & -A_{32} & I-A_{33} \end{pmatrix}^{-1} \begin{pmatrix} Y_{11}+Y_{12}+Y_{13} \\ Y_{21}+Y_{22}+Y_{23} \\ Y_{31}+Y_{32}+Y_{33} \end{pmatrix}$$

$$= \begin{pmatrix} B_{11} & B_{12} & B_{13} \\ B_{21} & B_{22} & B_{23} \\ B_{31} & B_{32} & B_{33} \end{pmatrix} \begin{pmatrix} Y_{11}+Y_{12}+Y_{13} \\ Y_{21}+Y_{22}+Y_{23} \\ Y_{31}+Y_{32}+Y_{33} \end{pmatrix} \quad \cdots\cdots (35)$$

식 (35) 우변의 두 번째 항에 있는 최종수요 벡터는 차원이 「3×1」인데, 이를 「3×3」의 행렬로 전환[46]하여 레온티에프 역행렬과 곱한 식 (36)에서 X_{ij}^{CT}는 $B_{i1}Y_{1j}+B_{i2}Y_{2j}+B_{i3}Y_{3j}(i,j=1,2,3)$이다.[47] 따라서 X_{ij}^{CT}는 국가 j가 국가 1부터 국가 3까지 각 국가가 생산한 제품을 최종수요함으로써 국가 i에서 유발된 생산액이다.

$$\begin{pmatrix} B_{11} & B_{12} & B_{13} \\ B_{21} & B_{22} & B_{23} \\ B_{31} & B_{32} & B_{33} \end{pmatrix} \begin{pmatrix} Y_{11} & Y_{12} & Y_{13} \\ Y_{21} & Y_{22} & Y_{23} \\ Y_{31} & Y_{32} & Y_{33} \end{pmatrix} = \begin{pmatrix} X_{11}^{CT} & X_{12}^{CT} & X_{13}^{CT} \\ X_{21}^{CT} & X_{22}^{CT} & X_{23}^{CT} \\ X_{31}^{CT} & X_{32}^{CT} & X_{33}^{CT} \end{pmatrix} \quad \cdots\cdots (36)$$

식 (36) 우변에 있는 행렬을 행 방향으로 더하면 국가 i의 산출액 X_i가 되기 때문에 X_i는 $(X_{i1}^{CT}+X_{i2}^{CT}+X_{i3}^{CT})$으로 분해된다$(i=1,2,3)$. 국가 i의 부가가치액 va_i는 부가가치율에 산출액을 곱한 $va_i=(1-a_{1i}-a_{2i}-a_{3i})X_i$이기 때문에 $va_i=(1-a_{1i}-a_{2i}-a_{3i})(X_{i1}^{CT}+X_{i2}^{CT}+X_{i3}^{CT})$이다. 그러므로 국가 i의 부가가치 va_i는 식 (37)로 분해할 수 있다.

---

46) $\begin{pmatrix} Y_{11}+Y_{12}+Y_{13} \\ Y_{21}+Y_{22}+Y_{23} \\ Y_{31}+Y_{32}+Y_{33} \end{pmatrix} = \begin{pmatrix} Y_{11} & Y_{12} & Y_{13} \\ Y_{21} & Y_{22} & Y_{23} \\ Y_{31} & Y_{32} & Y_{33} \end{pmatrix} \begin{pmatrix} 1 \\ 1 \\ 1 \end{pmatrix}$

47) 식 (13) 참고

$$va_i = va_{i1} + va_{i2} + va_{i3}$$
$$va_{i1} = (1 - a_{1i} - a_{2i} - a_{3i})\, X_{i1}^{CT}$$
$$va_{i2} = (1 - a_{1i} - a_{2i} - a_{3i})\, X_{i2}^{CT} \quad \cdots\cdots (37)$$
$$va_{i3} = (1 - a_{1i} - a_{2i} - a_{3i})\, X_{i3}^{CT}$$

식 (37)에서 X_{i1}^{CT}는 식 (36)에서 설명한 것처럼 국가 1이 국가 1에서 국가 3까지 각 국가가 생산한 제품을 최종수요함으로써 국가 i에서 유발된 생산액이다. 그러므로 va_{ij}은 국가 i의 부가가치율에 X_{ij}^{CT}를 곱한 것이기 때문에 국가 j가 각 국가가 생산한 제품을 최종수요함으로써 국가 i에서 유발된 부가가치, 즉 국가 i가 국가 j에 수출한 부가가치이며[48] va_{ij}는 식 (38)과 같다.

$$va_{ij} = \left(1 - \sum_{i=1}^{n} a_{ij}\right) X_{ij}^{CT} \quad \cdots\cdots (38)$$

식 (38)의 va_{ij}와 i국에서 j국으로의 수출 $E_{ij}(=X_{ij} + Y_{ij})$의 비율인 식 (39)가 VAX 비율이다.

$$VAX_{ij} = \frac{va_{ij}}{E_{ij}} \quad \cdots\cdots (39)$$

즉 VAX_{ij}는 국가 i의 국가 j로의 수출과 국가 j의 최종수요(즉 모든 국가가 국가 j로 최종재를 수출)에 의해 국가 i에서 유발된 부가가치액을 비교한 것이다. 그러므로 VAX 비율을 수출의 국내부가가치 충족도domestic content of exports로 정의하기도 한다.[49]

식 (39)를 이용하면 국가 i가 부가가치를 창출하는 데 있어 국가 j에 얼마나 의존

48) 본 장 제3절의 나. 참고
49) Johnson R. C. 외 1인(2012)

하는지를 파악할 수 있다. 그리고 va_{ij}는 중간투입에 의해 유발된 부가가치를 포함하기 때문에 수직 분업화현상이 심화된다면 이 계수는 높게 나타난다.[50)]

5 특정 국가의 산출 변동이 다른 국가의 경제에 미치는 효과[51)]

가. 산출의 외생화

최종수요와 산출의 관계식을 $\Delta X = (I-A)^{-1}\Delta Y$로 변환하면 최종수요 변동 ΔY에 따른 산출 변동 ΔX는 물론 부가가치투입계수 $A^v = V/X$(A^v는 부가가치 투입계수, V는 부가가치액, X는 산출액)와 수입투입계수 $A^m = M \cdot \hat{X}^{-1}$($A^m$는 수입투입계수, M은 수입거래표 중에서 내생부문)를 이용하여 최종수요 변동 ΔY에 따른 부가가치 변동 ΔV와 수입 변동 ΔM도 측정할 수도 있다. 이 방법은 외생 충격이 주어진 후 산출액을 고정된 메커니즘의 결과로 측정하는 것이기 때문에 산출 변동 ΔX를 충격요인으로 하는 분석은 할 수 없다.

이번 절에서는 산출액을 충격요인으로 설정하고 외생화시키는 방법[52)]을 지역과 부문이 각각 두 개로 된 [그림 6-9]와 같은 다지역 산업연관표를 이용하여 살펴보도록 한다.[53)]

---

50) VAX 비율은 수직 분업화현상의 심화와 더불어 부가가치율 증가에 의해서도 높아질 수 있다. 특히 부가가치율의 변동이 없거나 낮아지는 가운데 VAX 비율이 상승하는 것은 부가가치 측면에서 수직 분업화현상이 심화되는 것으로 판단할 수 있다.

51) 제5장 10절 참고

52) 투입구조와 배분구조를 외생화하는 방법은 제5장 6절에 소개되어 있다.

53) 예로 중국경제의 산출이 하락하면 우리 경제가 어느 정도로 영향을 받는지를 측정하는 것을 들 수 있다.

그림 6-9 **2지역 2부문 세계산업연관표**

		중간수요				최종수요		총산출액
		R지역		S지역		R지역	S지역	
		1산업	2산업	1산업	2산업			
R지역	1산업	X_{11}^{RR}	X_{12}^{RR}	X_{11}^{RS}	X_{12}^{RS}	Y_1^{RR}	Y_1^{RS}	X_1^R
	2산업	X_{21}^{RR}	X_{22}^{RR}	X_{21}^{RS}	X_{22}^{RS}	Y_2^{RR}	Y_2^{RS}	X_2^R
S지역	1산업	X_{11}^{SR}	X_{12}^{SR}	X_{11}^{SS}	X_{12}^{SS}	Y_1^{SR}	Y_1^{SS}	X_1^S
	2산업	X_{21}^{SR}	X_{22}^{SR}	X_{21}^{SS}	X_{22}^{SS}	Y_2^{SR}	Y_2^{SS}	X_2^S
부가가치		Z_1^R	Z_2^R	Z_1^S	Z_2^S			
총투입액		X_1^R	X_2^R	X_1^S	X_2^S			

[그림 6-9]에서 X_{ij}^{lk}는 지역(또는 국가) k의 부문 j가 X_j^k를 생산하기 위해 지역 l의 부문 i를 투입한 크기이다(단, $i, j=1,2$이고 $l, k=S,R$). 이에 해당하는 투입계수를 $a_{ij}^{lk}=X_{ij}^{lk}/X_j^k$ 라고 하면, a_{ij}^{lk}는 국가 k의 부문 j가 한 단위를 생산하기 위해 국가 l의 부문 i를 중간재로 투입한 비중이다. 이 투입계수를 이용한 [그림 6-9]의 수급균형식은 식 (40)과 같다.

$$
\begin{aligned}
&a_{11}^{RR}X_1^R+a_{12}^{RR}X_2^R+a_{11}^{RS}X_1^S+a_{12}^{RS}X_2^S+Y_1^{RR}+Y_1^{RS}=X_1^R\\
&a_{21}^{RR}X_1^R+a_{22}^{RR}X_2^R+a_{21}^{RS}X_1^S+a_{22}^{RS}X_2^S+Y_2^{RR}+Y_2^{RS}=X_2^R\\
&a_{11}^{SR}X_1^R+a_{12}^{SR}X_2^R+a_{11}^{SS}X_1^S+a_{12}^{SS}X_2^S+Y_1^{SR}+Y_1^{SS}=X_1^S\\
&a_{21}^{SR}X_1^R+a_{22}^{SR}X_2^R+a_{21}^{SS}X_1^S+a_{22}^{SS}X_2^S+Y_2^{SR}+Y_2^{SS}=X_2^S
\end{aligned}
\qquad \cdots\cdots (40)
$$

식 (40)을 최종수요와 산출의 관계식으로 전환하기 위해 최종수요를 한 번으로 모으면 식 (41)과 식 (42)가 된다.

$$X_1^R - a_{11}^{RR}X_1^R - a_{12}^{RR}X_2^R - a_{11}^{RS}X_1^S - a_{12}^{RS}X_2^S = Y_1^{RR} + Y_1^{RS}$$
$$X_2^R - a_{21}^{RR}X_1^R - a_{22}^{RR}X_2^R - a_{21}^{RS}X_1^S - a_{22}^{RS}X_2^S = Y_2^{RR} + Y_2^{RS}$$
$$X_1^S - a_{11}^{SR}X_1^R - a_{12}^{SR}X_2^R - a_{11}^{SS}X_1^S - a_{12}^{SS}X_2^S = Y_1^{SR} + Y_1^{SS} \quad \cdots\cdots (41)$$
$$X_2^S - a_{21}^{SR}X_1^R - a_{22}^{SR}X_2^R - a_{21}^{SS}X_1^S - a_{22}^{SS}X_2^S = Y_2^{SR} + Y_2^{SS}$$

$$(1 - a_{11}^{RR})X_1^R - a_{12}^{RR}X_2^R - a_{11}^{RS}X_1^S - a_{12}^{RS}X_2^S = Y_1^{RR} + Y_1^{RS}$$
$$-a_{21}^{RR}X_1^R + (1 - a_{22}^{RR})X_2^R - a_{21}^{RS}X_1^S - a_{22}^{RS}X_2^S = Y_2^{RR} + Y_2^{RS}$$
$$-a_{11}^{SR}X_1^R - a_{12}^{SR}X_2^R + (1 - a_{11}^{SS})X_1^S - a_{12}^{SS}X_2^S = Y_1^{SR} + Y_1^{SS} \quad \cdots\cdots (42)$$
$$-a_{21}^{SR}X_1^R - a_{22}^{SR}X_2^R - a_{21}^{SS}X_1^S + (1 - a_{22}^{SS})X_2^S = Y_2^{SR} + Y_2^{SS}$$

식 (42)를 행렬로 전환하고 생산유발계수행렬을 이용하여 최종수요와 산출의 관계를 파악하는 관계식은 식 (43)과 같다.

$$\begin{bmatrix} (1-a_{11}^{RR}) & -a_{12}^{RR} & -a_{11}^{RS} & -a_{12}^{RS} \\ -a_{21}^{RR} & (1-a_{22}^{RR}) & -a_{21}^{RS} & -a_{22}^{RS} \\ -a_{11}^{SR} & -a_{12}^{SR} & (1-a_{11}^{SS}) & -a_{12}^{SS} \\ -a_{21}^{SR} & -a_{22}^{SR} & -a_{21}^{SS} & (1-a_{22}^{SS}) \end{bmatrix} \begin{bmatrix} X_1^R \\ X_2^R \\ X_1^S \\ X_2^S \end{bmatrix} = \begin{bmatrix} Y_1^{RR} + Y_1^{RS} \\ Y_2^{RR} + Y_2^{RS} \\ Y_1^{SR} + Y_1^{SS} \\ Y_2^{SR} + Y_2^{SS} \end{bmatrix}$$

$$\begin{bmatrix} X_1^R \\ X_2^R \\ X_1^S \\ X_2^S \end{bmatrix} = \begin{bmatrix} (1-a_{11}^{RR}) & -a_{12}^{RR} & -a_{11}^{RS} & -a_{12}^{RS} \\ -a_{21}^{RR} & (1-a_{22}^{RR}) & -a_{21}^{RS} & -a_{22}^{RS} \\ -a_{11}^{SR} & -a_{12}^{SR} & (1-a_{11}^{SS}) & -a_{12}^{SS} \\ -a_{21}^{SR} & -a_{22}^{SR} & -a_{21}^{SS} & (1-a_{22}^{SS}) \end{bmatrix}^{-1} \begin{bmatrix} Y_1^{RR} + Y_1^{RS} \\ Y_2^{RR} + Y_2^{RS} \\ Y_1^{SR} + Y_1^{SS} \\ Y_2^{SR} + Y_2^{SS} \end{bmatrix} \quad \cdots\cdots (43)$$

식 (43)과 같은 균형에서 특정 부문의 생산이 변동하면 다른 부문의 산출이 어느 정도 변하는지를 측정하기 위해 [그림 6-9]에서 두 번째 지역인 지역 S의 부문 2 산출인 X_2^S에 제한이 가해지는 외부 충격이 발생하였다고 가정[54]하도록 한다. 이러

54) 지역 S에서 지진 등 자연 재해의 발생으로 생산할 수 없는 경우를 들 수 있다.

한 산출 X_2^S에 대한 외부 충격은 먼저 지역 S의 부문 2 산출인 X_2^S 자체를 감소시킨다고 할 수 있다. 다음으로 산출 X_2^S 감소는 동 부문의 생산에 사용되는 중간재를 감소시키는데, 이는 중간재를 직접 공급하는 부문에 대한 상품 수요를 감소시키는 것과 같다. 이러한 충격은 동 부문의 공급사슬에 간접적으로 포함된 부문들에도 영향을 준다.

다음으로 지역 S의 부문 2 산출인 X_2^S가 제거되면 다음의 과정을 거쳐 동 충격은 외생이 되고 최종수요는 내생이 된다고 할 수 있다. 지역 S의 부문 2 산출 X_2^S가 그 경제에서 제거되면 지역 S의 부문 2에 중간재로 투입되던 것만큼 공급이 축소되는데, 지역 S의 부문 2를 제외한 나머지 부문의 산출이 고정되어 있다고 한다면 중간재로 수요되던 것이 최종수요로 이전되면서 균형이 유지된다. 그리고 지역 S의 부문 2 산출 X_2^S가 제거되더라도 지역 R의 부문 1과 부문 2 그리고 지역 S의 부문 1에서는 생산을 위해 지역 S의 부문 2에서 생산된 것을 중간재로 투입해야 하기 때문에 $a_{21}^{SR}X_1^R + a_{22}^{SR}X_2^R + a_{21}^{SS}X_1^S$은 유지되어야 한다.

그러나 공급이 제거된 상태에서 $a_{21}^{SR}X_1^R + a_{22}^{SR}X_2^R + a_{21}^{SS}X_1^S$만큼 중간수요를 충족시킬 수 없기 때문에 최종수요되던 $Y_2^{SR} + Y_2^{SS}$가 중간수요로 사용되기 위해 내생부문으로 이전된다. 지역 S의 부문 2를 제외한 나머지 부문의 산출이 유지된다면 지역 S의 부문 2 산출을 위해 중간재로 사용되던 X_{12}^{RS}, X_{22}^{RS}, X_{12}^{SS}는 그만큼 최종수요로 이전되기 때문에 식 (42)는 식 (44)가 된다. 즉 식 (44)는 지역 S의 부문 2 산출인 X_2^S가 외생이 되면서 이루어진 새로운 균형이다.

$$
\begin{array}{rrrrl}
X_1^R - a_{11}^{RR}X_1^R & - a_{12}^{RR}X_2^R & - a_{11}^{RS}X_1^S & - \ 0 & = Y_1^{RR} + Y_1^{RS} + a_{12}^{RS}X_2^S \\
- a_{21}^{RR}X_1^R + X_2^R & - a_{22}^{RR}X_2^R & - a_{21}^{RS}X_1^S & - \ 0 & = Y_2^{RR} + Y_2^{RS} + a_{22}^{RS}X_2^S \\
- a_{11}^{SR}X_1^R & - a_{12}^{SzR}X_2^R + X_1^S & - a_{11}^{SS}X_1^S & - \ 0 & = Y_1^{SR} + Y_1^{SS} + a_{12}^{SS}X_2^S \\
- a_{21}^{SR}X_1^R & - a_{22}^{SR}X_2^R & - a_{21}^{SS}X_1^S & - Y_2^{SR} - Y_2^{SS} & = 0 + 0 - X_2^S + a_{22}^{SS}X_2^S
\end{array}
\qquad \cdots\cdots (44)
$$

식 (44)를 정리한 것이 식 (45)인데 새로운 균형의 최종수요와 산출의 관계는 식 (46)과 같다.

$$\begin{bmatrix} (1-a_{11}^{RR}) & -a_{12}^{RR} & -a_{11}^{RS} & 0 \\ -a_{21}^{RR} & (1-a_{22}^{RR}) & -a_{21}^{RS} & 0 \\ -a_{11}^{SR} & -a_{12}^{SR} & (1-a_{11}^{SS}) & 0 \\ -a_{21}^{SR} & -a_{22}^{SR} & -a_{21}^{SS} & -1 \end{bmatrix} \begin{bmatrix} X_1^R \\ X_2^R \\ X_1^S \\ Y_2^{SR}+Y_2^{SS} \end{bmatrix} = \begin{bmatrix} 1 & 0 & 0 & a_{12}^{RS} \\ 0 & 1 & 0 & a_{22}^{RS} \\ 0 & 0 & 1 & a_{12}^{SS} \\ 0 & 0 & 0 & -(1-a_{22}^{SS}) \end{bmatrix} \begin{bmatrix} Y_1^{RR}+Y_1^{RS} \\ Y_2^{RR}+Y_2^{RS} \\ Y_1^{SR}+Y_1^{SS} \\ X_2^S \end{bmatrix} \quad \cdots\cdots (45)$$

$$\begin{bmatrix} X_1^R \\ X_2^R \\ X_1^S \\ Y_2^{SR}+Y_2^{SS} \end{bmatrix} = \begin{bmatrix} (1-a_{11}^{RR}) & -a_{12}^{RR} & -a_{11}^{RS} & 0 \\ -a_{21}^{RR} & (1-a_{22}^{RR}) & -a_{21}^{RS} & 0 \\ -a_{11}^{SR} & -a_{12}^{SR} & (1-a_{11}^{SS}) & 0 \\ -a_{21}^{SR} & -a_{22}^{SR} & -a_{21}^{SS} & -1 \end{bmatrix}^{-1} \begin{bmatrix} 1 & 0 & 0 & a_{12}^{RS} \\ 0 & 1 & 0 & a_{22}^{RS} \\ 0 & 0 & 1 & a_{12}^{SS} \\ 0 & 0 & 0 & -(1-a_{22}^{SS}) \end{bmatrix} \begin{bmatrix} Y_1^{RR}+Y_1^{RS} \\ Y_2^{RR}+Y_2^{RS} \\ Y_1^{SR}+Y_1^{SS} \\ X_2^S \end{bmatrix}$$

$$\begin{bmatrix} X_{no} \\ Y_2^S \end{bmatrix} = M^{-1} \begin{bmatrix} I & A \\ 0 & -(1-a_{22}^{SS}) \end{bmatrix} \begin{bmatrix} Y_{no} \\ X_2^S \end{bmatrix} \quad \cdots\cdots (46)$$

여기서, $X_{no} = \begin{pmatrix} X_1^R \\ X_2^R \\ X_1^S \end{pmatrix}$, $Y_{no} = \begin{pmatrix} Y_1^{RR}+Y_1^{RS} \\ Y_2^{RR}+Y_2^{RS} \\ Y_1^{SR}+Y_1^{SS} \end{pmatrix}$

식 (46)의 생산유발계수행렬 M^{-1}을 네 개의 부분행렬로 구성하면 식 (47)과 같이 표기할 수 있다.

$$M^{-1} = \begin{bmatrix} l_{11}^{RR} & l_{12}^{RR} & l_{11}^{RS} & 0 \\ l_{21}^{RR} & l_{22}^{RR} & l_{21}^{RS} & 0 \\ l_{11}^{SR} & l_{12}^{SR} & l_{11}^{SS} & 0 \\ b_1 & b_2 & b_3 & -1 \end{bmatrix}^{-1}$$

$$= \begin{bmatrix} L & 0 \\ B & -I \end{bmatrix} \quad \cdots\cdots (47)$$

여기서, $L = \begin{bmatrix} l_{11}^{RR} & l_{12}^{RR} & l_{11}^{RS} \\ l_{21}^{RR} & l_{22}^{RR} & l_{21}^{RS} \\ l_{11}^{SR} & l_{12}^{SR} & l_{11}^{SS} \end{bmatrix}$, $B = [b_1 \ \ b_2 \ \ b_3]$, $0 = \begin{bmatrix} 0 \\ 0 \\ 0 \end{bmatrix}$, $I = [1]$

식 (47) 우변의 왼쪽 상단에 있는 「3×3」행렬을 L이라고 하면 L은 산출이 기존의 비제약부문인 지역 R의 부문 1과 2 그리고 지역 S의 부문 1 내생에 있는 역행렬인 식 (46)과 동일하다. 이는 다음의 과정을 통해 알 수 있는데, 행렬 A와 행렬 B가 역행렬의 관계이면 식 (48)과 같다.

$$A \cdot B = \begin{pmatrix} E & F \\ G & H \end{pmatrix} \begin{pmatrix} S & T \\ U & V \end{pmatrix} = \begin{pmatrix} ES+FU & ET+FV \\ GS+HU & GT+HV \end{pmatrix} = \begin{pmatrix} I_1 & 0 \\ 0 & I_2 \end{pmatrix} = I \quad \cdots\cdots (48)$$

즉 $ES+FU=I_1$, $ET+FV=0$, $GS+HU=0$, $GT+HV=I_2$이기 때문에 식 (49)가 성립한다.

$$\begin{pmatrix} ES+FU & ET+FV \\ GS+HU & GT+HV \end{pmatrix} = I = \begin{pmatrix} E^{-1}(I-FU) & -E^{-1}FV \\ -H^{-1}GS & H^{-1}(I-GT) \end{pmatrix} \quad \cdots\cdots (49)$$

식 (49)에 식 (47)을 적용하면 식 (50)이 되는데, 이사분면의 「3×3」의 행렬은 식 (51)과 같다.

$$\begin{pmatrix} L & 0 \\ B & -I \end{pmatrix}^{-1} = \begin{pmatrix} L^{-1} & 0 \\ BL^{-1} & -I \end{pmatrix} \quad \cdots\cdots (50)$$

$$L = \begin{bmatrix} l_{11}^{RR} & l_{12}^{RR} & l_{11}^{RS} \\ l_{21}^{RR} & l_{22}^{RR} & l_{21}^{RS} \\ l_{11}^{SR} & l_{12}^{SR} & l_{11}^{SS} \end{bmatrix}^{-1} = \begin{bmatrix} (1-a_{11}^{RR}) & -a_{12}^{RR} & -a_{11}^{RS} \\ -a_{21}^{RR} & (1-a_{22}^{RR}) & -a_{21}^{RS} \\ -a_{11}^{SR} & -a_{12}^{SR} & (1-a_{11}^{SS}) \end{bmatrix}^{-1} \quad \cdots\cdots (51)$$

식 (51)을 이용하면 식 (46)은 식 (52)가 된다.

$$\begin{bmatrix} X_1^R \\ X_2^R \\ X_1^S \end{bmatrix} = \begin{bmatrix} l_{11}^{RR} & l_{12}^{RR} & l_{11}^{RS} \\ l_{21}^{RR} & l_{22}^{RR} & l_{21}^{RS} \\ l_{11}^{SR} & l_{12}^{SR} & l_{11}^{SS} \end{bmatrix}^{-1} \begin{bmatrix} Y_1^{RR}+Y_1^{RS}+a_{12}^{RS}X_2^S \\ Y_2^{RR}+Y_2^{RS}+a_{22}^{RS}X_2^S \\ Y_1^{SR}+Y_1^{SS}+a_{12}^{SS}X_2^S \end{bmatrix} \quad \cdots\cdots (52)$$

따라서 식 (52)는 공급에 제약이 발생된 지역 S의 부문 2 산출 X_2^S와 비제약부문에 의해 생산된 상품의 최종수요를 외생부문으로 의제하여 지역 R과 지역 S의 비제약부문의 산출을 파악하는 모형이다. 이 모형은 상수로 고정된 비제약부문의 최종수요는 변동이 없고($\Delta Y_{no} = 0$) 제약부문 산출이 감소($\Delta X_2^S < 0$)하는 경우에 대해 적용할 수 있는데, 이를 정리하면 식 (53)이 된다.[55)]

$$\begin{bmatrix} \Delta X_1^R \\ \Delta X_2^R \\ \Delta X_1^S \end{bmatrix} = \begin{bmatrix} l_{11}^{RR} & l_{12}^{RR} & l_{11}^{RS} \\ l_{21}^{RR} & l_{22}^{RR} & l_{21}^{RS} \\ l_{11}^{SR} & l_{12}^{SR} & l_{11}^{SS} \end{bmatrix}^{-1} \begin{bmatrix} a_{12}^{RS} \\ a_{22}^{RS} \\ a_{12}^{SS} \end{bmatrix} \Delta X_2^S$$

$$\Delta X_{no} = L \ a_{co} \Delta X_2^S \quad \cdots\cdots (53)$$

식 (53)은 공급 제약이 발생된 부문의 중간수요 변동이 비제약부문의 산출 변화를 통해 발생하는 직·간접 후방 충격을 측정하는 것이다. 이 방법을 지역산업연관표나 세계산업연관표에 적용하면 어느 지역 또는 국가의 산업에 발생한 급격한 충격이 다른 지역 또는 국가의 산업에 미치는 영향을 파악할 수 있다.

그리고 식 (53)은 식 (54)와 같이 부가가치 변동의 측정에도 이용할 수 있는데, 식 (54)는 부가가치투입계수의 대각행렬 $\widehat{A^v}$으로 제약부문 산출에 대한 충격이 주어졌을 경우 비제약부문의 부가가치 변동을 측정하는 것이다.

$$\Delta V_{no} = \widehat{A^v} L \ a_{co} \Delta X_2^S \quad \cdots\cdots (54)$$

55) $\begin{bmatrix} X_1^R \\ X_2^R \\ X_1^S \end{bmatrix} = \begin{bmatrix} l_{11}^{RR} & l_{12}^{RR} & l_{11}^{RS} \\ l_{21}^{RR} & l_{22}^{RR} & l_{21}^{RS} \\ l_{11}^{SR} & l_{12}^{SR} & l_{11}^{SS} \end{bmatrix}^{-1} \begin{bmatrix} Y_1^{RR} + Y_1^{RS} \\ Y_2^{RR} + Y_2^{RS} \\ Y_1^{SR} + Y_1^{SS} \end{bmatrix} + \begin{bmatrix} l_{11}^{RR} & l_{12}^{RR} & l_{11}^{RS} \\ l_{21}^{RR} & l_{22}^{RR} & l_{21}^{RS} \\ l_{11}^{SR} & l_{12}^{SR} & l_{11}^{SS} \end{bmatrix}^{-1} \begin{bmatrix} a_{12}^{RS} \\ a_{22}^{RS} \\ a_{12}^{SS} \end{bmatrix} X_2^S$

나. 지역추출 기법

특정 지역의 산출이 제거됨으로써 발생하는 효과를 분석하는 또 다른 방법으로는 지역추출 기법이 있다. 국가가 N개이고 부문이 n개로 구성되어 있는 세계산업연관표를 가정하면 투입계수는 식 (55)와 같은데, 식 (55)의 투입계수행렬 A에서 원소 a_{ij}^{LK}($L, K=1,2,\cdots,N$은 국가, $i,j=1,2,\cdots,n$은 부문)는 국가 K의 부문 j가 한 단위를 생산하기 위해 국가 L의 부문 i를 투입하는 정도이다.

$$A = \begin{bmatrix} A^{11} & \cdots\cdots & A^{1N} \\ \vdots & \ddots & \vdots \\ A^{N1} & \cdots\cdots & A^{NN} \end{bmatrix} \quad \cdots\cdots (55)$$

$$A^{LK} = (a_{ij}^{LK})$$

여기서, $L,K=1,2,\cdots,N$, $i,j=1,2,\cdots,m$

지역추출 기법은 어떤 국가가 다지역모형에서 제거되었을 경우 나머지 경제의 산출이 받는 효과를 측정하는 것인데, 지역 1의 제거를 가정하면 다음과 같다.

N개의 국가에서 국가 1이 제거되면 나머지 국가는 $N-1$개가 되며, $(N-1)$개 국가를 합쳐서 국가 R이라고 하면 식 (55)는 식 (56)으로 표기할 수 있다.

$$A = \begin{bmatrix} A^{11} & A^{1R} \\ A^{R1} & A^{RR} \end{bmatrix} \quad \cdots\cdots (56)$$

식 (56)의 A^{11}은 「$n \times n$」, A^{1R}은 「$n \times n(N-1)$」, A^{R1}은 「$n(N-1) \times n$」, A^{RR}은 「$n(N-1) \times n(N-1)$」의 차원으로 된 부분행렬이다. 식 (56)의 부분행렬로 된 투입계수를 이용한 수급균형식은 식 (57)이다.

$$\begin{bmatrix} X^1 \\ X^R \end{bmatrix} = \begin{bmatrix} A^{11} & A^{1R} \\ A^{R1} & A^{RR} \end{bmatrix} \begin{bmatrix} X^1 \\ X^R \end{bmatrix} + \begin{bmatrix} F^1 \\ F^R \end{bmatrix} \quad \cdots\cdots (57)$$

식 (57)에서 도출된 생산유발계수행렬이 식 (58)이라고 하면 국가 1과 국가 R의 최종수요와 산출의 관계식은 식 (59)가 된다.

$$(I-A)^{-1}=\begin{bmatrix}A^{11} & A^{1R}\\ A^{R1} & A^{RR}\end{bmatrix}^{-1}=\begin{bmatrix}B^{11} & B^{1R}\\ B^{R1} & B^{RR}\end{bmatrix} \quad \cdots\cdots (58)$$

$$X^1=B^{11}F^1+B^{1R}F^R \quad \cdots\cdots (59\text{-}a)$$

$$X^R=B^{R1}F^1+B^{RR}F^R \quad \cdots\cdots (59\text{-}b)$$

위와 같은 균형을 가정하고 국가 1이 제거된 수급균형식을 $\overline{X}^R=A^{RR}\overline{X}^R+F^R$이라고 하면 최종수요와 산출의 관계식은 $\overline{X}^R=(I-A^{RR})^{-1}F^R$이다. 따라서 식 (59-b)의 X^R과 $\overline{X}^R$의 차이($=X^R-\overline{X}^R$)는 국가 1이 제거된 이후 나머지 경제의 산출에 미치는 효과라고 할 수 있다.

한편, 본 장의 제1절 지역산업연관표에서 소개한 분할행렬의 역행렬을 이용하여 식 (58)의 B^{1R}, B^{R1}, B^{RR}을 표기하면 식 (60)이 된다.

$$B^{1R}=B^{11}A^{1R}(I-A^{RR})^{-1} \quad \cdots\cdots (60\text{-}a)$$

$$B^{R1}=(I-A^{RR})^{-1}A^{R1}B^{11} \quad \cdots\cdots (60\text{-}b)$$

$$B^{RR}=(I-A^{RR})^{-1}+(I-A^{RR})^{-1}A^{R1}B^{11}A^{1R}(I-A^{RR})^{-1} \quad \cdots\cdots (60\text{-}c)$$

따라서 국가 1이 제거되기 이전의 균형식 (59-b)와 이후의 차이 $X^R-\overline{X}^R$는 식 (61)이 된다.

$$\begin{aligned}X^R-\overline{X}^R&=B^{R1}F^1+B^{RR}F^R-(I-A^{RR})^{-1}F^R\\&=(I-A^{RR})^{-1}A^{R1}B^{11}F^1\\&\quad+[(I-A^{RR})^{-1}+(I-A^{RR})^{-1}A^{R1}B^{11}A^{1R}(I-A^{RR})^{-1}]F^R\\&\quad-(I-A^{RR})^{-1}F^R\end{aligned}$$

$$= (I - A^{RR})^{-1} A^{R1} B^{11} F^1$$
$$+ (I - A^{RR})^{-1} [I + A^{R1} B^{11} A^{1R} (I - A^{RR})^{-1} - I] F^R$$
$$= (I - A^{RR})^{-1} A^{R1} B^{11} F^1 + (I - A^{RR})^{-1} A^{R1} B^{11} A^{1R} (I - A^{RR})^{-1} F^R \quad \cdots\cdots (61)$$

식 (61) 좌변에 있는 벡터 $X^R - \overline{X}^R$[56]은 우변의 $(I - A^{RR})^{-1} A^{R1} B^{11} [F^1 + A^{1R} (I - A^{RR})^{-1} F^R]$과 같다는 것에서 $A^{R1} = 0$인 경우를 제외하고는 항상 양의 결과가 나타난다.[57] 또한 A^{R1}은 국가 1의 투입구조에 나머지 국가의 생산품이 투입되는 것이므로 $A^{R1} = 0$인 경우는 국가 1에 나머지 국가 R의 생산품 투입이 없는 것을 의미하기 때문에 국가 1이 모형에서 제거되어도 나머지 국가 R의 산출에는 변화가 없다는 것도 알 수 있다.

식 (61) 우변의 첫 번째 항 $(I - A^{RR})^{-1} A^{R1} B^{11} F^1$은 국가 1이 생산한 제품에 대한 최종수요가 F^1만큼 발생함에 따라 자기 국가인 국가 1에서 $B^{11} F^1$의 생산이 유발되고, 이로 인해 국가 1의 생산에 중간재로 국가 R에서 생산한 것이 $A^{R1} B^{11} F^1$만큼 투입이 발생한다. 이렇게 발생한 중간투입은 다시 국가 R에서 $(I - A^{RR})^{-1} A^{R1} B^{11} F^1$만큼 생산을 유발시킨다. 즉 이 항은 국가 1에서 생산된 제품이 최종수요되고 우회하여 국가 R에서 유발된 생산이다.

두 번째 항 $(I - A^{RR})^{-1} A^{R1} B^{11} A^{1R} (I - A^{RR})^{-1} F^R$은 국가 R이 생산한 제품에 대한 최종수요가 F^R만큼 발생함에 따라 국가 R에서 $(I - A^{RR})^{-1} F^R$의 생산이 유발되는데 이 유발된 생산을 충족하기 위해서는 국가 1의 제품이 국가 R의 생산에 중간재로 $A^{1R} (I - A^{RR})^{-1} F^R$만큼 투입이 필요하다. 다음으로 $A^{1R} (I - A^{RR})^{-1} F^R$만큼의 중간재투입은 자국 1에 $B^{11} A^{1R} (I - A^{RR})^{-1} F^R$의 생산을 유발하고 이는 다

56) 벡터 $X^R - \overline{X}^R$은 국가 1과 나머지 국가 R 간의 상호의존성을 나타내는데 기본적으로 수급균형식을 바탕으로 한 레온티에프 역행렬과 투입구조를 통해 변화를 본 것이기 때문에 후방에서 측정한 결과라고 할 수 있다.

57) $A^{R1} < 0$인 경우는 호킨스–사이몬 조건을 만족하지 않는다.

시 첫 번째 항에서 F^1의 최종수요가 발생할 때와 같이 국가 R에서의 생산에 영향을 준다. 그러므로 필요량을 $(I-A^{RR})^{-1}A^{R1}B^{11}$의 뒤에 곱하면 첫 번째 항과 다른 우회를 통해 발생된 충격으로 국가 R에서 유발된 생산이 된다.

지금까지 과정을 통해 다음을 알 수 있다. 다국가로 구성된 경제에서 국가 1을 제거하면 다른 국가의 산출이 축소되는데, 첫 번째 축소는 나머지 국가 R이 국가 1의 최종수요를 충족하기 위해 더 이상 생산할 필요가 없기 때문에 나타나는 직접효과first-order effect에 의한 것이다. 두 번째 축소는 국가 1이 국가 R의 최종수요를 충족하기 위한 생산을 더 이상 지원할 수 없기 때문에 발생한 간접효과induced effect에 의한 것이다.

따라서 식 (61)은 한 국가가 모형에서 제거되기 전 균형 상태와 제거된 후 새로운 균형 상태에서의 나머지 국가가 받는 효과가 어느 정도인지를 측정하는 데 이용할 수 있다.

6 다지역 산업연관표를 이용한 요인분해모형(M&Q모형)

두 기간 중 산출, 부가가치, 수입 그리고 고용이 어떠한 요인에 의해 변동하였는지를 분석하는 변동요인 분해모형은 제5장 3절에서 살펴보았다. 본 절에서는 다지역 산업연관표를 이용해 한 지역의 산출이 두 기간 중에 변동하였다면 다른 지역들의 산출 변동이 어떤 요인에 의해 이루어졌는지 분석하는 방법을 세 개의 국가로 된 세계산업연관표를 이용하여 살펴보도록 한다.58) 국가별 최종수요와 산출의 관계는 식 (62)와 같은데, 식 (62)의 생산유발계수행렬은 식 (63)으로 분해할 수 있다.

$$X=\begin{pmatrix}X_1\\X_2\\X_3\end{pmatrix}=\begin{pmatrix}I-A_{11} & -A_{12} & -A_{13}\\ -A_{21} & I-A_{22} & -A_{23}\\ -A_{31} & -A_{32} & I-A_{33}\end{pmatrix}^{-1}\begin{pmatrix}Y_1\\Y_2\\Y_3\end{pmatrix}=\begin{pmatrix}B_{11} & B_{12} & B_{13}\\ B_{21} & B_{22} & B_{23}\\ B_{31} & B_{32} & B_{33}\end{pmatrix}\begin{pmatrix}Y_1\\Y_2\\Y_3\end{pmatrix} \quad \cdots\cdots (62)$$

58) Meng Bo와 Qu의 모형인데 이하에서는 M&Q모형이라고 한다[Bo, M. 외 1인(2007)].

$$\begin{pmatrix} B_{11} & B_{12} & B_{13} \\ B_{21} & B_{22} & B_{23} \\ B_{31} & B_{32} & B_{33} \end{pmatrix} = \begin{pmatrix} (I-A_{11})^{-1} & 0 & 0 \\ 0 & (I-A_{22})^{-1} & 0 \\ 0 & 0 & (I-A_{33})^{-1} \end{pmatrix}$$

$$+ \begin{pmatrix} B_{11}-(I-A_{11})^{-1} & 0 & 0 \\ 0 & B_{22}-(I-A_{22})^{-1} & 0 \\ 0 & 0 & B_{33}-(I-A_{33})^{-1} \end{pmatrix}$$

$$+ \begin{pmatrix} 0 & B_{12} & B_{13} \\ B_{21} & 0 & B_{23} \\ B_{31} & B_{32} & 0 \end{pmatrix} \quad \cdots\cdots (63)$$

식 (62)와 식 (63)을 이용하면 국가(또는 지역) 1의 산출과 최종수요의 관계는 식 (64)로 표기할 수 있는데, 식 (64)는 생산유발계수행렬을 자국 생산유발계수행렬과 타국과의 생산유발계수행렬로 분리한 것이다.

$$\begin{aligned} X_1 &= B_{11}Y_1 + B_{12}Y_2 + B_{13}Y_3 \\ &= (I-A_{11})^{-1}Y_1 + [B_{11}-(I-A_{11})^{-1}]Y_1 + [B_{12}Y_2 + B_{13}Y_3] \\ &= M_1Y_1 + F_1Y_1 + [B_{12}Y_2 + B_{13}Y_3] \quad \cdots\cdots (64) \end{aligned}$$

여기서, $M_1 = (I-A_{11})^{-1}$이고 $F_1 = [B_{11}-(I-A_{11})^{-1}]$

식 (64)의 우변 각 항의 의미는 다음과 같다. 첫 번째 항 M_1Y_1에서 $M_1[=(I-A_{11})^{-1}]$는 국가 1의 산업 간 직 · 간접 상호연관관계이기 때문에 M_1Y_1은 국가 1이 생산한 제품에 대한 최종수요가 발생함에 따라 자국에서 생산유발된 것이다. 따라서 타국의 타산업으로 우회하여 발생하는 산출액효과는 제거된 것이다.

두 번째 항 F_1Y_1에서 $F_1[=B_{11}-(I-A_{11})^{-1}]$은 국가 1이 자국과 다른 국가와의 우회를 통한 연관관계가 총체적으로 반영된 생산유발계수인 B_{11}에서 국가 1 내에서의 연관관계만 반영된 M_1을 차감한 것이기 때문에 타국을 통한 우회 정도가 반영된 것이다. 따라서 F_1Y_1은 국가 1이 생산한 제품에 대한 최종수요가 발생하였을 경우 타국을 통해 유발된 산출액의 크기이며 지역 간 피드백효과라라고 한다.

세 번째 항 $B_{12}Y_2+B_{13}Y_3$에서 $B_{12}Y_2$는 국가 2가 생산한 제품에 대한 최종수요가 발생함에 따라 국가 1에서 유발된 생산이고 $B_{13}Y_3$는 국가 3이 생산한 제품에 대한 최종수요가 발생함에 따라 국가 1에서 유발된 생산이다. 따라서 $B_{12}Y_2+B_{13}Y_3$는 타국 제품이 최종수요됨으로써 국가 1에서 유발된 생산이며[59] 스필오버효과라고 한다.

이처럼 산출을 세 가지 효과로 구분한 다음 두 기간 사이의 산출 변동요인을 세 가지로 분해하는 방법은 다음과 같다. 식 (64)에서 초기년도 생산액을 X_1^0라고 표기하면 식 (65)가 된다.

$$X_1^0=M_1^0\,Y_1^0+F_1^0\,Y_1^0+[B_{12}^0\,Y_2^0+B_{13}^0\,Y_3^0] \quad \cdots\cdots (65)$$

식 (65)의 우변에 있는 각 항들을 t기로 전환하고 이들 각 항을 정리하면 다음과 같다.

$$M_1^t\,Y_1^t=(M_1^t+M_1^0-M_1^0)(Y_1^t+Y_1^0-Y_1^0)=(M_1^0+\Delta M_1)(Y_1^0+\Delta Y_1)$$

$$F_1^t\,Y_1^t=(F_1^t+F_1^0-F_1^0)(Y_1^t+Y_1^0-Y_1^0)=(F_1^0+\Delta F_1)(Y_1^0+\Delta Y_1)$$

$$B_{12}^t\,Y_2^t=(B_{12}^t+B_{12}^0-B_{12}^0)(Y_2^t+Y_2^0-Y_2^0)=(B_{12}^0+\Delta B_{12})(Y_2^0+\Delta Y_2)$$

$$B_{13}^t\,Y_3^t=(B_{13}^t+B_{13}^0-B_{13}^0)(Y_3^t+Y_3^0-Y_3^0)=(B_{13}^0+\Delta B_{13})(Y_3^0+\Delta Y_3)$$

따라서 비교년도인 t년도의 국가 1 산출액 X_t^1은 식 (66)이다.

$$\begin{aligned} X_1^t &= [M_1^t\,Y_1^t+F_1^t\,Y_1^t+(B_{12}^t\,Y_2^t+B_{13}^t\,Y_3^t)] \\ &= (M_1^0+\Delta M_1)(Y_1^0+\Delta Y_1) \\ &\quad +(F_1^0+\Delta F_1)(Y_1^0+\Delta Y_1) \end{aligned}$$

59) 많은 산업연관모형에서 스필오버효과는 자기도 포함하지만 이 모형에서 스필오버효과는 자기를 제외한 타지역을 통해 유발되는 간접적인 것만 포함한다.

$$+(B_{12}^0+\Delta B_{12})(Y_2^0+\Delta Y_2)$$
$$+(B_{13}^0+\Delta B_{13})(Y_3^0+\Delta Y_3) \quad \cdots\cdots (66)$$

식 (66)은 식 (67)로 다시 정리할 수 있다.

$$X_1^t = M_1^0 Y_1^0 + M_1^0 \Delta Y_1 + \Delta M_1 Y_1^0 + \Delta M_1 \Delta Y_1$$
$$+ F_1^0 Y_1^0 + F_1^0 \Delta Y_1 + \Delta F_1 Y_1^0 + \Delta F_1 \Delta Y_1$$
$$+ B_{12}^0 Y_2^0 + B_{12}^0 \Delta Y_2 + \Delta B_{12} Y_2^0 + \Delta B_{12} \Delta Y_2$$
$$+ B_{13}^0 Y_3^0 + B_{13}^0 \Delta Y_3 + \Delta B_{13} Y_3^0 + \Delta B_{13} \Delta Y_3 \quad \cdots\cdots (67)$$

국가 1의 t년도 산출액을 나타내는 식 (67)에서 초기년도인 식 (65)를 차감한 산출 증가는 $\Delta X_1 (= X_1^t - X_1^0)$인데, 식 (68)과 같다.

$$X_1^t - X_1^0 = M_1^0 \Delta Y_1 + \Delta M_1 Y_1^0 + \Delta M_1 \Delta Y^1$$
$$+ F_1^0 \Delta Y_1 + \Delta F_1 Y_1^0 + \Delta F_1 \Delta Y_1$$
$$+ B_{12}^0 \Delta Y_2 + \Delta B_{12} Y_2^0 + \Delta B_{12} \Delta Y_2$$
$$+ B_{13}^0 \Delta Y_3 + \Delta B_{13} Y_3^0 + \Delta B_{13} \Delta Y_3 \quad \cdots\cdots (68)$$

기준년 산출액 X_1^0 대비 비교년도 산출액 X_1^t의 증가(즉 $X_1^t - X_0^t$)의 비율인 산출 증가율 $\frac{\Delta X_1}{X_1^0}$은 식 (69)와 (70) 두 가지 방식으로 정리할 수 있다.

$$\Delta X_1 / X_1^0 = (M_1^0 \Delta Y_1 + F_1^0 \Delta Y_1 + B_{12}^0 \Delta Y_2 + B_{13}^0 \Delta Y_3) / X_1^0$$
$$+ (\Delta M_1 Y_1^0 + \Delta F_1 Y_1^0 + \Delta B_{12} Y_2^0 + \Delta B_{13} Y_3^0) / X_1^0$$
$$+ (\Delta M_1 \Delta Y_1 + \Delta F_1 \Delta Y_1 + \Delta B_{12} \Delta Y_2 + \Delta B_{13} \Delta Y_3) / X_1^0 \quad \cdots (69)$$

$$\begin{aligned}\Delta X_1/X_1^0 = &(M_1^0 \Delta Y_1 + \Delta M_1 Y_1^0 + \Delta M_1 \Delta Y_1)/X_1^0 \\ &+(F_1^0 \Delta Y_1 + \Delta F_1 Y_1^0 + \Delta F_1 \Delta Y_1)/X_1^0 \\ &+(B_{12}^0 \Delta Y_2 + \Delta B_{12} Y_2^0 + \Delta B_{12} \Delta Y_2 + B_{13}^0 \Delta Y_3 + \Delta B_{13} Y_3^0 \\ &+ \Delta B_{13} \Delta Y_3)/X_1^0 \quad \cdots\cdots (70)\end{aligned}$$

식 (69)와 식 (70)은 동일한 식을 이용하여 정리한 것이지만, 각각은 변화요인을 다르게 파악한다.

먼저 식 (69)를 살펴보면 다음과 같다. 첫 번째 항의 괄호에 있는 $M_1^0 \Delta Y_1 + F_1^0 \Delta Y_1 + B_{12}^0 \Delta Y_2 + B_{13}^0 \Delta Y_3$에서 $M_1^0 \Delta Y_1 + F_1^0 \Delta Y_1$는 국가 1이 생산한 제품에 대한 최종수요 변동에 따른 효과이다. 그리고 $B_{12}^0 \Delta Y_2$와 $B_{13}^0 \Delta Y_3$는 국가 2와 국가 3이 생산한 제품에 대한 최종수요 변동에 따른 효과이다. 따라서 이를 모두 합치면 최종수요 변동에 따른 국가 1의 산출 변동 크기이며 FD로 표기한다.

두 번째 항의 괄호에 있는 $\Delta M_1 Y_1^0 + \Delta F_1 Y_1^0 + \Delta B_{12} Y_2^0 + \Delta B_{13} Y_3^0$에서 $\Delta M_1 Y_1^0 + \Delta F_1 Y_1^0$는 국가 1의 생산유발효과 변동에 따른 효과이다. 그리고 $\Delta B_{12} Y_2^0$는 국가 1과 국가 2 간의 생산유발효과 변동에 따른 효과이고 $\Delta B_{13} Y_3^0$는 국가 1과 국가 3 간의 생산유발효과 변동에 따른 효과이다. 따라서 이를 모두 합치면 기술 변화[60]에 따른 효과이며 FT로 표기한다.

세 번째 항의 괄호에 있는 $\Delta M_1 \Delta Y_1 + \Delta F_1 \Delta Y_1 + \Delta B_{12} \Delta Y_2 + \Delta B_{13} \Delta Y_3$는 기술구조와 최종수요가 함께 변동함에 따른 교호작용효과인데, FDT로 표기한다. 그러므로 식 (69)는 $\Delta X_1/X_1^0 = FD + FT + FDT$로 정리할 수 있다.

다음으로 식 (70)을 살펴보면 다음과 같다. 우변 첫 번째 항의 괄호에 있는 $M_1^0 \Delta Y_1 + \Delta M_1 Y_1^0 + \Delta M_1 \Delta Y_1$에서 $M_1^0 \Delta Y_1$은 국가 1이 생산한 제품에 대한 최종수요 변동에 따른 효과이고, $\Delta M_1 Y_1^0$은 국가 1이 생산한 제품에 대한 최종수요가

60) 일반적으로 기술 변화는 생산자의 기술을 의미하지만, 여기서는 생산자의 기술은 물론 이들과 관련된 간접효과를 모두 포함한 생산유발효과를 의미한다.

주어졌을 때 생산유발효과 변동에 따른 효과이다. 그리고 $\Delta M_1 \Delta Y_1$ 은 생산유발효과와 최종수요가 함께 변동함에 따른 효과이다. 따라서 세 항 모두 국가 1 내에서의 변화를 측정한 것이기 때문에 이를 합치면 국가 1 내에서의 변화에 따른 효과이며 FM[61])으로 표기한다.

두 번째 항의 괄호에 있는 $F_1^0 \Delta Y_1 + \Delta F_1 Y_1^0 + \Delta F_1 \Delta Y_1$ 에서 $F_1^0 \Delta Y_1$은 국가 1이 생산한 제품에 대한 최종수요가 변동함에 따라 다른 국가를 우회하여 나타난 피드백효과이고, $\Delta F_1 Y_1^0$은 다른 국가로의 피드백효과가 변동함에 따라 발생한 효과이다. 그리고 $\Delta F_1 \Delta Y_1$은 피드백과 최종수요가 함께 변동함에 따른 효과이므로 이들 합계는 피드백효과를 더한 것이며 FF로 표기한다.

세 번째 항의 괄호에 있는 항 $B_{12}^0 \Delta Y_2 + \Delta B_{12} Y_2^0 + \Delta B_{12} \Delta Y_2 + B_{13}^0 \Delta Y_3 + \Delta B_{13} Y_3^0 + \Delta B_{13} \Delta Y_3$ 에서 $B_{12}^0 \Delta Y_2 + B_{13}^0 \Delta Y_3$은 국가 2와 국가 3이 생산한 제품에 대한 최종수요가 변동함에 따라 국가 1에서 발생한 산출 변동효과이고, $\Delta B_{12} Y_2^0 + \Delta B_{13} Y_3^0$은 국가 2와 국가 3이 생산한 제품에 대한 최종수요에 의해 국가 1에서의 생산유발효과 변동에 따른 효과이다. 그리고 $\Delta B_{12} \Delta Y_2 + \Delta B_{13} \Delta Y_3$은 국가 2와 국가 3에 대한 최종수요와 국가 1이 국가 2와 국가 3과 연계되는 생산유발효과가 함께 변동함에 따른 효과이므로 이들 합계는 타국의 변동에 따라 국가 1이 받는 스필오버효과이며 FS로 표기한다. 그러므로 식 (70)은 $\Delta X_1 / X_1^0 = FM + FF + FS$로 정리할 수 있다.

식 (69)와 식 (70)의 의미를 정리하면 다음과 같다. 식 (69)에서 첫 번째 항은 최종수요 변화요인(FD), 두 번째 항은 기술 변화요인(FT), 그리고 세 번째 항은 두 요인의 교호작용에 의한 변화요인(FDT)이다.

그리고 식 (70)의 첫 번째 항은 국가 1의 자국 내에서의 변화요인(FM)을 합한 것이며, 두 번째 항은 국가 1의 제품에 대한 최종수요와 이로 인해 타지역으로 우회하

61) 지역 내 승수효과는 지역 내 산업이 생산을 위해 지역 내 산업에서 생산된 제품을 투입함으로써 발생하는 직·간접 유발효과이기 때문에 다른 지역과의 우회관계를 통해 나타나는 유발효과는 제외되어 있다.

여 국가 1에서 생산유발된 피드백효과 변화요인(FF)이다. 세 번째 항은 타국의 변동으로 국가 1이 받는 스필오버효과 변화요인(FS)이다.

식 (69)와 식 (70)은 최종수요가 한 벡터로만 구성된 것을 전제하였는데, 최종수요 벡터를 소비 C와 투자 I로 구분하여 요인을 분해하고자 한다면 이들 벡터를 분리하면 되는데, 이를 표현한 것인 식 (71)이다. 이 식을 이용하면 식 (69)보다 자국의 산출 변동을 자국과 타국의 소비와 투자 등 보다 다양한 요인으로 구분하여 측정할 수 있다.[62)]

$$\begin{aligned} X^t - X^0 = & \left[M_1^0 \Delta C_1 + F_1^0 \Delta C_1 + B_{12}^0 \Delta C_2 + B_{13}^0 \Delta C_3\right] \\ & + \left[M_1^0 \Delta I_1 + F_1^0 \Delta I_1 + B_{12}^0 \Delta I_2 + B_{13}^0 \Delta I_3\right] \\ & + \left[\Delta M_1 C_1^0 + \Delta F_1 C_1^0 + \Delta B_{12} C_2^0 + \Delta B_{13} C_3^0\right] \\ & + \left[\Delta M_1 I_1^0 + \Delta F_1 I_1^0 + \Delta B_{12} I_2^0 + \Delta B_{13} I_3^0\right] \\ & + \left[\Delta M_1 \Delta C_1 + \Delta F_1 \Delta C_1 + \Delta B_{12} \Delta C_2 + \Delta B_{13} \Delta C_3\right] \\ & + \left[\Delta M_1 \Delta I_1 + \Delta F_1 \Delta I_1 + \Delta B_{12} \Delta I_2 + \Delta B_{13} \Delta I_3\right] \\ = & [FD_C] + [FD_C] + [FT_C] + [FT_I] + [FDT_C] + [FDT_I] \quad \cdots\cdots\cdots\cdots (71) \end{aligned}$$

M&Q모형은 부가가치 변동요인분해에도 이용할 수 있다. 부가가치계수가 a_j^v $(= V_j / X_j)$라면 수입이 없다는 가정하에 최종수요와 부가가치관계는 $V = \widehat{A^v} \cdot X = \widehat{A^v} \cdot (I - A)^{-1} Y$이다. 최종수요와 부가가치관계를 식 (65)에 적용하면 국가 1의 부가가치는 식 (72)[63)]와 같이 표기할 수 있다.

---

62) 식 (71)의 C_i^t는 국가 i의 t년도 소비 벡터이고 I_i^t는 국가 i의 t년도 투자 벡터인데, 식 (71)은 다음과 같이 정리할 수도 있다.

$$\begin{aligned} X_t - X_0 = & [M_1^0 \Delta C_1 + M_1^0 \Delta I_1 + \Delta M_1 C_1^0 + \Delta M_1 I_1^0 + \Delta M_1 \Delta C_1 + \Delta M_1 \Delta I_1] \\ & + [F_1^0 \Delta C_1 + F_1^0 \Delta I_1 + \Delta F_1 C_1^0 + \Delta F_1 I_1^0 + \Delta F_1 \Delta C_1 + \Delta F_1 \Delta I_1] \\ & + [B_{12}^0 \Delta C_2 + B_{12}^0 \Delta I_2 + \Delta B_{12} C_2^0 + \Delta B_{12} I_2^0 + B_{13}^0 \Delta C_3 + B_{13}^0 \Delta I_3 + \Delta B_{13} C_3^0 \\ & + \Delta B_{13} I_3^0 + \Delta B_{12} \Delta C_2 + \Delta B_{12} \Delta I_2 + \Delta B_{13} \Delta C_3 + \Delta B_{13} \Delta I_3] \\ = & [\mathrm{FM}] + [\mathrm{FF}] + [\mathrm{FS}] \end{aligned}$$

$$V_1 = \widehat{A_1^v} M_1 Y_1 + \widehat{A_1^v} F_1 Y_1 + [\widehat{A_1^v} B_{12} Y_2 + \widehat{A_1^v} B_{13} Y_3] \quad \cdots\cdots (72)$$

식 (67)을 이용하면 비교년도인 t년도 국가 1의 부가가치는 식 (73)이 된다.

$$\begin{aligned} \widehat{A_1^{v,t}} X_1^t = & \widehat{A_1^{v,t}} (M_1^0 Y_1^0 + M_1^0 \Delta Y_1 + \Delta M_1 Y_1^0 + \Delta M_1 \Delta Y_1) \\ & + \widehat{A_1^{v,t}} (F_1^0 Y_1^0 + F_1^0 \Delta Y_1 + \Delta F_1 Y_1^0 + \Delta F_1 \Delta Y_1) \\ & + \widehat{A_1^{v,t}} (B_{12} Y_2^0 + B_{12}^0 \Delta Y_2 + \Delta B_{12} Y_2^0 + \Delta B_{12} \Delta Y_2) \\ & + \widehat{A_1^{v,t}} (B_{13}^0 Y_3^0 + B_{13}^0 \Delta Y_3 + \Delta B_{13} Y_3^0 + \Delta B_{13} \Delta Y_3) \quad \cdots\cdots (73) \end{aligned}$$

따라서 국가 1의 부가가치 증가 $\Delta V_1 (= V_1^t - V_1^0)$는 식 (74)와 같이 표기할 수 있다.

$$\begin{aligned} \Delta V = & \ V_1^t - V_1^0 = \widehat{A_1^{v,t}} X_1^t - \widehat{A_1^{v,0}} X_1^0 \\ = & [\widehat{A_1^{v,t}} (M_1^0 Y_1^0 + M_1^0 \Delta Y_1 + \Delta M_1 Y_1^0 + \Delta M_1 \Delta Y_1) \\ & + \widehat{A_1^{v,t}} (F_1^0 Y_1^0 + F_1^0 \Delta Y_1 + \Delta F_1 Y_1^0 + \Delta F_1 \Delta Y_1) \\ & + \widehat{A_1^{v,t}} (B_{12}^0 Y_2^0 + B_{12}^0 \Delta Y_2 + \Delta B_{12} Y_2^0 + \Delta B_{12} \Delta Y_2) \\ & + \widehat{A_1^{v,t}} (B_{13}^0 Y_3^0 + B_{13}^0 \Delta Y_3 + \Delta B_{13} Y_3^0 + \Delta B_{13} \Delta Y_3)] \\ & - [\widehat{A_1^{v,0}} M_1^0 Y_1^0 + \widehat{A_1^{v,0}} F_1^0 Y_1^0 + \widehat{A_1^{v,0}} B_{12}^0 Y_2^0 + \widehat{A_1^{v,0}} B_3^0 Y_3^0] \\ = & \ \widehat{A_1^{v,t}} M_1^0 \Delta Y_1 + \widehat{A_1^{v,t}} \Delta M_1 Y_1^0 + \widehat{A_1^{v,t}} \Delta M_1 \Delta Y_1 \\ & + \widehat{A_1^{v,t}} F_1^0 \Delta Y_1 + \widehat{A_1^{v,t}} \Delta F_1 Y_1^0 + \widehat{A_1^{v,t}} \Delta F_1 \Delta Y_1 \end{aligned}$$

---

63) $V = \begin{pmatrix} V_1 \\ V_2 \\ V_3 \end{pmatrix} = \begin{pmatrix} \widehat{A_1^v} & 0 & 0 \\ 0 & \widehat{A_2^v} & 0 \\ 0 & 0 & \widehat{A_3^v} \end{pmatrix} \begin{pmatrix} B_{11} & B_{12} & B_{13} \\ B_{21} & B_{22} & B_{23} \\ B_{31} & B_{32} & B_{33} \end{pmatrix} \begin{pmatrix} Y_1 \\ Y_2 \\ Y_3 \end{pmatrix}$

여기서, ^는 대각행렬이며 A^v는 부가가치 투입계수로 V/X이다.

$$+\widehat{A_1^{v,t}}B_{12}^0\Delta Y_2+\widehat{A_1^{v,t}}\Delta B_{12}Y_2^0+\widehat{A_1^{v,t}}\Delta B_{12}\Delta Y_2$$

$$+\widehat{A_1^{v,t}}B_{13}^0\Delta Y_3+\widehat{A_1^{v,t}}\Delta B_{13}Y_3^0+\widehat{A_1^{v,t}}\Delta B_{13}\Delta Y_3$$

$$+\Delta\widehat{A_1^v}M_1^0Y_1^0+\Delta\widehat{A_1^v}F_1^0Y_1^0+\Delta\widehat{A_1^v}B_{12}^0Y_2^0+\Delta\widehat{A_1^v}B_{13}^0Y_3^0 \quad \cdots\cdots\cdots(74)$$

식 (68)을 식 (69)와 식 (70) 두 개로 정리한 것과 같이 식 (74)는 식 (75)와 식 (76) 두 가지 분해모형으로 정리할 수 있다.

$$\begin{aligned}\Delta V_1/V_1^0=&\widehat{A_1^{v,t}}(M_1^0\Delta Y_1+F_1^0\Delta Y_1+B_{12}^0\Delta Y_2+B_{13}^0\Delta Y_3)/V_1^0\\&+\widehat{A_1^{v,t}}(\Delta M_1Y_1^0+\Delta F_1Y_1^0+\Delta B_{12}Y_2^0+\Delta B_{13}Y_3^0)/V_1^0\\&+\widehat{A_1^{v,t}}(\Delta M_1\Delta Y_1+\Delta F_1\Delta Y_1+\Delta B_{12}\Delta Y_2+\Delta B_{13}\Delta Y_3)/V_1^0\\&+\Delta\widehat{A_1^v}(M_1^0Y_1^0+F_1^0Y_1^0+B_{12}^0Y_2^0+B_{13}^0Y_3^0)/V_1^0\\=&[VFD]+[VFT]+[VFDT]+[VA] \quad \cdots\cdots\cdots(75)\end{aligned}$$

$$\begin{aligned}\Delta V_1/V_1^0=&\widehat{A_1^{v,t}}(M_1^0\Delta Y_1+\Delta M_1Y_1^0+\Delta M_1\Delta Y_1)/V_1^0\\&+\widehat{A_1^{v,t}}(F_1^0\Delta Y_1+\Delta F_1Y_1^0+\Delta F_1\Delta Y_1)/V_1^0\\&+\widehat{A_1^{v,t}}(B_{12}^0\Delta Y_2+\Delta B_{12}Y_2^0+\Delta B_{12}\Delta Y_2+B_{13}^0\Delta Y_3+\Delta B_{13}Y_3^0\\&\qquad+\Delta B_{13}\Delta Y_3)/V_1^0\\&+\Delta\widehat{A_1^v}(M_1^0Y_1^0+F_1^0Y_1^0+B_{12}^0Y_2^0+B_{13}^0Y_3^0)/V_1^0\\=&[VFM]+[VFF]+[VFS]+[VA] \quad \cdots\cdots\cdots(76)\end{aligned}$$

식 (75)와 식 (76)은 식 (69)와 식 (70)과 의미가 유사하지만 부가가치율 요인이 추가되었다. 그리고 이들 식에서 보는 바와 같이 VA항은 부가가치율 변동에 따른 것이므로 부가가치율이 증가하면 정(+)의 값이 발생한다.

다음으로 국가 1의 고용 변동을 요인별로 분해하는 방법을 살펴보도록 한다. 이를 위해 고용계수 벡터를 $l(=L/X)$로 정의하면 M&Q 방식의 고용 변동요인분해모형은 식 (77)과 식 (78)이 된다.

$$\begin{aligned}\Delta L_1/L_1^0 = &\widehat{l_1^{v,t}}(M_1^0\Delta Y_1 + F_1^0\Delta Y_1 + B_{12}^0\Delta Y_2 + B_{13}^0\Delta Y_3)/L_1^0\\ &+\widehat{l_1^{v,t}}(\Delta M_1 Y_1^0 + \Delta F_1 Y_1^0 + \Delta B_{12} Y_2^0 + \Delta B_{13} Y_3^0)/L_1^0\\ &+\widehat{l_1^{v,t}}(\Delta M_1\Delta Y_1 + \Delta F_1\Delta Y_1 + \Delta B_{12}\Delta Y_2 + \Delta B_{13}\Delta Y_3)/L_1^0\\ &+\Delta\hat{l_1^v}(M_1^0 Y_1^0 + F_1^0 Y_1^0 + B_{12}^0 Y_2^0 + B_{13}^0 Y_3^0)/L_1^0\\ =&[LFD]+[LFT]+[LFDT]+[LA] \quad\cdots\cdots(77)\end{aligned}$$

$$\begin{aligned}\Delta L_1/L_1^0 = &\widehat{l_1^{v,t}}(M_1^0\Delta Y_1 + \Delta M_1 Y_1^0 + \Delta M_1\Delta Y_1)/L_1^0\\ &+\widehat{l_1^{v,t}}(F_1^0\Delta Y_1 + \Delta F_1 Y_1^0 + \Delta F_1\Delta Y_1)/L_1^0\\ &+\widehat{l_1^{v,t}}(B_{12}^0\Delta Y_2 + \Delta B_{12} Y_2^0 + \Delta B_{12}\Delta Y_2 + B_{13}^0\Delta Y_3 + \Delta B_{13} Y_3^0\\ &\qquad + \Delta B_{13}\Delta Y_3)/L_1^0\\ &+\Delta\hat{l_1^v}(M_1^0 Y_1^0 + F_1^0 Y_1^0 + B_{12}^0 Y_2^0 + B_{13}^0 Y_3^0)/L_1^0\\ =&[LFM]+[LFF]+[LFS]+[LA] \quad\cdots\cdots(78)\end{aligned}$$

7

Input-Output Analysis
산업연관분석

CHAPTER

에너지와 환경 산업연관분석

Chapter

07 에너지와 환경 산업연관분석

산업연관분석은 산업 간의 직 · 간접 상호연관관계를 이용하여 에너지와 같은 물질의 흐름과 탄소 발자국carbon footprint 분석 등 환경분야에도 활용되는 등 적용 범위가 확대되고 있다. 본 장에서는 에너지 투입산출모형과 환경산업연관분석을 살펴보도록 한다.

1 에너지 투입산출모형

에너지 투입산출모형EIOM: Energy Input-Output Model은 최종재로 사용되는 상품의 생산 과정에 직접적으로 투입된 에너지 소요량과 최종재 생산에 중간투입을 통해 간접적으로 체화[1]되는 에너지 소요량을 더하여 에너지 총량을 분석하는 방법인데, 관련 용어와 개념은 다음과 같다.

에너지가 사용되는 과정에서 소요되는 양은 크게 직접 에너지 소요량DER: Direct Energy Requirement, 간접 에너지 소요량IER: Indirect Energy Requirement 두 개로 구분되며 이를 더한 것이 총에너지 소요량TER: Total Energy Requirement이다. DER은 생산 공정에서 직접 사용된 에너지 소요량이고, IER은 생산 공정에 투입된 원 · 부재료를 통해 간접적으로 체화된 에너지 소요량이다.

에너지 투입산출모형에서 에너지 집중도energy intensity로 정의하는 산업들의 총에

1) 체화되는embodied 것은 간접적으로 유발된다는 의미이다.

너지 소요량은 생산유발계수를 이용하여 계산하는 것과 같지만 물리적 단위로 측정하기 때문에 금액을 기준으로 측정하는 일반적인 투입산출모형과는 다르다.

한 부문의 에너지 집중도를 측정할 때 에너지는 1차 에너지primary energy와 2차 에너지secondary energy로 구분하는데, 1차 에너지는 원유, 석탄 등이고 2차 에너지는 정제연료유, 전기 등이다. 그리고 에너지 투입산출모형에서 에너지 보존 조건energy conservation condition이라는 개념이 있는데, 어떤 제품의 총 1차 에너지 집약도는 그 제품의 총 2차 에너지 집약도와 에너지 전환에서 손실된 에너지의 양을 더한 것과 같다는 것이다.

가. 에너지유발계수행렬matrix of total energy requirements

금액 기준으로 된 투입산출모형에서 중간수요와 최종수요 그리고 산출 간의 수급균형식은 식 (1)이고 이에 대응되는 에너지 관계식은 식 (2)와 같다.[2)]

$$Zi + F = X \quad \cdots\cdots (1)$$

$$Ei + q = g \quad \cdots\cdots (2)$$

여기서, Z : 내생부문, i : 합벡터

F : 최종수요 벡터, X : 산출액 벡터

E : 에너지 흐름,[3)] q : 최종수요부문의 에너지 사용 벡터

g : 총에너지 소비 벡터

에너지 수급균형식은 물량 단위로 되어있는데, 어떤 경제가 n개의 산업부문과 m개의 에너지부문으로 되어 있다면 $n > m$인 경우가 대부분이다.[4)] 그러면 각 수급균형식에서의 행렬 차원은 Z가 「$n \times n$」, E가 「$m \times n$」, F와 X가 「$n \times 1$」 그리고 q

2) 본 장에서 수식은 에너지분석과 관련된 책자와 논문의 가독성을 높이기 위해 에너지 투입산출모형에서 자주 이용하는 기호를 사용하였다.

3) 에너지 생산부문에서 에너지 소비부문으로의 에너지 흐름을 나타낸다.

4) 상품분류의 개수가 에너지분류의 개수보다 많음을 의미한다.

와 g는 「$m \times 1$」이다.

투입계수행렬을 A, 생산유발계수행렬을 $L[=(I-A)^{-1}]$이라고 하면 최종수요와 산출의 관계식은 $X = LF$이다. 같은 방법으로 총에너지 소비 벡터를 $g = \alpha F$라고 정의하면 g가 「$m \times 1$」이기 때문에 α는 「$m \times n$」 차원의 행렬이 된다.[5] 행렬 $\alpha_{m \times n}$가 존재하고 α의 원소는 식 (3)을 만족하는 관계를 갖는다고 가정하도록 한다.

$$\alpha_{kj} x_j = \sum_{i=1}^{n} \alpha_{ki} z_{ij} + g_{kj} \quad \cdots\cdots (3)$$

식 (3)에서 α_{kj}는 부문 j가 한 단위를 생산하기 위해 k번째 에너지를 소요한 양이고 x_j는 부문 j의 총산출액이므로 $\alpha_{kj} x_j$는 부문 j가 생산하기 위해 k번째 에너지를 소요한 양이다. 식 (3)의 우변 z_{ij}는 부문 j가 생산을 위해 투입한 부문 i의 크기, 즉 투입량이므로 $\alpha_{ki} z_{ij}$는 부문 j의 생산에 중간재로 사용된 부문 i에 포함되어 있는 k번째 에너지 소요량이다. 따라서 $\Sigma_{i=1}^{n} \alpha_{ki} z_{ij}$는 부문 j의 생산에 원·부재료로 투입된 중간재에 포함되어 있는 k번째 에너지 소요량의 합계이다. 그리고 g_{kj}는 부문 j가 생산을 위해 1차 에너지로 사용한 k번째 에너지인데, g_{kj}로 구성된 행렬을 G라고 하면 이 행렬은 행 방향으로 총에너지 산출이 있는 경우를 제외하고 대부분 원소들이 0의 값을 갖는다.

에너지 보존 조건에 따라 식 (3)이 의미하는 것을 정리하면, 각 부문 j $(j = 1,2,\cdots,n)$의 산출액 x_j에 체화되어 있는 에너지는 부문 j의 생산에 중간재로 투입되는 모든 $z_{ij}(i = 1,2,\cdots,n)$와 1차 에너지 투입 g_{kj}를 더한 것인데, 식 (3)을 행렬로 표기하면 식 (4)가 된다.

$$\alpha \hat{X} = \alpha Z + G \quad \cdots\cdots (4)$$

5) α는 정방행렬이 아니기 때문에 역행렬이 존재하지 않는다. 여기서 α는 최종수요부문의 에너지 사용 벡터인 q와 총에너지 소비 벡터인 g를 연결시키는 계수이다.

산업부문이 3개($i,j=1,2,3$)이고 에너지부문은 첫 번째 2개 부문($k=1,2$)이며 g_{11}만 값이 있는 것으로 가정하면, 식 (4)는 식 (5)와 같이 표기할 수 있다. 식 (5)의 행렬 G에서 g_{11}만 값을 갖는 것은 이 부문이 1차 에너지에 해당하는 부문인 것을 의미한다.

$$\begin{pmatrix}\alpha_{11} & \alpha_{12} & \alpha_{13}\\ \alpha_{21} & \alpha_{22} & \alpha_{23}\end{pmatrix}\begin{pmatrix}x_1 & 0 & 0\\ 0 & x_2 & 0\\ 0 & 0 & x_3\end{pmatrix}=\begin{pmatrix}\alpha_{11} & \alpha_{12} & \alpha_{13}\\ \alpha_{21} & \alpha_{22} & \alpha_{23}\end{pmatrix}\begin{pmatrix}z_{11} & z_{12} & z_{13}\\ z_{21} & z_{22} & z_{23}\\ z_{31} & z_{32} & z_{33}\end{pmatrix}+\begin{pmatrix}g_{11} & 0 & 0\\ 0 & 0 & 0\end{pmatrix} \quad \cdots\cdots (5)$$

식 (5)를 전개하면 식 (6)이 되는데 각 원소는 식 (3)과 같은 것이다.

$$\begin{pmatrix}\alpha_{11}x_1 & \alpha_{12}x_2 & \alpha_{13}x_3\\ \alpha_{21}x_1 & \alpha_{22}x_2 & \alpha_{23}x_3\end{pmatrix}=$$
$$\begin{pmatrix}\alpha_{11}z_{11}+\alpha_{12}z_{21}+\alpha_{13}z_{31} & \alpha_{11}z_{12}+\alpha_{12}z_{22}+\alpha_{13}z_{32} & \alpha_{11}z_{13}+\alpha_{12}z_{23}+\alpha_{13}z_{33}\\ \alpha_{21}z_{11}+\alpha_{22}z_{21}+\alpha_{23}z_{31} & \alpha_{21}z_{12}+\alpha_{22}z_{22}+\alpha_{23}z_{32} & \alpha_{21}z_{13}+\alpha_{22}z_{23}+\alpha_{23}z_{33}\end{pmatrix}$$
$$+\begin{pmatrix}g_{11} & 0 & 0\\ 0 & 0 & 0\end{pmatrix} \quad \cdots\cdots (6)$$

투입산출표의 내생부문인 Z는 투입계수에 산출액을 곱한 것은 $Z=A\hat{X}$이기 때문에 식 (4)는 식 (7)로 표기할 수 있다.

$$\alpha\hat{X}=\alpha A\hat{X}+G \quad \cdots\cdots (7)$$

따라서 생산유발계수행렬로 표기하면 행렬 α는 식 (8)과 같이 표기할 수 있으며 식 (8)을 에너지유발계수행렬matrix of total energy requirements이라고 한다.

$$\alpha=G\hat{X}^{-1}(I-A)^{-1} \quad \cdots\cdots (8)$$

식 (3)과 식 (4)가 에너지 보존 조건을 만족하는 경우의 하이브리드 단위[6]로 된 행렬은 다음과 같다. 먼저 부문 간 거래 내역을 나타낸 행렬, 즉 투입산출표의 내생부문인 Z와 에너지 흐름 행렬 E를 이용하여 새로운 행렬 Z^*, F^*, X^* 그리고 g^*를 다음과 같이 정의한다.

$$Z^*_{n\times n} = [z^*_{ij}] = \begin{cases} z_{ij}: \text{부문 } i\text{가 비에너지부문} \\ e_{kj}: \text{부문 } k\text{가 에너지부문} \end{cases}$$

$$F^*_{n\times 1} = [f^*_i] = \begin{cases} f_i: \text{부문 } i\text{가 비에너지부문} \\ q_k: \text{부문 } k\text{가 에너지부문} \end{cases}$$

$$X^*_{n\times 1} = [x^*_i] = \begin{cases} x_i: \text{부문 } i\text{가 비에너지부문} \\ g_k: \text{부문 } k\text{가 에너지부문} \end{cases}$$

$$g^*_{n\times 1} = [g^*_i] = \begin{cases} 0: \text{부문 } i\text{가 비에너지부문} \\ g_k: \text{부문 } k\text{가 에너지부문} \end{cases}$$

금액과 에너지가 혼합된 형태로 거래표가 작성되면 식 (9)와 식 (10)의 계수행렬이 도출되는데, 일반적인 투입계수와 생산유발계수의 의미와는 다르다.[7]

$$A^* = Z^*(\widehat{X^*})^{-1} \qquad (9)$$

$$L^* = (I - A^*)^{-1} \qquad (10)$$

식 (9)에서 식 (8)에 있는 $G(\widehat{X})^{-1}$을 하이브리드 방식의 산출 벡터인 X^*으로 된 $G(\widehat{X^*})^{-1}$로 대체하면 직접 에너지 투입계수행렬 δ는 $G(\widehat{X^*})^{-1}$이고 총에너지유발계수행렬 α는 $G(\widehat{X^*})^{-1}L^*$가 되는데, 이를 이용하여 DER과 TER행렬을 계산한다.

어떤 경제가 두 부문으로 되어 있고 그중에서 한 부문이 에너지부문이며 거래표와 에너지 흐름은 [그림 7-1]이라고 하면 δ와 α의 계산 과정은 다음과 같다.

---

6) 하이브리드는 금액과 물량이 함께 표기되는 것을 의미한다.

7) 투입 내역을 나타내는 행렬 Z^*가 금액으로 된 것과 에너지 단위로 된 것이 혼재되어 있기 때문이다.

그림 7-1 **산업연관표와 에너지 흐름표**

	1	에너지	최종수요	산출액(량)
산업연관표				(단위: 금액)
1	10	20	70	100
에너지	30	40	50	120
에너지 흐름표				(단위: BTU)
에너지	60	80	100	240

[그림 7-1]에서의 Z^*행렬과 X^*행렬은 다음과 같다.

$$Z^* = \begin{pmatrix} 10 & 20 \\ 60 & 80 \end{pmatrix},\ X^* = \begin{pmatrix} 100 \\ 240 \end{pmatrix}$$

이를 통해 A^*와 L^*를 계산하면 다음과 같다.

$$A^* - Z^*(\widehat{X^*})^{-1} = \begin{pmatrix} 10 & 20 \\ 60 & 80 \end{pmatrix}\begin{pmatrix} 1/100 & 0 \\ 0 & 1/240 \end{pmatrix} = \begin{pmatrix} 0.1 & 0.0833 \\ 0.6 & 0.3333 \end{pmatrix}$$

$$L^* = (I - A^*)^{-1} = \left[\begin{pmatrix} 1 & 0 \\ 0 & 1 \end{pmatrix} - \begin{pmatrix} 0.1 & 0.0833 \\ 0.6 & 0.3333 \end{pmatrix}\right]^{-1} = \begin{pmatrix} 1.2121 & 0.1515 \\ 1.0909 & 1.6364 \end{pmatrix}$$

그러면 직접 에너지투입계수행렬 δ와 총에너지유발계수행렬 α는 다음과 같다.

$$\begin{aligned} \delta &= G(\widehat{X^*})^{-1}A^* = (0\ 240)\begin{pmatrix} 1/100 & 0 \\ 0 & 1/240 \end{pmatrix}\begin{pmatrix} 0.1000 & 0.0833 \\ 0.6000 & 0.3333 \end{pmatrix} \\ &= (0.6000\ \ 0.3333) \\ \alpha &= G(\widehat{X^*})^{-1}L^* = (0\ 240)\begin{pmatrix} 1/100 & 0 \\ 0 & 1/240 \end{pmatrix}\begin{pmatrix} 1.2121 & 0.1515 \\ 1.0909 & 1.6364 \end{pmatrix} \\ &= (1.0909\ \ 1.6364) \end{aligned}$$

이러한 총에너지유발계수행렬과 하이브리드 최종수요 벡터 $F^* = \begin{pmatrix} 70 \\ 100 \end{pmatrix}$을 이용하면 에너지소비행렬 G는 다음과 같이 계산되는데 이를 통해 앞에서 살펴보았던 관계를 알 수 있다.

$$G = \alpha F^{*} = (1.0909 \ \ 1.6364)\begin{pmatrix} 70 \\ 100 \end{pmatrix} = 240$$

이러한 관계를 1차 에너지와 2차 에너지가 포함된 산업연관표와 에너지 흐름표로 확장한 [그림 7-2]를 이용해 더 살펴보면 다음과 같다. [그림 7-2]는 에너지부문이 1차 에너지로 원유, 2차 에너지로 정제유와 전기 그리고 비에너지부문은 자동차로 구성되어 있다.

그림 7-2 산업연관표와 에너지 흐름표

	원유	정제유	전기	자동차	최종수요	총산출액
산업연관표						(단위: 금액)
원유	0	5	5	0	0	10
정제유	2.5	2.5	0	2.5	12.5	20
전기	2.5	1.25	1.25	2.5	12.5	20
자동차	0	0	0	0	20	20
에너지 흐름표						(단위: BTU)
원유	0	20	20	0	0	40
정제유	1	3	0	1	15	20
전기	2.5	1.25	1.25	2.5	12.5	20

[그림 7-2]를 하이브리드 거래표로 표기하면 Z^{*}, F^{*}, X^{*}는 다음과 같다.

$$Z^{*} = \begin{pmatrix} 0 & 20 & 20 & 0 \\ 1 & 3 & 0 & 1 \\ 2.5 & 1.25 & 1.25 & 2.5 \\ 0 & 0 & 0 & 0 \end{pmatrix}, \quad F^{*} = \begin{pmatrix} 0 \\ 15 \\ 12.5 \\ 20 \end{pmatrix}, \quad X^{*} = \begin{pmatrix} 40 \\ 20 \\ 20 \\ 20 \end{pmatrix}$$

따라서 하이브리드 투입계수행렬 A^{*}와 총유발계수행렬 L^{*}는 다음과 같이 된다.

$$A^* = Z^*(\widehat{X^*})^{-1} = \begin{pmatrix} 0 & 1 & 1 & 0 \\ 0.0250 & 0.1500 & 0 & 0.0500 \\ 0.0625 & 0.0625 & 0.0625 & 0.0125 \\ 0 & 0 & 0 & 0 \end{pmatrix}$$

$$L^* = (I - A^*)^{-1} = \begin{pmatrix} 1.1087 & 1.3913 & 1.1826 & 0.2174 \\ 0.0326 & 1.2174 & 0.0348 & 0.0652 \\ 0.0761 & 0.1739 & 1.1478 & 0.1522 \\ 0 & 0 & 0 & 1.0000 \end{pmatrix}$$

총에너지소비행렬 G와 직접 에너지투입계수행렬 δ, 그리고 총에너지유발계수행렬 α를 계산하기 위해 필요한 $G(\hat{X})^{-1}$은 각각 다음과 같다.

$$G = \begin{pmatrix} x_1^* & 0 & 0 & 0 \\ 0 & x_2^* & 0 & 0 \\ 0 & 0 & x_3^* & 0 \end{pmatrix} = \begin{pmatrix} 40 & 0 & 0 & 0 \\ 0 & 20 & 0 & 0 \\ 0 & 0 & 20 & 0 \end{pmatrix},$$

$$G(\hat{X})^{-1} = \begin{pmatrix} 40 & 0 & 0 & 0 \\ 0 & 20 & 0 & 0 \\ 0 & 0 & 20 & 0 \end{pmatrix} \begin{pmatrix} 1/40 & 0 & 0 & 0 \\ 0 & 1/20 & 0 & 0 \\ 0 & 0 & 1/20 & 1/20 \end{pmatrix} = \begin{pmatrix} 1 & 0 & 0 & 0 \\ 0 & 1 & 0 & 0 \\ 0 & 0 & 1 & 0 \end{pmatrix}$$

따라서 총에너지유발계수행렬 α는 다음과 같이 계산된다.

$$\alpha = G(\widehat{X^*})^{-1} L^* = \begin{pmatrix} 1 & 0 & 0 & 0 \\ 0 & 1 & 0 & 0 \\ 0 & 0 & 1 & 0 \end{pmatrix} \begin{pmatrix} 1.1087 & 1.3913 & 1.1826 & 0.2174 \\ 0.0326 & 1.2174 & 0.0348 & 0.0652 \\ 0.0761 & 0.1739 & 1.1478 & 0.1522 \\ 0 & 0 & 0 & 1.0000 \end{pmatrix}$$

$$= \begin{pmatrix} 1.1087 & 1.3913 & 1.1826 & 0.2174 \\ 0.0326 & 1.2174 & 0.0348 & 0.0652 \\ 0.0761 & 0.1739 & 1.1478 & 0.1522 \end{pmatrix}$$

행렬 α에서 각 행과 열은 다음의 관계를 갖는다. 먼저 1차 에너지에 해당하는 첫 번째 열을 제외한 나머지 두 번째와 세 번째, 네 번째 열의 경우는 두 번째 행과 세 번째 행을 더하면 첫 번째 행(즉 1차 에너지의 배분)의 값과 동일하다. 다음으로 첫 번째 열의 경우에는 두 번째 행과 세 번째 행을 더한 값과 첫 번째 행의 값보다 1만큼 작다.[8)]

이 결과는 다음을 의미한다. 첫 번째 에너지부문인 원유는 1차 에너지이고 두 번째와 세 번째 에너지부문은 2차 에너지부문이다. 행렬 α에서 비에너지부문의 마지막 열의 α_{14}값은 0.2174인데, 이는 그 경제에서 자동차를 생산하는 총 1차 에너지 집중도의 크기를 나타낸다. 즉 자동차 한 단위를 생산하기 위해 0.2174의 원유가 직·간접적으로 소요된다.[9] $\alpha_{14}=0.2174$를 구성하는 $\alpha_{24}=0.0652$와 $\alpha_{34}=0.1522$는 자동차 한 단위를 생산하기 위해 소요된 정제유와 전기 등 2차 에너지 집중도를 나타낸다. 이때 이 계수들의 단위는 금액이 아니고 에너지 단위이며, 이 경제에서 정제유와 전기의 원천은 원유이기 때문에 에너지 보존 조건은 자동차 생산을 위한 2차 에너지 집중도의 합은 1차 에너지 집중도와 같아야 한다.[10] 이 조건은 1차 에너지부문을 제외한 나머지 모든 부문에서 동일하게 나타나는데, 1차 에너지는 경제 외부에서 에너지를 추출하기 때문이다.

다시 말하면, 2차 에너지 행들의 값을 더한 결과는 1차 에너지 행들의 값을 더한 것과 같아야 한다. 한편 위의 예에서 첫 번째 열(원유)은 총 2차 에너지 집중도가 $\alpha_{21}+\alpha_{31}=0.1087$인 데 반해 $\alpha_{11}=1.1087$로 1이 더 큰데, 이는 원유가 1차 에너지이기 때문에 원유 산출 단위당 경제 외부로부터 구입된 원유 크기를 나타낸다.

나. 수입재 조정 방법

국산품 생산에 대한 총에너지 집중도를 측정하기 위한 에너지 투입산출모형을 살펴보면 다음과 같다.

국산 총에너지 집중도를 측정하기 위해 총에너지유발계수행렬을 이용하려면 국산

8)

1.1087−1	1.3913	1.1826	0.2174
= 0.0326 + 0.0761	= 1.2174 + 0.1739	= 0.0348 + 1.1478	= 0.0652 + 0.1522

9) [그림 7-2]에서 자동차부문은 원유를 전혀 사용하지 않기 때문에 0.2174의 모든 효과는 간접 유발의 크기이다.

10) 실제 경제에서는 에너지 손실이 발생할 수 있기 때문에 이들의 합은 손실분만큼 차이가 발생하게 된다.

품 산출로만 측정되어야 하는데 이는 총공급액 벡터 X^*에서 수입 X_I^*를 차감한 $X^* - X_I^*$를 이용한다. 그러므로 에너지흐름행렬 E^*와 중간투입계수행렬 A^*는 식 (11)과 식 (12)로 정의된다.

$$E^* = E(\widehat{X^*} - \widehat{X_I^*})^{-1} \quad \cdots\cdots (11)$$

$$A^* = Z^*(\widehat{X^*} - \widehat{X_I^*})^{-1} \quad \cdots\cdots (12)$$

그리고 에너지유발계수행렬 $\alpha = G(\widehat{X^*})^{-1}L^*$는 식 (13)과 같이 표기할 수 있다. 식 (13)에서 수입이 없다면($X_I^* = 0$이면) $\alpha = G(\widehat{X^*} - Z^*)^{-1} = G(\widehat{X^*})^{-1}L^*$[11]이므로 국산품과 수입품을 별도로 고려하지 않은 것과 동일함을 알 수 있다.

$$\alpha = G(\widehat{X^*} - \widehat{X_I^*})^{-1}[I - Z^*(\widehat{X^*} - \widehat{X_I^*})^{-1}]^{-1}$$

$$= G[\widehat{X^*} - \widehat{X_I^*} - Z^*]^{-1} \quad \cdots\cdots (13)^{12)}$$

2 환경 산업연관분석[13]

산업연관모형을 이용하여 환경을 분석하는 방법은 크게 세 가지로 구분되는데, 첫 번째는 일반적인 산업연관모형을 이용하는 것으로 오염발생과 완화 과정을 반영할 수 있도록 투입계수행렬에 행과 열을 추가하는 것이다. 두 번째는 경제-생태 산업연관모형EEM: Economic-Ecologic Models인데, 경제-생태모형은 지역간 산업연관표와 같

11) $A^*\widehat{X^*} = Z^*$ 이므로
$(\widehat{X^*} - Z^*)^{-1} = (\widehat{X^*} - A^*\widehat{X^*})^{-1} = [(I - A^*)\widehat{X^*}]^{-1} = (\widehat{X^*})^{-1}(I - A^*)^{-1} = (\widehat{X^*})^{-1}L^*$이다.

12) $\alpha = G(\widehat{X^*} - \widehat{X_I^*})^{-1}[I - Z^*(\widehat{X^*} - \widehat{X_I^*})^{-1}]^{-1} = G\left([I - Z^*(\widehat{X^*} - \widehat{X_I^*})^{-1}][(\widehat{X^*} - \widehat{X_I^*})]\right)^{-1}$
$= G(\widehat{X^*} - \widehat{X_I^*} - Z^*)^{-1}$

13) 설명을 위해 Miller 외 1인(2009)의 예제를 이용하였다.

이 경제와 생태시스템 간에 있었던 플로우를 추가로 기록하는 것이다. 세 번째는 「상품×산업」모형인데, 이는 환경요인을 상품 측의 하나로 표기하는 방법이다.

가. 일반적인 산업연관모형의 이용

산업연관모형은 외생변수 충격의 효과를 측정하는 것인데, 이를 오염과 연계시키기 위해서는 오염산출행렬 또는 직접 충격계수인 오염배출계수 $D^p=[d_{kj}^p]$가 필요하다. $D^p=[d_{kj}^p]$에서 첨자 k는 이산화황과 같은 환경오염물질이며 부문 j를 한 단위 산출하면서 발생한 k형의 오염물질 배출량이다. 그리고 총산출 벡터가 주어졌을 때 오염 수준은 $X^{p^*}=D^pX$이며14) 최종수요와 산출의 관계를 나타내는 $X=(I-A)^{-1}F$를 이용하면 최종수요와 오염 수준의 관계는 $X^{p^*}=D^p(I-A)^{-1}F=D^pLF$이다. 이 식에서 D^pL이 환경오염유발계수total environmental impact coefficients이며 최종수요 한 단위당 직·간접적으로 유발된 총오염의 크기이다. [그림 7-3]의 예를 이용하여 살펴보면 다음과 같다.

그림 7-3 산업연관표와 직접 충격계수

산업연관표

	부문 A	부문 B	최종수요	산출액
부문 A	3	2	5	10
부문 A	1	7	2	10
중간투입계	4	9	7	20

직접 충격계수

		부문 A	부문 B	단위
에너지	연료유	0.2	0.3	BTUs
	석탄	0.1	0.4	
오염	이산화황	0.5	1.1	lbs
	탄화수소	0.7	0.7	
고용		0.1	0.1	명

14) $X^{p^*}=\widehat{D^p}X$는 오염배출계수 $D^p=X^{p^*}/X$을 통해 도출된다.

[그림 7-3]에서 도출되는 투입계수(A)와 생산유발계수(L) 그리고 에너지투입계수(D^e), 환경오염배출계수(D^p), 고용계수(D^l)는 각각 다음과 같다. 이 중에서 에너지투입계수, 환경오염배출계수, 고용계수 세 개를 이어서 하나의 행렬로 표기한 것이 직접 충격계수(D)direct impact coefficients이다.

$$A=\begin{bmatrix}0.3 & 0.2\\0.1 & 0.7\end{bmatrix},\ L=\begin{bmatrix}1.58 & 1.05\\0.53 & 3.68\end{bmatrix},\ D^e=\begin{bmatrix}0.2 & 0.3\\0.1 & 0.4\end{bmatrix},\ D^p=\begin{bmatrix}0.5 & 1.1\\0.7 & 0.7\end{bmatrix},$$

$$D^l=[0.1\ \ 0.2]$$

$$D=\begin{bmatrix}D^e\\ \\D^p\\ \\D^l\end{bmatrix}=\begin{bmatrix}0.2 & 0.3\\0.1 & 0.4\\ \cdots & \cdots\\0.5 & 1.1\\0.7 & 0.7\\ \cdots & \cdots\\0.1 & 0.2\end{bmatrix}$$

이들 충격계수와 산출액 벡터를 이용하면 충격량행렬(X^*)matrix of total impacts인 식 (14)를 도출할 수 있다.

$$X^*=DX=\begin{bmatrix}X^{e^*}=D^eX\\ \\X^{p^*}=D^pX\\ \\X^{l*}=D^lX\end{bmatrix} \qquad \cdots\cdots (14)$$

다음으로 X^*와 최종수요 벡터 F를 세로로 결합한 것과 직접 충격계수행렬 D와 $I-A$를 세로로 결합하여 확장된 직접 충격계수행렬matrix of expanded direct-impact coefficients G를 이용하면 확장된 충격량 벡터expanded vector of total impacts $\widetilde{X}$를 식 (15)처럼 계산할 수 있다.

$$\widetilde{X} = GX = \begin{bmatrix} D^e X \\ D^p X \\ D^l X \\ I-A \end{bmatrix} = \begin{bmatrix} 0.2 & 0.3 \\ 0.1 & 0.4 \\ \cdots & \cdots \\ 0.5 & 1.1 \\ 0.7 & 0.7 \\ \cdots & \cdots \\ 0.1 & 0.2 \\ \cdots & \cdots \\ 0.7 & -0.2 \\ -0.1 & 0.3 \end{bmatrix} \begin{bmatrix} 10 \\ 10 \end{bmatrix} = \begin{bmatrix} 5 \\ 5 \\ 16 \\ 14 \\ 3 \\ \cdots \\ 5 \\ 2 \end{bmatrix} = \begin{bmatrix} X^* \\ F \end{bmatrix} \quad \cdots\cdots (15)$$

환경오염배출계수를 계산할 때 이용한 $X^{p^*} = D^p X$와 동일한 방법으로 직접 충격계수행렬 D와 최종수요 벡터 F를 결합한 $\widetilde{X}^* = D^* X = DLF = D^* F$를 이용하면 환경오염유발계수와 에너지유발계수 그리고 고용유발계수를 측정할 수 있다.

$$\widetilde{X^*} = D^* X = DLF \quad \cdots\cdots (16)$$

$$= \begin{bmatrix} 0.2 & 0.3 \\ 0.1 & 0.4 \\ \cdots & \cdots \\ 0.5 & 1.1 \\ 0.7 & 0.7 \\ \cdots & \cdots \\ 0.1 & 0.2 \end{bmatrix} \begin{bmatrix} 1.58 & 1.05 \\ 0.53 & 3.68 \end{bmatrix} \begin{bmatrix} 5 \\ 2 \end{bmatrix} = \begin{bmatrix} 0.47 & 1.32 \\ 0.37 & 1.58 \\ \cdots & \cdots \\ 1.37 & 4.58 \\ 1.47 & 3.32 \\ \cdots & \cdots \\ 0.26 & 0.84 \end{bmatrix} \begin{bmatrix} 5 \\ 2 \end{bmatrix} = \begin{bmatrix} 5 \\ 5 \\ \cdots \\ 16 \\ 14 \\ \cdots \\ 3 \end{bmatrix}$$

위의 계산 결과 중에서 $\begin{bmatrix} 1.37 & 4.58 \\ 1.47 & 3.32 \end{bmatrix}$는 $D^p L$에 의해 계산되었는데 이 부분이 환경오염유발계수행렬이다. 다음으로 X^*와 산출액 벡터 $[10\ 10]'$를 세로 방향으로 결합한 $[X^*\ \ X]'$을 확장 총충격 벡터 $\widetilde{\widetilde{X}}$로 그리고 D^*와 생산유발계수 L을 세로 방향으로 결합한 $[D^*\ \ L]'$을 확장 총유발계수행렬 H로 정의하면 식 (17)로 관계를 확장할 수 있다.

$$\widetilde{\widetilde{X}} = \begin{bmatrix} X^* \\ \cdots \\ X \end{bmatrix} = HF \quad \cdots\cdots (17)$$

$$= \begin{bmatrix} 0.47 & 1.32 \\ 0.37 & 1.58 \\ \\ 1.37 & 4.58 \\ 1.47 & 3.32 \\ \\ 0.26 & 0.84 \\ \cdots & \cdots \\ 1.58 & 1.05 \\ 0.53 & 3.68 \end{bmatrix} \begin{bmatrix} 5 \\ 2 \end{bmatrix} = \begin{bmatrix} 5 \\ 5 \\ \\ 16 \\ 14 \\ \\ 3 \\ \cdots \\ 10 \\ 10 \end{bmatrix}$$

한편 최종수요 벡터 F를 대각화($\hat{F}$)하고 이를 H에 곱하면 $\widetilde{X}$가 어떤 산업에 의해 발생하였는지 분해할 수 있다.

$$H\hat{F} = \begin{bmatrix} 0.47 & 1.32 \\ 0.37 & 1.58 \\ \\ 1.37 & 4.58 \\ 1.47 & 3.32 \\ \\ 0.26 & 0.84 \\ \\ 1.58 & 1.05 \\ 0.53 & 3.68 \end{bmatrix} \begin{bmatrix} 5 & 0 \\ 0 & 2 \end{bmatrix} = \begin{bmatrix} 2.37 & 2.63 \\ 1.84 & 3.16 \\ \\ 6.84 & 9.16 \\ 7.37 & 6.63 \\ \\ 1.32 & 1.68 \\ \\ 7.89 & 2.11 \\ 2.63 & 7.37 \end{bmatrix}$$

$H\hat{F}$에서 두 번째에 있는 $\begin{bmatrix} 6.84 & 9.16 \\ 7.37 & 6.63 \end{bmatrix}$의 의미는 다음과 같다. 최종수요 $[5\ 2]'$를 만족하는 과정에서 이산화황은 총 16lbs(=6.84lbs+9.16lbs)가 배출되었는데, 산업별로는 산업 1에 의해 6.84lbs이 산업 2에 의해 9.16lbs가 배출되었으며, 탄화수소는 총 14lbs(=7.37lbs+6.63lbs)가 배출되었는데 산업 1에 의해 7.37lbs, 산업 2에 의해 6.63lbs가 배출되었음을 나타낸다.

지금까지 살펴본 것을 정리하면, 충격을 분석하기 위한 모형은 식 (18)이고 계획을 분석하는 모형은 식 (19)라고 할 수 있다.

$$\widetilde{X} = \begin{bmatrix} X^* \\ X \end{bmatrix} = HF = \begin{bmatrix} D^* \\ L \end{bmatrix} F = \begin{bmatrix} DL \\ L \end{bmatrix} F \quad \cdots\cdots (18)$$

$$\widetilde{X} = \begin{bmatrix} X^* \\ F \end{bmatrix} = GX = \begin{bmatrix} D \\ (I-A) \end{bmatrix} F \quad \cdots\cdots (19)$$

나. 경제-생태 산업연관모형

산업연관표와 생태시스템 내에서 생산을 위해 투입되는 생태적 요인과 생산 과정에서 배출되는 생태적 요인을 함께 표기하는 환경산업연관분석 방법은 다음과 같다.

행렬 $M = m_{kj}$는 부문 j를 생산하는 데 투입되는 k형 생태적 투입물의 양이고 $N = n_{kj}$는 부문 j를 생산하면서 발생되는 k형 생태적 배출물의 양으로 정의하도록 한다. 이때 M의 k와 N의 k는 다를 수도 있다. 이처럼 생태적 투입물을 산업연관표의 투입구조에 그리고 생태적 배출물을 배분구조에 위치시키는 것이 경제-생태 산업연관표economic-ecologic commodity flows인데 [그림 7-4]가 한 예이다.

그림 7-4 경제-생태 산업연관표

		수요부문 농업	수요부문 광업	수요부문 제조업	최종수요	산출액	생태 배출물(N) SO_2	생태 배출물(N) HC
생산부문	농업	1	3	5	3	12	0	1
	광업	0	2	10	0	12	0	2
	제조업	0	2	6	16	24	4	3
생태 투입물(M)	물	5	4	8				
	토지	10	10	1				

[그림 7-4]에서 투입계수행렬 $A = Z\hat{X}^{-1}$, 생태투입물계수 $R = M\hat{X}^{-1}$, 생태배출물계수 $Q = N'\hat{X}^{-1}$는 각각 다음과 같이 계산된다.

$$A = Z\hat{X}^{-1} = \begin{bmatrix} 1 & 3 & 5 \\ 0 & 2 & 10 \\ 0 & 2 & 6 \end{bmatrix} \begin{bmatrix} 12 & 0 & 0 \\ 0 & 12 & 0 \\ 0 & 0 & 24 \end{bmatrix}^{-1} = \begin{bmatrix} 0.083 & 0.250 & 0.208 \\ 0 & 0.167 & 0.417 \\ 0 & 0.167 & 0.250 \end{bmatrix}$$

$$R = M\hat{X}^{-1} = \begin{bmatrix} 5 & 4 & 8 \\ 10 & 10 & 1 \end{bmatrix} \begin{bmatrix} 12 & 0 & 0 \\ 0 & 12 & 0 \\ 0 & 0 & 24 \end{bmatrix}^{-1} = \begin{bmatrix} 0.417 & 0.333 & 0.333 \\ 0.833 & 0.833 & 0.042 \end{bmatrix}$$

$$Q = N' \hat{X}^{-1} = \begin{bmatrix} 0 & 0 & 4 \\ 1 & 2 & 3 \end{bmatrix} \begin{bmatrix} 12 & 0 & 0 \\ 0 & 12 & 0 \\ 0 & 0 & 24 \end{bmatrix}^{-1} = \begin{bmatrix} 0 & 0 & 0.167 \\ 0.083 & 0.167 & 0.125 \end{bmatrix}$$

생산유발계수행렬 $(I-A)^{-1}$과 결합하면 최종수요 한 단위 발생에 따른 생태투입유발계수 $R^* = R(I-A)^{-1}$과 생태배출유발계수 $Q^* = Q(I-A)^{-1}$은 다음과 같이 계산된다.

$$R^* = R(I-A)^{-1}$$
$$= \begin{bmatrix} 0.417 & 0.333 & 0.333 \\ 0.833 & 0.833 & 0.042 \end{bmatrix} \begin{bmatrix} 1.091 & 0.436 & 0.545 \\ 0 & 1.350 & 0.750 \\ 0 & 0.300 & 1.500 \end{bmatrix} = \begin{bmatrix} 0.455 & 0.732 & 0.977 \\ 0.909 & 1.501 & 1.142 \end{bmatrix}$$
$$Q^* = Q(I-A)^{-1}$$
$$= \begin{bmatrix} 0 & 0 & 0.167 \\ 0.083 & 0.167 & 0.125 \end{bmatrix} \begin{bmatrix} 1.091 & 0.436 & 0.545 \\ 0 & 1.350 & 0.750 \\ 0 & 0.300 & 1.500 \end{bmatrix} = \begin{bmatrix} 0 & 0.050 & 0.250 \\ 0.011 & 0.299 & 0.358 \end{bmatrix}$$

생태투입유발계수 $R^* = [r_{ij}^*] \, (i=1,\cdots,k,\ j=1,\cdots,n)$은 부문 j에 대한 최종수요가 한 단위 발생하였을 경우 직·간접적으로 유발된 i형 생태투입물의 크기이다. 예를 들어 R^*행렬의 1행 2열에 있는 0.732는 광산품에 대한 최종수요가 한 단위 발생하면 1형, 즉 물이 0.732만큼 직·간접적으로 소요된 것을 의미한다.

다음으로 생태배출유발계수 $Q^* = [q_{ij}^*] \, (i=1,\cdots,k,\ j=1,\cdots,n)$는 부문 j에 대한 최종수요가 한 단위 발생하였을 경우 직·간접적으로 배출되는 i형의 생태배출 오염물 크기이다. 예를 들어 1행 2열에 있는 0.050는 광산품에 대한 최종수요가 한 단위 발생하면 1형 오염물질, 즉 SO_2(이산화황)가 0.050만큼 배출된다는 것을 의미한다.

생태배출물계수 Q와 생태배출유발계수 Q^*를 비교하면, 광업은 생산 과정에서 직접적으로 이산화황을 배출하지 않는다는 것을 행렬 Q의 1행 2열을 통해 알 수 있고 공산품을 중간재로 사용함으로써 간접적으로 이산화황을 0.050만큼 배출시킨다는 것을 행렬 Q^*의 1행 2열을 통해 알 수 있다.

다. 확장 레온티에프모형

확장 레온티에프모형augmented Leontief model은 투입계수행렬에 오염배출계수 또는 오염감소계수를 추가하여 분석하는 방법이다. 오염배출계수는 산출액 단위당 특정 오염물질이 배출되는 크기이고 오염감소계수는 배출계수와 반대로 투입구조를 통해 오염물질이 감소되는 크기이다. 확장 레온티에프모형은 배출과 감소를 분리시켜 분석하는 점이 일반적인 레온티에프모형과 다르다.15)

(1) 오염발생

두 부문으로 된 산업연관표인 [그림 7-5]에서 부문 1이 배출하는 오염배출량 z_{p1}이 50, 부문 2가 배출하는 오염배출량 z_{p2}가 80이라고 가정하고 오염발생을 분석하는 방법은 다음과 같다.

부문 1의 오염배출계수 a_{p1}은 0.05(=50/1000)이고 부문 2의 오염배출계수 a_{p2}는 0.04(=80/2000)이기 때문에 공기로 배출된 오염물 총량 x_p는 $a_{p1}x_1 + a_{p2}x_2 = 0.05x_1 + 0.04x_2$으로 정의할 수 있다.

[그림 7-5]를 투입계수로 나타낸 수급균형식은 식 (20)이며, 오염물 총량 균형식

그림 7-5 2부문 산업연관표

산업연관표				
	1	2	최종수요	산출액
1	150	500	350	1000
2	200	100	1700	2000
x_p	50	80		

15) 일반적인 산업연관모형 $\Delta X = (I - A)^{-1} \Delta Y$에서 ΔY에 증가를 적용하기도 하고 감소를 적용하기도 한다. 레온티에프 역행렬이 계수이기 때문에 이 증가 또는 감소의 절대 규모가 같을 경우에는 부호만 다르게 나타난다.

$x_p = a_{p1}x_1 + a_{p2}x_2$를 식 (20)에 추가한 것이 식 (21)이다.

$$\begin{aligned} (1-a_{11})x_1 - a_{12}x_2 &= F_1 \\ -a_{21}x_1 + (1-a_{22})x_2 &= F_2 \end{aligned} \qquad \cdots\cdots (20)$$

$$\begin{aligned} (1-a_{11})x_1 - a_{12}x_2 + 0x_p &= F_1 \\ -a_{21}x_1 + (1-a_{22})x_2 + 0x_p &= F_2 \\ -a_{p1}x_1 - a_{p2}x_2 + x_p &= 0 \end{aligned} \qquad \cdots\cdots (21)$$

식 (21)을 행렬로 표기하면 식 (22)와 같다.

$$\begin{bmatrix} 1-a_{11} & -a_{12} & 0 \\ -a_{21} & 1-a_{22} & 0 \\ -a_{p1} & -a_{p2} & 1 \end{bmatrix} \begin{bmatrix} x_1 \\ x_2 \\ x_p \end{bmatrix} = \begin{bmatrix} F_1 \\ F_2 \\ 0 \end{bmatrix} \qquad \cdots\cdots (22)$$

식 (22)의 좌변에 있는 $\begin{bmatrix} 1-a_{11} & -a_{12} & 0 \\ -a_{21} & 1-a_{22} & 0 \\ -a_{p1} & -a_{p2} & 1 \end{bmatrix}$은 $\begin{bmatrix} 1 & 0 & 0 \\ 0 & 1 & 0 \\ 0 & 0 & 1 \end{bmatrix} - \begin{bmatrix} -a_{11} & -a_{12} & 0 \\ -a_{21} & -a_{22} & 0 \\ -a_{p1} & -a_{p2} & 0 \end{bmatrix}$ 인데, 이를 $(I-A_p)$라고 표기하면 최종수요와 산출 및 오염배출 총량과의 관계는 식 (23)과 같다.

$$\begin{bmatrix} x_1 \\ x_2 \\ x_p \end{bmatrix} = \begin{bmatrix} 1-a_{11} & -a_{12} & 0 \\ -a_{21} & 1-a_{22} & 0 \\ -a_{p1} & -a_{p2} & 1 \end{bmatrix}^{-1} \begin{bmatrix} F_1 \\ F_2 \\ 0 \end{bmatrix}$$

$$X_p = (I-A_p)^{-1} F_p \qquad \cdots\cdots (23)$$ [16]

[그림 7-5]의 투입계수와 오염배출계수에 대해 최종수요가 부문 1에 대해 600,

16) 제6장 5절에서 설명하였듯이 식 (23)의 우변 첫 번째에 있는 레온티에프 역행렬 $(I-A_p)^{-1}$은 3열이 3행만 값이 1이고 나머지는 0이기 때문에 왼쪽 상단의 「2×2」의 역행렬과 동일한 값을 갖는다.

부문 2에 대해 1,500이 발생하였다고 가정하고 이를 식 (23)에 적용하면 산출액과 오염배출 총량은 다음과 같이 계산된다.

$$\begin{bmatrix} x_1 \\ x_2 \\ x_p \end{bmatrix} = \begin{bmatrix} 0.85 & -0.25 & 0 \\ -0.20 & 0.95 & 0 \\ -0.05 & -0.04 & 1 \end{bmatrix}^{-1} \begin{bmatrix} 600 \\ 1500 \\ 0 \end{bmatrix} = \begin{bmatrix} 1.254 & 0.330 & 0 \\ 0.264 & 1.122 & 0 \\ 0.073 & 0.061 & 1 \end{bmatrix} \begin{bmatrix} 600 \\ 1500 \\ 0 \end{bmatrix} = \begin{bmatrix} 1247.5 \\ 1841.6 \\ 136.0 \end{bmatrix}$$

즉 최종수요가 부문 1에서 600, 부문 2에서 1,500 발생하면 부문 1의 산출은 1,247.5, 부문 2의 산출은 1,841.6이 유발되고 오염배출 총량은 136만큼 발생된다. 특히 오염배출 총량 136은 부문 1의 활동에 의해 0.073×600=44.0, 부문 2의 활동에 의해 0.061×1500=92.1만큼 발생된 것도 알 수 있다.

(2) 오염감축활동

오염감축활동을 분석하는 방법은 다음과 같다. [그림 7-6]에서 오염배출은 행 방향으로 각 산업에 위치하고 있으며, 오염물질을 감축하기 위한 기술적 활동은 오염감축으로 열에 위치하고 있다.

그림 7-6 확장된 산업연관표

산업연관표						
	제조업	서비스업	오염감축	중간수요	최종수요	총수요
제조업	15	25	0.6	40.6	59.4	100
서비스업	20	5	1.2	26.2	73.8	100
오염배출	5	4	0	9	−3	6

x_p를 감축된 오염물질의 양이라고 하면 모든 오염물질이 제거된 경우 균형방정식은 식 (24)가 된다.[17] 식 (24)에서 a_{1p}와 a_{2p}는 오염감축을 위해 다른 부문들이 투

17) 제조업은 오염물질 제거가 고려되지 않은 초기 균형식이 $x_1 = a_{11}x_1 + a_{12}x_2 + F_1$인데, 제거되면 해당 부분인 $a_{1p}x_p$만큼 수요에 추가되어 $x_1 = a_{11}x_1 + a_{12}x_2 + F_1 + a_{1p}x_p$이 된다.

입된 것이며, 세 번째 식 $x_p = a_{p1}x_1 + a_{p2}x_2 + a_{pp}x_p$는 발생된 오염 총량이자 제거된 오염 총량에 해당된다.

$$
\begin{aligned}
(1-a_{11})x_1 - a_{12}x_2 - a_{1p}x_p &= F_1 \\
-a_{21}x_1 + (1-a_{22})x_2 - a_{2p}x_p &= F_2 \\
-a_{p1}x_1 - a_{p2}x_2 + (1-a_{pp})x_p &= 0
\end{aligned}
\quad \cdots\cdots (24)
$$

폐기물을 기술적으로 또는 경제적으로 모두 제거가 가능한지 여부와 관계없이 x_p는 제거된 양이고 f_p는 제거되지 않은 양[18]이라고 가정하면 생산활동을 통해 배출된 총오염배출량 $a_{p1}x_1 + a_{p2}x_2 + a_{pp}x_p$은 제거된 오염배출량 x_p와 제거되지 않은 오염배출량 f_p를 더한 것($a_{p1}x_1 + a_{p2}x_2 + a_{pp}x_p = x_p + f_p$)과 같다. 그러므로 식 (24)의 세 번째 식은 $-a_{p1}x_1 - a_{p2}x_2 + (1-a_{pp})x_p = -f_p$가 되기 때문에 식 (25)로 표기할 수 있다.

$$
\begin{aligned}
(1-a_{11})x_1 - a_{12}x_2 - a_{1p}x_p &= F_1 \\
-a_{21}x_1 + (1-a_{22})x_2 - a_{2p}x_p &= F_2 \\
-a_{p1}x_1 - a_{p2}x_2 + (1-a_{pp})x_p &= -f_p
\end{aligned}
\quad \cdots\cdots (25)
$$

지금까지 과정을 [그림 7-6]에 적용해 보면 투입계수는 다음과 같이 계산된다. 행렬 A_p의 세 번째 행은 오염배출계수이며, 그중에서 첫 번째 원소 0.05는 제조업 생산활동에서, 두 번째 원소 0.04는 서비스 생산활동에서 배출된 오염 크기의 단위이다.

18) 제거되지 않았다는 것은 사회적으로 용인되고 수용될 수 있는 정도의 오염배출량이라는 의미를 갖는다.

$$A_p = \begin{bmatrix} 15 & 25 & 0.6 \\ 20 & 5 & 1.2 \\ 5 & 4 & 0 \end{bmatrix} \begin{bmatrix} 100 & 0 & 0 \\ 0 & 100 & 0 \\ 0 & 0 & 6 \end{bmatrix}^{-1} = \begin{bmatrix} 0.15 & 0.25 & 0.10 \\ 0.20 & 0.05 & 0.20 \\ 0.05 & 0.04 & 0 \end{bmatrix}$$

$$(I - A_p) = \begin{bmatrix} 0.85 & -0.25 & -0.10 \\ -0.20 & 0.95 & -0.20 \\ -0.05 & -0.04 & 1 \end{bmatrix}$$

$$X_p = (I - A_p)^{-1} F_p = \begin{bmatrix} 1.268 & 0.342 & 0.195 \\ 0.283 & 1.138 & 0.256 \\ 0.075 & 0.063 & 1.020 \end{bmatrix} \begin{bmatrix} 59.4 \\ 73.8 \\ -3 \end{bmatrix} = \begin{bmatrix} 100 \\ 100 \\ 6 \end{bmatrix}$$

따라서 투입산출표에 오염배출과 오염감축활동을 추가시켜 최종수요와 산출의 관계를 파악할 수 있다. 식 (25)를 행렬로 표기하면 식 (26)이 된다.

$$\begin{bmatrix} 1-a_{11} & -a_{12} & -a_{1p} \\ -a_{21} & 1-a_{22} & -a_{2p} \\ -a_{p1} & -a_{p2} & 1-a_{pp} \end{bmatrix} \begin{bmatrix} x_1 \\ x_2 \\ x_p \end{bmatrix} = \begin{bmatrix} F_1 \\ F_2 \\ -f_p \end{bmatrix} \quad \cdots\cdots (26)$$

식 (26)은 식 (27)과 같이 분리할 수 있다.

$$\begin{bmatrix} 1-a_{11} & -a_{12} \\ -a_{21} & 1-a_{22} \end{bmatrix} \begin{bmatrix} x_1 \\ x_2 \end{bmatrix} + \begin{bmatrix} -a_{1p} \\ -a_{2p} \end{bmatrix} x_p = \begin{bmatrix} F_1 \\ F_2 \end{bmatrix} \quad \cdots\cdots (27)$$

$$\begin{bmatrix} -a_{p1} & -a_{p2} \end{bmatrix} \begin{bmatrix} x_1 \\ x_2 \end{bmatrix} + (1-a_{pp}) x_p = -f_p$$

식 (27)에서 첫 번째 식의 좌변 첫 번째 항을 생산유발계수행렬 $(I-A)^{-1}$로 표기하면 최종수요와 산출의 관계식은 식 (28)이 된다.

$$\begin{bmatrix} x_1 \\ x_2 \end{bmatrix} = (I-A)^{-1} \left\{ \begin{bmatrix} F_1 \\ F_2 \end{bmatrix} + \begin{bmatrix} a_{1p} \\ a_{2p} \end{bmatrix} x_p \right\} \quad \cdots\cdots (28)$$

식 (28)에서 생산유발계수 $(I-A)^{-1}$가 호킨스-사이몬 조건[19]을 만족한다면 외생부문으로 의제할 수 있는 벡터 $\begin{bmatrix} F_1 \\ F_2 \end{bmatrix}$와 $\begin{bmatrix} a_{1p} \\ a_{2p} \end{bmatrix} x_p$에 대한 조건도 다음과 같이 주어져야 산출액 벡터 $\begin{bmatrix} x_1 \\ x_2 \end{bmatrix}$가 경제적으로 의미 있는 양(+)의 값이 된다.

$$x_p = (1 - a_{pp})^{-1} \left\{ [a_{p1}\ a_{p2}] \begin{bmatrix} x_1 \\ x_2 \end{bmatrix} - f_p \right\} \quad \cdots\cdots (29)$$

식 (28)에서 벡터 $\begin{bmatrix} F_1 \\ F_2 \end{bmatrix}$는 최종수요이기 때문에 양이고 $\begin{bmatrix} a_{1p} \\ a_{2p} \end{bmatrix}$는 오염감소활동의 투입구조이므로 음의 값이 아니다. 따라서 x_p가 양의 값을 갖는 경우에만 벡터 X가 양의 값을 갖게 된다. 한편 식 (29) 우변의 첫 번째에 있는 a_{pp}는 오염감소활동에 따라 발생하는 오염배출이기 때문에 양이고, 또한 $a_{pp} < 1$이어야만 $\frac{1}{1 - a_{pp}}$가 양의 값을 갖는다. 이는 오염감소를 위한 활동 과정에서 발생되는 오염배출의 크기가 제거되는 양보다 작아야만 경제적으로 의미 있는 활동이라는 것을 의미한다. 또 주어진 조건인 x_p가 양의 값을 갖기 위해서는 $\left\{ [a_{p1}\ a_{p2}] \begin{bmatrix} x_1 \\ x_2 \end{bmatrix} - f_p \right\}$도 양의 값, 즉 $[a_{p1}\ a_{p2}] \begin{bmatrix} x_1 \\ x_2 \end{bmatrix} > f_p$이어야 한다. f_p는 제거되지 않은 오염량이므로 양이고 a_{p1}과 a_{p2}는 부문 1과 부문 2의 산출 단위당 배출된 오염의 양이므로 양의 값을 갖는데, 이것은 생산활동을 통해 배출된 오염량이 제거되지 않은 오염량보다 큰 경우에만 확장 레온티에프모형을 통해 오염감소활동의 경제적 효과를 파악할 수 있다는 것이다.

19) 제4장 3절 참고

부록

Input-Output Analysis
산업연관분석

APPENDIX

A. 승수곱셈행렬MPM: Multiplier Product Matrix

B. Excel을 이용한 생산유발계수 계산 방법

C. Gephi를 이용한 부문 간 연계성의 그래프 작성 방법

D. 사회계정행렬SAM: Social Accounting Matrix

E. 산업연관표 연장 기법

F. 공급사용표의 투입산출표로의 전환

Appendix

A 승수곱셈행렬
MPM: Multiplier Product Matrix

투입계수행렬 $A=[a_{ij}],\ _{i,j=1,2,\cdots,n}$의 생산유발계수행렬을 $B=(I-A)^{-1}=[b_{ij}],\ _{i,j=1,2,\cdots,n}$이고 행렬 B의 $(i_0,\ j_0)$에 위치한 원소를 교차시키는 i_0번째 행벡터와 j_0번째 열벡터의 곱을 $F(i_0, j_0)$라고 하면 식 (1)과 같이 표기할 수 있다.

$$F(i_0, j_0)=\begin{pmatrix} b_{1i_0} \\ b_{2i_0} \\ \vdots \\ b_{ni_0} \end{pmatrix}(b_{j_01}, b_{j_02}, \cdots, b_{j_0n})=[b_{ii_0}\ \ b_{j_0j}] \quad \cdots\cdots (1)$$

$F(i_0, j_0)$를 일차변동영향체first order field of influence of change1)라고 하는데, Sherman-Morrison 공식을 통해 경제적으로 해석할 수 있다. 그리고 투입계수행렬의 한 원소가 변동할 때 역행렬 구성요소의 변동을 파악하는 데 이용한다.

행렬 A의 (i_0, j_0) 번째에 e만큼의 변동이 발생하였을 경우 기존의 역행렬계수 B에 대해 새로운 역행렬계수 $B(e)=b_{ij}(e)$는 Sherman-Morrison 공식에 의해 식 (2)로 표기할 수 있다.

$$b_{ij}(e)=b_{ij}+\frac{b_{ii_o}\,b_{j_oi}\,e}{1-b_{j_0i_0}\,e} \quad \cdots\cdots (2)$$

1) Sonis, M. 외 2인(2000)

그리고 식 (2)는 식 (3)의 행렬 형태로 나타낼 수 있다.

$$B(e) = B + \frac{e}{1 - b_{j_0 i_0} e} F(i_0, j_0) \quad \cdots\cdots (3)$$

Sherman-Morrison 공식

u와 v는 임의의 열벡터이고 A는 비특이행렬(nonsingular matrix)이라고 하면, Sherman-Morrison 공식은 다음과 같다.

$$(A + uv^t)^{-1} = A^{-1} - \frac{A^{-1}uv^tA^{-1}}{1 + v^tA^{-1}u} \quad \cdots\cdots (a)$$

(증명)

테일러 전개(Taylor expansion)를 이용하면 $(I+X)^{-1}$(I: 단위행렬)을 다음과 같이 전개할 수 있다.

$$(I+X)^{-1} = I - X + X^2 - X^3 + X^4 - \cdots\cdots = \sum_{k=0}^{\infty}(-X)^k$$

그리고 다음과 같은 상수를 λ로 정의하고 이를 식 (a)에 대입하면 식 (b)와 같이 전환할 수 있다.

$$\lambda = v^tA^{-1}u$$

$$\begin{aligned}
(A+uv^t)^{-1} &= [A(I + A^{-1}uv^t)]^{-1} \\
&= [I + A^{-1}uv^t]^{-1}A^{-1} \\
&= [I - A^{-1}uv^t + A^{-1}uv^tA^{-1}uv^t \\
&\quad - A^{-1}uv^tA^{-1}uv^tA^{-1}uv^t + \cdots\cdots]A^{-1} \\
&= A^{-1} - A^{-1}uv^tA^{-1} + A^{-1}uv^tA^{-1}uv^tA^{-1} \\
&\quad - A^{-1}uv^tA^{-1}uv^tA^{-1}uv^tA^{-1} + \cdots\cdots \\
&= A^{-1} - A^{-1}uv^tA^{-1} + A^{-1}u(v^tA^{-1}u)v^tA^{-1} \\
&\quad - A^{-1}u(v^tA^{-1}u)(v^tA^{-1}u)v^tA^{-1} + \cdots\cdots \\
&= A^{-1} - A^{-1}uv^tA^{-1}(1+\lambda)^{-1} \quad \cdots\cdots (b)
\end{aligned}$$

행렬 A의 i번째 열벡터를 a_i라고 하면 다음과 같이 표시할 수 있다.

$$A = (a_1 : a_2 : \cdots\cdots : a_n) = \sum_{i=1}^{n} a_i i_i^t$$

그러면 A는 다음과 같이 표기할 수 있다.

$$A = I + (A - I) = I + \sum_{i=1}^{n} (a_i - i_i) i_i^t$$

$$[I + (a_1 - \ i_1) i_1^t]^{-1} = I - \frac{I(a_1 - i_1) i_1^t}{1 + i_1^t I (a_1 - i_1)} = B_1$$

$$[B_1^{-1} + (a_2 - i_2) i_2^t]^{-1} = B_1 - \frac{B_1 I (a_2 - i_2) i_2^t B_1}{1 + i_2^t B_1 (a_2 - i_2)} = B_2$$

$$[B_2^{-1} + (a_3 - \ i_3) i_3^t]^{-1} = B_2 - \frac{B_2 I (a_3 - i_3) i_3^t B_2}{1 + i_3^t B_2 (a_3 - i_3)} = B_3$$

즉 $B_o = I$라고 하면 다음의 관계가 성립한다.

$$B_i = [B_{i-1} + (a_i - i_i) i_i^t]^{-1} = B_{i-1} - \frac{B_{i-1} I (a_i - i_i) i_i^t B_{i-1}}{1 + i_i^t B_{i-1} (a_i - i_i)}$$

$$B_n = A^{-1}$$

식 (4)는 $F(i_0,\ j_0)$ 원소를 모두 더한 것으로 영향체집약도intensity of field of influence를 나타내는데, 식 (4)를 전체집약도(G)[2]로 나눈 식 (5)를 통해 행렬 M과 일차영향체집약도[$F(i_0,\ j_0)$]의 관계를 알 수 있다.

$$T[F(i_0,\ j_0)] = \sum_{i,\,j} b_{i i_0} b_{j_o j} = B_{\cdot i_0} B_{j_0 \cdot} \quad \cdots\cdots (4)$$

$$M = \frac{1}{G} T[F(j, i)] = T_1 \quad \cdots\cdots (5)$$

위의 식 (5)를 일차영향체집약도first order intensity field of influence라고 하는데, 행렬 T_1이 행렬 M과 같기 때문에 첫 번째로 큰 행과 열합을 곱하여 가장 큰 값을 갖는 위치($i_0\ j_0$)가 최대 집약도를 갖는 영향체가 된다. 다음으로 행렬 M에서 ($i_0\ j_0$)를 제거하고 두 번째로 큰 위치를 찾는 과정을 통해 핵심부문 그룹을 선정할 수 있다.

2) 제5장 2절 참고

따라서 승수곱셈행렬을 이용한 핵심부문 선정을 통해 분석 대상 산업들 중에서 가장 중요한 변동의 방향도 파악할 수 있다.

그리고 투입계수 내에서 두 개의 부문인 $[(i_1, j_1), (i_2, j_2)]$에서 $e_{i_1 j_1}$과 $e_{i_2 j_2}$만큼의 변동이 있을 때 이차영향체는 식 (6)이 되며, 이를 일반화한 k차 영향체는 식 (7)과 같다.

$$F(i_1, i_2 ; j_1, j_2) = -b_{i_1 j_1} F(i_2, j_2) + b_{i_1 j_2} F(i_2, j_1) + b_{i_2 j_1} F(i_1, j_2) - b_{i_2 j_2} F(i_1, j_1) \quad \cdots\cdots (6)$$

$$F(i_1, \cdots\cdots, i_k ; j_1, \cdots\cdots j_k) = \frac{1}{k-1} \sum_{s=1}^{k} \sum_{r=1}^{k} (-1)^{s+r+1} b_{i_s j_r} F(i_1, \cdots, i_{s-1}, i_{s+1}, \cdots, i_k ; j_1, \cdots, j_{s-1}, j_{s+1}, \cdots j_k) \quad \cdots\cdots (7)$$

Appendix

B Excel을 이용한 생산유발계수 계산 방법

엑셀은 별도의 코딩 작업을 하지 않고 스프레드시트에 있는 대상 행렬을 직접 조작할 수 있는 장점이 있으며 역행렬과 같은 행렬 연산도 가능하다. 엑셀을 이용하여 투입계수표와 생산유발계수를 계산하고 이를 이용하여 최종수요 항목별 생산유발액, 부가가치유발액, 수입유발액 계산 과정을 살펴보면 다음과 같다. 계산에 이용한 표는 생산자가격으로 평가된 2017년 산업연관표를 5부문으로 통합한 것이다. [표 B-1]은 국산과 수입이 더해진 총거래표이며 [표 B-2]는 수입품의 거래 내역을 나타낸 수입거래표이다. 그러므로 $(I-A^d)^{-1}$형의 생산유발계수표를 계산하기 위해서는 국산거래표를 계산하여야 하는데 이는 [표 B-1]에서 [표 B-2]를 차감하여 계산한다.

표 B-1 2017년 생산자가격평가표(총거래표)

	농림수산품	광산품	공산품	전가수건설	서비스	중간수요계	소비	투자	수출	최종수요계	총수요계	총산출액	수입계	총공급계
농림수산품	3,184	6	38,004	574	12,197	53,965	17,443	1,242	808	19,494	73,458	61,468	11,990	73,458
광산품	1	2	95,403	33,384	42	128,831	14	647	98	759	129,590	4,733	124,857	129,590
공산품	16,689	705	859,757	119,810	242,817	1,239,778	196,753	173,099	646,087	1,015,939	2,255,717	1,808,317	447,400	2,255,717
전가수건설	908	136	41,174	15,082	48,141	105,441	21,865	260,697	741	283,303	388,745	388,574	171	388,745
서비스	6,706	1,461	232,443	59,741	527,981	828,331	919,762	157,026	108,376	1,185,164	2,013,495	1,905,350	108,145	2,013,495
중간투입계	27,488	2,310	1,266,781	228,590	831,178	2,356,347	1,155,837	592,711	756,110	2,504,659	4,861,006	4,168,442	692,564	4,861,006
부가가치	33,980	2,423	541,536	159,983	1,074,172	1,812,095								
총투입계	61,468	4,733	1,808,317	388,574	1,905,350	4,168,442								

표 B-2 2017년 생산자가격평가표(수입거래표)

	농림수산품	광산품	공산품	전가수건설	서비스	중간수요계	소비	투자	수출	최종수요계	총수입계
농림수산품	398	0	7,812	73	662	8,944	3,074	−28	0	3,046	11,990
광산품	0	0	91,301	32,962	12	124,275	10	572	0	582	124,857
공산품	1,121	13	262,245	11,728	35,941	311,048	64,592	68,087	3,673	136,352	447,400
전가수건설	0	0	25	0	69	94	75	2	0	77	171
서비스	438	17	16,502	1,849	47,440	66,246	35,222	6,678	0	41,900	108,145
중간투입계	1,957	29	377,885	46,612	84,125	510,607	102,973	75,311	3,673	181,957	692,564

1. 생산유발계수, 영향력계수, 감응도계수

국산거래표를 이용한 투입계수표 계산 결과는 [그림 B-1]과 같다. [표 B-1]에서 [표 B-2]를 차감하고 총투입액(=총산출액)인 [표 B-1]의 9행으로 나누어 계산한다. [그림 B-1]에서 공산품 한 단위 산출에 농림수산품이 0.017단위가 투입되었는데 [표 B-1]에서 [표 B-2]를 차감한 국산거래표 30,192를 [표 B-1]의 1,808,317로 나눈 것이다. 단위행렬은 대각원소만 1로 되어 있고 나머지 원소의 값은 모두 0인 원소로 되어 있는데, [그림 B-2]와 같다.

그림 B-1 국산투입계수표

투입계수표	농림수산품	광산품	공산품	전가수건설	서비스
농림수산품	0.045	0.001	0.017	0.001	0.006
광산품	0.000	0.000	0.002	0.001	0.000
공산품	0.253	0.146	0.330	0.278	0.109
전가수건설	0.015	0.029	0.023	0.039	0.025
서비스	0.102	0.305	0.119	0.149	0.252
중간투입계	0.415	0.482	0.492	0.468	0.392
부가가치	0.553	0.512	0.299	0.412	0.564
총투입계	1.000	1.000	1.000	1.000	1.000

그림 B-2 단위행렬

단위행렬	농림수산품	광산품	공산품	전가수건설	서비스
농림수산품	1.000	-	-	-	-
광산품	-	1.000	-	-	-
공산품	-	-	1.000	-	-
전가수건설	-	-	-	1.000	-
서비스	-	-	-	-	1.000

생산유발계수를 계산하기 위해 먼저 $(I-A^d)$를 [그림 B-3]과 같이 계산해야 하는데 [그림 B-2]에서 [그림 B-1]을 차감하면 된다. 그리고 [그림 B-3] 행렬의 비대각원소는 음(-)의 값을 갖는다.

그림 B-3 $(I-A^d)$의 계산

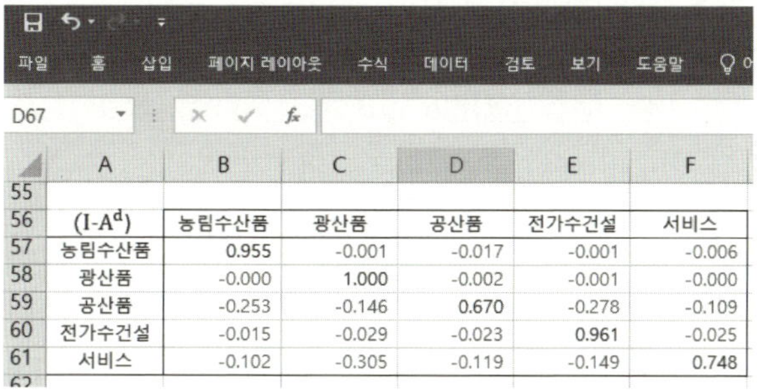

$(I-A^d)$	농림수산품	광산품	공산품	전가수건설	서비스
농림수산품	0.955	-0.001	-0.017	-0.001	-0.006
광산품	-0.000	1.000	-0.002	-0.001	-0.000
공산품	-0.253	-0.146	0.670	-0.278	-0.109
전가수건설	-0.015	-0.029	-0.023	0.961	-0.025
서비스	-0.102	-0.305	-0.119	-0.149	0.748

역행렬은 minverse함수를 이용하여 계산하는데, 우선 생산유발계수를 계산하기 위해 역행렬이 계산될 위치를 지정해야 한다. 이때 위치는 $(I-A^d)$가 계산된 행렬과 중첩되지 않은 위치에 동일한 차원으로 마우스로 드래그하여 지정한다. [그림 B-5]는 계산 결과에 해당하는 부분인 [그림 B-4]의 66행 B열에서 70행 F열까지 생산유발계수, 즉 역행렬이 계산될 영역을 마우스로 드래그하여 지정한 것이다. 그리고 [그림 B-5]와 같이 계산 영역 왼쪽 상단에 minverse함수를 코딩한다. minverse함수는 =minverse(계산 영역)이다.

그림 B-4 역행렬 $(I-A^d)^{-1}$ 계산 위치 지정

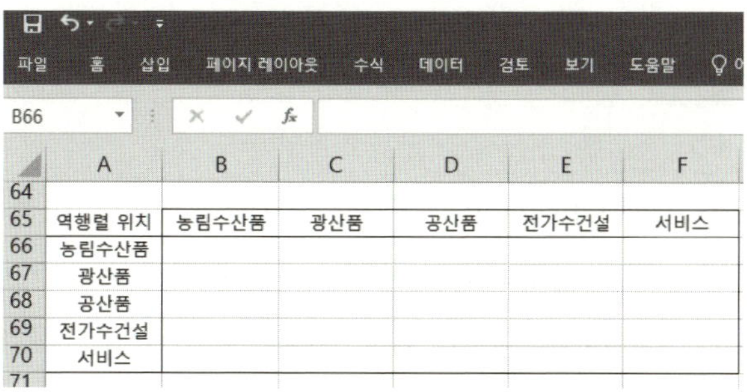

역행렬 위치	농림수산품	광산품	공산품	전가수건설	서비스
농림수산품					
광산품					
공산품					
전가수건설					
서비스					

그림 B-5 minverse함수로 역행렬 계산

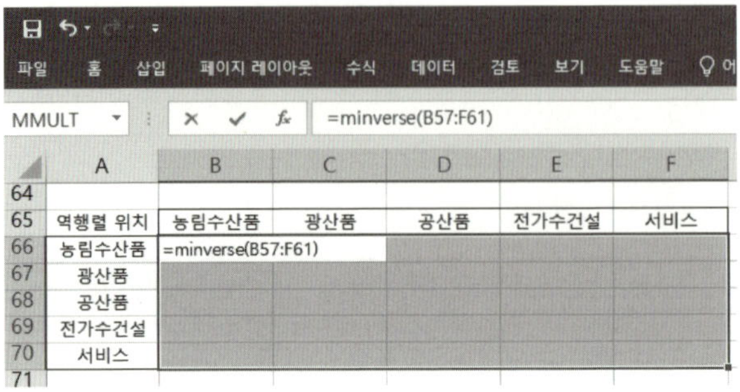

	A	B	C	D	E	F
64						
65	역행렬 위치	농림수산품	광산품	공산품	전가수건설	서비스
66	농림수산품	=minverse(B57:F61)				
67	광산품					
68	공산품					
69	전가수건설					
70	서비스					
71						

[그림 B-5]와 같이 역행렬 계산 결과 영역을 지정한 다음에는 역행렬 계산 대상 행렬의 영역인 [그림 B-3] $I-A^d$의 57행 B열에서 61행 F열까지 [그림 B-6]과 같이 드래그하여 지정한다. 그리고 [Ctrl]키, [Shift]키, [Enter]키를 함께 누른다.

그림 B-6 역행렬 계산 대상 행렬의 지정

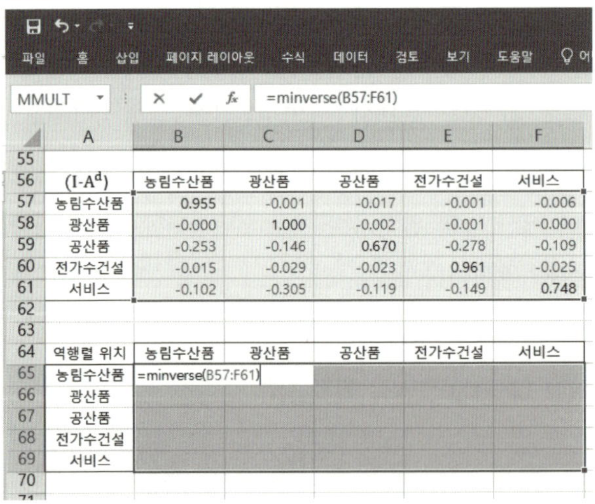

	A	B	C	D	E	F
55						
56	(I-A^d)	농림수산품	광산품	공산품	전가수건설	서비스
57	농림수산품	0.955	-0.001	-0.017	-0.001	-0.006
58	광산품	-0.000	1.000	-0.002	-0.001	-0.000
59	공산품	-0.253	-0.146	0.670	-0.278	-0.109
60	전가수건설	-0.015	-0.029	-0.023	0.961	-0.025
61	서비스	-0.102	-0.305	-0.119	-0.149	0.748
62						
63						
64	역행렬 위치	농림수산품	광산품	공산품	전가수건설	서비스
65	농림수산품	=minverse(B57:F61)				
66	광산품					
67	공산품					
68	전가수건설					
69	서비스					
70						

이 과정을 거치면 [그림 B-7]과 같은 생산유발계수행렬이 도출된다.

결과를 보면 67행 B열의 값 0.450는 농림수산품에 대한 최종수요가 한 단위 발생하면 공산품이 0.450단위만큼 생산이 유발된다는 것이다.

그림 B-7 생산유발계수 $(I-A^d)^{-1}$의 계산

	A	B	C	D	E	F
55						
56	(I-A^{d})	농림수산품	광산품	공산품	전가수건설	서비스
57	농림수산품	0.955	-0.001	-0.017	-0.001	-0.006
58	광산품	-0.000	1.000	-0.002	-0.001	-0.000
59	공산품	-0.253	-0.146	0.670	-0.278	-0.109
60	전가수건설	-0.015	-0.029	-0.023	0.961	-0.025
61	서비스	-0.102	-0.305	-0.119	-0.149	0.748
62						
63						
64	(I-A^{d})$^{-1}$	농림수산품	광산품	공산품	전가수건설	서비스
65	농림수산품	1.057	0.010	0.029	0.012	0.013
66	광산품	0.001	1.001	0.004	0.002	0.001
67	공산품	0.450	0.320	1.567	0.493	0.248
68	전가수건설	0.033	0.050	0.045	1.060	0.043
69	서비스	0.223	0.471	0.265	0.292	1.387
70						

영향력계수와 감응도계수는 [그림 B-7]의 생산유발계수행렬로 계산할 수 있는데 [그림 B-8] 영향력계수 계산은 생산유발계수행렬의 열합계를 부문수로 평균하고 이를 전체 평균으로 나누어 계산한다. 예를 들어 농림수산품의 영향력계수 0.972는 73행 B열에 =(B72/5)/($G$72/25)를 코딩하여 계산한다. 감응도계수는 행합계를 부문수로 나눈 것을 전체 평균으로 나누어 계산하는데, 농림수산품의 감응도계수 0.618은 67행 H열에 =(G67/5)/($G$72/25)를 코딩하여 계산한다.

그림 B-8 영향력계수와 감응도계수의 계산

	A	B	C	D	E	F	G	H
65								
66	(I − A^{d})$^{-}$	농림수산품	광산품	공산품	전가수건설	서비스	행합계	감응도 계수
67	농림수산품	1.057	0.010	0.029	0.012	0.013	1.121	0.618
68	광산품	0.001	1.001	0.004	0.002	0.001	1.009	0.556
69	공산품	0.450	0.320	1.567	0.493	0.248	3.077	1.695
70	전가수건설	0.033	0.050	0.045	1.060	0.043	1.230	0.678
71	서비스	0.223	0.471	0.265	0.292	1.387	2.638	1.454
72	열합계	1.763	1.852	1.909	1.859	1.691	9.074	
73	영향력계수	0.972	1.020	1.052	1.024	0.932		
74								

2. 최종수요 항목별 생산유발액, 부가가치유발액, 수입유발액

최종수요 항목별 생산유발액, 부가가치유발액, 수입유발액 계산은 $(I-A^d)^{-1}$을 이용하는데, [그림 B-9]처럼 최종수요도 국산, 즉 Y^d이어야 한다. 이는 [표 B-1]의 최종수요에서 [표 B-2]의 최종수요를 차감하여 계산한다.

그림 B-9 국산 최종수요(Y^d)의 계산

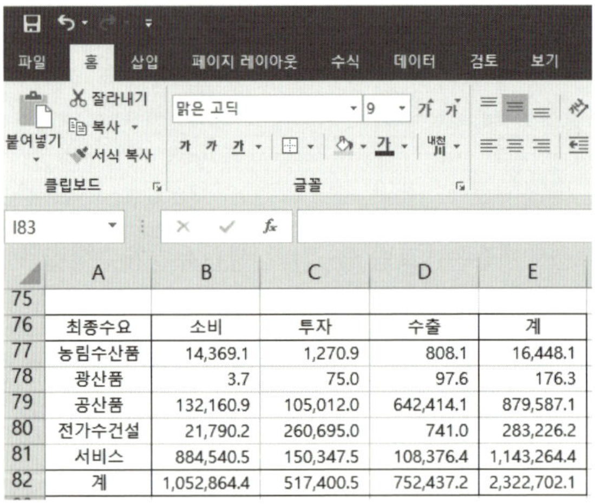

	A	B	C	D	E
75					
76	최종수요	소비	투자	수출	계
77	농림수산품	14,369.1	1,270.9	808.1	16,448.1
78	광산품	3.7	75.0	97.6	176.3
79	공산품	132,160.9	105,012.0	642,414.1	879,587.1
80	전가수건설	21,790.2	260,695.0	741.0	283,226.2
81	서비스	884,540.5	150,347.5	108,376.4	1,143,264.4
82	계	1,052,864.4	517,400.5	752,437.2	2,322,702.1

최종수요 항목별 생산유발액은 $(I-A^d)^{-1}Y^d$로 계산하는데, 이는 [그림 B-7] 생산유발계수와 [그림 B-9]의 소비, 투자, 수출 벡터를 엑셀의 mmult함수로 곱하여 계산한다. 이는 역행렬 계산과 마찬가지로 계산 결과 영역을 계산과 동일한 차원으로 지정하고 두 행렬을 곱하면 된다. [그림 B-10]은 먼저 86행 B열에서 90행 D열까지 계산 결과 영역을 드래그하여 지정하고 mmult함수를 선택하여 곱할 두 행렬인 $(I-A^d)^{-1}$와 Y^d를 순서에 맞춰 지정한 것이다. 그리고 [그림 B-10]의 하단처럼 각각 해당되는 배열을 지정한 다음 [Shift], [Ctrl] 그리고 [확인]키를 함께 누른다. 또는 [그림 B-10]의 상단에 86행 B열에 직접 =mmult(B67:F71,B77:D81)를 입력하고 역행렬 계산 때와 같이 [Shift], [Ctrl], [Enter]키를 함께 누른다.

그림 B-10 최종수요 항목별 생산유발액

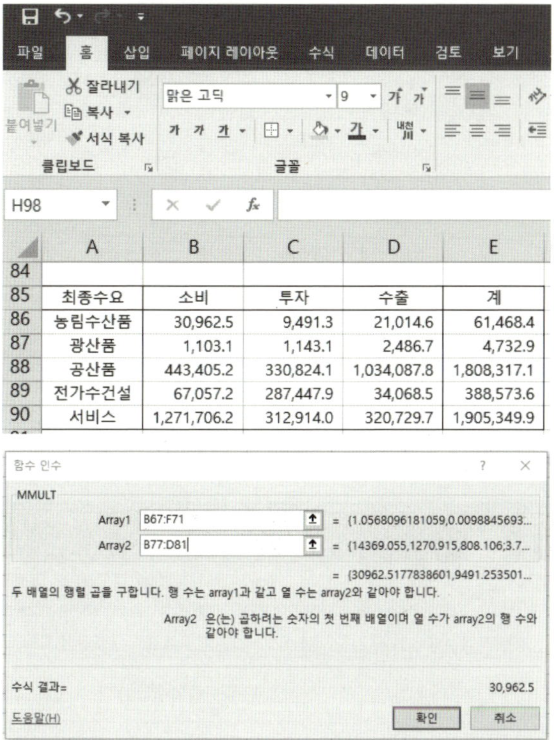

유의해야 할 점은 $X = (I - A^d)^{-1} Y^d$이므로 계산 결과의 행 방향 합계가 [표 B-1] 부문별 산출액과 일치해야 하는데, 이를 반드시 점검해야 한다.

최종수요 항목별 부가가치유발액은 $\widehat{A^v}(I - A^d)^{-1} Y^d$로 계산한다. 이는 [그림 B-1]의 43행에 있는 부가가치투입계수를 대각행렬로 만들어야 하는데, 이는 [그림 B-11]과 같다.

이를 위해 먼저 $\widehat{A^v}(I - A^d)^{-1}$식을 이용하여 [그림 B-12]와 같이 부가가치유발계수를 계산하여야 한다. 부가가치유발계수는 [그림 B-11]의 부가가치투입계수의 대각행렬과 [그림 B-7]의 생산유발계수행렬을 mmult함수로 계산하는데, 계산 결과 영역을 먼저 지정하여야 한다. [그림 B-12]는 105행 B열에서 109행 F열까지 마우스로 계산 결과 영역을 지정한 것이다. 다음으로 105행 B열에 =mmult(B95

그림 B-11 **부가가치투입계수의 대각행렬**

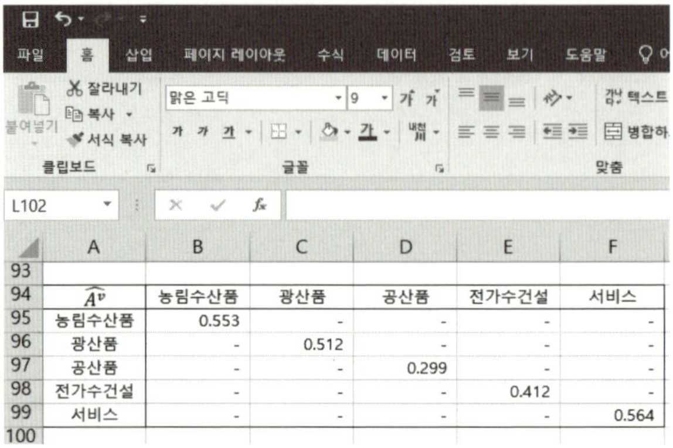

$\widehat{A^v}$	농림수산품	광산품	공산품	전가수건설	서비스
농림수산품	0.553	-	-	-	-
광산품	-	0.512	-	-	-
공산품	-	-	0.299	-	-
전가수건설	-	-	-	0.412	-
서비스	-	-	-	-	0.564

그림 B-12 **부가가치유발계수**

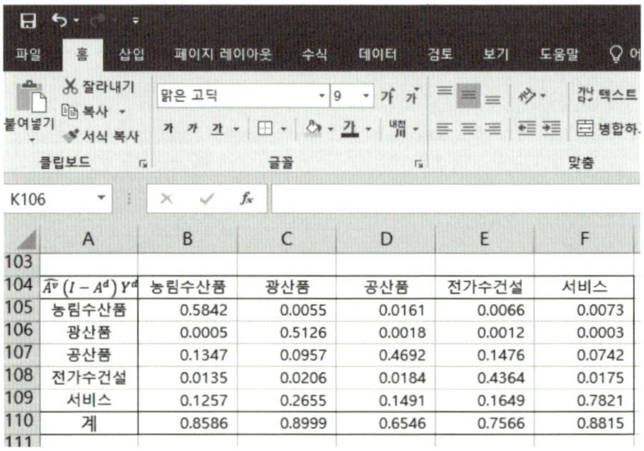

$\widehat{A^v}(I-A^d)Y^d$	농림수산품	광산품	공산품	전가수건설	서비스
농림수산품	0.5842	0.0055	0.0161	0.0066	0.0073
광산품	0.0005	0.5126	0.0018	0.0012	0.0003
공산품	0.1347	0.0957	0.4692	0.1476	0.0742
전가수건설	0.0135	0.0206	0.0184	0.4364	0.0175
서비스	0.1257	0.2655	0.1491	0.1649	0.7821
계	0.8586	0.8999	0.6546	0.7566	0.8815

:F99, B67:F71)을 입력하고 [Shift], [Ctrl], [Enter]키를 함께 누른다.

[그림 B-12]의 110행은 부문별 부가가치유발계수인데 열 방향으로 105행에서 109행까지의 각 원소를 더하여 계산한다. 공산품의 부가가치유발계수는 0.6546인데, 공산품에 대한 최종수요가 한 단위 발생하면 전 부문에서 0.6546단위의 부가가치가 유발된다는 것이다.

[그림 B-12]와 같이 부문별 부가가치유발계수행렬이 계산되면 다음으로 [그림 B-13]과 같은 최종수요 항목별 부가가치유발액행렬을 계산할 수 있는데 [그림

B−10]을 계산할 때와 동일하게 mmult함수를 이용한다.

계산에서 유의해야 할 점은 $V=\widehat{A^v}(I-A^d)^{-1}Y^d$이므로 [그림 B−13] 계산 결과를 행 방향으로 더한 것, 즉 E행 115열부터 119열까지가 [표 B−1]의 부문별 부가가치액과 일치해야 한다.

그림 B-13 최종수요 항목별 부가가치유발액

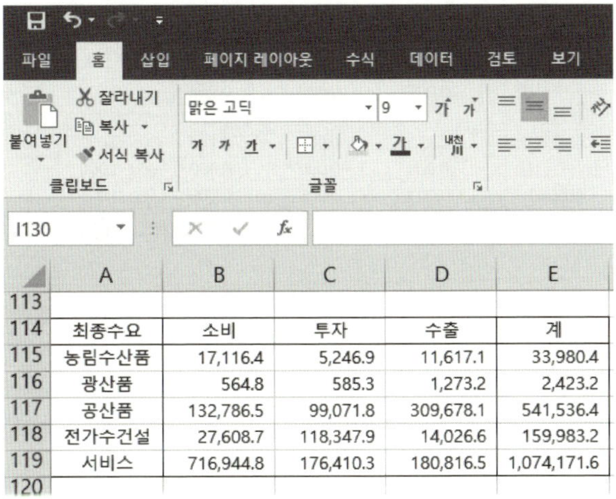

	A	B	C	D	E
114	최종수요	소비	투자	수출	계
115	농림수산품	17,116.4	5,246.9	11,617.1	33,980.4
116	광산품	564.8	585.3	1,273.2	2,423.2
117	공산품	132,786.5	99,071.8	309,678.1	541,536.4
118	전가수건설	27,608.7	118,347.9	14,026.6	159,983.2
119	서비스	716,944.8	176,410.3	180,816.5	1,074,171.6

최종수요 항목별 수입유발액은 $A^m(I-A^d)^{-1}Y^d+Y^m$으로 계산하는데 Y^m을 포함하는 방법과 포함하지 않는 방법 두 가지가 있다. 포함하지 않는 것은 국산품 최종수요에 의한 수입유발만 측정하는 것이고, 포함하는 것은 국산품 최종수요와 수입품 최종수요를 모두 합친 것이다. 수입유발액은 우선 [그림 B−14]와 같은 수입투입계수행렬인 A^m을 계산해야 한다.

수입투입계수행렬은 [표 B−2]의 수입거래표를 [표 B−1]의 총투입액으로 나누어 계산한다. [그림 B−14]의 125행 D열 0.050은 [표 B−2]의 광산품이 공산품에 투입된 금액인 91,301을 [표 B−1]의 공산품 산출액인 1,808,317로 나눈 것이다.

그림 B-14 수입투입계수행렬

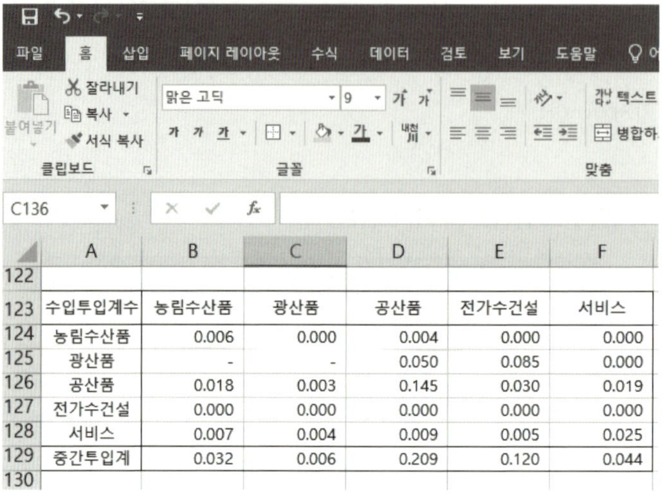

수입투입계수	농림수산품	광산품	공산품	전가수건설	서비스
농림수산품	0.006	0.000	0.004	0.000	0.000
광산품	-	-	0.050	0.085	0.000
공산품	0.018	0.003	0.145	0.030	0.019
전가수건설	0.000	0.000	0.000	0.000	0.000
서비스	0.007	0.004	0.009	0.005	0.025
중간투입계	0.032	0.006	0.209	0.120	0.044

수입투입계수행렬인 [그림 B-14]와 생산유발계수행렬인 [그림 B-7]의 65행 B열에서 69행 F열까지 「5×5」행렬을 =mmult(B124:F128,B67:F71)함수로 계산하면 [그림 B-15]의 수입유발계수행렬이 계산된다.

그림 B-15 수입유발계수행렬

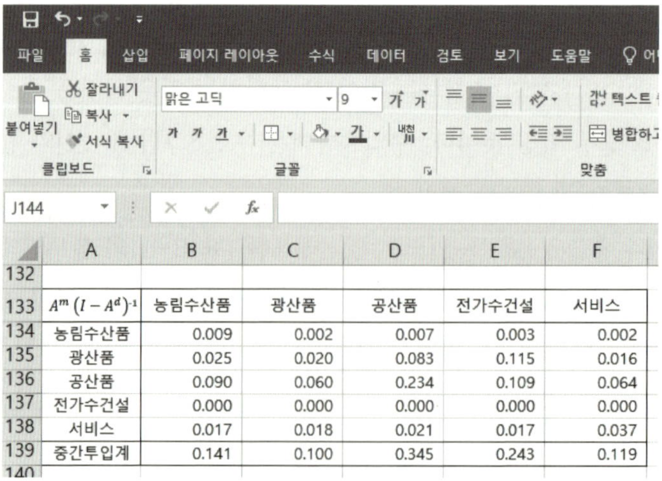

$A^m(I-A^d)^{-1}$	농림수산품	광산품	공산품	전가수건설	서비스
농림수산품	0.009	0.002	0.007	0.003	0.002
광산품	0.025	0.020	0.083	0.115	0.016
공산품	0.090	0.060	0.234	0.109	0.064
전가수건설	0.000	0.000	0.000	0.000	0.000
서비스	0.017	0.018	0.021	0.017	0.037
중간투입계	0.141	0.100	0.345	0.243	0.119

[그림 B-15]의 열합계는 해당 상품에 대한 최종수요가 한 단위 생기면 모든 상품의 수입이 그만큼 유발된다는 것이다. 예를 들어 공산품 0.345는 국산 공산품에 대한 최종수요가 한 단위 발생하면 모든 부문의 수입이 0.345단위 유발된다는 것이다. 한편 부가가치유발계수 $\widehat{A^v}(I-A^d)^{-1}$와 수입유발계수 $A^m(I-A^d)^{-1}$의 부문별 합계를 더하면 1이 되는 것을 점검하여야 한다.[1)] 이 관계는 생산자가격평가표로 작성된 경우에만 성립된다.

[그림 B-15]가 계산되면 최종수요 항목별 수입유발액을 계산할 수 있는데, 언급한 것처럼 수입유발액 계산은 두 가지 방식이 있다. [그림 B-16]은 국산품 최종수요에 대한 수입유발인 $A^m(I-A^d)^{-1}Y^d$로만 계산한 것인데, [그림 B-15]의 수입유발계수행렬과 [그림 B-9]의 국산품 최종수요행렬을 mmult함수를 곱하여 [그림 B-13]의 과정을 거쳐 계산한다. 이 행렬이 계산되면 행 방향으로 더한 것이 수입거래표인 [표 B-2]의 중간수요계 벡터와 일치 여부를 점검하여야 한다.

그림 B-16 최종수요 항목별 수입유발액

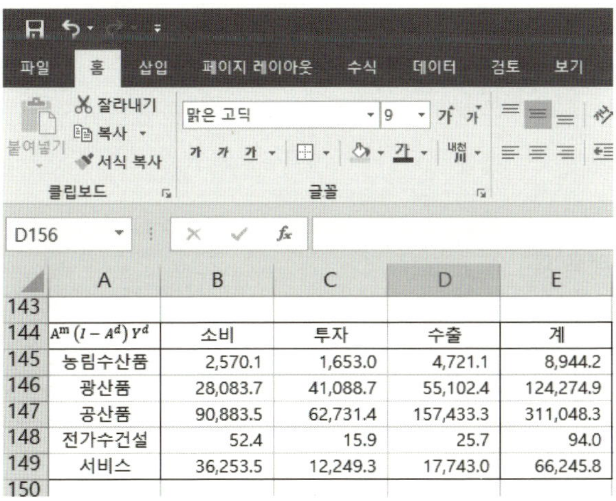

	A	B	C	D	E
143					
144	$A^m(I-A^d)Y^d$	소비	투자	수출	계
145	농림수산품	2,570.1	1,653.0	4,721.1	8,944.2
146	광산품	28,083.7	41,088.7	55,102.4	124,274.9
147	공산품	90,883.5	62,731.4	157,433.3	311,048.3
148	전가수건설	52.4	15.9	25.7	94.0
149	서비스	36,253.5	12,249.3	17,743.0	66,245.8
150					

1) $e'\widehat{A^v}(I-A^d)^{-1}+e'A^m(I-A^d)^{-1}=e'=(1,1,\cdots,1)$

Appendix

C Gephi를 이용한 부문 간 연계성의 그래프 작성 방법

부문 간 상호연관관계를 그래프로 작성하기에 앞서 그래프 이론을 간단히 살펴보면 다음과 같다. 그래프 G는 정점vertex, node의 집합 $V(G)$와 정점들 사이를 잇는 간선edge의 집합 $E(G)$로 구성된다. 그리고 양 끝점이 같은 간선을 루프loop라고 하며 양 끝점이 다른 간선을 링크link라고 한다. 여기서 집합 V는 공집합이 아니다. 그래프 G가 [그림 C-1]과 같이 구성된 경우는 다음과 같다.

$V(G)=\{v_1,\ v_2,\ v_3,\ v_4,\ v_5\}$

$E(G)=\{e_1,\ e_2,\ e_3,\ e_4,\ e_5,\ e_6,\ e_7,\ e_8\}$

$Link$: $e_1,\ e_2,\ e_3,\ e_4,\ e_5,\ e_7,\ e_8$

$Loop$: e_6

그림 C-1 그래프 G

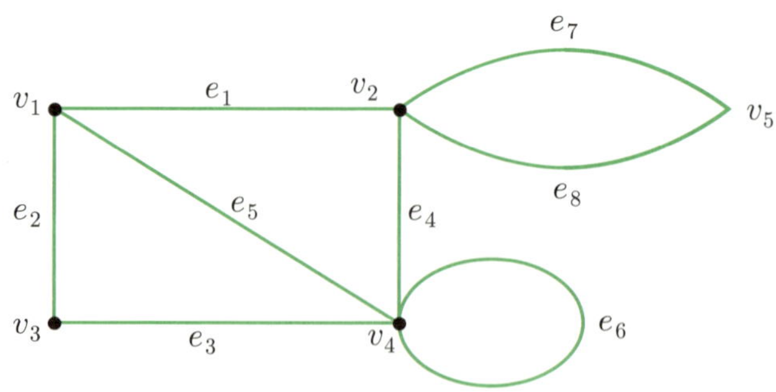

그래프 G는 방향성이 없는데, 추가로 정의할 것은 평행간선(두 정점 사이에 두 개 이상의 간선으로 되어 있는 것)으로 인접adjacent과 근접incident이 있다.

평행간선: e_7, e_8

인접(adjacent): $e=(a,b) \in E(G)$는 양 끝점이 a와 b이며, 이때 a는 b에, b는 a에 인접한 경우

근접(incident): $e=(a,b) \in E(G)$는 양 끝점이 a와 b이며, 이때 e는 a와 b에 근접한 경우임

간선이 방향이 있을 경우 유향그래프directed graph 또는 digraph라고 한다. 유향그래프 D는 정점의 집합 $V(D)$와 정점들 사이를 잇는 간선이 방향이 있는 아크arc의 집합 $A(D)$로 구성되며, 아크 $a=(u,v)$는 정점 u가 a의 꼬리tail이고 v는 a의 머리head이다. 여기서 집합 V는 역시 공집합이 아니다.

평균확산거리 기법으로 계산된 행렬 S[1]를 Gephi로 유향그래프를 만드는 과정은 다음과 같다. Gephi는 네트워크, 복잡계, 계층구조를 그래프화하여 시각화하는 소프트웨어이다. 본 책자는 0.8.2 베타 버전을 기준으로 설명하였다. 설명을 위해 본 절에서는 2013년 산업연관표(30부문)를 이용하였으며 소개된 방법은 고유하게 특정된 것은 아니고 저자의 경험을 바탕으로 한 것이다. Gephi를 이용하기 위해서는 자료를 직접 입력하는 것보다 Excel이나 외부에서 미리 데이터를 가공하는 것이 오류를 줄이고 효율적일 수 있다.

1. 자료 가공 및 입수 방법: SAS를 이용

제5장에서도 설명하였지만 행렬 S를 계산할 때 기준값 a가 작으면 다양한 네트워크를 볼 수 있으나 결과가 너무 많아 특징적 함의를 도출하기가 어렵고, 반대로 큰 경우에는 특징적 함의와 네트워크가 많이 제거된다. 그렇기 때문에 분석자가 여

1) 행렬 S를 도출하는 자세한 과정은 제5장 11절에 소개되어 있다.

러 번에 걸쳐 시뮬레이션을 할 필요가 있다. 아래의 (프로그램)은 SAS를[2] 이용한 것이다.

(프로그램) **행렬 S를 계산하기 위한 SAS 프로그램**

```
data IRIO; set apl.IO_2013;
data Dome; set apl.dome_2013; run;

proc iml;
  use IRIO; read all into IRIO;
  use dome; read all inot dome;

    CT=IRIO(|40,1:30|);
    Naesang=dome(|1:30, 1:30|);
    ct=choose(ct=0,1,ct);
    B_mat=inv(diag(ct))*naesang;
    A_mat=naesang*inv(diag(ct));

    G_mat=inv(i(30)-B_mat);
    L_mat=inv(i(30)-A_mat);
    H_mat=G_mat*(G_mat-i(30));
    delta_mat=i(30);

    F_mat=((L_mat-i(30))+(G_mat-I(30)))*0.5;

    V_mat=choose(G_mat>delta_mat, H_mat/(G_mat-delta_mat),0);

    S_mat=choose(F_mat>0.08, int(V_mat),0);

create B_mat from B_mat; append from B_mat; close B_mat;
create G_mat from G_mat; append from G_mat; close G_mat;
create H_mat from H_mat; append from H_mat; close H_mat;
create V_mat from V_mat; append from V_mat; close V_mat;
create F_mat from F_mat; append from F_mat; close F_mat;
create S_mat from S_mat; append from S_mat; close S_mat;

quit;
```

(프로그램)에서 생성된 각각의 행렬은 다음과 같다. B_mat는 레온티에프 역행렬, G_mat는 고쉬 역행렬, H_mat는 행렬 H, V_mat는 행렬 V, F_mat는 행렬 F, 그리고 S_mat는 행렬 S를 각각 의미한다. 그리고 기준값은 0.08로 설정하였다.

최종계산된 행렬 S의 결과가 [그림 C-2]이다. 이를 통해 부문 간의 연계성이 어

2) SAS 사용에 대한 설명은 제3장에 간단히 소개하였는데 자세한 것은 권태현(2004)을 참고하기 바란다.

느 정도 수준에서 결정되는지 알 수 있다. 예를 들어 3행 1열의 교차원소값은 1인데, 세 번째 부문에서의 비용 상승이 1회전 정도로 첫 번째 부문의 생산에 영향을 주는 것이다. 그리고 9행 10열의 교차원소값은 2인데 이는 3행 1열의 원소에 비해 약한 강도로 아홉 번째 부문에서의 비용 상승이 열 번째 부문의 생산에 영향을 주는 것이다. 3행 1열의 원소와 대각 벡터의 반대에 위치한 1행 3열의 원소도 값이 1로 같은데, 이는 부문 1과 부문 3 두 부문이 서로에게 강한 영향을 주고 있는 것을 나타낸다.

그림 C-2 S행렬 계산 결과

APL 측정_30부문 ▾

프로그램* | 로그 | 출력 데이터 (8)

S_MAT ▾

필터 및 정렬(L) 질의 빌더(Q) | 데이터(D) ▾ 기술(B) ▾ 그래프(G) ▾ 분석(Z) ▾ | 내보내기(X) ▾ 보내기(D) ▾

	COL1	COL2	COL3	COL4	COL5	COL6	COL7	COL8	COL9	COL10	COL11
1	1	0	1	0	0	0	0	0	0	0	0
2	0	0	0	0	0	0	0	1	2	0	0
3	1	0	1	0	0	0	0	0	0	0	0
4	0	0	0	1	0	0	0	0	0	0	0
5	0	0	0	0	1	0	0	0	0	0	0
6	0	0	0	0	0	0	1	0	2	0	0
7	0	0	0	1	0	0	1	0	0	0	0
8	0	0	0	0	0	0	0	1	0	0	0
9	0	0	0	0	0	0	0	0	1	2	2
10	0	0	0	0	0	0	0	0	0	1	1
11	0	0	0	0	0	0	0	0	0	0	1
12	0	0	0	0	0	0	0	0	0	0	0
13	0	0	0	0	0	0	0	0	0	0	0
14	0	0	0	0	0	0	0	0	0	0	0
15	0	0	0	1	0	0	0	0	0	0	0

2. S행렬을 통한 정점vertex, node과 링크edge 파일의 작성

[그림 C-2]의 행렬 S로 그래프를 그리기 위해 먼저 정점과 링크를 정의하는 파일을 작성하여야 한다. 그래프 작성에 이용할 Gephi에서는 csv 파일로 되어 있어야 하는데 엑셀에서 저장할 때 지정한다.

정점node을 정의하는 파일은 정점의 명칭, 식별번호 그리고 레이블의 변수로 구성되어야 한다. 이를 위해 [그림 C-3]과 같이 엑셀에서 편집하고 csv 파일 형식으로 저장한다. [그림 C-3]의 B열에 있는 변수 명칭 id는 링크를 구성하는 Edges 파일을 작성할 때 출발점과 종착점을 식별하기 위한 것으로 모든 정점에 대해 다른 식별번호가 부여되어야 한다.

그림 C-3 Nodes 지정을 위한 파일 작성 예

A1 | fx Nodes

	A	B	C	D	E
1	Nodes	id	Label		
2	AFF	1	AFF		
3	MQG	2	MQG		
4	FBT	3	FBT		
5	TL	4	TL		
6	WPP	5	WPP		
7	PP	6	PP		
8	CP	7	CP		
9	NMM	8	NMM		
10	BMP	9	BMP		

링크는 [그림 C-2]의 행렬 S를 이용하기 위해 지정해야 할 변수명은 Source, Target, Weight, Kumak이며, [그림 C-2]의 행렬 S에 원소값이 있는 경우(즉 부문간 링크가 포착된 경우)에 대해서만 [그림 C-4]와 같이 정리한다. 행렬 S는 이미 설명한 바와 같이 원소값이 1이면 두 정점의 관계가 직접적이고 1보다 큰 값의 경우에는 그만큼 우회를 통해 관계를 맺는 것이기 때문에 Gephi에서 이를 화살표 굵기로 표시하기 위해서는 Weight라는 변수를 새로 지정하여 Kumak값과 반대의 값을 부여한다.[3] 이를 위해 행렬 S가 갖는 값의 범위를 먼저 파악하고 범위 내의 값에 대해 역의 순서로 재지정하여 Weight 변수에 값을 부여한다. 그리고 Source와 Target 변수에 대해서는 정점의 명칭을 부여하는 것이 아니라 정점 파일의 정점 명칭에 대응하는 Id값을 부여한다. 그리고 링크 파일도 정점 파일과 마찬가지로 csv 파일 형식으로 저장한다.

3) Gephi에서는 숫자의 크기가 클수록 방향지시선이 굵게 표기된다.

그림 C-4 정점nodes 지정을 위한 파일 작성 예

	A	B	C	D	E
1	Source	Target	Weight	Kumak	
2	1	1	2	1	
3	3	1	2	1	
4	1	3	2	1	
5	3	3	2	1	
6	19	3	2	1	
7	4	4	2	1	
8	15	4	2	1	
9	5	5	2	1	
10	6	7	2	1	
11	7	7	2	1	
12	2	8	2	1	
13	8	8	2	1	
14	2	9	1	2	
15	6	9	1	2	
16	9	9	2	1	
17	16	9	1	2	
18	17	9	1	2	

3. Gephi의 실행 및 정점nodes 파일과 링크edges 파일의 입수

Gephi 소프트웨어를 실행하면 [그림 C-5]와 같은 초기 화면이 나타나는데, 크게 Overview 화면, Data Laboratory 화면, Preview 화면으로 구성된다.

그림 C-5 Gephi의 초기 화면

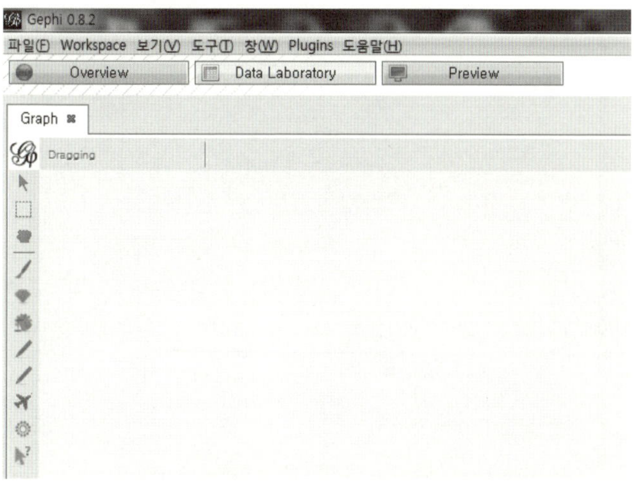

정점 파일을 입수하는 방법은 다음과 같다. 이는 상단의 메뉴 바에 Overview 화면을 클릭한 다음 '파일(F)' → 'New Project' 순서로 메뉴를 선택하면 [그림 C-6]의 화면이 나타난다.

그림 C-6 Gephi 1단계

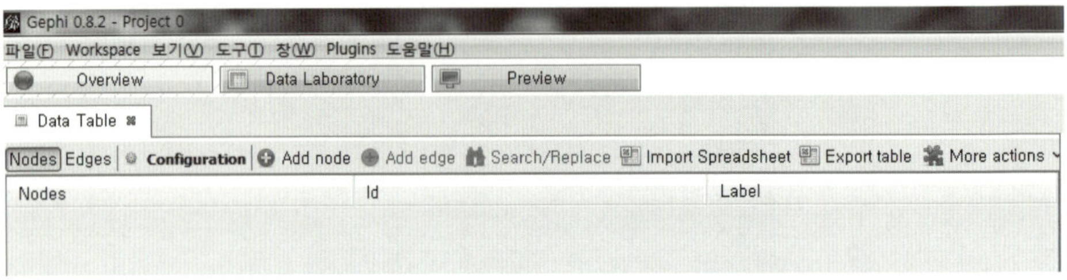

[그림 C-6]의 화면에서 'Nodes' 메뉴를 선택하고 다시 'Import Spreadsheet' 메뉴를 선택하면 [그림 C-7]과 같은 화면이 활성화된다. [그림 C-7] 화면에서 Nodes 파일을 선택하고 입수 파일이 Nodes table임을 지정하면 [그림 C-8]이 나타나고, '다음'을 선택하면 나타나는 [그림 C-9] 화면에서 '마침'을 선택하면 정점 파일 입수가 완료된다.

그림 C-7 Gephi 2단계: Nodes 파일의 입수

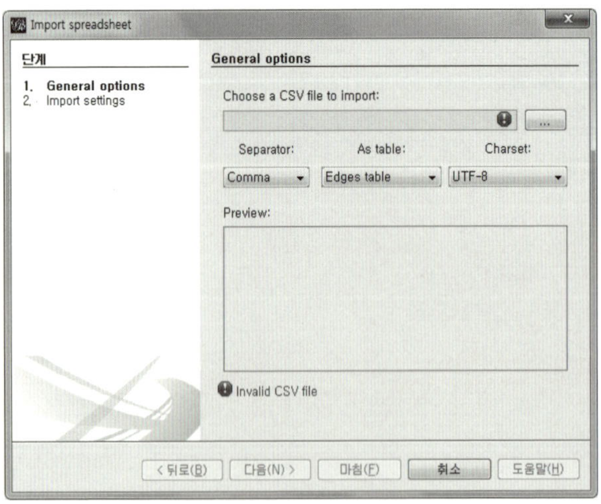

그림 C-8 Gephi 3단계: Nodes 파일의 입수

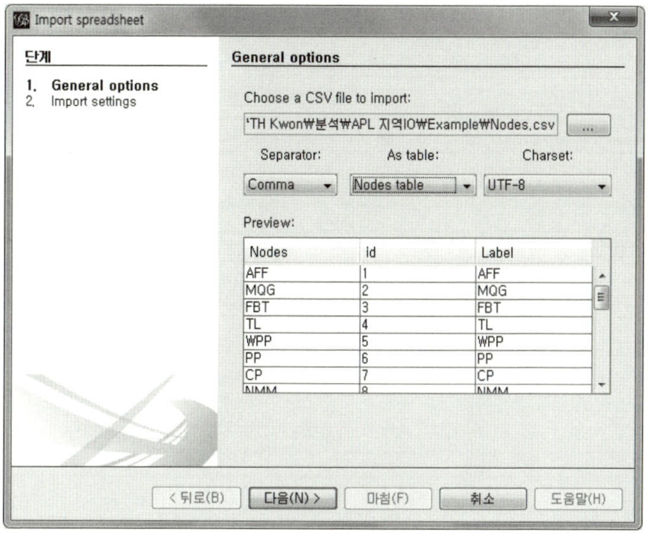

그림 C-9 Gephi 4단계: Nodes 파일의 입수

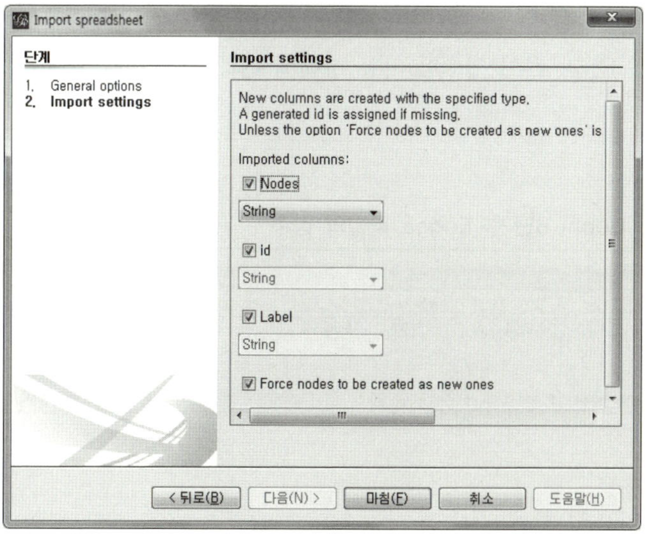

[그림 C-9]까지의 단계를 통해 새로 생성된 'Nodes' 데이터가 [그림 C-10]인데, 이를 통해 그래프로 표현하고자 하는 정점을 선언하는 과정이 완료된다.

그림 C-10 Gephi 5단계: Nodes 파일의 생성

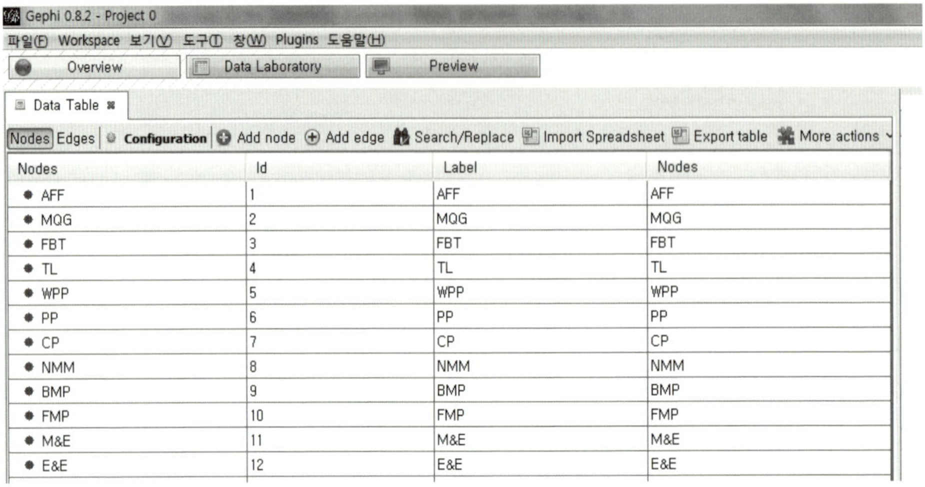

링크 파일을 입수하는 과정은 다음과 같다. [그림 C-11]에서 'Edges' 메뉴를 선택하고 'Import Spreadsheet' 메뉴를 선택하면 [그림 C-12] 화면이 나타난다. 이 화면에서 입수할 Edges 파일과 입수 파일의 형식 등을 지정하고 '다음' 메뉴를 선택하면 [그림 C-13]과 같이 입수할 자료 형식에 대해 지정한 다음 '마침' 메뉴를 선택한다.

그림 C-11 Gephi 6단계: Edges 파일의 입수

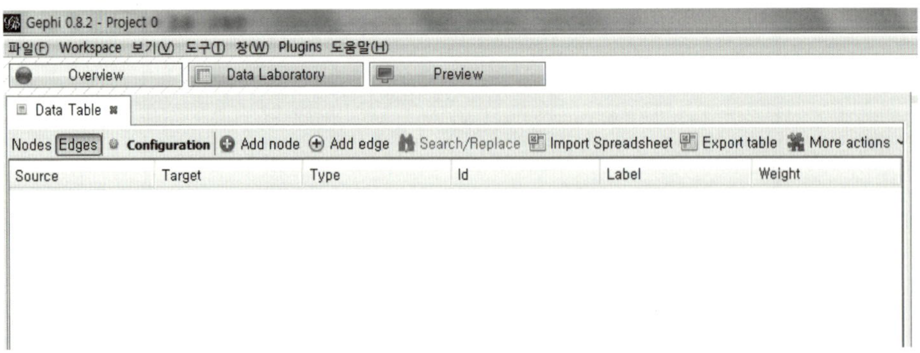

그림 C-12 Gephi 7단계: Edges 파일의 입수

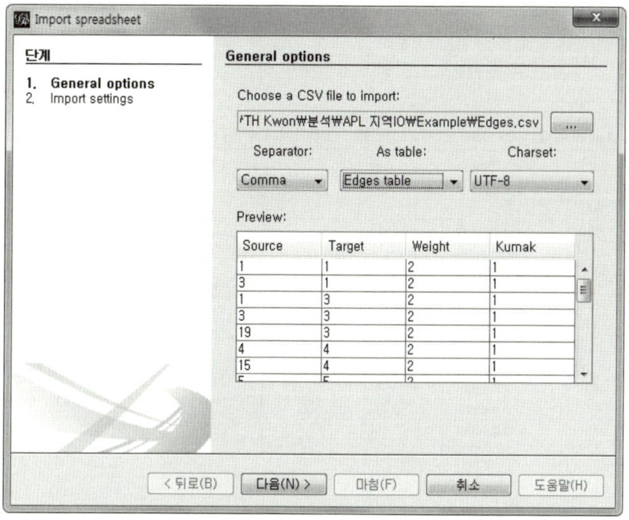

그림 C-13 Gephi 8단계: Edges 파일의 입수

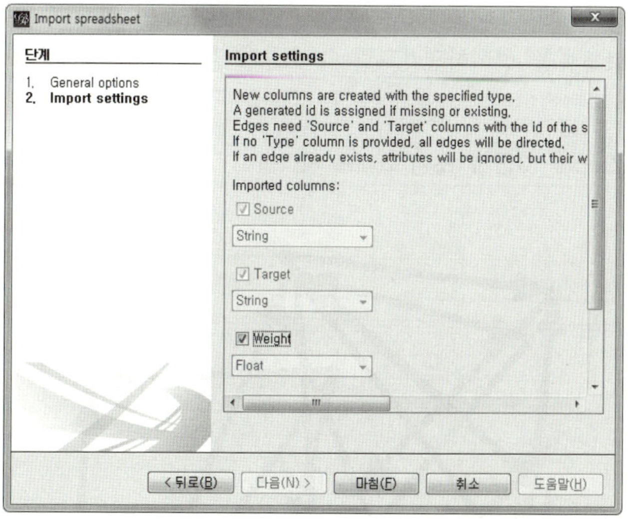

[그림 C-13]까지의 단계를 통해 새로 생성된 Edges 데이터를 이미 지정된 Nodes 파일과 연계시키는 작업을 [그림 C-14]와 같이 수행하면 Edges에 대한 선언이 완료된다.

그림 C-14 Gephi 9단계: Edges 파일의 생성

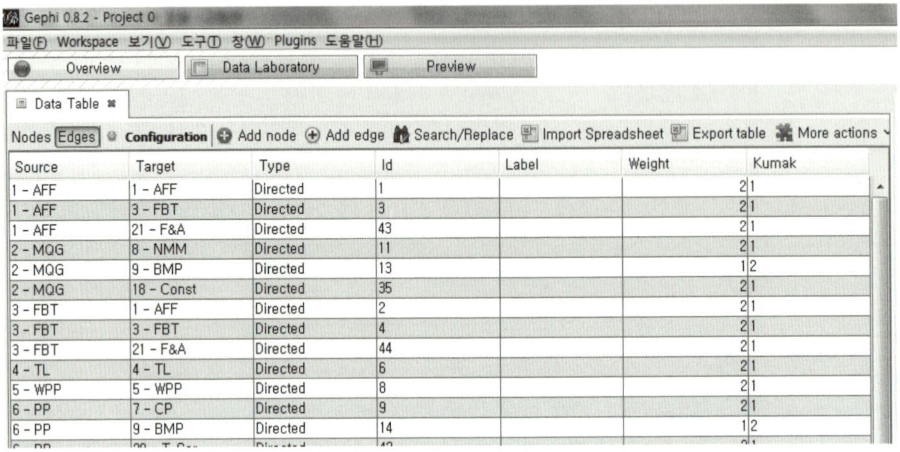

Source	Target	Type	Id	Label	Weight	Kumak
1 - AFF	1 - AFF	Directed	1		2	1
1 - AFF	3 - FBT	Directed	3		2	1
1 - AFF	21 - F&A	Directed	43		2	1
2 - MQG	8 - NMM	Directed	11		2	1
2 - MQG	9 - BMP	Directed	13		1	2
2 - MQG	18 - Const	Directed	35		2	1
3 - FBT	1 - AFF	Directed	2		2	1
3 - FBT	3 - FBT	Directed	4		2	1
3 - FBT	21 - F&A	Directed	44		2	1
4 - TL	4 - TL	Directed	6		2	1
5 - WPP	5 - WPP	Directed	8		2	1
6 - PP	7 - CP	Directed	9		2	1
6 - PP	9 - BMP	Directed	14		1	2

4. 그래프 작성

[그림 C-14]까지 단계를 모두 완료한 다음 [그림 C-14]의 상단에 있는 메뉴에서 'Data Laboratory'를 선택하면 [그림 C-15]와 같은 초기 그래프가 작성된다.

그림 C-15 Gephi 10단계: 초기 그래프 시각화

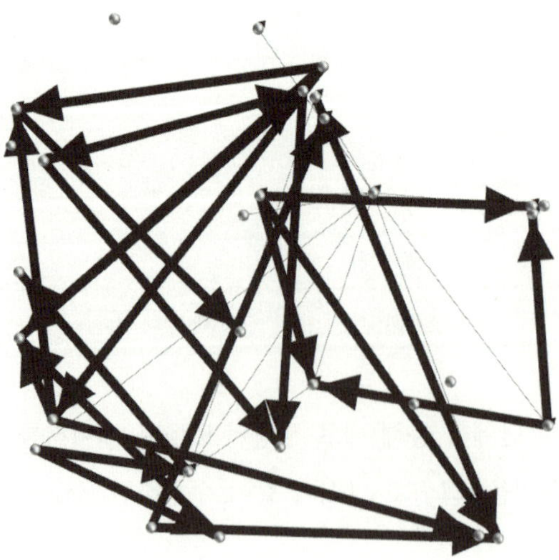

[그림 C-15]와 같은 초기 그래프에 대해 Nodes 파일에서 선언된 각 Nodes의 명칭을 그래프에 나타내기 위해서는 하단의 메뉴 중에서 'T'를 선택하고 옆에 있는  를 이용하여 문자의 크기를 적절하게 조정한다. 다음으로 화살표의 굵기는  를 이용하여 조정한다. 문자 크기와 화살표 굵기를 조정한 다음 그래프를 재작성하도록 정리하는 과정을 거치면 [그림 C-16]과 같은 그래프가 새로 작성되는데, 이를 통해 부문 간 연계성에 대한 분석을 실시하면 된다.

그림 C-16 Gephi 12단계: 그래프 작성 완료

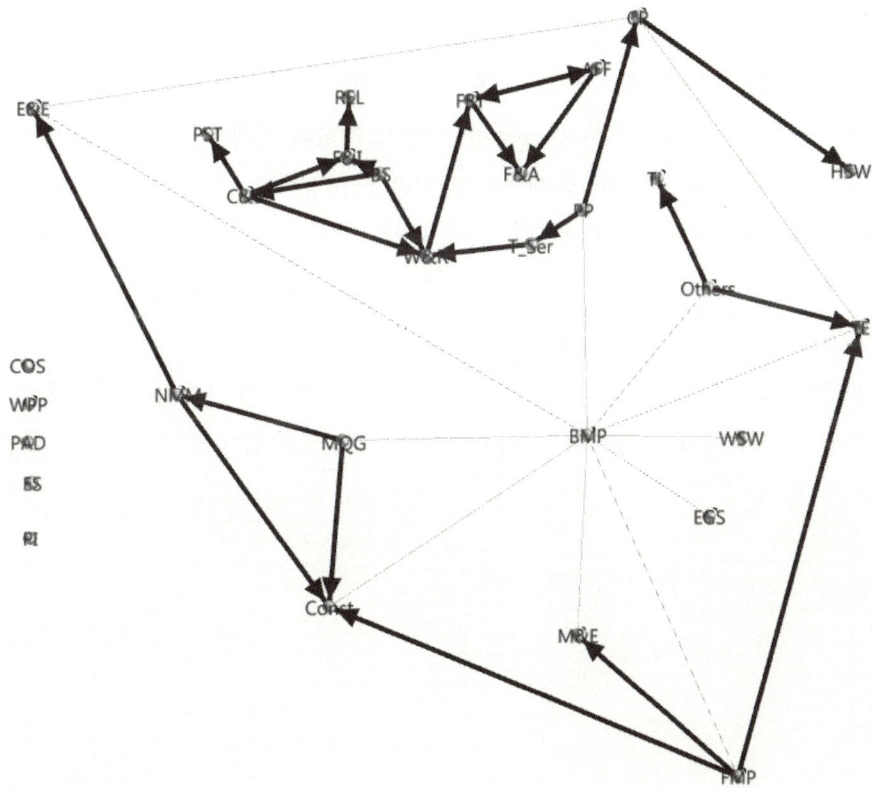

Appendix

D 사회계정행렬
SAM: Social Accounting Matrix[1)]

한 경제의 다양한 부문들이 상호 간에 갖는 순환 과정을 [그림 D-1]의 a.와 같이 묘사한다면 각 부문은 다음과 같이 순환된다. 생산활동activities부문은 생산요소 factors of productions부문에서 노동, 자본 등을 구입하고 상품products부문에서 원·부재료를 구입한다. 상품부문은 생산활동부문에서 재화와 서비스를 공급받고 이에 대해 대가를 지불하며, 해외rest of the world부문은 국내경제에 상품을 수출하거나 수입하면서 대가를 수취하거나 지급한다. 금융계정은 금융거래를 통해 국내와 해외와 관계를 맺는다. 사회계정행렬은 [그림 D-1]의 a.와 같은 순환 과정을 [그림 D-1]의 b.와 같이 행렬로 표기한 것이다.

사회계정행렬은 국민계정체계를 기반으로 환경, 고용 등을 포함하여 확장할 수 있을 뿐만 아니라 대차대조표를 포함하여 스톡이 플로우와 함께 한 개의 행렬 안에서 표현하기도 한다.

1) 사회계정행렬을 이용한 승수효과분석은 제5장의 12절 구조경로분석을 참고

그림 D-1 사회계정행렬과 화폐 흐름의 관계

a. 국민경제의 순환

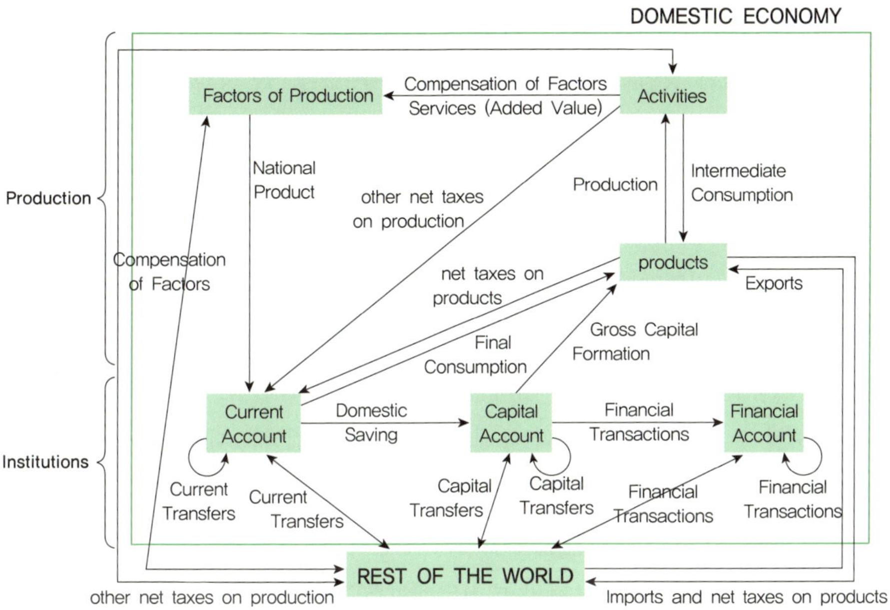

b. 사회계정행렬(SAM)

Outlays (expenditures) (*f*) / Incomes (receipts) (*i*)		Production			Institutions			Rest of the World (RW)	Errors and Omissions
		Factors	Activities	Products	Current A	Capital A	Finanical A		
Production	Factors	0		0	0	0	0		0
	Activities	0	0		0	0	0	0	0
	Products	0		0			0		0
Institutions	Current A					0	0		0
	Capital A	0	0	0			0		0
	Finanical A	0	0	0	0	0			
Rest of the World								0	
Errors and Omissions		0	0		0		0		0

Blocks:

- Compensation of the factors of production
- Production
- Intermediate Consumption
- Final Consumption
- Net Indirect Taxes
- Gross Capital Formation
- External Trade
- Current Transfers
- Capital Transfers
- Domestic Saving, Trade Margins, Net lending/borrowing
- Financial Transactions

출처: Santos, S., "Social Accounting Matrix and the System of National Accounts: An Application", Technical Univ. of Lisbon, 15th IIOA Conference, 2005

산업연관표는 산업 간 순환을 나타내고 국민소득통계는 소득 순환을 나타내는 통계라는 것은 제2장에서 살펴보았다. 두 통계는 각각 장점과 한계가 있는데 사회계정행렬은 공급사용표와 투입산출표를 기반으로 소득 흐름을 중개적 수준meso-level에서 행렬 형태로 작성한 것이기 때문에 이를 해결할 수 있다. 즉 사회계정행렬은 산업연관표를 기반으로 국민소득의 제도부문별 계정과 연결하여 국민경제 전체의 흐름을 행렬 형태로 표기한 것인데, 가계집단 간의 불평등 원인과 결과의 파악과 같이 특정 목적을 위해 도입된 통계이자 분석 기법이다.

사회계정행렬은 국민경제활동과 관련된 다양하고 포괄적인 정보들이 포함되어 있는 통계이며 SNA 매뉴얼에 따라 작성된다. 따라서 산업연관표, 국민소득통계, 국제수지, 자금순환, 국민대차대조표 등 여러 국민계정의 통계들이 한 개의 행렬 안에서 일치성을 담보할 수 있으므로 이들 각 통계의 정합성을 점검하는 데에도 이용될 수도 있다. 산업연관분석과 같은 승수분석은 물론 소득분배 및 재분배, 성장정책 수립에도 이용할 수 있으며, 사회, 기술, 환경의 분야와 연산가능일반균형모형CGE: Computable General Equilibrium 등 각종 경제모형의 데이터베이스로 활용되기도 한다.

사회계정행렬 작성은 SNA 매뉴얼을 통해 표준화되어 있지만 그 체계와 관련된 작성 방법은 이용 가능한 자료와 목적에 따라 다른 경우가 일반적이다.[2] 본 부록에서는 독자의 사회계정행렬에 대한 이해를 높이기 위해 작성된 예를 통해 각 계정이 국민계정체계 내에서 어떻게 관계를 맺고 해석되는지를 중심으로 설명하였다. 그리고 설명은 일반적인 사회계정행렬 작성 순서처럼 축약형(거시사회계정행렬)에서 하위계정이 추가된 확장형(미시사회계정행렬)로 넓혀가는 과정으로 이루어졌다.[3]

2) 사회계정행렬은 분석자나 이용자의 필요에 따라 보다 넓은 범위의 계정들을 행렬 형태로 표시할 수 있는데, 이를 신축적 분류의 원칙principle of flexible classification이라고 한다.

3) 일반적으로 사회계정행렬은 계정 총량 중심으로 축약된 거시사회계정행렬을 먼저 작성하고 하위부문을 추가시켜 미시사회계정행렬로 확장시키는 방향으로 작성한다.

1. 사회계정행렬의 구조와 확대

(1) 축약형 사회계정행렬

사회계정행렬에 있는 각 계정 간에 발생한 거래나 이전 등의 기록은 국민계정체계 내에서 이루어져야 한다. 사회계정행렬도 산업연관표[4]와 같은 방식으로 가로 방향은 해당 계정이 판매 거래를 통해 수입receipts한 내역이고 세로 방향은 해당 계정이 활동을 위해 지출expenditures한 내역으로 해석한다. 그러므로 사회계정행렬 내에서 한 원소는 투입산출표와 같이 행 방향과 열 방향이 서로 다른 의미가 있으며 사회계정행렬의 행합 벡터와 열합 벡터도 일치한다.

일반적으로 사회계정행렬의 구조에서 가장 중요한 것은 생산과 제도부문 계정을 어떻게 분류하고 특성을 정의하느냐인데, 분류가 상호독립적independent이고 완비성completeness을 갖기 위해서는 기능적 측면과 계정적 측면 모두 충족해야 한다. 기능적 측면은 생산 과정을 표기하고 다양한 생산 단위 간에 존재하는 기술-경제적 관계이고, 계정적 측면은 분배, 축적, 금융활동을 표기하고 경제적 행위에서의 관계를 의미한다.

[표 D-1]은 국민계정 내에서 계정 간의 거래를 총량 수준으로 기록한 거시사회계정행렬의 초기 작성 단계이다. 그리고 이하 모든 표에서 설명의 편의를 위해 굵은 실선 내에 있는 각 부분행렬의 위치는 행과 열로 표기하였다.[5]

[표 D-1]은 상품, 산업, 소득분배, 소득사용, 자본과 대외부문 등 총 여섯 개 계정으로 구성되어 있으며 각 계정은 행과 열에 동일한 순서로 되어있다.

[상품계정]

상품계정을 가로 방향으로 보면, 산업계정에 중간소비(즉 산업이 생산을 하기 위해 원·

4) 산업연관표의 열 방향의 투입구조는 구입에 따른 지출을 나타내고 행 방향의 배분구조는 판매에 따른 수입이라고 할 수 있는데 사회계정행렬도 같은 방식으로 해석된다.

5) 본 절에서 설명에 이용한 사회계정행렬의 예는 「1993 System of National Accounts」에 수록된 것이다.

표 D-1 | 축약형 사회계정행렬

계정	상품	산업	소득분배	소득사용	자본	대외부문의 경상 및 자본	총계
상품		중간소비 1,883		총소비지출 1,399	총자본형성 414	재화 및 서비스 수출 540	4,236
산업	산출물 및 생산물세 (–보조금) 3,737						3,737
소득 분배		국내순생산 (NDP) 1,632	재산소득, 소득 및 부 등에 대한 경상세, 경상이전 1,488			대외부문으로부터의 피용자보수, 재산소득, 경상세 및 경상이전[1] 79	3,199
소득 사용			순가처분소득 (NDI) 1,632	연금기금의 가계 순지분 증감 조정 11		대외부문으로부터의 연금기금에 대한 가계의 순지분 증감 조정 0	1,643
자본		고정자본소모 222		순저축 233	자본이전 및 비생산자산 순취득 61	대외부문의 수취자본이전(+)/지급자본이전(–) 및 비생산자산 순취득 –3	513
대외 부문의 경상 및 자본	재화 및 서비스 수입 499		대외부문으로의 피용자보수, 재산소득, 경상세 및 경상이전[1] 79	대외부문으로의 연금기금에 대한 가계의 순지분 증감 조정 0	국내경제의 순대출(+) 순차입(–) 38		616
총계	4,236	3,737	3,199	1,643	513	616	

1) 대외부문으로부터의 생산 및 수입세 포함

부재료로 사용한 것)로 1,883(1행 2열)을 판매하고 수취하였으며, 소득사용계정에 총소비지출로 1,399(1행 4열)를 판매하고 수취하였다. 그리고 자본계정[6]에 총자본형성으로

6) 자본계정은 거주자 제도단위가 거래에 참가하여 취득 또는 처분한 비금융자산의 금액과 저축 및 자본이전으로 인한 순자산의 증감을 기록하는 계정이다. 순자산이란 한 제도단위 또는 제도부문이 소유한 자산의 총액에서 부채 총액을 차감하는 것으로 이는 동 제도단위 또는 제도부문의 부의 척도가 된다(1993 SNA 10.20).

414(1행 5열)를, 대외부문계정에 재화 및 서비스 수출로 540(1행 6열)을 판매하고 수취하였다. 따라서 상품계정은 이들 계정으로부터 총 4,236(1행 7열)을 수취하여 지출 원천을 확보하였다.

표 D-1-1 상품계정의 원천

계정	산업(2열)	소득사용(4열)	자본(5열)	대외부문의 경상 및 자본(6열)	총계
상품(1행)	1,883	1,399	414	540	4,236

세로 방향으로 보면, 상품계정은 4,236의 원천으로 산업계정에서 산출물(순생산물세 포함)을 3,737(2행 1열)을 구입하고 비용을 지출하였고 대외부문에서 재화와 서비스로 499(6행 1열)를 수입하고 비용을 지급함으로써 총 4,236(7행 1열)을 지출하였다. 정리하면 상품계정이 4,236을 지출한 것, 즉 사용의 원천은 행 방향으로 각 계정에서 수취한 것이다.

표 D-1-2 상품계정의 사용

계정	상품(1열)
산업(2행)	3,737
대외부문의 경상 및 자본(6행)	499
총계	4,236

[산업계정]

[표 D-1]의 산업계정(생산계정이라고도 함)에는 소득발생을 나타내는 부가가치가 본원적 요소 항목별로 구분되지 않고 총액으로 기록되어 있다.

가로 방향으로 보면, 상품계정에 산출물(순생산물세[7] 포함)을 공급하고 3,737(2행 1열)을 수취하였는데, 이 2행 1열에 위치한 부분행렬은 공급표를 전치한 것이다.[8]

7) 순생산물세=생산물세-생산물보조금
8) 제2장 3절 공급사용표 참고

| 표 D-1-3 | 산업계정의 원천

계정	상품(1열)	총계
산업(2행)	3,737	3,737

세로 방향으로 보면, 상품계정에서 중간소비로 1,883(1행 2열)를 구입하고 비용을 지출하였으며, 자본계정에 고정자본소모로 222를 지급하였다. 그리고 산업계정이 총수취(행 방향의 합계)한 3,737에서 이들 두 계정에 지급한 나머지 1,632(3행 2열)가 국내순생산NDP: Net Domestic Product[9]에 해당되는데 국내순생산은 해당 경제의 산업계정, 즉 산업이 소득분배계정[10]의 본원적 요소를 요소별로 구분하지 않고 총액 상태로 구입한 것이다. 그리고 산업계정은 공급사용표 중에서 사용표에 해당된다.

| 표 D-1-4 | 산업계정의 사용

계정	산업(2열)
상품(1행)	1,883
소득분배(3행)	1,632
자본(5행)	222
총계	3,737

[소득분배계정]

소득분배계정은 제1차 소득분배, 제2차 소득분배, 현물재분배로 구분된다. 제1차 소득분배는 산업계정의 생산활동을 통해 창출된 부가가치를 본원적 요소를 제공한 노동과 자본 그리고 정부[11]에 분배하는 것이다. 제2차 소득분배는 현금이전을 통한 소득재분배이고, 현물재분배는 현물이전을 통한 소득재분배이다.[12] 앞에서 언급한

9) 국내순생산은 국내총생산GDP에서 고정자본소모를 차감한 것이다.

10) 소득분배계정은 일종의 본원적 요소를 제공하는 요소로 구성되어 있다.

11) 부가가치는 정부에 생산 및 수입세(보조금 차감)로 분배된다.

12) 제1차 분배를 통해서는 본원소득의 잔액이, 제2차 분배를 통해서는 가처분소득이 그리고 현물재분배를 통해서는 조정 가처분소득이 각각 측정된다.
본원소득이란 제도단위가 생산 과정에 참여하거나 생산을 위해 필요한 자산을 소유함에 따라

것처럼 [표 D-1]은 소득분배계정이 노동과 자본 등 본원적 요소별로 구분되지 않고 하나로 통합되어 있는데, 하위계정으로 세분화된 것은 뒤에 설명하였다.

소득분배계정을 가로 방향으로 보면, 산업계정에 본원적 요소를 제공하고 국내순생산으로 1,632(3행 2열)를 수취하였다. 그리고 자기 계정으로부터 재산소득, 경상세, 경상이전 등으로 1,488을 수취하였고, 대외부문계정에서 피용자보수, 재산소득, 경상세 및 경상이전을 통해 79(3행 6열)를 수취하였다. 따라서 소득분배계정은 이들 계정으로부터 총 3,199(3행 7열)를 수취하였다.

표 D-1-5 소득분배계정의 원천

계정	산업(2열)	소득분배(3열)	대외부문의 경상 및 자본(6열)	총계
소득분배(3행)	1,632	1,488	79	3,199

세로 방향으로 보면, 소득분배계정은 수취한 총 3,199을 원천으로 자기 계정에 재산소득[13], 소득 및 부 등에 대한 경상세, 경상이전[14]으로 1,488(3행 3열)을 지급하였고 대외부문계정에서 피용자보수, 재산소득, 경상세 및 경상이전으로 79(6행 3열)를 지급하였다.[15] 그리고 소득분배계정은 총 3,199의 원천에서 자기 계정과 대외부문계

발생하는 소득으로 이는 생산에 의해 창출된 부가가치에서 지급된다(1993 SNA 7.2).

13) 재산소득이란 본원소득 중에서 다른 제도단위의 생산 목적에 사용하도록 금융자산을 대부하거나 토지 등 유형 비생산자산을 임대함으로써 발생하는 소득이다(1993 SNA 7.2).

14) 경상이전에는 소득, 부 등에 대한 경상세, 사회부담금 및 사회수혜금, 기타 경상이전 등 세 가지 종류가 있다(1993 SNA 8.3).

- 소득, 부 등에 대한 경상세는 가계의 소득이나 법인기업의 이익에 부과되는 조세와 부에 대해 정기적으로 부과되는 조세를 포함하는데 부정기적으로 부과되는 자본세는 제외된다(1993 SNA 8.6).
- 사회부담금이란 사회수혜금 지급에 충당하기 위해 부과되는 실제 및 귀속 부담금으로 고용주가 피고용자를 위해 지불하거나 피고용자 또는 자영업자나 비취업자 등이 자신을 위해 지불하는 것이다(1993 SNA 8.8).
- 사회수혜금이란 가계가 특정한 사건이나 환경에 처할 경우(예: 질병, 실직, 정년, 주거 및 교육상황 등) 수취하게 되는 경상이전이며, 사회보험수혜금과 사회부조수혜금으로 구분된다(1993 SNA 8.7).
- 기타 경상이전에는 비생명보험의 순보험료와 보험금, 정부 간 경상이전 및 가계 간 경상이전 등이 포함된다(1993 SNA 8.9).

정에 지급한 것을 제외한 나머지는 소득사용계정의 순가처분소득NDI: Net Disposable Income[16]에 1,632(4행 3열)를 지급하였는데 이는 소득사용계정에게 분배한 것에 해당된다. 소득사용계정에 일종의 균형 항목인 순가처분소득으로 지급된 1,632는 소득사용계정이 각 계정에 지급하는 원천이 된다.

▌표 D-1-6 ▌소득분배계정의 사용

계정	소득분배(3열)
소득분배(3행)	1,488
소득사용(4행)	1,632
대외부문의 경상 및 자본(5행)	79
총계	3,199

[소득사용계정]

소득사용계정[17]은 가계, 정부, 비영리단체 등 최종소비를 하는 제도부문이 가처분소득을 어떻게 최종소비하고 저축하는지를 나타내며, 가계와 연금기금 간의 거래와 관련된 조정 항목으로 '연금기금에 대한 가계의 순지분 증감 조정'[18]도 포함하고 있다.

가로 방향으로 보면, 본원적 요소, 즉 부가가치를 제공하는 소득분배계정에서 순가처분소득으로 1,632(4행 3열)를, 자기 계정에서 연금기금의 가계 순지분 증감 조정

15) 재산소득은 금융자산이나 토지나 지하자원 같은 유형 비생산자산의 소유주가 다른 제도단위에게 자금을 공급하거나 유형 비생산자산을 사용하도록 하고 그 대가로 수취하는 소득(1993 SNA 7.88)인데, 대외부문계정에서는 거주자가 외국 금융자산을 소유함에 따라 발생하는 소득이며 가장 일반적인 형태는 이자와 배당이다(1993 SNA 14.122).

16) 순가처분소득은 가처분소득에서 고정자본소모를 차감한 것이다.

17) 소득사용계정은 최종소비를 하는 부문이 가처분소득(또는 조정 가처분소득)을 어떻게 최종소비와 저축으로 배분하는지를 보여준다. SNA에서 최종소비를 하는 부문은 가계 및 비영리단체와 정부이다(1993 SNA 2.125).

18) 연금기금의 가계 순지분 증감 조정 항목은 금융계정에서는 민간연금의 준비금을 연금에 가입한 가계가 소유하는 것으로 처리하고 있는 반면, 연금분담금 납부액과 연금 수취액은 경상이전으로 기록하면서 발생하는 차이를 조정하기 위한 것이다(1993 SNA 9.15).

을 통해 11(4행 4열)을 수취하였다. 따라서 소득사용계정은 이들 계정으로부터 총 1,643(4행 7열)을 수취하여 사용의 원천을 확보하였다.

❙ 표 D-1-7 ❙ 소득사용계정의 원천

계정	소득분배(3열)	소득사용(4열)	대외부문의 경상 및 자본(6열)	총계
소득사용(4행)	1,632	11	0	1,643

세로 방향으로 보면, 소득사용계정은 상품계정에 재화와 서비스의 소비로 1,399(1행 4열)를, 자기 계정에 연금기금의 가계 순지분 증감 조정으로 11(4행 4열)을, 그리고 대외부문계정에 연금기금에 대한 가계의 순지분 증감 조정으로 0을 지출하였다. 따라서 소득사용계정은 행 방향으로 확보한 총 1,643의 원천으로 이들 세 계정에 1,410을 지급하고 남은 233을 자본계정에 순저축[19]으로 지출하였는데, 순저축은 경상계정과 축적계정을 연결시키는 계정이다.[20]

❙ 표 D-1-8 ❙ 소득사용계정의 사용

계정	소득사용(4열)
상품(1행)	1,399
소득사용(4행)	11
자본(5행)	233
대외부문의 경상 및 자본(6행)	0
총계	1,643

19) 순저축은 가처분소득 중에서 재화 및 서비스 소비에 사용되지 않은 것인데 비금융자산 또는 금융자산을 취득하거나 부채를 상환하는 데 사용된다(1993 SNA 10.30).

20) 저축이 (+)이면 미사용소득은 자산을 취득하거나 부채를 감소시키는 데 주로 사용되지만 만약 미사용소득이 금융자산 또는 비금융자산의 취득이나 부채의 감소에 직접 사용되지 않으면 현금의 증가로 나타난다. 저축이 (−)이면 금융자산 또는 비금융자산의 처분, 현금잔액의 감소, 부채의 증가 등이 발생하게 된다. 따라서 저축은 경상계정과 축적계정을 연결시키는 항목이다(1993 SNA 9.19).

[자본계정]

자본계정은 비금융자산의 취득과 자본이전에 관한 거래를 기록하는 계정[21]으로 자본계정, 금융계정, 자산량 기타 증감계정 그리고 재평가계정 등 네 개의 계정으로 구성된 축적계정의 하나이다.

가로 방향으로 보면, 산업계정이 생산활동을 위해 자본스톡을 감가상각 형태로 지급한 비용인 고정자본소모로 222를 수취하였다. 그리고 소득사용계정이 순저축한 것으로 233을, 자기 계정에서 자본이전 및 비생산자산 순취득으로 61을 수취하였다. 대외부문계정에서는 수취자본이전(+)/지급자본이전(−) 및 비생산자산 순취득으로 −3(5행 6열)을 수취하였다. 따라서 자본계정은 총 513을 수취하여 사용 원천을 확보하였다.[22] 자본계정이 대외부문계정에서 -3을 수취한 것은 대외부문에게 국내경제가 자본이전을 통해 지급한 것과 같다.

▌표 D-1-9 ▌자본계정의 원천

계정	산업(2열)	소득사용(4열)	자본(5열)	대외부문의 경상 및 자본(6열)	총계
자본(5행)	222	233	61	−3	513

세로 방향으로 보면, 상품계정에서 재화와 서비스를 총자본형성으로 414(1행 5열)를 구입하고 지출하였으며, 자기 계정에서 자본이전 및 비생산자산 순취득으로 61(6행 5열)을 지급하였다. 그리고 자본계정이 513의 원천 중에서 이들 국내 두 계정에 475를 지급하고 남은 잉여금액을 대외부문계정에 순대출(+)[23](−인 경우는 순차입)하였다.

---

21) 자본계정의 우변에는 순저축과 수취자본이전 및 지급자본이전(−)을 기록하며 좌변에는 여러 가지 비금융자산에 대한 투자를 기록한다. 고정자본소모는 고정자산의 감소를 초래하므로 계정의 좌변에 (−)로 기록한다. 자본계정의 균형 항목은 순대출 또는 순차입(−)이 된다(1993 SNA 2.137).

22) 자본계정의 부채 증감 면에 자본이전의 수취 및 지급을, 자산 증감 면에 비거주자(대외부문)와 거주자(국내경제) 간의 비생산 비금융자산 취득 및 처분을 기록한다. 기계 장비와 같은 생산자 내구재의 취득 및 처분은 재화의 수출입으로 기록한다. 따라서 거주자단위의 자본계정에 기록되는 고정자산의 취득 및 처분에 대응되는 대외 자본계정상의 기록은 없다(1993 SNA 14.126).

23) 순저축과 자본이전은 비금융자산의 축적에 사용되며 사용 후 잔여잉여가 있으면 순대출net

| 표 D-1-10 | 자본계정의 사용

계정	자본(5열)
상품(1행)	414
자본(5행)	61
대외부문의 경상 및 자본(6행)	38
총계	513

[대외부문계정]

대외부문계정은 거주자 제도단위와 비거주자 제도단위 간에 있었던 거래와 이와 관련된 자산 및 부채 스톡을 기록하는 계정이며,[24] 대외거래계정이라고도 한다. 대외부문계정을 해석할 때 주의해야 할 점은 대외부문을 하나의 제도단위로 인식하는 것이다. 즉 대외부문의 원천은 국내경제의 사용에 해당되고 대외부문의 사용은 국내경제의 원천이 되는 것인데, 대외부문의 균형 항목이 양(+)이면 대외부문은 흑자이고 동시에 국내경제는 적자이다.[25]

대외부문계정은 경상계정과 축적계정으로 나누어지며, 경상계정은 다시 두 개의 하위계정으로 구분되는데 그 중 하나는 재화와 서비스의 수입을 원천으로 하고 이들 상품의 수출을 사용으로 나타내는 재화와 서비스의 대외거래계정이며 다른 하나는 대외부문으로부터 수취하거나 지급한 피용자보수, 생산 및 수입세(보조금 차감), 재산소득, 소득 및 부에 대한 경상세, 기타 경상이전을 기록하는 대외 본원소득 및 경상이전계정이다.[26] 그리고 대외부문계정의 축적계정은 국내축적계정과 마찬가지로 자본계정, 금융계정, 자산량 기타 증감계정 그리고 재평가계정으로 구분된다.[27]

대외부문계정을 가로 방향으로 보면, 국내의 상품계정에 대해 재화와 서비스 수

lending이라고 하고 반대로 순저축과 자본이전이 비금융자산의 축적액에 모자라면 그 적자액을 순차입net borrowing이라고 한다. 순대출 또는 순차입은 자본계정에서 금융계정으로 이월되는 균형 항목이다(1993 SNA 10.22).

24) 1993 SNA 2.163
25) 1993 SNA 2.164
26) 1993 SNA 2.166~2.167
27) 1993 SNA 2.168

출로 499를 수취하였는데 이는 국내상품계정이 대외부문계정에서 동 금액만큼을 수입한 것이다.[28] 그리고 소득분배계정에서는 피용자보수, 재산소득, 경상세 및 경상이전으로 79를 수취하였으며, 소득사용계정에서는 0을, 그리고 자본계정에서는 국내경제의 순대출(+)로 38을 수취하였다. 자본계정에서 순대출(+)로 수취하였다는 것은 대외부문계정이 국내자본계정에서 순대출로 38을 수취하였다는 것이다. 따라서 대외부문은 이들 네 개 계정으로부터 총 616의 원천을 확보하였다.

표 D-1-11 대외부문계정의 원천

계정	상품(1열)	소득분배(3열)	소득사용(4열)	자본(5열)	총계
대외부문의 경상 및 자본(6행)	499	79	0	38	616

세로 방향으로 보면, 대외부문계정은 총 616을 원천으로 상품계정에 재화 및 서비스로 540을 지급하였는데, 이는 국내상품계정이 해외에 수출하고 수취한 것이다. 그리고 소득분배계정에 피용자보수, 재산소득, 경상세 및 경상이전으로 79를, 소득사용계정에 연금기금에 대한 가계의 순지분 증감 조정으로 0을, 그리고 자본계정에 지급자본이전 및 비생산자산 순취득으로 −3을 지급하였다. 자본계정에 −3을 지급한 것은 국내자본계정에서 대외부문계정이 3을 수취하였음을 나타낸다.

표 D-1-12 대외부문계정의 사용

계정	대외부문의 경상 및 자본(6열)
상품(1행)	540
소득분배(3행)	79
소득사용(4행)	0
자본(5행)	−3
총계	616

28) 상품계정은 국내산업계정(즉 생산계정)과 소비, 자본, 대외부문 등에 상품으로 총 4,236을 판매하여 원천으로 확보하고 이를 국산품으로 3,737, 수입품으로 499를 구입하면서 총 4,236을 지급하였다.

(2) 축약형 사회계정행렬의 하위계정 도입

(1)절에서는 국민계정 총량 통계로 작성된 거시사회계정행렬을 살펴보았는데, 각 계정을 미시사회계정행렬로 확대하는 과정은 다음과 같다.

[표 D-1]은 부분행렬마다 한 개의 총량으로 표기되어 있는데, 총량으로 된 계정을 세분하는 방법은 국내경제 전체를 단위그룹으로 하위분류하는 것과 한 계정에 나타나는 거래 종류를 다양한 하위계정으로 배분하는 것으로 구분된다.[29)]

국내경제 전체를 하위분류로 분리하는 방법은 다음과 같다. 상품계정에서는 재화와 서비스의 생산물을 상품분류로, 산업계정에서는 사업장을 산업으로 분류하는 것이고,[30)] 소득분배계정, 소득사용계정과 자본계정에서는 제도단위와 제도부문별로 분류하고, 대외부문계정에서는 국가별로 세분화하는 것이다.

다음으로 다양한 하위계정으로 나누는 방법의 예로는 소득분배계정을 제1차 소득분배계정[31)]과 제2차 소득분배계정[32)]으로 구분하는 것을 들 수 있는데, [표 D-2]가 축약형인 [표 D-1]의 소득분배계정을 제1차와 제2차 소득분배계정으로 한 단계 세분화한 거시사회계정행렬이다.

---

29) 1993 SNA 20.14

30) 우리나라에서는 한국표준산업분류 8 digits로 된 품목분류가 있으며 동 분류의 5 digits로 된 산업분류가 있는데, 이들 분류 체계에 대한 자세한 설명은 제2장의 2절을 참고하기 바란다.

31) 제1차 소득분배계정은 총부가가치가 노동, 자본 등 생산요소와 정부 및 대외부문에 어떻게 분배되는지를 나타내는 계정으로서 동 계정의 균형 항목은 본원소득 잔액이다(1993 SNA 2.113).

32) 소득재분배 과정은 현금이전에 의한 것과 현물이전에 의한 것으로 구분할 수 있으며 제2차 소득분배계정은 원칙적으로 현금의 이전을 통한 소득재분배만을 기록한다(1993 SNA 2.118). 그러나 이는 가계와 일반정부 및 가계에 봉사하는 비영리단체 간의 관계에서 구분하는 것으로 법인기업과 대외부문의 경우에는 이러한 구분이 큰 의미가 없으며 따라서 법인기업 또는 대외부문의 현물이전은 현금이전과 같이 제2차 소득분배계정에 기록한다(1993 SNA 2.118).

표 D-2 하위 계정으로 세분화된 사회계정행렬

계정	상품	산업	제1차 소득분배	제2차 소득분배	소득사용	자본	대외부문의 경상 및 자본	총계
상품		중간소비 1,883			총소비지출 1,399	총자본형성 414	재화 및 서비스 수출 540	4,236
산업	산출물 및 생산물세(−보조금) 3,737							3,737
제1차 소득분배		국내순생산(NDP) 1,632	재산소득 353				대외부문으로부터의 피용자보수, 재산소득[1] 69	2,054
제2차 소득분배			순국민소득(NNI) 1,661	소득 및 부 등에 대한 경상세, 경상이전 1,096			대외부문으로부터의 소득 및 부 등에 대한 경상세 및 경상이전[1] 10	2,767
소득사용				순가처분소득(NDI) 1,632	연금기금의 가계 순지분 증감 조정 11		대외부문으로부터의 연금기금에 대한 가계의 순지분 증감 조정 0	1,643
자본		고정자본소모 222			순저축 233	자본이전 및 비생산자산 순취득 61	대외부문의 수취자본이전(+)/지급자본이전(−) 및 비생산자산 순취득 −3	513
대외부문의 경상 및 자본	재화 및 서비스 수입 499		대외부문으로의 피용자보수, 재산소득 40	대외부문으로의 소득 및 부 등에 대한 경상세 및 경상이전[1] 79	대외부문으로의 연금기금에 대한 가계의 순지분 증감 조정 0	국내 경제의 순대출(+) 순차입(−) 38		616
총계	4,236	3,737	2,054	2,767	1,643	513	616	

1) 대외부문으로부터의 생산 및 수입세 포함

[제1차 소득분배계정]

제1차 소득분배계정(제2차 소득분배계정과 함께)은 대외부문계정과의 관계에서 발생하는 피용자보수, 재산소득, 생산 및 수입세 그리고 소득, 부 등에 대한 경상세 및 경상이전을 분리해야 하기 때문에 균형 항목인 순국민소득NNI: Net National Income[33]을 새로 도입하여 청산한다.

상품계정, 산업계정, 소득사용계정, 자본계정 그리고 대외부문계정은 [표 D-1]의 축약형 사회계정행렬에서 설명하였기 때문에 세분화된 제1차 소득분배계정과 제2차 소득분배계정을 중심으로 살펴보면 다음과 같다.

제1차 소득분배계정은 주 31)에 설명된 것처럼 총부가가치가 본원적 요소와 정부, 대외부문에 어떻게 분배되는지를 나타내며 균형 항목은 본원소득 잔액이다.[34] 그리고 제1차 소득분배계정은 소득발생계정과 본원소득분배계정으로 구분되며 본원소득분배계정은 다시 기업소득계정과 기타 본원소득분배계정으로 나누어지는데, 자료 확보 여부에 따라 추가로 구분된 사회계정행렬도 작성이 가능하다.[35]

제1차 소득분배계정을 가로 방향으로 보면, 산업계정에서 국내순생산NDP: Net Domestic Product으로 1,632를 수취하였는데 이는 산업계정을 통해 창출된 국내총생산GDP에서 고정자본소모를 차감한 것이며 산업계정으로부터 균형 항목으로 분배받은 것이다. 그리고 자기 계정에서 재산소득으로 353을, 대외부문에서 피용자보수와 재산소득[36]을 통해 69를 수취하였다. 따라서 제1차 소득분배계정은 총 2,054를 수취하여 지급 원천을 확보하였다.

---

33) 순국민소득NNI은 국민순소득이라고도 하며 GNI에서 고정자본소모를 차감하여 계산된다.

34) 1993 SNA 7.2

35) 우리나라는 공급사용표를 작성하고 국민소득통계는 체계가 갖추어져 있으므로 이와 같은 형식으로 사회계정행렬을 작성할 수 있다.

36) 재산소득이란 금융자산 또는 유형 비생산자산(주로 토지 및 지하자산)의 소유주가 타 제도단위에게 자금을 공급하거나 유형 비생산자산을 사용하도록 하고 그 대가로서 수취하는 소득이다. 금융자산의 경우 이자와 배당 등의 형태로, 유형 비생산자산의 경우는 임료의 형태로 재산소득이 발생한다(1993 SNA 7.88).

표 D-2-1 | 제1차 소득분배계정의 원천

계정	산업(2열)	제1차 소득분배(3열)	대외부문의 경상 및 자본(7열)	총계
제1차 소득분배(3행)	1,632	353	69	2,054

세로 방향으로 보면, 자기 계정에 재산소득으로 353을 지급하였는데, 재산소득은 본원적 요소를 제공하는 제도부문이 금융자산 또는 토지 및 지하자산과 같은 유형의 비생산자산의 소유주에게 지급한 것이다.[37] 그리고 대외부문계정에 피용자보수와 재산소득 등으로 40을 지급하였다. 총 2,054를 원천으로 확보한 제1차 소득분배계정은 이들 두 계정에 393을 지출하고 남은 1,661을 균형 항목으로 제2차 소득분배계정의 순국민소득[38]에 분배하였다.

표 D-2-2 | 제1차 소득분배계정의 사용

계정	제1차 소득분배(3열)
제1차 소득분배(3행)	353
제2차 소득분배(4행)	1,661
대외부문의 경상 및 자본(7행)	40
총계	2,054

[제2차 소득분배계정]

제2차 소득분배계정은 현금이전을 통한 소득재분배를 나타내는 소득분배의 두 번째 계정인데, 각 제도단위 또는 제도부문이 지급 또는 수취하는 모든 경상이전[39](사회적 현물이전 제외)을 기록함으로써 제1차 소득분배계정의 본원소득 잔액에서 가처분소득이 산출되는 과정을 보여준다.[40] 동 계정의 균형 항목인 가처분소득과 제1차 소득분배계정에서 이월된 본원소득 잔액을 제외하고는 모두 경상이전 항목만이 기록

37) 1993 SNA 7.2
38) 주 33) 참고
39) 주 14) 참고
40) 1993 SNA 8.1

된다.[41]

제2차 소득분배계정을 가로 방향으로 보면, 제1차 소득분배계정에서 순국민소득으로 1,661을, 자기 계정에서 소득, 부 등에 대한 경상세 및 경상이전으로 1,096을, 그리고 대외부문에서도 역시 소득, 부 등에 대한 경상세 및 경상이전으로 10을 수취하였다. 따라서 제1차 소득분배계정은 총 2,767을 사용의 원천으로 확보하였다.

▌표 D-2-3 ▌제2차 소득분배계정의 원천

계정	제1차 소득분배(3열)	제2차 소득분배(4열)	대외부문의 경상 및 자본(7열)	총계
제2차 소득분배(4행)	1,661	1,096	10	2,767

세로 방향으로 보면, 제2차 소득분배계정은 재분배 과정을 나타내는데, 자기 계정에 소득, 부 등에 대한 경상세 및 경상이전으로 1,096을, 대외부문에 대해 소득 및 부 등에 대한 경상세 및 경상이전으로 79를 지급하였다. 그리고 제2차 소득분배계정의 원천 총액 2,767에서 이들 두 계정에 지급한 1,175를 지급하고 남은 1,632를 소득사용계정에 균형 항목인 순가처분소득[42]으로 분배하였다.

▌표 D-2-4 ▌제2차 소득분배계정의 사용

계정	제2차 소득분배(4열)
제2차 소득분배(4행)	1,096
소득사용(5행)	1,632
대외부문의 경상 및 자본(7행)	79
총계	2,767

[소득사용계정]

소득사용계정은 최종소비와 저축에 어떻게 분배되는지를 나타내는 것으로 가로 방향으로 원천의 내역을 살펴보면 다음과 같다. 소득사용계정은 소득재분배 과정을

41) 1993 SNA 8.3
42) 주 16) 참고

나타내는 제2차 소득분배계정에서 순가처분소득으로 1,632를, 자기 계정에서 연금기금의 가계 순지분 증감 조정으로 11을, 그리고 대외부문계정에서 연금기금에 대한 가계의 순지분 증감 조정으로 0 등 총 1,643을 사용의 원천으로 확보하였다.

표 D-2-5 소득사용계정의 원천

계정	제2차 소득분배(4열)	소득사용(5열)	대외부문의 경상 및 자본(7열)	총계
소득사용(5행)	1,632	11	0	1,643

세로 방향으로 보면, 소득사용계정은 상품계정에 총소비지출로 1,399를 지급하였다. 그리고 자기 계정에 11을, 대외부문계정에 연금기금에 대한 가계의 순지분 증감 조정으로 0을 지급하였다. 따라서 소득사용계정은 총 1,643의 원천을 이들 두 계정에 1,410을 지출하고 남은 233을 자본계정에 순저축으로 분배하였다.

표 D-2-6 소득사용계정의 사용

계정	소득사용(5열)
상품(1행)	1,399
소득사용(5행)	11
자본(6행)	233
대외부문의 경상 및 자본(7행)	0
총계	1,643

[자본계정]

가로 방향으로 보면, 산업계정에서 고정자본소모로 222를, 소득사용계정에서 순저축으로 233을, 자기 계정에서 자본이전 및 비생산자산 순취득으로 61을, 그리고 대외부문계정에서 -3 등 총 513을 사용할 수 있는 원천으로 확보하였다. 대외부문계정에서 원천이 (−)인 것은 국내계정 중의 하나인 자본계정이 대외부문계정에 자본이전 또는 비생산자산 순취득을 통해 지급하였다는 것을 의미한다.

표 D-2-7 자본계정의 원천

계정	산업(2열)	소득사용(5열)	자본(6열)	대외부문의 경상 및 자본(7열)	총계
자본(6행)	222	233	61	−3	513

세로 방향으로 보면, 자본계정은 상품계정에 총자본형성으로 414를, 자기 계정에 자본이전 및 비생산자산 순취득으로 61을, 그리고 대외부문계정에 국내경제의 순대출(+)로 38을 지급하는 등 총 513을 사용하였다.

표 D-2-8 자본계정의 사용

계정	자본(6열)
상품(1행)	414
자본(2행)	61
대외부문의 경상 및 자본(7행)	38
총계	513

[대외부문계정]

가루 방향으로 보면, 대외부문계정은 상품계정에서 499를, 제1차 소득분배계정에 피용자보수와 재산소득 등으로 40을, 제2차 소득분배계정에서 소득 및 부 등에 대한 경상세 및 경상이전으로 79를, 소득사용계정에서 0을, 그리고 자본계정에서 38 등 총 616을 수취하여 원천을 확보하였다. 대외부문계정이 상품계정에서 499를 수취하였다는 것은 대외부문이 국내에 상품 등을 수출한 것, 즉 국내 입장에서는 대외부문에서 수입한 것이다. 대외부문계정의 자본계정에서의 38 수취는 대외부문계정이 국내경제에서 38을 수취하였다는 것으로 국내경제가 해외에 38을 순대출하였다는 것을 의미한다.

표 D-2-9 대외부문계정의 원천

계정	상품 (1열)	제1차 소득분배 (3열)	제2차 소득분배 (4열)	소득사용 (5열)	자본 (6열)	총계
대외부문의 경상 및 자본(7행)	499	40	79	0	38	616

세로 방향으로 보면, 대외부문계정은 원천으로 확보한 총 616을 상품계정에게 540을, 제1차 소득분배계정에게 피용자보수와 재산소득으로 69를, 제2차 소득분배계정에 소득 및 부 등에 대한 경상세 및 경상이전으로 10을, 소득사용계정에 0을, 그리고 자본계정에 −3을 지급하였다. 상품계정에 지급한 540은 국내경제인 상품계정이 대외부문계정으로부터 수취한 것이므로 수출에 해당된다. 그리고 자본계정에 (−) 지급은 대외부문계정이 국내자본계정으로부터 자본이전 또는 비생산자산 순취득을 통해 통해 수취하였다는 것을 의미한다.

표 D-2-10 | 대외부문계정의 사용

계정	대외부문의 경상 및 자본(7열)
상품(1행)	540
제1차 소득분배(3행)	69
제2차 소득분배(4행)	10
소득사용(5행)	0
자본(6행)	−3
총계	616

지금까지 국민계정체계하에서 총액 기준으로 각 계정 간에 발생한 수취와 지급의 의미를 살펴보았다. [표 D-1]의 소득분배계정을 [표 D-2]와 같이 제1차 소득분배계정과 제2차 소득분배계정으로 하위계정을 추가하면 순국민소득과 순가처분소득과 같은 국민소득통계와 관련된 다양한 통계를 파악할 수 있다는 것을 알 수 있다. 즉 사회계정행렬을 통해 다양한 국민소득통계의 적정성을 확인할 수 있다.

(3) 미시사회계정행렬의 구조화

앞에서 살펴본 사회계정행렬은 국민계정의 여러 통계가 총량으로 축약된 것인데, 이 절에서는 본격적으로 계정을 더 세분화한 사회계정행렬의 구조를 살펴보도록 한다.

사회계정행렬 작성 과정에서 우선 검토해야 할 사항은 언급한 것처럼 작성의 목적, 구조, 분류 등인데 이를 위해서는 자료 이용 가능성을 점검하고 국민계정체계에 대한 이해가 무엇보다 중요하다. 특히 사회계정행렬의 모든 구조와 분류 체계는 국민계정체계와 정합성을 갖춰야 하기 때문에 국민계정체계에 대한 이해도는 자료의 수준만큼 중요하다. 이는 사회계정행렬이 국민계정의 다양한 통계와 같은 개념으로 일관성 있게 해석되어야 하기 때문이다.

[표 D-3]은 [표 D-2]에 대해 소득발생계정, 본원소득분배계정, 고정자본형성계정, 금융계정과 더불어 대외부문계정을 경상계정과 자본계정의 하위계정으로 구분한 것이다. 하위계정으로 세분화하여 순부가가치(기초가격)와 순발생소득(기초가격)이 균형 항목으로 추가되어 국민소득과 관련된 통계를 더욱 다양하게 확보할 수 있다. [표 D-3]은 각 계정별로 수취와 지급의 관계를 나타내고 있는데 더 자세한 것은 [표 D-4]를 통해 설명하였다.

[표 D-3]에서 상품계정은 거래 및 운송마진 거래 내역이 새로 추가되었는데 이는 본원소득분배계정을 순생산물세로 분배된 금액을 구분할 수 있게 한다. 이를 통해 산업계정의 산출액이 기초가격으로 전환되기 때문에 소득발생계정에서 순부가가치를 기초가격으로 추계할 수 있다.

[산업계정]

산업계정은 상품계정에 재화와 서비스를 기초가격으로 공급하여 총 3,604를 수취하고 이를 원천으로 상품계정에게 중간재로 1,883을, 고정자본형성계정에게 고정자본소모로 222[43]를 지급하였다.

[소득발생계정]

소득발생(부가가치)계정은 피용자보수, 순혼합소득,[44] 순영업잉여, 기타 생산물세 등으로 분류되는데[45] 영업잉여를 도출하는 역할을 주로 수행하는 계정이다. 동 계정은 산업계정에 본원적 요소를 제공하고 기초가격 순부가가치로 1,499를, 그리고 대

43) 이는 고정자본형성을 통해 여러 해 동안 축적된 자본스톡을 해당 연도에 대해 정액법 또는 정율법으로 나누어 비용으로 처리한 결과이다.

44) 혼합소득이란 피용자보수와 영업잉여가 혼재된 부가가치로 주로 자영업자부문에서 발생한다.

45) 1993 SNA 20.48

외부문 경상계정에서 피용자보수로 6을 수취하여 총 1,505를 사용의 원천으로 확보하였으며, 이를 대외부문 경상계정에 피용자보수로 2를 지급하고 나머지 1,503를 본원소득분배계정에게 균형 항목인 기초가격 순발생소득[46]으로 분배하였다.

[본원소득분배계정]

본원소득분배계정[47]은 사회계정행렬에서 가계노동소득을 한 명 이상의 피고용자(자영업자 포함)로 이루어진 가계 구성원이 기여한 것으로 표기하는데, 이는 가계집단이 어느 정도 복수의 노동소득원에 의존하고 있음을 나타낸다.[48]

[표 D-3]에서 동 계정은 상품계정에서 순생산물세로 133을, 소득발생계정에서 순발생소득으로 1,503을, 자기 계정에서 재산소득으로 353을, 대외부문 경상계정에서 재산소득, 순생산 및 수입세로 63 등 총 2,052를 사용의 원천으로 확보하였다. 그리고 이 원천 총액을 자기 계정에게 재산소득으로 353을, 대외부문 경상계정에게 재산소득, 순생산 및 수입세로 38을 지급하였으며 이 두 계정에 지급하고 남은 1,661을 제2차 소득분배계정의 균형 항목인 기초가격 순국민소득으로 분배하였다.

[제2차 소득분배계정]

제2차 소득분배계정은 본원소득분배계정에서 순국민소득으로 1,661, 그리고 자기 계정과 대외부문 경상계정에서 소득, 부 등에 대한 경상세, 경상이전 등으로 각각 1,096과 10 등 총 2,767을 원천으로 확보하였고 이를 자기 계정과 대외부문 경상계정에 소득, 부 등에 대한 경상세, 경상이전으로 각각 1,096과 39를 지급하고 나머지 1,632를 소득사용계정에게 균형 항목인 순가처분소득으로 분배하였다.

---

46) 순발생소득NGI: Net Generated Income은 거주자 제도단위가 생산에 종사한 결과로 취득한 총소득이다(1993 SNA 20.55).

47) 본원소득분배계정은 본원소득을 발생시키는 생산자에 대해서 편제한 것이 아니라 수혜자인 거주자 제도단위 또는 제도부문에 대해서 편제한 것이다(1993 SNA 7.12).

48) 1993 SNA 20.56

▌표 D-3 ▌미시사회계정행렬 구조화 (1)

계정	상품	산업	소득발생 (부가가치)	본원소득분배 (제도부문)	제2차 소득분배 (제도부문)	소득사용 (제도부문)
상품	거래 및 운송마진 0	중간소비 1,883				최종소비지출 1,399
산업	산출물 3,604					
소득발생 (부가가치)		순부가가치 (기초가격) 1,499				
본원소득분배 (제도부문)	순생산물세[1] 133		순발생소득 (기초가격) 1,503	재산소득 353		
제2차 소득분배 (제도부문)				순국민소득 (기초가격) 1,661	소득, 부 등에 대한 경상세, 경상이전 1,096	
소득사용 (제도부문)					순가처분소득 1,632	연금기금에 대한 가계의 순지분 증감 조정 11
자본 (제도부문)						순저축 233
고정자본형성 (산업)		고정자본소모 222				
금융 (금융자산)						
대외부문 (경상)	재화 및 서비스 수입 499		대외부문으로의 피용자보수, 2	대외부문으로의 재산소득, 순생산 및 수입세[2] 38	대외부문으로의 소득, 부 등에 대한 경상세, 경상이전 39	대외부문으로의 연금기금에 대한 가계의 순지분 증감 조정 0
대외부문 (자본)						
총계	4,236	3,604	1,505	2,052	2,767	1,643

1) 순생산물세=생산물세－생산물보조금

2) 순생산 및 수입세=생산 및 수입세－보조금

표 D-3 | 미시사회계정행렬 구조화 (2)

자본 (제도부문)	고정자본형성 (산업)	금융 (금융자산)	대외부문 (경상)	대외부문 (자본)	총계	계정
재고증감[3] 38	총고정자본 형성 376		재화 및 서비스수출 540		4,236R	상품
					3,604	산업
			대외부문으로부터의 피용자보수 6		1,505	소득발생 (부가가치)
			대외부문으로부터의 재산소득, 순생산 및 수입세[2] 63		2,052	본원소득분배 (제도부문)
			대외부문으로부터의 소득, 부 등에 대한 경상세, 경상이전 10		2,767	제2차 소득분배 (제도부문)
			대외부문으로부터의 연금기금에 대한 가계의 순지분 증감 조정 0		1,643	소득사용 (제도부문)
자본이전[4] 61		채무 603		대외부문으로부터의 자본이전 1	898	자본 (제도부문)
고정자본형성(순) 154					376	고정자본형성 (산업)
대출 641				대외부문 순대출 −38	603	금융 (금융자산)
					578	대외부문 (경상)
대외부문으로의 자본이전 4			대외경상수지 −41		−37	대외부문 (자본)
898	376	603	578	−37	1,643	총계

3) 귀중품 순취득 포함

4) 비생산-비금융자산의 순취득 포함

[소득사용계정]

소득사용계정은 제2차 소득분배계정에서 1,632를, 자기 계정과 대외부문 경상계정에서 연금기금에 대한 가계의 순지분 증감 조정으로 각각 11과 0 등 총 1,643을 사용의 원천으로 확보하였다. 그리고 이를 상품계정에 최종소비지출로 1,399를, 자기 계정과 대외부문 경상계정에 연금기금에 대한 가계의 순지분 증감 조정으로 각각 11과 0을 지급하고 나머지 233을 자본계정에게 균형 항목인 순저축으로 분배하였다.

[자본계정]

자본계정은 소득사용계정에서 순저축으로 233을, 자기 계정에서 자본이전으로 61을, 금융계정에서 채무를 통해 603을, 그리고 대외부문 자본계정에서 자본이전을 통해 1 등 총 898을 사용의 원천으로 확보하였다. 그리고 이를 자기 계정과 대외부문 자본계정에 각각 61과 4를, 고정자본형성계정에 순고정자본형성[49]으로 154를, 그리고 금융계정에 대출로 641을 분배하였다.

[고정자본형성계정]

고정자본형성(산업)계정은 순자산의 양적 증감이 주로 고정자산의 증기로 이루어지고 동학적인 측면의 분석을 통해 생산 능력이 어느 산업에서 증가했는지를 파악하기 위해 사회계정행렬에 도입한 계정이다. 동 계정은 산업계정의 자본스톡에 대한 고정자본소모로 22를, 자본계정의 순고정자본형성으로 154 등 총 376을 사용의 원천으로 확보하였으며, 상품계정에 376을 총고정자본형성으로 지출하였다.

[금융계정]

금융(금융자산)계정은 자본계정과 함께 축적계정을 구성하는 계정인데[50] 금융자산 및 부채를 수반하는 거주자 제도단위 간 또는 거주자 제도단위와 국외부문 간의 거래가 기록된다.[51] SNA 기준으로 금융계정의 금융자산은 화폐용 금 및 특별인출권

49) 순고정자본형성은 제도부문 내에서 중고자산에 대해 투자를 할 경우 매입과 매출이 상계되는 것을 의미한다.

50) 1993 SNA 10.1

SDR,[52] 현금통화 및 예금, 주식 이외의 증권, 대출, 주식 및 기타 지분, 보험준비금, 기타 수취채권 또는 지급채무 등 총 7개로 분류된다.

[표 D-3]에서 동 계정은 자본계정에서 대출로 641을, 대외부문 자본계정에 순대출로 −38 등 총 603을 사용의 원천으로 수취하였는데, 순대출이 (−)인 것은 대외부문 자본계정에 대해 대출이 발생한 것이다. 그리고 금융계정은 총 603의 원천을 국내의 자본계정에 603을 분배하였는데, 이는 채무관계를 통해 지급한 것이기 때문에 채권이 동 금액만큼 자본계정에서 발생한 것을 의미한다.

[대외부문 경상계정]

대외부문계정의 경우 경상계정과 자본계정으로 분리되었는데, 이를 통해 국내경제의 각 제도부문이 대외부문과의 거래를 보다 명확하게 파악할 수 있다.

대외부문 경상계정을 가로 방향으로 보면, 상품계정에서 재화 및 서비스로 499를,[53] 소득발생계정에서 피용자보수로 2를, 본원소득분배계정에서 재산소득, 순생산 및 수입세로 38을, 제2차 소득분배계정에서 소득, 부 등에 대한 경상세, 경상이전으로 39를, 소득사용계정에서 연금기금에 대한 가계의 순지분 증감 조정으로 0 등 총 578을 사용의 원천으로 확보하였다.

세로 방향으로 보면, 총 578의 원천으로 상품계정에 재화 및 서비스로 540을,[54] 소득발생계정에 피용자보수로 6을, 본원소득분배계정에 재산소득, 순생산 및 수입세로 63을, 제2차 소득분배계정에 소득, 부 등에 대한 경상세, 경상이전으로 10을, 소득사용계정에 연금기금에 대한 가계의 순지분 증감 조정으로 0 등 총 619를 지급하였다. 그리고 부족한 부분은 대외부문 자본계정에게 −41을 분배하였는데, 이는 대외부문 경상계정이 국내부문의 계정에 지급한 총액 619에 비해 41을 더 지급하였

51) 1993 SNA 11.1

52) 특별인출권SDR: Special Drawing Rights은 IMF 가입국들이 국제수지가 악화되었을 때 담보 없이 필요한 만큼의 외화를 인출할 수 있는 권리 또는 통화이다.

53) 상품계정에서 수취한 것은 대외부문 경상계정 입장에서는 수출한 것이고 국내계정인 상품계정 입장에서는 수입한 것이다.

54) 상품계정에게 지급한 것은 상품계정이 국내계정이므로 대외부문 경상계정에게 수출한 것이고 대외부문 경상계정 입장에서는 국내상품계정에서 수입한 것이다.

기 때문에 균형 항목으로 대외부문 자본계정에서 (−)가 발생한 것이며, 이는 국내부문이 대외부문에 대해 경상수지가 흑자인 것을 의미하고 대외부문은 국내부문에 대해 경상수지가 적자인 것을 의미한다.

[대외부문 자본계정]

대외부문 자본계정은 국내자본계정에서 자본이전으로 4를 수취하였고 그리고 대외부문 경상계정에서 대외경상수지로 −41을 수취하여 총 −37의 원천을 확보하였다. 이는 대외부문 자본계정 입장에서 국내부문에 37만큼 이입된 것을 의미한다. 이렇게 대외부문 자본계정이 확보한 원천 총액 −37은 국내자본계정에 자본이전으로 1을, 그리고 국내금융계정에 순대출로 −38을 분배하였다. 국내금융계정에 순대출 −38의 지급을 국내금융계정 입장에서 보면 대외부문 자본계정에 38만큼 순대출이 발생된 것을 의미한다.

(4) 사회계정행렬의 미시화

이번 절에서는 총량 기준의 계정을 보다 세분화한 미시사회계정행렬을 살펴보도록 한다.

사회계정행렬의 분류를 세분화하는 것은 관찰 목적으로 작성할 것인지 분석 목적으로 작성할 것인지에 기준을 두고 이루어진다.[55] 이 절에서는 분석 목적으로 작성되는 세분화에 대해 설명하였는데 세분화를 위해서는 동질성 유지, 식별 가능성, 특성의 안정성과 측정 가능성, 조사survey 필요성, 자료의 이용 가능성 등의 사항을 충분히 고려해야[56] 한다. 그리고 불평등 및 빈곤에 관한 정보는 하위집단의 평균 자료가 필요하기 때문에 체계적인 가계분류도 역시 중요한데, 사회계정행렬의 개발 목적과 가치는 인구를 얼마나 상세하게 세분할 수 있느냐에 의해 결정된다고 할 수 있다.[57]

55) 1993 SNA 20.67
56) 1993 SNA 20.69
57) 1993 SNA 20.70

[표 D-4]는 미시화된 사회계정행렬의 한 예인데, 세분화된 분류는 다음과 같다. 상품계정에서 상품은 농림수산품, 공산품, 서비스 세 가지로, 산업(생산)계정에서 산업은 농림수산업, 제조업, 서비스업 세 가지로 세분되었다.[58] 소득발생계정은 1차적으로 피용자보수, 혼합소득,[59] 영업잉여, 기타 생산세(보조금 차감) 네 가지로 구분되고, 피용자보수는 다시 거주자와 해외거주자로 구분되었다. 국내거주자는 남성거주자와 여성거주자 그리고 비거주자로 세분되었다. 따라서 소득발생계정은 총 7개의 계정으로 세분되었다.[60] 본원소득분배, 제2차 소득분배계정, (조정)가처분소득사용계정, 그리고 자본계정 등 네 계정은 가계(피고용자), 가계(기타), 법인기업 및 NPISH, 정부 등 네 개의 하위계정으로 세분화되었다. 총고정자본형성계정은 농림수산업, 제조업, 서비스업 세 개로, 금융계정은 금융 및 예금, 대출, 기타 금융자산 세 개로 세분화되었으며, 대외부문은 [표 D-3]과 같이 경상계정과 자본계정으로 세분화되었다.

[상품계정]

상품계정은 농림수산품, 공산품, 서비스 세 개로 세분되었는데, 공산품과 서비스를 중심으로 살펴보면 다음과 같다.

상품계정은 공산품을 산업계정의 농림수산업에 36을, 제조업에 969를, 서비스업에 246을 공급하고 총 1,251을 수취하였는데 이는 공급사용표에서 사용표의 중간투입구조에 해당된다. 그리고 공산품계정은 (조정)가처분소득사용계정의 가계(피고용자)에서 339를, 가계(기타)에서 269를, 정부에서 3을 수취하였는데, 이는 공산품이 가처분소득사용계정에 해당되는 이들 세 부문에 판매된 것을 의미한다. 즉 가계와 NPISH에 판매된 것은 지출국민소득의 민간소비지출에 해당되는 것이다. 공산품은 자본계정의 가계(피고용자)부문에서 2를, 가계(기타)에서 4를, 법인기업 및 NPISH에서

58) 상품과 산업의 개념은 제2장 2절에 설명되어 있다.

59) 주 44) 참고

60) [표 D-4]는 1993 SNA에서 인용한 예인데, 피용자보수는 물론 혼합소득, 영업잉여 등을 대기업과 중소기업으로 구분할 수도 있다. 이런 구조로의 세분화도 이용 자료의 확보와 추계 가능성이 있어야 한다.

| 표 D-4 | 미시구조화된 사회계정행렬 (1)

계정		상품			산업		
		농림수산품	공산품	서비스	농림수산업	제조업	서비스업
상품(A)	농림수산품(A-1)				3	71	14
	공산품(A-2)				36	969	246
	서비스(A-3)	2	76	−78	8	218	318
산업(B)	농림수산업(B-1)	87	2	0			
	제조업(B-2)	0	2,112	11			
	서비스업(B-3)	0	39	1,353			
소득발생(C)	피용자 보수 / 국내 / 남성거주자(C-1)				8	311	153
	피용자 보수 / 국내 / 여성거주자(C-2)				1	95	192
	피용자 보수 / 국내 / 비거주자(C-3)				0	1	1
	피용자 보수 / 해외거주자(C-4)						
	혼합소득(C-5)				17	264	161
	영업잉여(C-6)				18	145	296
	순기타생산세(C-7)				−2	49	11
본원소득 분배(D)	가계(피고용자)(D-1)						
	가계(기타)(D-2)						
	법인기업 및 NPISH(D-3)						
	정부(D-4)	2	111	20			
제2차 소득분배(E)	가계(피고용자)(E-1)						
	가계(기타)(E-2)						
	법인기업 및 NPISH(E-3)						
	정부(E-4)						
(조정) 가처분 소득사용(F)	가계(피고용자)(F-1)						
	가계(기타)(F-2)						
	법인기업 및 NPISH(F-3)						
	정부(F-4)						
자본(G)	가계(피고용자)(G-1)						
	가계(기타)(G-2)						
	법인기업 및 NPISH(G-3)						
	정부(G-4)						
총고정 자본형성(H)	농림수산업(H-1)						
	제조업(H-2)						
	서비스업(H-3)						
금융(I)	현금 및 예금(I-1)						
	대출(I-2)						
	기타 금융자산(I-3)						
대외부문(J)	경상(J-1)	37	345	117			
	자본(J-2)						
총계		128	2,685	1,423	89	2,123	1,392

1) 순생산물세=생산물세−생산물보조금

2) 순생산 및 수입세=생산 및 수입세−보조금

▌표 D-4▐ 미시구조화된 사회계정행렬 (2)

소득발생							본원소득분배				
피용자보수				혼합소득	영업잉여	순기타생산세	가계(피고용자)	가계(기타)	법인기업 및 NPISH	정부	
국내			해외								
남성거주자	여성거주자	비거주자	거주자								
											(A–1)
											(A–2)
											(A–3)
											(B–1)
											(B–2)
											(B–3)
											(C–1)
											(C–2)
											(C–3)
											(C–4)
											(C–5)
											(C–6)
											(C–7)
452	278		6	17	0		0	0	18	11	(D–1)
20	10		0	425	92		0	0	65	24	(D–2)
					321		3	26	193	7	(D–3)
					46	58	0	0	25	0	(D–4)
							775				(E–1)
								634			(E–2)
									247		(E–3)
										227	(E–4)
											(F–1)
											(F–2)
											(F–3)
											(F–4)
											(G–1)
											(G–2)
											(G–3)
											(G–4)
											(H–1)
											(H–2)
											(H–3)
											(I–1)
											(I–2)
											(I–3)
		2				0	4	8	26	0	(J–1)
											(J–2)
472	288	2	6	442	459	58	782	668	574	269	

▌표 D-4▐ 미시구조화된 사회계정행렬 (3)

	제2차 소득분배				(조정)가처분소득사용				자본			
	가계 (피고용자)	가계 (기타)	법인기업 및 NPISH	정부	가계 (피고용자)	가계 (기타)	법인기업 및 NPISH	정부	가계 (피고용자)	가계 (기타)	법인기업 및 NPISH	정부
(A–1)					16	12	0	2	0	1	0	0
(A–2)					339	269	0	3	2	4	28	3
(A–3)					211	168	16	363	0	0	0	0
(B–1)												
(B–2)												
(B–3)												
(C–1)												
(C–2)												
(C–3)												
(C–4)												
(C–5)												
(C–6)												
(C–7)												
(D–1)												
(D–2)												
(D–3)												
(D–4)												
(E–1)	0	0	56	197								
(E–2)	0	0	23	02								
(E–3)	58	59	16	12								
(E–4)	320	134	37	92								
(F–1)	650						2	0				
(F–2)		556					9	0				
(F–3)			260									
(F–4)				388								
(G–1)					86				0	0	0	0
(G–2)						116			0	0	16	7
(G–3)							233		0	4	4	25
(G–4)								20	1	4	0	0
(H–1)									1	7	3	0
(H–2)									1	38	93	0
(H–3)									0	14	182	37
(I–1)									56	12	44	7
(I–2)									0	5	194	45
(I–3)									26	82	102	68
(J–1)	0	0	4	35			0	0				
(J–2)									0	0	0	4
	1,028	749	396	816	652	565	260	388	87	171	666	196

표 D-4 | 미시구조화된 사회계정행렬 (4)

총고정자본형성			금융			대외부문		총계	
농림수산업	제조업	서비스업	현금 및 예금	대출	기타 금융자산	경상	자본		
2	0	0				7		128	(A–1)
9	109	233				435		2,685	(A–2)
0	23	0				98		1,423	(A–3)
								89	(B–1)
								2,123	(B–2)
								1,392	(B–3)
								472	(C–1)
								288	(C–2)
								2	(C–3)
						6		6	(C–4)
								442	(C–5)
								459	(C–6)
								58	(C–7)
						0		782	(D–1)
						32		668	(D–2)
						24		574	(D–3)
						7		269	(D–4)
						0		1,028	(E–1)
						0		749	(E–2)
						4		396	(E–3)
						6		816	(E–4)
						0		652	(F–1)
						0		565	(F–2)
								260	(F–3)
								388	(F–4)
			0	0	1		0	87	(G–1)
			0	28	4		0	171	(G–2)
			130	95	175		0	666	(G–3)
			2	94	74		1	196	(G–4)
								11	(H–1)
								132	(H–2)
								233	(H–3)
							11	130	(I–1)
							10	254	(I–2)
							29	307	(I–3)
								578	(J–1)
			–2	37	53	–41		51	(J–2)
11	132	233	130	254	307	578	51		

28을, 정부에서 3을 수취하였는데 이는 자본계정의 네 개 하위부문들에서 발생한 재고증감과 귀중품 순취득을 나타낸다.[61] 그리고 공산품은 총고정자본형성계정의 농림수산업에서 9를, 제조업에서 109를, 서비스업에서 233을 수취하였는데 이는 각 산업이 공산품을 생산자산으로 투자한 내역을 나타낸다. 그리고 공산품은 대외부문 경상계정에서 435를 수취하였는데 이는 공산품을 해당 금액만큼 해외에 수출한 것이다. 따라서 상품계정의 하위계정인 공산품은 총 2,685를 원천으로 수취하였음을 알 수 있다.

상품계정의 하위계정인 공산품은 총 2,685의 원천을 이용하여 다음과 같이 지출하였다. 상품계정의 서비스에 76을 지출하였으며 산업계정의 농림수산업, 제조업, 서비스업에 각각 2, 2,112, 39 등 총 2,153을 지출하였다. 그리고 본원소득분배계정의 정부에 111과 대외부문 경상계정에 345를 지급하였다. 상품계정의 서비스에 지급한 것은 도소매와 운수마진으로 지급한 것이며, 산업계정에 지급한 것은 산업계정이 동 금액만큼 공산품을 공급한 것에 대한 대가로 지급한 것이기 때문에 공급표[62]를 전치한 것이다. 본원소득분배계정의 정부에게 지급한 것은 순생산물세로 지급한 것이며, 대외부문 경상계정에 지급한 것은 공산품 수입을 위해 지출한 것이다. 따라서 상품계정의 공산품은 국내와 해외에 총 2,685를 지출하였다는 것을 알 수 있다.

상품계정의 서비스부문은 자기 계정인 상품계정의 하위부문인 농림수산품과 공산품부문에서 도소매와 운수서비스의 마진으로 각각 2와 76을 수취하였는데, 이는 자기 부문인 서비스에서 지급받은 것이므로 −78을 기입하여 상품계정에서 수취한 순액은 0이다. 서비스부문은 산업계정의 농림수산업에서 8을, 제조업에서 218을, 서비스업에서 318 등 544를 수취하였는데, 사용표의 서비스 투입 내역에 해당된다. 가처분소득사용계정에서는 가계(피고용자)로부터 211을, 가계(기타)에서 168을, NPISH에서 16을, 정부에서 363 등 총 758을 수취하였는데 가계와 NPISH에서 수취한 것은 지출국민소득의 민간소비지출 벡터의 서비스 지출에 해당되며 정부에서 수취한 것

61) 지출국민소득에서 투자는 고정자본형성과 재고증감, 귀중품 순취득으로 구분된다.

62) 제2장 3절 참고

은 정부소비지출에 해당된다. 총고정자본형성계정 중에서는 제조업에서 23을 수취하였는데 이는 제조업의 소프트웨어나 R&D에 대한 투자를 나타낸다. 대외부문 경상계정에서 98을 수취하였는데 이는 국내서비스가 해외에 수출된 것이다. 따라서 상품계정의 서비스는 총 1,423을 원천으로 확보하였다.

상품계정의 서비스는 이렇게 확보된 총 1,423의 원천을 다음과 같이 사용하였다. 상품계정의 서비스에 −78을 지급하였는데 이는 78을 서비스가 자기 부문에서 수취한 것인데 이는 상품계정의 농림수산품에서 2, 공산품에서 76을 수취한 것이다. 산업계정의 제조업에 11을, 서비스업에 1,353 등 총 1,364를 지급하였는데 이는 이들 산업이 서비스를 그만큼 공급하고 받은 것이기 때문에 공급표에 해당된다. 본원소득분배계정의 정부부문에 20을 지급하였는데 이는 상품계정의 서비스부문이 순생산물세로 정부에 분배한 것이다. 대외부문 경상계정에 117을 지급한 것은 해외에서 서비스를 수입한 것이다.

[산업계정]

산업계정은 국민소득통계의 경제활동별 GDP 추계에 이용되는데, 산업계정의 제조업과 서비스업을 중심으로 살펴보면 다음과 같다.

산업계정의 제조업부문은 상품계정의 공산품에서 2,112를, 서비스에서 11 등 총 2,123을 수취하였는데 이는 제조업이 공산품과 서비스를 해당 금액만큼 공급하고 이에 따른 수취를 나타내기 때문에 공급표에 해당한다. 따라서 산업계정의 제조업은 상품계정의 공산품과 서비스부문에 총 2,123을 공급하여 사용의 원천을 확보하였다.

산업계정의 제조업은 이렇게 확보된 원천 총액 2,123을 이용하여 상품계정에서 농림수산품, 공산품, 서비스를 각각 71, 969, 218 등 총 1,258을 구입하였는데 이는 사용표상의 제조업 중간투입에 해당된다. 그리고 제조업은 소득발생계정의 국내 남성거주자와 여성거주자 그리고 비거주자에게 피용자보수로 각각 311, 95, 1 등 총 407를 지급하였고, 혼합소득[63]으로 264, 영업잉여로 145 그리고 순기타생산

63) 혼합소득을 [표 D-4]와 같이 표기하기 위해서는 자영업자 소득이 노동소득과 자본소득으로 구분되어야 한다.

세로 49를 지급하는 등 본원적 요소를 제공한 소득발생계정에게 총 865를 지출하였다.

산업계정의 서비스부문은 상품계정의 공산품에서 39를, 서비스에서 1,353 등 총 1,392를 원천으로 확보하였는데 이는 산업계정의 서비스가 이들 두 상품을 그만큼 공급함으로써 수취한 것이기 때문에 공급표에 해당된다.

산업계정의 서비스부문도 총 1,392를 원천으로 상품계정의 농림수산품, 공산품, 서비스를 각각 14, 246, 318 등을 구입하면서 총 578을 지출하였는데 이는 사용표상의 서비스업 중간투입에 해당된다. 그리고 서비스업은 소득발생계정의 국내 남성거주자와 여성거주자 그리고 비거주자에게 피용자보수로 각각 153, 192, 1 등 총 346을 지급하였고, 혼합소득으로 161, 영업잉여로 296 그리고 순기타생산세로 11을 지급하는 등 제조업은 총 1,392를 사용하였다.

따라서 사회계정행렬에서 산업계정과 상품계정의 수취와 지급관계는 공급표와 사용표에 해당된다.

[소득발생계정]

소득발생계정의 피용자보수는 국내 남성거주자, 국내 여성거주자, 국내 비거주자, 해외거주자로 세분되었는데, 국내 남성거주자와 해외거주자를 중심으로 살펴보면 다음과 같다. 국내 남성거주자는 산업계정의 농림수산업, 제조업, 서비스업에서 각각 8, 311, 153 등 총 472를 수취하여 원천을 확보하였다. 그리고 국내 남성거주자계정은 피용자보수 472를 원천으로 본원소득분배계정의 가계(피고용자)부문에 452, 가계(기타)에 20을 분배하였다.

소득발생계정의 혼합소득계정은 산업계정의 농림수산업, 제조업, 서비스업에서 각각 17, 264, 161 등 총 442의 원천을 확보하여 본원소득분배계정의 가계(피고용자)와 가계(기타)에 각각 17, 425를 분배하였다.

소득발생계정의 순기타생산세는 기타 생산세에서 기타 생산보조금을 차감한 것인데, 기타 생산세는 기업이 생산에 참여한 결과 부과되는 조세 중에서 생산물세를 제외한 모든 조세를 포함하며[64] 기타 생산보조금은 거주자 기업이 생산에 참여한 결과 수취하는 보조금 중에서 생산물 보조금 이외의 것으로 구성된다.[65] 동 계정은 산업계정의 농림수산업, 제조업, 서비스업에서 각각 −2, 49, 11 등 원천 총액으로 58을 수취하여 본원소득분배계정의 정부계정에 58을 분배하였다. 여기서 농림수산업에서 −2를 수취한 것은 농림수산업에 2를 지급한 것과 같은데, 기타 생산보조금이 기타 생산세보다 더 크다는 것은 산업계정의 농림수산업이 기타 생산세로 지급한 것보다 정부 등으로부터 기타 생산보조금으로 수취한 것이 더 크다는 의미이다.

영업잉여계정은 산업계정의 농림수산업, 제조업, 서비스업에서 각각 18, 145, 296 등 총 459를 원천으로 확보하였고 이를 본원소득분배계정의 가계(기타), 법인기업 및 NPISH, 정부에 각각 92, 321, 46을 분배하였다.

[본원소득분배계정]

본원소득분배계정의 하위계정으로 분리된 가계계정은 피고용자(가계)와 기타(가계)로 구분되어 있는데, 국민계정에서 가계는 고용주, 자가계정 근로자, 피고용자, 재산소득 및 이전소득 수령자 등 네 개의 하위부문으로 분류[66]된다. [표 D-4]의 가계(피고용자)계정은 고용을 통해 임금을 받는 가계이고 기타는 나머지 세 개를 대상으로

---

64) 기타 생산세는 생산에 이용된 토지, 고정자산, 노동 또는 특정 거래나 활동에 대한 조세로서 기업의 이윤이나 기타 수입소득에 대한 조세는 포함하지 않는다. 기타 생산세에 포함되는 조세는 다음과 같다(1993 SNA 7.70).

- 고용세: 임금 및 급여지급액이나 고용인원수를 기준으로 기업에 부과하는 조세(단, 고용주가 부담하는 사회보장부담금 또는 피고용자가 부담하는 조세는 제외)
- 토지, 건물 또는 기타 구축물에 대한 경상세
- 영업 및 직업면허세
- 고정자산의 사용 또는 기타 활동에 대한 조세(면허세라고도 함)
- 인지세: 법적 문서 또는 수표 등에 대한 인지세(단, 주류, 담배 등 특정 생산물의 판매에 대한 것은 생산물세임)
- 공해세: 공해물질 방출에 대한 조세
- 국제거래세: 해외여행, 외환송금 또는 비거주자와의 거래에 부과되는 조세

65) 기타 생산보조금의 유형은 다음과 같다(1993 SNA 7.79).

- 지급급여 또는 고용보조금
- 공해방지보조금

66) 1993 SNA 4.154

하였기 때문에 기타에 포함된 가계는 고용주, 자가계정 근로자 등의 혼합소득을 원천으로 구성한다.

본원소득분배계정의 가계(피고용자)계정은 소득발생계정의 국내 남성거주자와 여성거주자, 해외거주자의 피용자보수로 각각 452, 278, 6 등 총 736을 수취하였고 혼합소득으로 17을 수취하였다. 그리고 본원소득분배계정의 법인기업 및 NPISH와 정부에서 각각 18, 11을 수취하였다. 따라서 본원소득분배계정의 피고용자로 구성된 가계계정은 총 782의 사용 원천을 확보하였다. 그리고 동 계정은 총 782의 원천을 본원소득분배계정의 법인기업 및 NPISH에 3을, 제2차 소득분배계정의 가계(피고용자)계정에 775를, 대외부문 경상계정에 4를 분배하였다. 가계(피고용자)계정이 법인기업 및 NPISH에게 3을 분배한 것은 가계가 주로 비영리단체에 기부한 것을 기록한 것이라고 할 수 있다.

본원소득분배계정의 정부계정은 상품계정의 농림수산품, 공산품, 서비스에서 각각 2, 111, 20을 순생산물세로 수취하였고, 소득발생계정의 영업잉여와 순기타생산세계정에서 각각 46과 58을 수취하였다. 정부계정이 영업잉여에서 수취한 46은 공기업 같은 부문을 정부계정에 포함시키는지 여부에 따라 달라진다. 그리고 본원소득분배계정의 법인기업 및 NPISH에서 25와 대외부문 경상계정에서 7을 수취함으로써 본원소득분배계정의 정부부문은 총 269를 원천으로 확보하였다. 동 계정은 총 269의 원천을 본원소득분배계정의 가계(피고용자)계정, 가계(기타)계정, 법인기업 및 NPISH에게 각각 11, 24, 7을 분배하였고 제2차 소득분배계정의 정부계정에 가장 많은 227을 분배하였다.

[제2차 소득분배계정]

제2차 소득분배계정[67]의 가계(피고용자)계정을 가로 방향으로 보면, 본원소득분배계정의 가계(피고용자)계정에서 현금이전의 소득재분배를 통해 775를 수취하였으며, 제2차 소득분배계정의 법인기업 및 NPISH와 정부에서 현금이전을 통해 각각 56, 197를 수취하였다. 따라서 제2차 소득분배계정의 하위계정 중에서 고용을 통해 임

67) 주 32) 참고

금소득을 취하는 가계(피고용자)는 총 1,028의 사용 원천을 확보하였음을 알 수 있다. 가계(피고용자)계정은 원천으로 확보한 1,028을 제2차 소득분배계정의 법인기업 및 NPISH와 정부에 각각 58, 320을, 그리고 가처분소득사용계정의 가계(피고용자)계정에 650을 분배하였다.

제2차 소득분배계정의 하위계정인 법인기업 및 NPISH계정은 본원소득분배계정의 법인기업 및 NPISH에서 247을, 제2차 소득분배계정의 가계(피고용자)계정, 가계(기타)계정, 법인기업 및 NPISH계정, 정부계정에서 각각 58, 59, 16, 12를, 그리고 대외부문 경상계정에서 4 등 총 396을 수취하여 원천을 확보하였다. 동 계정은 확보한 원천 총액 396을 제2차 소득분배계정의 가계(피고용자), 가계(기타), 법인기업 및 NPISH, 정부계정에 각각 56, 23, 16, 37을 분배하였으며, 가처분소득사용계정의 법인기업 및 NPISH계정과 대외부문 경상계정에 각각 26과 4를 분배하였다.

[가처분소득사용계정]

(조정)가처분소득사용계정[68]은 조정 가처분소득을 원천으로 기록하고, 실제최종소비와 연금기금의 가계 순지분 증감 조정 항목을 사용으로 기록하는 계정이다.[69] 여기서 가처분소득과 조정 가처분소득[70] 그리고 최종소비지출과 실제최종소비는 제도

---

68) 가처분소득, 조정 가처분소득, 그리고 저축은 다음의 관계를 갖는다(1993 SNA 9.3).

- 가계의 조정 가처분소득=가계의 가처분소득+사회적 현물이전 수입
- 정부 및 NPISH의 조정 가처분소득=정부 및 NPISH의 가처분소득−사회적 현물이전 지급
- 가계의 실제최종소비=가계의 최종소비지출+사회적 현물이전 수입
- 정부 및 NPISH의 실제최종소비=정부 및 NPISH의 최종소비지출−사회적 현물이전 지급
- 저축=가처분소득−최종소비지출
  =조정 가처분소득−실제최종소비

가처분소득은 제2차 소득분배계정에서 이월된 균형 항목이며(1993 SNA 9.5), 조정 가처분소득은 현물소득 재분배계정에서 이월된 균형 항목이다(1993 SNA 9.9).

69) 1993 SNA 2.128

70) 가처분소득은 제2차 소득분배계정의 균형 항목이며, 조정 가처분소득은 현물소득 재분배계정의 균형 항목인데 각각 다음과 같이 정의된다(1993 SNA 8.11, 8.24).

- 가처분소득=본원소득 잔액+수취 경상이전 총액(사회적 현물이전 제외)
  −지급 경상이전 총액(사회적 현물이전 제외)
- 조정 가처분소득=가처분소득+사회적 현물이전 수취액−사회적 현물이전 지급액

부문별로만 차이가 나며 국내경제 전체로는 동일하다.[71)]

가처분소득사용계정의 가계(피고용자)계정은 제2차 소득분배계정의 가계(피고용자)계정에서 650을, 가처분소득사용계정의 법인기업 및 NPISH에서 2 등 총 652를 수취하였다. 동 계정은 원천 총액 652로 상품계정의 농림수산품, 공산품, 서비스에 각각 16, 339, 211을 지출하였으며, 자본계정의 가계(피고용자)계정에 86을 배분하였는데 이는 순저축에 해당된다. 동 계정의 분배 내역 중에서 상품에 지출한 것은 민간소비지출에 해당한다.

가처분소득사용계정의 법인기업 및 NPISH계정은 제2차 소득분배계정의 법인기업 및 NPISH에게서 260을 수취하였으며 이를 원천으로 상품계정의 서비스를 구입하는 데에 16을 지출하였으며, 가처분소득사용계정의 가계(피고용자)계정과 가계(기타)계정에 각각 2와 9를, 그리고 나머지 20은 자본계정에 분배하였다.

가처분소득사용계정의 정부계정은 제2차 소득분배계정의 정부에서 388을 수취하였으며 이를 원천으로 상품계정의 농림수산품, 공산품, 서비스 구입에 각각 2, 3, 363을 지출하였고 또 자본계정의 정부계정에 20을 분배하였다. 동 계정의 분배 내역 중에서 상품계정에 지출한 것은 정부소비지출에 해당된다.

[자본계정]

자본계정은 거주자 제도단위가 거래에 참가하여 취득하고 처분한 비금융자산[72)]의 금액과 저축과 자본이전에 의해 발생한 순자산의 증감을 기록하기 위한 계정이다.[73)] 자본계정은 저축과 수취자본이전과 토지 및 기타 비생산자산의 순매각 그리고 다양

여기서 사회적 현물이전은 사회적 현물수혜와 정부(사회보장기금 포함) 및 NPISH가 거주자 가계에 제공하는 개별적인 비시장 재화 및 서비스(예: 정부나 NPISH와 같은 비시장생산자가 개별 가계에 무상 또는 경제적으로 의미 없는 가격으로 제공하는 교육서비스와 보건서비스)의 이전으로 구성된다(1993 SNA 8.19).

71) 1993 SNA 2.129

72) 비금융자산의 증감에는 총고정자본형성, 고정자본소모(−), 재고증감, 귀중품의 취득 및 처분, 비생산 비금융자산의 취득 및 처분 등 다섯 가지 유형이 있다(1993 SNA 10.25).

73) 한 제도단위나 제도부문이 소유한 자산의 총액에서 부채 총액을 차감한 것으로 이는 같은 제도단위나 제도부문의 부의 척도가 된다(1993 SNA 10.20).

한 유형의 부채의 증가 등을 통해 자금의 수취 방법이 기록되는 계정이다. 비금융자산의 증감은 주 72)와 같이 다섯 가지 유형이 있는데 [표 D-4]에는 총고정자본형성계정이 별도로 구분되어 있기 때문에 동 표에서의 자본계정은 총고정자본형성계정을 제외한 나머지 네 개 유형으로 구성되어 있다고 할 수 있다.

자본계정의 가계(피고용자)계정은 가처분소득사용계정의 가계(피고용자)로부터 순저축으로 86을, 금융계정의 기타 금융자산계정에서 부채 증가를 통해 1 등 총 87을 수취하였다. 동 계정은 이렇게 확보한 원천 총액 87을 상품계정의 공산품에 2를 지출하였고, 자본계정의 정부계정에 1을, 총고정자본형성계정의 농림수산업과 제조업에 각각 1을 그리고 금융계정의 현금 및 예금과 기타 금융자산에 각각 56과 26을 분배하였다.

자본계정의 법인기업 및 NPISH계정은 가처분소득사용계정의 법인기업 및 NPISH계정에서 233을 수취하였고, 자본계정의 가계(기타)계정, 법인기업 및 NPISH계정, 그리고 정부계정에서 각각 4, 4, 25를 수취하였다. 금융계정에서는 현금 및 예금으로 130, 대출로 95를, 기타 금융자산으로 175를 수취하였다. 자본계정의 법인기업 및 NPISH계정은 이렇게 수취한 원천 총액 666을 상품계정의 공산품에 28을 지출하였고 자본계정의 가계(기타)와 법인기업 및 NPISH계정에 각각 16과 4를 분배하였다. 그리고 총고정자본형성계정의 농림수산업, 제조업, 서비스업에 각각 3, 93, 182를 분배하였고[74) 금융계정의 현금 및 예금, 대출, 기타 금융자산계정에 각각 44, 194, 102를 분배하였다.

자본계정의 정부계정은 가처분소득계정의 정부계정에서 20을, 자본계정의 가계(피고용자)와 가계(기타)에서 각각 1, 4를 수취하였다. 그리고 금융계정의 현금 및 예금, 대출, 기타 금융자산계정에서 각각 2, 94, 74를, 대외부문의 자본계정에서 1을 수취하였다. 따라서 동 계정은 원천 총액 666으로 상품계정의 공산품 구입에 3을 지출하였으며 자본계정의 가계(기타)와 법인기업 및 NPISH계정에 각각 7, 25를 분배하였다. 그리고 총고정자본형성계정의 서비스업계정에 37을, 금융계정의 현금 및

74) 총고정자본형성계정이 산업계정에 분배한 것은 해당 산업이 고정자본형성을 하기 위한 원천이지 해당 산업의 제품 구입 내역이 아니다.

예금, 대출, 기타 금융자산계정에 각각 7, 45, 68을 분배하였으며 나머지 4는 대외부문 자본계정에 분배하였다. 자본계정의 정부계정이 총고정자본형성계정의 서비스업계정에 분배한 37은 서비스업부문이 공공행정 및 국방서비스부문을 포함하고 있기 때문이다.

[총고정자본형성계정]

총고정자본형성계정은 회계기간 중 고정자산 취득액(처분액 차감) 외에 제도단위의 생산적 활동에 의해 이루어진 유형고정자산의 가치 증가액을 포함한다.[75] 총고정자본형성계정의 제조업계정은 자본계정의 가계(피고용자), 가계(기타), 법인기업 및 NPISH에서 각각 1, 38, 93 등 총 132를 수취하였다. 총고정자본형성계정의 제조업계정은 총 132의 원천을 상품계정의 공산품과 서비스에 각각 109, 23을 지출하였다. 한편 [표 D-4]와 같이 총고정자본형성계정에서 각 하위산업별 계정이 상품계정에서 상품별로 구입한 내역은 고정자본형성표에 해당된다.

[금융계정]

금융계정[76]은 금융자산의 취득 및 처분과 부채의 발생 및 상환을 나타내는 계정이다. [표 D-4]의 금융계정은 제도부문이 아닌 금융자산 형태별로 세분되어 있는데, 가로 방향은 해당 금융자산이 대출받은 것이고 세로 방향은 해당 금융자산이 해당 계정에 차입된 것이다.

금융계정의 현금 및 예금계정은 자본계정의 가계(피고용자), 가계(기타), 법인기업 및 NPISH, 정부계정에서 각각 56, 12, 44, 7을, 그리고 대외부문 자본계정에서 11 등 총 130을 사용 원천으로 확보하였다. 동 계정은 자본계정의 법인기업 및 NPISH계정과 정부계정에 각각 130과 2 등 총 132를 사용하여 원천 총액 130보다 2를 더 지출하였는데, −2는 대외부문 자본계정에서 차입하였다. 대외부문 자본계정에서

75) 총고정자본형성은 신규 또는 기존 유형고정자산의 취득 및 처분, 신규 또는 기존 무형고정자산의 취득 및 처분, 토지 등 유형 비생산자산의 중요한 개량, 비생산자산의 소유권이전과 관련된 비용 등의 유형이 있다(1993 SNA 10.33).

76) 주 50) 참고

(−)는 순계이기 때문에 대외부문에 대해 국내부문이 현금 및 예금으로 더 많이 확보한 것을 의미한다.

금융계정의 대출계정은 자본계정의 가계(기타), 법인기업 및 NPISH, 정부계정에서 각각 5, 194, 45를 대출받고 대외부문 자본계정에서 10을 대출받는 등 총 254를 원천으로 확보하였다. 그리고 동 계정은 원천 총액 254를 자본계정의 가계(기타), 법인기업 및 NPISH, 정부계정에서 각각 28, 95, 94를 분배하였고 나머지 37은 대외부문 자본계정에 분배하였다.[77]

[대외부문계정]

대외부문계정은 재화 및 서비스의 대외거래계정, 대외 본원소득 및 경상이전계정, 대외축적계정, 대외자산 및 부채계정 등 4개로 구분된다.[78] 대외부문계정은 대외부문의 입장에서 기록되는 계정이기 때문에 대외부문의 원천은 국내경제의 사용이고 대외부문의 사용은 국내경제의 원천이 된다. 그러므로 대외거래계정의 균형 항목이 (+)이면 대외부문의 흑자, 국내경제의 적자를 의미하고 균형 항목이 (−)이면 대외부문의 적자이고 국내경제의 흑자를 의미한다.[79]

대외부문 경상계정은 국내상품계정의 농림수산품, 공산품, 서비스로부터 각각 37, 345, 117을, 소득발생계정의 국내 비거주자의 피용자보수로 2를, 본원소득분배계정의 가계(피고용자), 가계(기타), 법인기업 및 NPISH계정으로부터 4, 8, 26을 그리고 제2차 소득분배계정의 법인기업 및 NPISH와 정부계정으로부터 4, 35 등 총 578을 원천으로 확보하였다. 대외부문 경상계정이 상품계정으로부터 수취한 것은 국내에 수출한 것이기 때문에 국내경제가 해당 상품들을 수입한 것이다. 대외부문 경상계정은 이렇게 확보한 원천 총액을 상품계정의 농림수산품, 공산품, 서비스에 각각 7, 435, 98을 지급하였고,[80] 소득발생계정 해외거주자의 피용자보수로 6을 지급하였

77) 이는 이들 계정이 금융계정의 대출계정에서 차입한 것과 같은 것이다.

78) 1993 SNA 14.3

79) 1993 SNA 14.4

80) 대외부문 경상계정이 상품계정에 지출한 것은 대외부문이 수입하고 지출한 것이므로 국내경제의 수출에 해당된다.

다. 또 본원소득분배계정의 가계(기타), 법인기업 및 NPISH, 정부계정에 각각 32, 24, 7을 지급하였으며, 제2차 소득분배계정의 정부계정에 6을 지급하는 등 대외부문 경상계정은 총 619를 지급하였는데 이는 원천 총액 578에 비해 41을 더 지출한 것이다. 따라서 해당 금액 41은 대외부문 자본계정에 균형 항목으로 (−)로 기록되는데 이는 국내경제 입장에서 대외경상수지가 그만큼 흑자가 발생한 것이다.

대외부문 자본계정은 자본계정의 정부계정에서 4를, 금융계정의 현금 및 예금, 대출, 기타 금융자산계정에서 각각 −2, 37, 53을 그리고 대외부문 경상계정에서 −41을 수취하는 등 총 51을 원천으로 확보하였다. 동 계정의 수취 내역 중에서 대외부문 경상계정에서 언급한 것과 마찬가지로 대외부문은 국내경제에 대해 경상수지가 −41의 적자가 발생하였다. 또한 −2는 국내금융계정의 현금 및 예금계정이 순액으로 +2만큼 더 수취한 것이다. 그리고 대외부문 자본계정은 원천 총액 51을 자본계정의 정부계정에 1을, 금융계정의 현금 및 예금, 대출, 기타 금융자산계정에 각각 11, 10, 29를 분배하였다.

Appendix

E 산업연관표 연장 기법

우리나라에서는 산업연관표를 작성 방법과 주기에 따라 실측 산업연관표(기준년 산업연관표)와 연장 산업연관표로 구분한다. 실측 산업연관표는 5년을 주기로 국민계정 통계 기준년 개편 작업의 일환으로 작성되며 연장 산업연관표는 실측 산업연관표를 기준년으로 설정하여 매년마다 연장updated하여 작성되는데, 산업연관표 작성에는 많은 시간과 인력이 소요된다.

산업연관표는 작성 대상 연도의 경제활동이 모두 끝난 시점 이후에 작성이 가능하다. 한국은행은 실측 산업연관표를 작성 대상 연도 말을 기준으로 3년 정도 지난 시점에 발표하고, 연장 산업연관표는 1년 6개월 정도 지난 시점에 발표하고 있다. 실측 산업연관표가 연장 산업연관표보다 작성에 1년 이상의 기간이 더 소요되는 것은 새로운 상품은 물론 각 부문의 투입구조와 배분구조의 변화를 반영한 부문분류를 새롭게 설정하고 이 분류 체계에 따른 투입구조조사 등 관련 작업을 실시하는 데 많은 시간이 소요되기 때문이다.

따라서 우리나라에서는 산업연관표를 이용한 경제분석은 대상 시점보다 짧게는 1년 반 뒤 길게는 3년 뒤에나 가능하다.[1] 작성된 산업연관표와 분석 시점 간의 이격 때문에 급격한 산업과 기술구조의 변화가 있는 경우 산업연관표를 이용한 분석 결과의 적시성에 문제가 제기되기도 한다.

이를 완화하기 위해 산업연관표 연장update에 많이 활용되는 RAS 기법과 Entropy 기법을 살펴보도록 한다.

1) 이 정도의 시차는 전 세계에서 짧은 것이다.

1. RAS 기법

RAS 기법은 산업연관표의 내생부문을 연장하기 위해 1963년 영국 캠브리지 대학의 리차드 스톤R. Stone 교수가 제시한 것이다. 동 방법은 양비례bi-proportional 조정[2]에 기반을 둔 것인데, 연장 대상 연도의 중간투입계, 중간수요계, 총산출액 벡터와 벤치마크로 사용할 기준년 산업연관표가 있어야 한다. RAS라는 명칭은 $r_i \cdot a_{ij} \cdot s_j$라는 일반적 계산 형태에서 기원을 두고 있는 것으로 알려져 있다.

부문 간 거래 내역이 기록되는 내생부문에 대한 사전적인 정보를 일부 반영하는 방법을 수정RASMRAS: Modified RAS[3]라고 하는데, 이와 비교해 스톤 교수의 RAS 기법을 단순RASsimple RAS라고 한다.

가. 가정 및 방정식

RAS 기법은 대체효과substitution effects와 가공도 변화효과fabrication effects 두 개가 각 투입계수 a_{ij}에 영향을 주고 이들 효과는 동일하게 작용[4]한다는 가정을 이용하는 것이다. 대체효과란 특정 제품을 생산하는 과정에 투입되는 원·부재료 간의 대체가 일어나는 정도이고, 가공도 변화효과는 특정 제품의 부가가치율이 생산 과정에서의 자본집약도나 생산성 등에 따라 변화하는 정도이다.

RAS 방법을 모형화하기 위한 행렬과 벡터 기호는 다음과 같다. 각 행렬의 위첨자에 붙은 0은 기준년이고 t는 연장 대상 연도이다.

A: 투입계수행렬, M: 내생부문 거래행렬

X: 산출액 벡터, W: 중간수요계 벡터

2) Bacharach, M.(1971)

3) Paelinck, J. 외 1인(1963)

4) 상품 i는 모든 부문에 대한 투입물로서 같은 비율로 증가 또는 감소한다고 가정하기 때문에 어떤 상품의 총투입에 대한 중간투입의 비율 변화 역시 투입물로 사용된 모든 상품에 동일하게 영향을 준다는 것이다.

Z: 중간투입계 벡터, F: 최종수요계 벡터

V: 부가가치계 벡터

RAS 기법을 이용하기 위해서는 거래 내역이 완전히 표기된 기준년 산업연관표와 연장 대상 연도인 t년도의 중간투입계 Z^t와 중간수요계 W^t 벡터가 있어야 한다. 이때 t년도의 중간투입계 벡터와 중간수요계 벡터를 추계하는 방법은 자료 여건에 따라 다양한데, 일반적으로는 중간투입계 벡터 Z^t는 산출액 벡터 X^t에서 부가가치 벡터 V^t를 차감($Z^t = X^t - V^t$)하고 중간수요계 벡터 W^t도 X^t에서 최종수요계 벡터 F^t를 차감($W^t = X^t - F^t$)하여 계산한다.

t년도 내생부문행렬 M^t에 대해 합벡터 e를 적용하면 중간수요계 벡터 W^t는 $W^t = M^t \cdot e$로, 중간투입계 벡터 Z^t는 $Z^t = e' \cdot M^t$로 표기할 수 있다. RAS 기법을 적용하기 전에 A^0, W^t, Z^t와 X^t를 먼저 준비한 다음 이를 이용하여 t년도의 내생부문 거래행렬 M^t와 중간투입계수행렬 A^t를 추정하는 과정은 다음과 같다.

RAS 기법을 이용하기 위한 가정 중에서 원·부재료 간에 발생하는 대체 정도를 나타내는 대체효과는 행수정계수 r로 표기하고, 특정 제품의 부가가치율이 변화함에 따라 열을 수정하는 가공도 변화효과는 열수정계수 s로 표기하도록 한다. 그러면 r과 s의 대각행렬을 기준년 투입계수에 적용하여 도출되는 t년도의 투입계수 행렬 A^t는 식 (1)로 표기한다.

$$A^t = \hat{r} \cdot A^0 \cdot \hat{s} \qquad \text{(1)}$$

여기서, $\hat{r}$은 r의 대각행렬, $\hat{s}$는 s의 대각행렬

t년도의 내생부문 거래행렬 M^t는 중간투입계수행렬 A^t에 산출액 벡터 X^t를 대각화한 행렬 $\widehat{X^t}$를 곱하면 되는데 A^t가 식 (1)처럼 A^0와 관계를 갖기 때문에 t년도의 내생부문 거래행렬 M^t는 식 (2)로 표기할 수 있다.

$$M^t = A^t \cdot \widehat{X^t}$$
$$= (\hat{r} \cdot A^0 \cdot \hat{s}) \cdot \widehat{X^t} \quad \cdots\cdots (2)$$

식 (2)를 이용하면 t년의 중간수요계 W^t는 식 (3)으로 그리고 중간투입계 Z^t는 식 (4)로 표기할 수 있다.

$$W^t = M^t \cdot e = (\hat{r} \cdot A^0 \cdot \hat{s}) \cdot \widehat{X^t} \cdot e = \hat{r} \cdot (A^0 \cdot \widehat{X^t}) \cdot s \quad \cdots\cdots (3)$$
$$Z^t = e' \cdot M^t = e' \cdot (\hat{r} \cdot A^0 \cdot \hat{s}) \cdot \widehat{X^t} = r \cdot (A^0 \cdot \widehat{X^t}) \cdot \hat{s} \quad \cdots\cdots (4)$$

식 (3)과 식 (4)이 RAS 방정식인데, 식 (3)과 식 (4)의 미지수 벡터인 r과 s를 추정하고 이 벡터를 대각화하여 식 (1)에 적용하면 작성 대상 연도의 중간투입계수 A^t가 도출된다. 추정된 중간투입계수 A^t에 산출액 벡터를 대각화한 $\widehat{X^t}$를 곱하면 최종적으로 구하고자 하는 작성 대상 연도의 내생부문 거래행렬 M^t가 완성된다. 그러나 식 (3)과 식 (4)는 부문수가 많으면 방대한 선형방정식이 필요하기 때문에 스톤은 반복계산법을 제안하였다. 반복계산법 과정은 3개 부문으로 된 산업연관표를 이용하여 설명하면 다음과 같다.

기준년 투입계수행렬은 A^0, t년도의 산출액 벡터는 X^t, 중간수요벡터는 W^t, 중간투입벡터는 Z^t로 표기하면 이들 행렬과 벡터는 식 (5)와 같다.

$$A^0 = \begin{bmatrix} a_{11}^0 & a_{12}^0 & a_{13}^0 \\ a_{21}^0 & a_{22}^0 & a_{23}^0 \\ a_{31}^0 & a_{32}^0 & a_{33}^0 \end{bmatrix}, \; X^t = \begin{bmatrix} X_1^t \\ X_2^t \\ X_3^t \end{bmatrix}, \; W^t = \begin{bmatrix} W_1^t \\ W_2^t \\ W_3^t \end{bmatrix}, \; Z^t = \begin{bmatrix} Z_1^t \\ Z_2^t \\ Z_3^t \end{bmatrix} \quad \cdots\cdots (5)$$

기준년 투입계수행렬 A^0에 t년도 산출액 벡터의 대각화행렬 $\widehat{X^t}$를 곱하면 식 (6)과 같은 내생부문 거래표 M_1이 도출된다.

$$M_1 = A^0 \cdot \widehat{X^t} = \begin{bmatrix} a_{11}^0 X_1^t & a_{12}^0 X_2^t & a_{13}^0 X_3^t \\ a_{21}^0 X_1^t & a_{22}^0 X_2^t & a_{23}^0 X_3^t \\ a_{31}^0 X_1^t & a_{32}^0 X_2^t & a_{33}^0 X_3^t \end{bmatrix} \qquad \cdots\cdots (6)$$

식 (6)은 1차로 추정된 t년도의 내생부문 거래표인데 행렬 M_1을 가로 방향으로 더하는 합벡터 e을 곱하여 도출된 중간수요벡터 W_1^t는 목표 벡터인 W^t와 식 (7)처럼 결과가 다른 경우가 대부분이다.[5)]

$$W_1^t = M_1 \cdot e = \begin{bmatrix} a_{11}^0 X_1^t + a_{12}^0 X_2^t + a_{13}^0 X_3^t \\ a_{21}^0 X_1^t + a_{22}^0 X_2^t + a_{23}^0 X_3^t \\ a_{31}^0 X_1^t + a_{32}^0 X_2^t + a_{33}^0 X_3^t \end{bmatrix}$$

$$\neq \begin{bmatrix} a_{11}^t X_1^t + a_{12}^t X_2^t + a_{13}^t X_3^t \\ a_{21}^t X_1^t + a_{22}^t X_2^t + a_{23}^t X_3^t \\ a_{31}^t X_1^t + a_{32}^t X_2^t + a_{33}^t X_3^t \end{bmatrix} = W^t \qquad \cdots\cdots (7)$$

식 (7)에서 목표로 하고 있는 중간수요계 벡터 W^t와 1차로 추정된 중간수요계 벡터 W_1^t의 비율 $\widehat{W^t} \cdot (\widehat{W_1^t})^{-1}$이 1차 행수정계수이며 r_1로 표기한다. 계수 r_1 벡터를 대각화하여 1차로 추정된 내생거래표에 식 (8)과 같이 곱하여 2차로 추정된 내생거래표 M_2를 도출한다.

$$M_2 = \widehat{r_1} \cdot M_1 = \widehat{r_1} \cdot A^0 \cdot \widehat{X^t} \qquad \cdots\cdots (8)$$

식 (8)에서 계산된 행렬 M_2를 세로 방향으로 더하기 위해 합벡터 e'을 앞에 곱하여 도출된 1차 중간투입계 벡터인 $Z_1{}^t$도 목표로 하고 있는 Z^t와 식 (9)처럼 결과가 다른 경우가 대부분이다.

5) 중간수요와 중간투입이 모두 동시에 선형적으로 변동되거나 변화가 없다면 최초 추정 결과가 목표로 하고 있던 중간수요 벡터와 일치할 수도 있다.

$$Z_1{}^t = e' \cdot M_2 \neq Z^t \quad \cdots\cdots (9)$$

식 (9)에 대해서도 목표 벡터와 1차 중간투입계 벡터의 비율 $\widehat{Z^t} \cdot (\widehat{Z_1^t})^{-1}$이 1차 열수정계수이며 s_1로 표기한다. 계수 s_1 벡터를 대각화하여 2차로 추정된 내생거래표에 식 (10)과 같이 곱하여 3차 추정 내생거래표 M_3를 도출한다.

$$M_3 = M_2 \cdot \widehat{s_1} = \widehat{r_1} \cdot A^0 \cdot \widehat{X^t} \cdot \widehat{s_1} \quad \cdots\cdots (10)$$

다시, 행렬 M_3를 가로 방향으로 더하기 위해 합벡터 e'을 곱하면 W_2^t가 도출되는데 W^t와 일치하지 않는 경우가 대부분이다. 이 두 벡터의 비율 $\widehat{W^t} \cdot (\widehat{W_2^t})^{-1}$이 2차 행수정계수이며 r_2로 표기한다. r_2를 이용하여 거래표를 표기한 것이 식 (11)이다.

$$M_4 = \widehat{r_2} \cdot M_3 = \widehat{r_2} \cdot \widehat{r_1} \cdot A^0 \cdot \widehat{X^t} \cdot \widehat{s_1} \quad \cdots\cdots (11)$$

식 (11)을 다시 세로 방향으로 더한 Z_2^t와 t년도 중간투입계 Z^t의 비율 $\widehat{Z^t} \cdot (\widehat{Z_2^t})^{-1}$이 2차 열수정계수이며 s_2로 표기한다. 2차로 추정된 M_4에 계수 s_2를 대각화한 행렬을 곱하여 식 (12)와 같이 M_5를 도출한다.

$$M_5 = M_4 \cdot \widehat{s_2} = \widehat{r_2} \cdot \widehat{r_1} \cdot A^0 \cdot \widehat{X^t} \cdot \widehat{s_1} \cdot \widehat{s_2} \quad \cdots\cdots (12)$$

식 (6)에서 식 (12)까지 수행했던 과정을 행수정계수와 열수정계수가 1에 수렴할 때까지 반복하면 RAS 작업이 완료되는데, 이 과정을 요약한 것이 식 (13)이다.

$$\hat{R} = \prod_{n=1}^{\infty} \widehat{r^n}, \quad \hat{S} = \prod_{n=1}^{\infty} \widehat{s^n}$$

$$A^t = \hat{R} \cdot A^0 \cdot \hat{S}, \quad M^t = A^t \cdot \widehat{X^t} = \hat{R} \cdot A^0 \cdot \hat{S} \cdot \widehat{X^t} \quad \cdots\cdots (13)$$

식 (13)으로 도출된 t년도의 내생부문 거래표 M^t, 부가가치 벡터 V^t, 최종수요 벡터 F^t, 그리고 산출액 벡터 X^t를 t년도 산업연관표의 해당 부문에 위치시키면 t년도 산업연관표의 추정이 완료된다.

한편, RAS 기법을 적용하는 과정에서 도출된 식 (13)의 r계수와 s계수가 갖는 경제적 의미는 다음과 같다. 대체효과를 나타내는 행수정계수 벡터 R의 원소 중에서 1보다 큰 것은 기준년 투입계수를 배분 방향으로 증가시키기 때문에 성장이 예상되는 부문이고 1보다 작은 부문은 기준년 투입계수를 배분 방향으로 감소시키기 때문에 하락이 예상되는 부문이라고 할 수 있다.

가공도 변화효과를 나타내는 열수정계수 벡터 S의 원소 중에서 1보다 큰 부문은 기준년 투입계수를 투입 방향으로 증가시키기 때문에 부가가치율 감소가 예상되는

그림 E-1 RAS 기법 적용 순서도

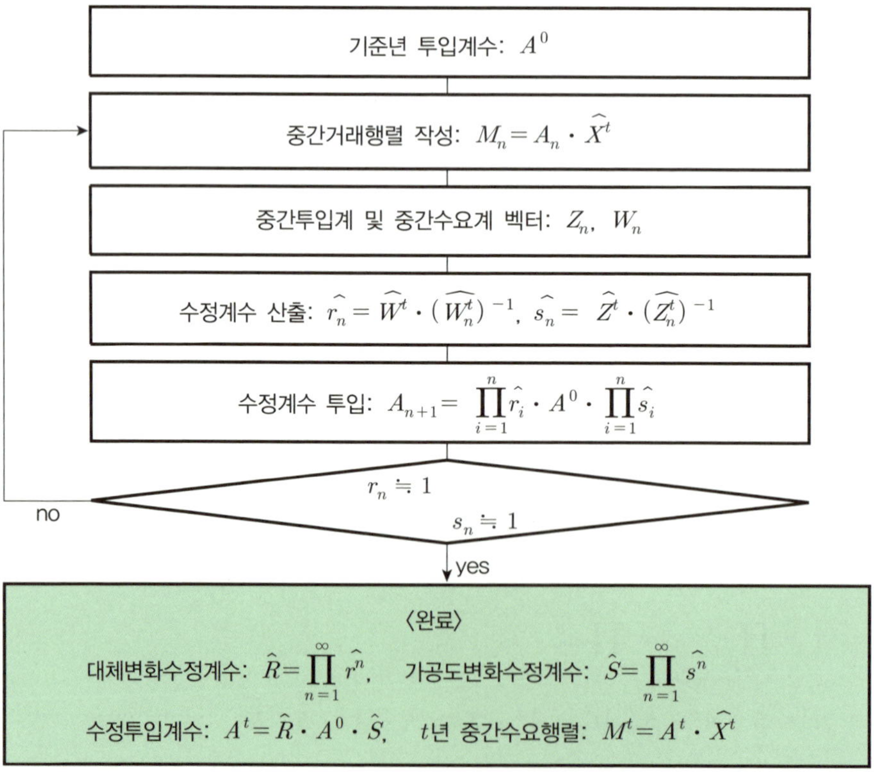

부문이고, 1보다 작은 부문은 기준년 투입계수를 투입 방향으로 증가시키기 때문에 부가가치율 증가가 예상되는 부문이라고 할 수 있다.

RAS 기법의 흐름도는 [그림 E-1]과 같다.

지금까지 살펴보았던 RAS 기법은 내생부문 전체를 연장하는 것이었는데, 작성 대상 연도의 내생부문 거래에 대한 사전 정보가 있는 경우에는 수정RAS 방법을 이용한다. 이 방법은 단순RAS 방법을 적용하여 표 전체를 업데이트하는 것보다 추정 결과의 정도가 훨씬 높다.[6)]

부문수가 n개인 산업연관표에서 m개 부문의 투입구조나 배분구조 또는 전체 거래 내역 n^2개[7)] 중에서 일부 거래 내역에 대한 사전 정보[8)]가 있는 경우 수정RAS를 적용하는 방법은 다음과 같다.

먼저 단순RAS와 마찬가지로 작성 대상 연도의 산출액, 최종수요, 부가가치를 추계하고 이를 이용하여 중간투입계와 중간수요계 벡터를 도출한다. 다음으로 작성 대상 연도의 내생부문 거래 내역 중에서 미리 알고 있는 투입구조나 배분구조 또는 일부 거래 내역을 작성 대상 연도의 표에 반영한다.

그리고 반영된 금액만큼 중간투입계와 중간수요계에서 차감하여 중간투입계와 중간수요계를 새로 계산한다. 기준년 표에 대해서도 마찬가지로 동일한 위치에 있는 거래 내역을 같이 제거하고 제거된 값을 기준으로 중간투입계와 중간수요계를 새로 계산한다.

벤치마크 산업연관표와 작성 대상 연도의 산업연관표의 중간투입계와 최종수요계를 대상으로 [그림 E-1]과 같이 단순RAS 기법을 적용한다. 이렇게 단순RAS로 추정된 것과 동 기법을 적용할 때 미리 차감하였던 사전 정보를 더하면 동 작업이 완료된다.

6) 수정RAS 기법은 여러 국가에서 실측 산업연관표를 기준년으로 설정하고 연장 산업연관표를 작성할 때 이용하기도 한다.

7) 거래 내역이 없어 '0'의 값을 갖는 원소도 있지만 행렬의 원소 개수는 n^2이라는 것을 의미한다.

8) 예로 석유정제업에 투입되는 원유를 들 수 있다.

2. 엔트로피 기법

산업연관표를 추정하는 다른 방법으로는 엔트로피 기법이 있는데, RAS처럼 양비례 조정하는 것이 아니라 비선형 목적함수를 이용하는 것이다. 엔트로피는 정보량을 측정하기 위해 식 (14)와 같은 섀논 엔트로피Shannon entropy로 정의한다.

$$H(P) = -\sum_k p_k \ln(p_k) \quad \cdots\cdots (14)$$

식 (14)는 $H(P) = \sum_k p_k \ln\left(\frac{1}{p_k}\right)$이므로 섀논 엔트로피는 각 사건이 갖고 있는 정보량 $\ln\left(\frac{1}{p_k}\right)$에 대한 기대값이 된다. 각 정보량 $\ln\left(\frac{1}{p_k}\right)$는 확률이 낮을수록 큰 값을 갖게 되기 때문에 엔트로피 증가에 기여한다. 한편 미지의 확률 P에 대해 사전 정보 Q를 갖고 있다면 일반적으로 가장 작은 차이를 가진 상태에서 Q로부터 식별해 낼 수 있는 P의 추정치를 선택할 것이라고 가정한다. 이때 P와 Q 간의 교차 엔트로피Cross Entropy는 식 (15)와 같이 정의된다.

$$\begin{aligned} I(P, Q) &= \sum_k p_k \ln\left(\frac{p_k}{q_k}\right) \\ &= \sum_k p_k \ln(p_k) - \sum_k p_k \ln(q_k) \quad \cdots\cdots (15) \end{aligned}$$

산업연관표를 연장하기 위해 교차 엔트로피를 적용하려면 사전 정보의 구성이 필요한데, 이때 이용하는 사전 정보는 ① 각 원소의 하한, ② 각 원소의 상한 그리고 ③ 각 원소의 사전 금액이 있다.

어떤 경제가 두 개의 산업 $A1$과 $A2$ 그리고 두 개의 상품 $C1$과 $C2$로 생산활동이 연계되어 있고 이들 상품을 산출하는 과정에 투입된 본원적 요소인 부가가치는 VA, 최종수요는 FD이며 이들 거래 내역이 [그림 E-2][9]라고 가정하고 설명하면

9) Nathani, C. et al.(2006), 11쪽 참고

다음과 같다.

그림 E-2 **확장된 산업연관표**[1)]

		산업		상품		*FD*	*X*
		A1	*A2*	*C1*	*C2*		
산업	*A1*			(10,12,16)	(4,5,8)		18
	A2			(1,3,4)	(35,36,37)		38
상품	*C1*	(2,5,6)	(4,6,8)			(4,6,8)	16
	C2	(2,3,6)	(9,12,14)			(18,22,26)	40
VA		(8,12,14)	(16,19,24)				30
X		18	38	16	40	30	

1) 일종의 공급사용표임

[그림 E-2]의 각 원소에 위치한 괄호 안에는 세 개의 숫자가 있는데, 첫 번째는 하한, 두 번째는 사전 추정치, 그리고 세 번째는 상한이다. 그러면 각 원소에 있는 값 a_{ij}에 대한 지원 집합support set의 원소 z_{ij}를 정할 수 있는데, 지원 집합의 원소 $z_{ij,h}(h=1,2,3,4,5)$는 하한과 상한 구간 내의 등거리에 위치하고 있다. 최대 엔트로피maximum entropy 기법을 적용하면 [그림 E-2]의 각 원소에 대한 사전 확률 분포 Q를 식 (16)의 목적함수에 조건으로 부가할 수 있다.

$$Max \ \ H(Q) = -\sum_i \sum_j \sum_h q_{ij,h} \ln(q_{ij,h})$$

$$s.t \ \ \sum_h q_{ij,h} \, z_{ij,h} = a_{ij} \qquad \forall \ i, j$$

$$\sum_h q_{ij,h} = 1 \qquad \forall \ i, j \qquad \text{(16)}$$

다음으로 행의 합계 r_i와 열의 합계 c_j가 새로운 조건으로 주어지면 교차 엔트로피 기법을 이용하여 각 원소의 사후 확률 P에 대해 식 (17)과 같이 목적 함수에 대해 조건을 부과할 수 있다.

$$Min \ \ I(P,Q) = \sum_i \sum_j \sum_h p_{ij,h} \ln(p_{ij,h}) - \sum_i \sum_j \sum_h q_{ij,h} \ln(q_{ij,h})$$

$$s.t \quad \sum_j \sum_h p_{ij,h} \, z_{ij,h} = r_i \qquad \forall \ i$$

$$\sum_i \sum_h p_{ij,h} \, z_{ij,h} = c_j \qquad \forall \ j$$

$$\sum_h q_{ij,h} = 1 \qquad \forall \ i, j \quad \cdots\cdots (17)$$

교차 엔트로피 방법을 이용하여 산업연관표를 예측할 때 목적함수와 조건은 다음과 같이 부여할 수 있다. 먼저 산업연관표행렬은 Z, 각 원소는 z_{ij}라고 하면 z_{ij}는 부문 j의 산출에 부문 i가 투입된 것이다. 이에 따라서 투입계수는 $a_{ij} = z_{ij}/z_j$이며, 사전적으로 알고 있는 투입계수는 $\overline{a}$ 라고 표기하고[10] 추정 연도의 산업연관표에 대해서는 열합 y^*을 사전에 추정하였다고 가정한다. 이때 열합과 행합은 동일하므로 행합도 역시 이미 추정한 것과 같다고 할 수 있으므로 목적함수는 사전적으로 알고 있는 투입계수행렬과 추정하고자 하는 계수 간의 교차 엔트로피 거리를 최소화하는 투입계수행렬 A를 추정하는 것이며, 식 (18)과 같이 표기할 수 있다.

$$Min \ \ I(A, \overline{A}) = \sum_i \sum_j a_{ij} \ln\left(\frac{a_{ij}}{\overline{a_{ij}}}\right)$$

$$= \sum_i \sum_j a_{ij} \ln a_{ij} - \sum_i \sum_j a_{ij} \ln \overline{a_{ij}}$$

$$s.t \quad \sum_j a_{ij} \, y_j^* = y_i^*$$

$$\sum_j a_{ji} = 1$$

$$0 \leq a_{ji} \leq 1 \quad \cdots\cdots (18)$$

10) 사전적으로 알고 있는 투입계수는 예측하고자 하는 산업연관표의 기준이 되는 벤치마크 산업연관표를 의미한다.

정리하면 위의 식 (18)에서 주어진 조건에 따라 교차 엔트로피를 최소화하는 행렬 A를 도출하는 것이 엔트로피를 이용한 산업연관표 추정 방법이라는 것을 알 수 있다.[11)]

11) 저자의 경험에 의하면 엔트로피보다 수정RAS를 이용하는 것이 보다 용이하며 결과가 타당한 경우가 많다.

Appendix

F 공급사용표의 투입산출표로의 전환

공급사용표를 이용하여 산업연관분석을 하기 위해서는 투입산출표로 전환하여야 한다. 투입산출표는 「상품×상품」과 「산업×산업」이 있는데 전자는 상품기술가정과 산업기술가정에 의해, 후자는 고정산업판매가정과 고정상품판매가정에 의해 전환된다. 이처럼 전환하는 방법은 [표 F-1]과 같이 총 네 가지로 구분된다.

표 F-1 전환 방법의 구분

		「상품×상품」투입산출표	「산업×산업」투입산출표
기술	상품기술	(A방법) • 각 상품은 어느 산업에서 생산되는지에 상관없이 고유의 방법으로 생산됨 • 음수값이 발생할 수 있음	
	산업기술	(B방법) • 각 산업은 상품 결합에 상관없이 고유의 생산 방법을 갖고 있음 • 음수값이 발생하지 않음	
판매	고정산업판매		(C방법) • 각 산업은 상품 결합에 상관없이 고유의 판매구조를 갖고 있음 • 음수값이 발생할 수 있음
	고정상품판매		(D방법) • 각 상품은 어느 산업에서 생산되는지에 상관없이 고유의 판매구조를 갖고 있음 • 음수값이 발생하지 않음

공급사용표와 투입산출표의 각 부분행렬이 아래와 같은 경우 전환 과정을 요약한 것이 [표 F-2]이다.

공급사용표Supply-Use Tables**와 투입산출표**Input-Output Table

공급표

	산업	총공급
상품	V^T	q
산출액	g^T	

사용표

	산업	최종수요	총수요
상품	U	Y	q
부가가치	W		w
산출액	g^T	y	

투입산출표

상품×상품

	상품	최종수요	산출액
상품	S	Y	q
부가가치	E		w
총투입	q^T	y	

산업×산업

	산업	최종수요	산출액
산업	B	F	g
부가가치	W		w
총투입	g^T	y	

단, 이들 각 행렬 및 벡터는 다음과 같다.

부호	행렬 및 벡터	부호	행렬 및 벡터
V	공급표의 전치행렬(산업×상품)	y	최종수요 벡터
V^T	공급표(상품×산업)	w	부가가치 벡터
U	사용표의 내생부문(상품×산업)	q	상품별 산출액 열벡터
Y	최종수요행렬	q^T	상품별 산출액 행벡터
S	투입산출표 내생부문(상품×상품)	g	산업별 산출액 열벡터
E	부가가치행렬(상품별)	g^T	산업별 산출액 행벡터
W	부가가치행렬(산업별)		

그리고 사용표의 투입계수는 중간투입 $Z = U \times \hat{g}^{-1}$과 부가가치 $L = W \times \hat{g}^{-1}$로 구분되고, 공급표의 시장배분계수는 상품결합행렬 $C = V^T \times \hat{g}^{-1}$와 시장배분행렬 $D = V \times \hat{q}^{-1}$로 구분된다.

| 표 F-2 | 공급사용표를 투입산출표로 전환하는 방법

	상품×상품		산업×산업	
	A방법 상품기술가정	B방법 산업기술가정	C방법 고정산업판매	D방법 고정상품판매
전환행렬	$T=(V')^{-1}\times\hat{q}$	$T=(\hat{g})^{-1}\times V$	$T=(\hat{g})\times(V')^{-1}$	$T=V\times(\hat{q})^{-1}$
투입계수	$A=U\times T\times(\hat{q})^{-1}$	$A=U\times T\times(\hat{q})^{-1}$	$A=T\times U\times(\hat{g})^{-1}$	$A=T\times U\times(\hat{g})^{-1}$
중간투입	$S=U\times T$	$S=U\times T$	$B=T\times U$	$B=T\times U$
부가가치	$E=W\times T$	$S=U\times T$	$W=W$	$W=W$
최종수요	$Y=Y$	$Y=Y$	$F=T\times Y$	$F=T\times Y$
산출액	$q=(I-A)^{-1}\times y$	$q=(I-A)^{-1}\times y$	$g=(I-A)^{-1}\times y$	$g=(I-A)^{-1}\times y$

참 | 고 | 문 | 헌 Reference

강광하, 경제개발 5개년 계획, 서울대학교 출판부, 2000

강광하, 산업연관분석론, 연암사, 2000

권태현, "포항 지역산업연관표 및 산업연관구조 분석", 지역경제조사연구 포항 2012-08, 한국은행 포항본부, 2012

권태현, "포항 지역산업연관표를 이용한 포항 경제의 Value Chain 분석과 시사점", 지역경제조사연구 포항 2012-09, 한국은행 포항본부, 2012

권태현, 김진홍, "포항지역 연구개발(R&D)의 경제효과 분석 및 정책적 시사점", 지역경제조사연구 포항 2013-01, 한국은행 포항본부, 2013

권태현, 송경호, "공급사용표의 도입 필요성과 작성 방법", 국민계정리뷰, 제1호, 한국은행, 2011

권태현, 이광한, 박근형, "글로벌 가치사슬(GVCs)로 본 경기도의 산업구조", 한국은행 경기본부, 2019

권태현, 정영호, "우리나라 전자산업의 부가가치 창출 구조", 국민계정리뷰, 제1호, 한국은행, 2019

권태현, 하지원, "우리나라 서비스산업의 산출액과 고용 변동요인 분해 - 확상된 Syrquin 모형의 도출과 활용", (계간)국민계정, No. 37, 한국은행, 2009

권태현, SAS를 이용한 산업연관분석, 도서출판 청람, 2004

김우주, 네트워크 중심성이론: Gephi & R을 사용한 네트워크 빅데이터 분석, 카오스북, 2015

민경휘, "한국산업의 연관구조 변화와 대일 비교 – 중화학공업 육성기를 중심으로 –", 연구총서 93-08, 산업연구원, 1993

백재옥, "국방비 지출의 경제적 효과: 산업연관분석을 중심으로", 국방정책연구, 제110권, 한국국방연구원, 2016

백재옥, 권태현, "국방 R&D의 경제 효과 분석: 유발효과, 스필오버 효과, 외부성 효과", 국방연구, Vol.59 No.1, 국방대학교 국가안전보장문제연구소, 2016

세자르 히달고, 정보의 진화, 문학동네, 2018

신동천, 국제무역의 연산균형분석, 세경사, 1999

심상렬, 에너지 산업연관표 작성, 에너지경제연구원, 2005

심상렬, 김윤경, "산업연관분석의 중간투입유발에 대한 해석 연구", 경제분석, 제22권 제3호, 한국은행 경제연구원, 2016

윤영진, 그래프 이론, 교우사, 2002

이진면, "대・중소기업 연계분석을 위한 산업연관모형의 활용방안", 정책자료 2012-172, 산업

연구원, 2012
이진면, 김재진, 이용호, "2015년도 대·중소기업 산업연관표 작성과 분석", 연구보고서 2018-906, 산업연구원, 2019
한국은행, 1960년, 1963년, 1966년, 1970년, 1975년, 1980년, 1985년, 1990년, 1995년, 2000년, 2003년, 2005년, 2010년, 2015년 산업연관표 각호
한국은행, 산업연관분석과 경제계획, 조사부, 1964
한국은행, 산업연관분석해설, 경제통계국, 2014
한국은행, 알기 쉬운 경제지표해설, 경제통계국, 2019

Antràs, P., Alonso, G., "On the Geography of Global Value Chains", *NBER Working paper*, vol.23456, National Bureau of Economic Research, Cambrideg, MA, 2017
Bacharach, M., *Biproportional Matrices and Input-Output Change*, Cambridge University Press, 1970
Bos, F., "The National Accounts as a Tool for Analysis and Policy; History, Economic Theory and Data Compilation Issues", *Munich Personal RePEc Archive Paper*, No. 23852, 2009
Bos, F., "Three centuries of macro-economic statistics", *Eagle Economic & Statistics Working Paper*, 2011
Cerulli, G. and Bianca, P., "Measuring Intersectoral Knowledge Spillovers : An Application of Sensitivity Analysis to Italy", *Economic Systems Research*, Vol.21, 2009
Chenery, H. B., "Patterns of Industrial Growth", *The American Economic Review*, Sep., 1960
Chenery, H. B., Shishido, S., Watanabe, T., "Patterns of Japanese Growth, 1914-1954", *Economics*, Vol.30, 1962
Cherven, K., *Mastering Gephi Network Visualization*, PACKT Publishing, 2015
De Backer, K., Flaig, D., "The Future of Global Value Chins: Business as Usual or A New Normal", *OECD Science, Technology and Innovation Policy Papers*, No.41, 2017
De Bresson, C., Sirilli G., Hu, X., Luk, F. K., "Structure and Location of Innovative Activity in the Italian Economy 1981-85", *Economic Systems Research*, Vol.6, No.2, 1994
Deforney, J., and Thorbecke, E., "Structural Path Analysis and Multiplier Decomposition within a Social Accounting Matrix Framework", *The Economic Journal*, Vol.94, No.373, 1984
De Mesnard, L., "Understanding the Shortcomings of Commodity-Based Technology in Input-Output Models: an Economic Circuit Approach", *Journal of Regional Science*, Vol.44, No.1, 2004
Deming, E., & Stephan, F., "On a Least Squares Adjustment of a Sampled Frequency Table When the Expected Marginal Totals are Known" *The Annals of Mathematical*

Statistics, Vol.11, No.4, 1940

Dewhurst, J. H. L., "Decomposition of Changes in Input-Output Tables", *Economic Systems Research*, Vol.5 No.1, 1993

Dietzenbacher, E., "In Vindication of The Ghosh Model: A Reinterpretation As a Price Model", *Journal of Regional Science*", Vol.37, 1997

Dietzenbacher, E., Jan A. Van Der Linden & Steenge, A., "The Regional Extraction Method: EC Input-Output Comparisons", *Economic Systems Research*, Vol.5, No.2, 1993

Dietzenbacher, E., Luna, I. R., and Bosma, N., "Using Average Propagation Lengths to Identify Production Chains in the Andalusian Economy", *Estudios De Economia Aplicada*, Vol.23-2, 2005

Dietzenbacher, E., Los, B., "Externalities of R&D Expenditure", *Economic Systems Research*, Vol.14, No.4, 2002

Dietzenbacher, E., Los, B., "Structural Decomposition Techniques: Sense and Sensivity", *Economic Systems Research*, Vol.10, No.4, 1998

Dietzenbacher, E., Los, B., "Structural Decomposition Analyses with Dependent Determinants", *Economic Systems Research*, Vol.12, No.4, 2000

Dietzenbacher, E., Los, B., Stehrer, R., Timmer, M., de Vries, G., "The Construction of World Input-Output Tables in the WIOD project", *Economic Systems Research*, Vol. 25, 2013

Drejer, I., "Comparing Patterns of Industrial Interdependence in National Systems of Innovation: A Study of the Germany, the United Kingdom, Japan and United States", *Economic Systems Research*, Vol.12, No.3, 2000

Eurostat, *Eurostat Manual of Supply, Use and Input-Output Tables*, 2008 Edition, Eurostat, 2008

Finkbeiner, M., *Special Types of Life Cycle Assessment*, Springer, 2016

Fisher, W. D., "Criteria for Aggregation in Input-Output Analysis", *The Review of Economics and Statistics*, Vol.40, No.3, MIT Press, 1958

Frederick, S., "Combining the Global Value Chain and Global I-O approaches", *Discussion Paper*, CGGC, 2014

Ghosh, A., "Input-Output Approach in an Allocation System", *Economica*, Vol.25, 1958

Groenewold, N., Hagger, A. J., Madden, J. R., "Measuring Industry Importance: an Australian Application", *Regional Science*, Vol.27, 1993

Groenewold, N., Hagger, A. J., and Madden, J. R., "The Measurement of Industry Employment Contribution in an Input-Output Model", *Regional Studies*, Vol.21, No.3, 2006

Guilhoto, J. J., Sonis, M., Hewings, G. J. D., "Multiplier Product Matrix Analysis for Interregional Input-Output Systems: and Application to the Brazilian Economy",

MPRA, No.54671, 1999

Hendrickson, C. T., Lave, L. B., Matthews, H. S., *Environmental Life Cycle Assessment of Goods and Services: An Input-Output Approach*, RFF Press book, 2006

Hewings, G. J. D, Sonis, M., Madden, M., Kimura, Y., *Understanding and Interpreting Economic Structure*, Springer Science & Business Media, 2013

Hirschman, A, *The Strategy of Economic Development*, New Haven, Yale University Press, 1958

Hummels, D., Rapoport, D., and Yi K. M., "Vertical Specialization and the Changing Nature of World Trade", FRB New York, *Economic Policy Review*, June 1998

Hummels, D., Ishii, J., Yi K. M., "The Nature and Growth of Vertical Specialization in World Trade", *Journal of International Economics*, Vol.54, Issue 1, 2001

Isard, W., Langford, T. W., *Regional Input-Output Study: Recollections, Reflections and Diverse Notes on the Philadelphia Experience*, M.I.T Press, Cambridge, 1971

Javorsek, M., Camacho, I., "Trade in Value Added: Concepts, Estimation and Analysis", UN ESCAP, *Working Paper*, No.150, 2015

Johnson, R. C., Noguera, G., "Accounting for Intermediates: Production Sharing and Trade in Value Added", *Journal of International Economics*, 86, 2012

Koopman, R., Powers, W., Wang, Z., Wei, S.-J. "Give credit where credit is due: Tracing Value Added in Global Production Chains", *NBER Working Paper*, No.16426, 2010

Koopman, R., Wang, Z., Wei, S-J, "Tracing Value-Added and Double Counting in Gross Exports", *American Economic Review*, Vol.104, No.2, 2014

Kratena, K., "Prices and Factor Demand in an Endogenized Input-Output Model", *Economic Systems Research*, Vol.17, No.1, 2005

Kymn, K. O., and Norworthy, R. R., "A Review of Industry Aggregation in Input-Output Models", *The American Economist*, Vol.20 Issue 1, Sage Publications, 1976

Leontief, W., *Input-Output Economics*, 2nd edition, Oxford University Press, 1986

Leontief, W., *The Structure of the American Economy 1919-1929, An Empirical Application of Equilibrium Analysis*, Harvard University Press, 1941

Liew, C. K., and Liew, C. J., "A Comparative study of Household Interactive Variable Input-Output(HIVIO) Model and the Conventional Input-Output Models", *Journal of Urban Economics*, 24, 1988

Liew, C. K., and Liew, C. J., "A Muliti-regional, Multi-product, Household, Interactive Variable Input-Output Model", *The Annals of Regional Science*, 25, 1991

Liew, C. K., and Liew, C. J., "Measuring the Development Impacts of a Transportation System: A Simplified Approach", *Journal of Regional Science*, 25, 1985

Liew, C. K., and Liew, C. J., "Multi-modal, Multi-output, Multi-regional Variable Input-Output Model", *Regional Science and Urban Economics*, 14, 1984

Maurer, A., "Trade in Value Added: What is the country of origin in an interconnected world", WTO, 2011

Meng Bo & Qu. C., "Application of the Input–Output Decomposition Technique to China's Regional Economies", *Discussion Paper*, No.102, Institute of Developing Economies (Japan), 2007

Miller, R. E., and Blair, P. D., *Input–Output Analysis: Foundations and Extensions*, 2nd edition, Cambridge University Press, 2009

Miyazawa, K., "Input–Output Analysis and the Structure of Income Distribution", *Lecture notes in Economics and Mathematical Systems*, Vol.116, Springer–Verlag, 1976

Nathani, C., Wickart, M., Oleschak, R., and Nieuwkoop., "Estimation of a Swiss Input–Output Table for 2001", *CEPE Report*, No.6, 2006

OECD, "Global Value Chains and Trade in Value–Added: An Initial Assessment of the Impact on Jobs and Productivitiy", *OECD Trade Policy Papers*, No.190, 2016

OECD–WTO, "Trade in Value–Added: Concepts, Methodologies and Challenges", 2012

Oosterhaven, J., "On the Definition of Key Sectors and the Stability of Net Versus Gross Multipliers", *SOM Report*, No.04C01, Faculty of Economics and Business, University of Groningen, 2004

Oosterhaven, J., "On the Limited Usability of the Inoperability IO Model", *Economic Systems Research*, Vol.29, 2017

Oosterhaven, J., *Rethinking Input–Output Analysis: A Spatial Perspective*, Springer Briefs in Regional Science, Springer, 2019

Paelinck, J. and Waelbroeck, J. "Etude Empirique sur l'évolution des coefficients 'input–output'", *Economic Appliquee*, 16, 1963

Pyatt, G., "Some Early Multiplier Models and The Relationship Between Income Distribution and Production Structure", *Economic Systems Research*, Vol.13, No.2, 2001

Pyatt, G., and Round, J., "Accounting and Fixed Price Multiplier in a Social Accounting Matrix", *Economic Journal*, No.89, 1979

Pyatt, G. and Thorbecke, E., *Planning Techniques for a Better Future*, International Labour Office, Geneva, 1976

Pyatt, G. and Roe, A., *Social Accounting for Development Planning with special reference to Sri Lanka*, Cambridge University Press, Cambridge, 1977

Raa, T., *Handbook of Input–Output Analysis*, Edward Elgar Publishing, 2017

Raa, T., *The Economics of Input–Output Analysis*, Cambridge University Press, 2006

Rasmussen, P., *Studies in Inter–Sectoral Relations*, Copenhagen, Einar Harks, 1956

Roland–Holst, D. W. and Sancho, F., "Relative Income Determination in the United States: A Social Accounting Perspective", *Review of Income and Wealth*, Series 38, No.3, 1992

Santos, S., "Social Accounting Matrix and the System of National Accounts: An Application", Technical Univ. of Lisbon, 15th IIOA Conference, 2005

Scherer, F. M., "Technology Flows Matrix Estimation Revisited", *Economic Systems Research*, Vol.15, No.3, 2003

Sonis, M., Hewings, J. D., Guo, J., "A New Image of Classical Key Sector Analysis: Minimum Information Decomposition of the Leontief Inverse", *Economic Systems Research*, Vol.12, No.3, 2000

Stone, R., "Where Are We Now? A Short Account of the Development of Input-output Studies and their Present Trends", *Proceedings of the Seventh International Conference on Input-Output Techniques*, UN(New York), 1984

Syrquin, M., "Sources of Industrial Growth and Change: An Alternative Measure", World Bank, 1976

Taehyun, K., Jai-Won, R., "Global Value Chains of East Asia: Trade in Value-Added and Vertical Specialization", *Asian Economic Journal*, Vol.29, No.2, 2015

Timmer, M. P., Drumban, A. A., Los, B., Stehrer, R., and de Vries, G., "Slicing up Global chains", *Journal of Economic Perspectives,* Vol.28, No.2, 2014

Timmer, M., et al., "The World Input-Output Database(WIOD): Contents, Sources and Methods", World Input-Output Database, 2012

Timmer, M., Los, B., Stehrer, R., De Vries, G., "Fragmentation, Incomes and Jobs: An Analysis of European Competitiveness", *Economic Policy*, Vol.28, 2013

Vanoli, A., *A History of National Accounting*, IOS Press, 2005

UN, "A System of National Accounts and Supporting Tables", 1953

UN, "A System of National Accounts", 1968

UN, "System of National Accounts 1993", 1993

UN, EC, IMF, OECD, WB, "System of National Accounts 2008", 2008

UNCTAD, "Global Value Chins and Development: Investment and Value Added Trade in the Global Economy", A preliminary analysis, 2013

UNECE, "Guide to Measuring Global Production", Conference of European Statistics, 2015

Wang, Z., Powers, W., Wei, S. J., "Value Chains in East Asian Production Networks-An International Input-Output Model Based Analysis", USITC, *Office of Economic Working Paper*, No.2009-10-C, 2009

Wiedmann, T., "Editorial: Carbon Footprint and Input-Output and Analysis-An Introduction", *Economic Systems Research*, Vol.21, No.3, 2009

찾 | 아 | 보 | 기 Index

| 저자약력 |

권태현

한국은행에 1991년에 입행하여 경제통계국 투입산출팀에서 행원, 조사역, 과장, 차장, 팀장 등 모든 직급으로 근무하였다. 그리고 인재개발원에서 직원교육을 담당하였고 외화자금국과 런던사무소에서는 유로화표시 자산을 운용하였다. 현재는 경기본부 기획조사부 부장으로 재직 중에 있다. 건국대학교 응용통계학과를 졸업하고 같은 학교 대학원에서 세계산업연관표를 이용한 산출 변동분석으로 경제학 박사학위를 취득하였다. 주요 연구실적으로는 "매년 산업연관표 작성 방법"(국민계정리뷰, 2001년), "공급사용표의 도입 필요성과 작성 방법"(국민계정리뷰, 2011년), "우리나라 서비스산업의 산출액과 고용 변동 요인 분해"(국민계정리뷰, 2009년), "Global Value Chains of East Asia: Trade in Value Added and Vertical Specialization"(공저, Asian Economic Review, 2015년) 등이 있으며, 포항본부에서는 포항 지역산업연관표를 개발하여 "포항 경제의 Value Chain 분석과 시사점"(2012년)과 "포항 지역 연구개발(R&D)의 경제효과 분석 및 정책적 시사점"(2013년)을, 경기본부에서는 OECD의 ICIO에서 경기도를 분리추계하고 그 결과를 이용하여 "글로벌 가치사슬로 본 경기도의 산업구조" 등을 발표하였다. 저서로는 'SAS를 이용한 산업연관분석'(도서출판 청람, 2004년)이 있다. 직장생활의 많은 기간을 행렬로 된 산업연관표 편제를 해서 그런지 아주 무료하면 스도쿠게임으로 행렬 숫자 맞추기에 열광하며 덜 무료하면 요리와 제빵 그리고 독서에 몰입하곤 한다.

산업연관분석

2020년 10월 2일 1판 1쇄 인쇄
2020년 10월 5일 1판 1쇄 발행

저 자 | 권태현
발 행 인 | 이수영
발 행 처 | 도서출판 청람
서울시 마포구 독막로 288(대흥동, 세양상가 109호)
전 화 | 02) 3272-2601~2
팩 스 | 02) 3272-2603
홈페이지 | http://www.crbooks.co.kr
이 메 일 | crbooks@daum.net
등 록 | 2000년 8월 26일 제6-0509호

ISBN 978-89-5972-781-0 93320 [정가 25,000원]